Ludwig Stecher · Heinz-Hermann Krüger
Thomas Rauschenbach (Hrsg.)

Ganztagsschule – Neue Schule? Eine Forschungsbilanz

Zeitschrift für Erziehungswissenschaft
Sonderheft 15 | 2011

Ludwig Stecher
Heinz-Hermann Krüger
Thomas Rauschenbach (Hrsg.)

Ganztagsschule – Neue Schule? Eine Forschungsbilanz

Zeitschrift für
Erziehungswissenschaft

Sonderheft 15 | 2011

Zeitschrift für Erziehungswissenschaft

Herausgegeben von:
Jürgen Baumert (Schriftleitung), Hans-Peter Blossfeld, Yvonne Ehrenspeck, Ingrid Gogolin (Schriftleitung), Bettina Hannover, Stephanie Hellekamps, Heinz-Hermann Krüger (Schriftleitung), Harm Kuper (Schriftleitung, Geschäftsführung), Dieter Lenzen, Meinert A. Meyer, Manfred Prenzel, Thomas Rauschenbach, Hans-Günther Roßbach, Uwe Sander, Annette Scheunpflug, Christoph Wulf

Herausgeber des Sonderheftes Ganztagsschule – Neue Schule? Eine Forschungsbilanz:
Ludwig Stecher, Heinz-Hermann Krüger und Thomas Rauschenbach

Redaktion und Rezensionen:
Friedrich Rost

Anschrift der Redaktion:
Zeitschrift für Erziehungswissenschaft
c/o Freie Universität Berlin, Arbeitsbereich Weiterbildung und Bildungsmanagement,
Arnimallee 12, D-14195 Berlin
Tel.: +49 (30) 8 38-55888; Fax: -55889, E-Mail: zfe@zedat.fu-berlin.de
Homepages: http://zfe-online.de Volltexte: http://zfe-digital.de

Beirat: Neville Alexander (Kapstadt), Jean-Marie Barbier (Paris), Jacky Beillerot † (Paris), Wilfried Bos (Dortmund), Elliot W. Eisner (Stanford/USA), Frieda Heyting (Amsterdam), Axel Honneth (Frankfurt a.M.), Marianne Horstkemper (Potsdam), Ludwig Huber (Bielefeld), Yasuo Imai (Tokyo), Jochen Kade (Frankfurt a.M.), Anastassios Kodakos (Rhodos), Gunther Kress (London), Sverker Lindblad (Göteborg), Christian Lüders (München), Niklas Luhmann † (Bielefeld), Joan-Carles Mèlich (Barcelona), Hans Merkens (Berlin), Klaus Mollenhauer † (Göttingen), Christiane Schiersmann (Heidelberg), Wolfgang Seitter (Marburg), Rudolf Tippelt (München), Gisela Trommsdorff (Konstanz), Philip Wexler (Jerusalem), John White (London), Christopher Winch (Northampton)

VS Verlag für Sozialwissenschaften | Springer Fachmedien Wiesbaden GmbH
Abraham-Lincoln-Str. 46 | 65189 Wiesbaden
Amtsgericht Wiesbaden, HRB 9754
USt-IdNr. DE811148419

Geschäftsführer: Dr. Ralf Birkelbach (Vors.) *Gesamtleitung* Anzeigen und Märkte: Armin Gross
Armin Gross *Gesamtleitung Marketing:* Rolf-Günther Hobbeling
Albrecht F. Schirmacher *Gesamtleitung* Vertrieb: Gabriel Göttlinger
Verlagsleitung: Dr. Reinald Klockenbusch *Gesamtleitung* Produktion: Christian Staral

Kundenservice: Springer Customer Service Center GmbH; Service VS Verlag; Haberstr. 7, 69126 Heidelberg;
Telefon: +49 (0)6221/345-4303; Telefax: +49 (0)6221/345-4229; Montag bis Freitag 8.00 Uhr bis 18.00 Uhr;
E-Mail: vsverlag-service@springer.com
Marketing: Ronald Schmidt-Serrière M.A.; Telefon: (06 11) 78 78-280; Telefax: (06 11) 78 78-440
E-Mail: Ronald.Schmidt-Serriere@vs-verlag.de
Anzeigenleitung: Yvonne Guderjahn; Telefon: (06 11) 78 78-155; Telefax: (06 11) 78 78-430
E-Mail: Yvonne.Guderjahn@best-ad-media.de
Anzeigendisposition: Monika Dannenberger; Telefon: (06 11) 78 78-148; Telefax: (06 11) 78 78-443
E-Mail: monika.dannenberger@best-ad-media.de
Anzeigenpreise: Es gelten die Mediadaten vom 1.11.2009
Produktion/Layout: Dagmar Orth; Telefon: (0 62 21) 4 87-8902
E-Mail: dagmar.orth@springer.com

Bezugsmöglichkeiten 2011: Jährlich erscheinen 4 Hefte. Jahresabonnement/privat (print+online) € 104,–; Jahresabonnement/privat (nur online) € 79,–; Jahresabonnement/Bibliotheken/Institutionen € 198,–; Jahresabonnement Studierende/Emeriti (print+online) – bei Vorlage einer Studienbescheinigung € 44,–. Alle Print-Preise zuzüglich Versandkosten. Alle Preise und Versandkosten unterliegen der Preisbindung. Die Bezugspreise enthalten die gültige Mehrwertsteuer. Kündigungen des Abonnements müssen spätestens 6 Wochen vor Ablauf des Bezugszeitraumes schriftlich mit Nennung der Kundennummer erfolgen. Jährlich können Sonderhefte erscheinen, die nach Umfang berechnet und den Abonnenten des laufenden Jahrgangs mit einem Nachlass von 25% des jeweiligen Ladenpreises geliefert werden. Bei Nichtgefallen können die Sonderhefte innerhalb einer Frist von drei Wochen zurückgegeben werden.
Zuschriften, die den Vertrieb oder Anzeigen betreffen, bitte nur an den Verlag.

© VS Verlag für Sozialwissenschaften ist eine Marke von Springer Fachmedien.
Springer Fachmedien ist Teil der Fachverlagsgruppe Springer Science+Business Media.

Alle Rechte vorbehalten. Kein Teil dieser Zeitschrift darf ohne schriftliche Genehmigung des Verlages vervielfältigt oder verbreitet werden. Unter dieses Verbot fällt insbesondere die gewerbliche Vervielfältigung per Kopie, die Aufnahme in elektronische Datenbanken und die Vervielfältigung auf CD-Rom und allen anderen elektronischen Datenträgern.

Satz: Crest Premedia Solutions, Pune, Indien
www.zfe-digital.de
ISSN 1434-663X (Print)
ISSN 1862-5215 (Online)

Zeitschrift für Erziehungswissenschaft

14. Jahrgang · Sonderheft 15 · 2011

Inhaltsverzeichnis

Einleitung

Ludwig Stecher/Heinz-Hermann Krüger/Thomas Rauschenbach
1 Ganztagsschule – Neue Schule? Einleitung 1

Arbeiten in und mit der Ganztagsschule

Klaus-Jürgen Tillmann
2 Die Steuerung von Ganztagsschulen. Zum Verhältnis von Schulautonomie, freien Anbietern und staatlicher Regulierung 11

Heinz Günter Holtappels/Karin Lossen/Lea Spillebeen/Katja Tillmann
3 Schulentwicklung und Lehrerkooperation in Ganztagsschulen – Konzeption und Entwicklungsprozess als förderliche Faktoren der Kooperationsentwicklung? 25

Vanessa Dizinger/Kathrin Fussangel/Oliver Böhm-Kasper
4 Lehrer/in sein an der Ganztagsschule: Neue Kooperationsanforderungen – neue Belastungen? 43

Thomas Olk/Karsten Speck/Thomas Stimpel
5 Professionelle Kooperation unterschiedlicher Berufskulturen an Ganztagsschulen – Zentrale Befunde eines qualitativen Forschungsprojektes 63

Ulrich Deinet
6 Jugendarbeit als Brücke zwischen Ganztagsschule und Bildungslandschaft 81

Bettina Arnoldt
7 Was haben die Angebote mit dem Unterricht zu tun? Zum Stand der Kooperation 95

Christine Wiezorek/Sebastian Stark/Benno Dieminger
8 „Wissen Sie, die Infrastruktur ist einfach nicht so, dass ich aus dem Vollen schöpfen kann" – Ganztagsschulentwicklung in ländlichen Räumen 109

Lernen in der Ganztagsschule

Stephan Maykus/Wolfgang Böttcher/Timm Liesegang/André Altermann
9 Individuelle Förderung in der Ganztagsschule. Theoretisch-empirische Reflexionen zu Anspruch und Konsequenzen eines (sozial-) pädagogischen Programms im professionellen Handeln 125

Hans Peter Kuhn/Natalie Fischer
10 Zusammenhänge zwischen Schulnoten und problematischem Sozialverhalten in der Ganztagsschule: Entwickeln sich Ganztagsschüler/-innen besser? 143

Heinz Reinders/Ingrid Gogolin/Anne Gresser/Simone Schnurr/Jule Böhmer/Nina Bremm
11 Ganztagsschulbesuch und Integration von Kindern mit Migrationshintergrund im Primarbereich: Erste Näherungen an empirische Befunde einer vergleichenden Untersuchung 163

Christine Steiner/Natalie Fischer
12 Wer nutzt Ganztagsangebote und warum? 185

Leben mit der Ganztagsschule

Sabine Andresen/Martina Richter/Hans-Uwe Otto
13 Familien als Akteure der Ganztagsschule. Zusammenhänge und Passungsverhältnisse . . 205

Nicole Börner
14 Ganztagsschule und ihre Auswirkungen auf Familien 221

Rimma Kanevski/Maria von Salisch
15 Fördert die Ganztagsschule die Entwicklung sozialer und emotionaler Kompetenzen bei Jugendlichen? 237

1 Ganztagsschule – Neue Schule? Einleitung

Ludwig Stecher · Heinz-Hermann Krüger · Thomas Rauschenbach

Zusammenfassung: Durch das Zusammentreffen der bildungspolitischen Debatte, die auf die enttäuschenden Ergebnisse in der ersten PISA-Welle 2000 folgte, und die familienpolitische Diskussion über die Zukunft der Kinderbetreuung und die Vereinbarkeit von Familien- und Berufsleben hat die Ganztagsschule in den letzten zehn Jahren einen deutlichen Aufschwung erfahren. Gegenwärtig sind ungefähr 47 % der deutschen Schulen Ganztagsschulen. Diese positive Entwicklung kann auf das Investitionsprogramm „Zukunft Bildung und Betreuung" (IZBB) zurückgeführt werden. Innerhalb dieses Programms stellte die Bundesregierung eine Summe von vier Milliarden Euro für den Auf- und Ausbau von Ganztagsschulen zur Verfügung. Darüber hinaus, und eng verbunden damit, haben die Bundesländer verschiedenste eigene Programme aufgelegt, um den qualitativen und quantitativen Ausbau der Ganztagsschule zu fördern. Auch die Bildungsforschung hat von dieser Entwicklung profitiert. Innerhalb des IZBB wurde eine große Zahl von Forschungsprojekten zur Ganztagsschule gefördert. Die bedeutendste und aufwändigste Studie ist die „Studie zur Entwicklung von Ganztagsschulen" (StEG). Dieses Sonderheft der Zeitschrift für Erziehungswissenschaft gibt einen aktuellen Überblick zentraler Ergebnisse von StEG und einer Reihe weiterer Studien, die sich mit spezifischen Fragestellungen der Ganztagsschule beschäftigen.

Schlüsselwörter: Ganztagsschule · Ganztagsschulforschung

All-day school – a new school? Introduction

Abstract: Based on the coincidence of the educational debate following the disappointing results in the first PISA study (2000) and the public debate about the future of child care and balance of family and working life the all-day school has experienced a considerable upswing in the past ten years. Currently about 47% of all schools are all-day schools. This positive development can be

---

© VS Verlag für Sozialwissenschaften 2011

Prof. Dr. L. Stecher (✉)
Institut für Erziehungswissenschaft, Universität Gießen,
Karl-Glöckner-Straße 21 E, 35394 Gießen, Deutschland
E-Mail: Ludwig.Stecher@erziehung.uni-giessen.de

Prof. Dr. H.-H. Krüger
Institut für Pädagogik, Martin-Luther-Universität Halle/Wittenberg,
Franckeplatz 1, 06099 Halle/Saale, Deutschland
E-Mail: heinz-hermann.krueger@paedagogik.uni-halle.de

Prof. Dr. T. Rauschenbach
Deutsches Jugendinstitut (DJI), Nockherstr. 2, 81541 München, Deutschland
E-Mail: Rauschenbach@dji.de

attributed to the investment programme "Zukunft Bildung und Betreuung" (A Future for Education and Care, IZBB). Within its framework, the federal government provides a total sum of 4 billion Euros for the development of all-day schools. Moreover, and in close connection, numerous initiatives have been launched by the Länder states that aim at the qualitative and quantitative enhancement of all-day schools.

Eucational research has benefited from this development as well. Within the framework of IZBB many research projects on all-day schools have been funded. The most prominent of them is the "Study on the Development of All-day Schools" (StEG). The special issue of the 'Zeitschrift für Erziehungswissenschaft' gives an up to date overview of some major results of StEG and some other studies dealing with several issues of all-day schooling.

Keywords: All-day school · Research on all-day schools

Es gibt wohl kaum ein bildungspolitisches Thema, das die öffentliche Debatte in den letzten etwa 10 Jahren so bestimmt hat wie der Auf- und Ausbau der Ganztagsschule. Galt bis zum Beginn dieses Jahrhunderts die Halbtagsschule als wesentliches Charakteristikum des deutschen Schulsystems, so beginnt sich dieses zunehmend zu wandeln. Nimmt man die jüngsten Zahlen der KMK-Statistik zu den in Ganztagsform arbeitenden Schulen als Grundlage, so arbeitete im Schuljahr 2009/2010 bereits knapp die Hälfte (46,8 %) aller schulischen Verwaltungseinheiten in Ganztagsform (KMK 2011). Auch wenn sich deutliche Unterschiede mit Hinblick auf die Verbreitung der Ganztagsschule zwischen den einzelnen Bundesländern finden, ist die Ganztagsschule inzwischen in nahezu allen Bundesländern zu einem integralen Bestandteil des Schulsystems avanciert.

Der Erfolg der Ganztagsschule speist sich aus mehreren Quellen. Die erste dieser Quellen ist die Debatte um die Reform des deutschen Bildungssystems nach dem so genannten ‚PISA-Schock' zu Beginn der 2000er Jahre. Einer der wesentlichen Befunde der ersten PISA-Erhebungsrunde war, dass das deutsche Bildungssystem trotz hoher Kosten im internationalen Vergleich nur durchschnittlich erfolgreich ist. In der sich anschließenden bildungspolitischen Debatte um notwendige Reformen wurde die Idee der Ganztagsschule aufgegriffen und als eine mögliche Antwort auf die Herausforderungen identifiziert. Dies fand seinen Niederschlag in den Empfehlungen der Kultusministerkonferenz vom Dezember 2001, in denen die Ganztagsschule – u. a. neben verbindlichen Standards zur Qualitätssicherung und einer Verbesserung der Grundschulausbildung – zu den zentralen Handlungsfeldern der Reformarbeit gezählt wurde (vgl. Tillmann 2005).

Die zweite Quelle für den Erfolg der Ganztagsschule muss darin gesehen werden, dass sich in der Debatte um die Ganztagsschule nicht nur bildungspolitische Argumente spiegelten, sondern ebenso familien- und arbeitsmarktpolitische Gründe eine Rolle spielten. Die Ganztagsschule kam auch als Modell in den Blick, das über die längere Betreuung der Kinder in der Schule die Voraussetzungen für eine bessere Vereinbarkeit von Familie und Beruf schaffen konnte. In der zweiten Hälfte des 20. Jahrhunderts wurde die bildungs- und familienpolitische bzw. arbeitsmarktpolitische Debatte getrennt geführt, zwischen der Schule auf der einen und dem Hort und der außerschulischen Bildung auf der anderen Seite (vgl. Stecher et al. 2009). Erst die Vermischung beider Diskurse und deren Zusammenführung in der Ganztagsschule machten das Konzept der Ganztagsschule im besonderen Maße zukunftsorientiert.

Eine dritte Quelle für den Erfolg der Ganztagsschule liegt in der politischen Einigkeit, mit der dieses Modell gefordert wird. Über nahezu alle politischen Lager und Parteien hinweg wird der weitere Auf- und Ausbau von Ganztagsschulen als wesentliches Element der Schulentwicklung propagiert. Dieser Konsens wurde und wird u. a. dadurch gefördert, dass die Debatte um die Ganztagsschule stärker pragmatisch mit Blick auf eine einhellig betonte notwendige Reformierung des Bildungssystems geführt wurde und weniger – anders als etwa die Diskussion um die Einführung der Gesamtschulen in den 1970er und 1980er Jahren – ideologisch und parteipolitisch beeinflusst war bzw. ist.

Als ein vierter Motor der Ganztagsschulentwicklung lässt sich schließlich noch hinzufügen, dass sich neben der zunehmenden Zahl von Ganztags*angeboten* in den Schulen auch die *Nachfrage* nach ganztägigen Bildungs- und Betreuungsangeboten seitens der Familien deutlich erhöht hat. So weist etwa Holtappels (2005, S. 12) darauf hin, dass der Anteil derjenigen Eltern, die die Ganztagsschule grundsätzlich ablehnen, zwischen dem Beginn der 1980er Jahre und der Mitte der 2000er Jahre kontinuierlich von 40 auf 21 % zurückgegangen ist. Als Gründe für ihre positive Einstellung gegenüber der Ganztagsschule werden von den Eltern vor allem die spezifischen und erweiterten Fördermöglichkeiten sowie das vielfältige Angebot an Sport- und Freizeitaktivitäten an den Schulen genannt. Fast alle Eltern betonen zudem die Möglichkeiten für ihre Kinder, in den zusätzlichen Angeboten neue Gemeinschaftserfahrungen zu machen und damit verstärkt soziale Kompetenzen ausbilden zu können. Zwei Drittel der Eltern betonen daneben gleichzeitig den Vorteil der längeren, verlässlichen Betreuung ihrer Kinder in der Ganztagsschule (inkl. Mittagessen; vgl. ebd., S. 13).

Unabhängig von der politischen und auch öffentlichen Einigkeit über die Zukunftsfähigkeit der Ganztagsschule, stellen sich für diese wie für jede andere Reformbestrebung Fragen der Finanzierung. Durch die Bundesförderung von insgesamt 4 Mrd. € im Rahmen des Investitionsprogramm „Zukunft Bildung und Betreuung" und durch die zusätzlich aufgelegten länderspezifischen Förderprogramme, konnte der Auf- und Ausbau der Ganztagsschule in den letzten Jahren erst in diesem Umfang erfolgen (von 16,3 % 2002 an allen schulischen Verwaltungseinheiten auf 46,8 % 2009; vgl. KMK 2008 [ff.]). Obwohl die Fördermittel des Bundes mittlerweile mehrheitlich aufgebraucht sind und sich die Ganztagsschulentwicklung in einer finanziellen Konsolidierungsphase befindet, werden in den meisten Bundesländern entsprechende Programme zum weiteren Auf- und Ausbau der Ganztagsschulen fortgeführt.

Das Investitionsprogramm „Zukunft Bildung und Betreuung" (IZBB) und die Länderförderprogramme haben aber nicht nur zur Neugründung und zum Ausbau von Ganztagsschulen geführt, sondern haben auch wesentlich dazu beigetragen, dass gleichzeitig die wissenschaftliche Auseinandersetzung mit der Arbeit und den Wirkungsmöglichkeiten von Ganztagsschule deutlich an Intensität gewonnen hat. Im Besonderen hervorzuheben ist hier die Forschungsförderung durch das IZBB-Programm. Im Rahmen dieser Forschungsförderung wurde 2004 die „Studie zur Entwicklung von Ganztagsschulen – StEG" initiiert (vgl. Holtappels et al. 2008). Hierbei handelt es sich um eine Längsschnittstudie, an der sich 14 der 16 Bundesländer beteiligt haben. Mit dieser Studie, an der eingangs 371 Schulen mit mehr als 60.000 Schülerinnen und Schülern, Eltern, Lehrkräften und weiterem Personal teilnahmen, liegt eine der umfassendsten und aussagekräftigsten Entwicklungsstudien im Bereich der Bildungs- und Schulforschung vor. Die ersten längsschnittlichen Befunde dieser Studie über den Zeitraum von 2005 bis 2010 wurden der Öffentlichkeit im Herbst 2010 in einer Pressekonferenz vorgestellt. In dem vorliegenden Sonderheft werden hierzu ausgewählte vertiefte Analysen vorgelegt; eine umfassende Publikation der Längsschnittbefunde von StEG ist im Herbst 2011 verfügbar.

Das Förderprogramm des Bundes zur Ganztagsschule sah aber nicht nur die Förderung dieser großen repräsentativen Längsschnittschnittstudie vor, sondern stellte auch Mittel für vertiefende, quantitative und qualitative Studien zur Verfügung. Im Rahmen dieser Förderinitiative wurden zahlreiche Projekte gefördert, die sich großen Teils gegenwärtig in ihrer Schlussphase befinden. Auch aus diesen Projekten liegen erste Befunde vor, die im Rahmen dieses Sonderheftes erstmals in zusammenhängender Form – zumindest auszugsweise – vorgestellt werden können.

Der vorliegende Sonderband hat zur Aufgabe, die gegenwärtigen Erkenntnisse und empirischen Befunde zur Ganztagsschule, ihrer Wirkungsweise und ihrer Entwicklung in einzelnen Bereichen darzustellen und zusammenzufassen. Mit dem ‚Mehr an Zeit', das der Ganztagsschule zur Verfügung steht, verknüpft sich nicht nur eine rein zeitliche Erweiterung des Schulischen, sondern auch eine qualitative Veränderung des Schulemachens. Ganztagsschule hat, so die Hoffnung, das Potenzial zu einer anderen, neuen Art von Schule. Aspekte, die dies plausibel erscheinen lassen, beziehen sich etwa auf die Öffnung von Schule auf der Basis der Kooperation mit außerschulischen Partnern (Verbänden, Organisationen, Jugendhilfe etc.), auf neue Lehr- und Lernformen und auch Lerninhalte durch den erweiterten Zeitrahmen, oder auf Möglichkeiten einer neuen Rhythmisierung des Schultages, der Vor- und Nachmittag mit einbezieht.

Diese (und weitere) Aspekte stellen aber nicht nur das spezifische Potenzial der Ganztagsschule dar, sondern stellen sie auch vor neue Herausforderungen. Mit den außerschulischen Partnern etwa müssen Kooperationsvereinbarungen getroffen werden, die für beide Seiten gleichermaßen Aufgaben und Pflichten festlegen, gemeinsame Steuerungsgremien müssen etabliert, die Akquise von neuen Kooperationspartnern betrieben werden, also Aufgaben erledigt werden, die in der Halbtagsschule traditionell weniger anfallen.

Mit Blick auf neue Lehr- und Lernformen stellen sich Fragen der zusätzlichen zielgenauen Ausbildung derer, die diese Angebote durchführen. Das betrifft Lehrkräfte ebenso wie das weitere pädagogisch tätige Personal. Die Ganztagsschulen stehen dabei vor der Aufgabe, hier systematisch angebotsbezogen fortzubilden. Auch die Umstellung auf einen neuen Tagesrhythmus stellt die Schulen vor neue Herausforderungen, die sich in traditionellen Schulen im Allgemeinen seltener zeigen. Neu soll die Ganztagsschule auch insoweit sein, als sie neue Lernerfolge bei den Schülerinnen und Schülern erbringen soll, im Leistungsbereich der Unterrichtsfächer ebenso wie in den Bereichen des interkulturellen oder sozialen Lernens.

Die Auswahl der Beiträge im vorliegenden Heft stand unter dem Fokus, inwieweit sich von der Ganztagsschule als von einer ‚Neuen Schule' sprechen lässt, welche spezifischen Probleme sich in ihr zeigen, welches Potenzial sie beispielsweise mit Blick auf den Kompetenzerwerb der Kinder und Jugendlichen entwickelt und welche Auswirkungen sie auf

1 Ganztagsschule – Neue Schule? Einleitung

die Familie hat. Mit diesem ZfE-Sonderheft liegt in dieser Hinsicht das gegenwärtig aktuellste und umfassendste Panorama der deutschlandweiten Ganztagsschulforschung vor.

Der Band gliedert sich in drei Teile. Der erste Teil beschäftigt sich mit dem Arbeiten in und mit der Ganztagsschule. Im Mittelpunkt stehen hier Fragen der Steuerung von Ganztagsschule, Fragen der Zusammenarbeit zwischen den Lehrkräften und dem weiteren pädagogisch tätigen Personal sowie der Blick auf die Ganztagsschule als Teil regionaler Bildungsnetzwerke. Im zweiten Teil, Lernen in der Ganztagsschule, steht vor allem die Perspektive der Schüler und Schülerinnen im Vordergrund. Hier geht es beispielsweise um die Aspekte der individuellen Förderung in der Ganztagsschule bzw. um die Förderung der schulischen Leistungsentwicklung. Im dritten Abschnitt, Leben mit der Ganztagsschule, werden die Auswirkungen der Ganztagsschule auf die Familie und die sozialen Netzwerke der Jugendlichen näher beleuchtet.

1.1 Teil 1: Arbeiten in und mit der Ganztagsschule

Klaus Jürgen Tillmann beschäftigt sich in seinem Beitrag mit dem Zusammenhang zwischen neuen Steuerungsmodellen und Ganztagsschulentwicklung. Dabei geht er zum einen der Frage nach, ob bei der Ausweitung des Ganztagsschulbereichs bereits nach den Regeln der Kontextsteuerung verfahren wurde. Zweitens untersucht er, ob durch die Ganztagsschule, die sich ja für außerschulische Institutionen und Akteure öffnet, der Druck zum Abbau traditioneller Steuerungsmodelle verstärkt wird. Seine Diagnose mündet in dem Fazit, dass die offenen Ganztagsschulen Vorreiter für eine Entwicklung sind, die im staatlichen Schulwesen zu einer weitgehenden Ablösung der traditionellen administrativen Steuerung führen werden.

Heinz Günter Holtappels, Karin Loosen, Lea Spillebeen und **Katja Tillmann** untersuchen unter Bezug auf die Längsschnittdaten der StEG-Studie die Bedingungen für die Entwicklung der Kooperation von Lehrkräften an Ganztagsschulen. Dabei konzentrieren sich ihre Analysen auf die Frage, inwieweit Schulentwicklungsarbeit in der einzelnen Schule und die Konzeption der Ganztagsschule die Lehrkooperation voranbringen. Trotz einiger Unterschiede zwischen den Ganztagsschulen unterschiedlicher Schulstufen und Schulformen zeigen die Ergebnisse der empirischen Analysen insgesamt, dass die aktive Beteiligung der Lehrerschaft bei der Konzeptarbeit, der Planung und der Umsetzung des Ganztagsbetriebs und ihr zielbezogener Anspruch an die Ganztagsschule auch die Intensität der Lehrkooperation in der pädagogischen Alltagsarbeit in Schule und Unterricht steigern können.

Vanessa Ditzinger, Kathrin Fussangel und **Oliver Böhm-Kasper** untersuchen auf der Basis einer quantitativen Längsschnittbefragung von Lehrkräften an Halbtags- und Ganztagsschulen in Nordrhein-Westfalen das Belastungs- und Beanspruchungserleben von Lehrerinnen und Lehrern. Dabei kommen sie zu dem Ergebnis, dass die wahrgenommene Belastung der Lehrkräfte an Ganztags- und Halbtagsschulen sich nicht gravierend unterscheidet. Lediglich die querschnittlichen Resultate verweisen darauf, dass eine höhere konstruktive Zusammenarbeit an Ganztagsschulen mit einem niedrigen Belastungserleben in Verbindung steht.

Thomas Olk, Karsten Speck und **Thomas Stimpel** referieren Befunde aus dem Forschungsprojekt „Professionelle Kooperation von unterschiedlichen Berufskulturen an Ganztagsschulen". Hierbei wurde in den drei Bundesländern Brandenburg, Sachsen-Anhalt und Niedersachsen an je fünf Schulen auf der Basis kooperations- und professionstheoretischer Vorüberlegungen untersucht, welche Vorstellungen von Kooperation die schulischen Akteure sowie inner- und außerschulische Kooperationspartner haben, wie sich vor diesem Hintergrund die Kooperationspraxis an den Ganztagsschulen zeigt und welche Auswirkungen der ganztagsspezifischen Anforderungen sich auf das berufliche Selbstverständnis und Handeln sowie welche Kooperationserfolge sich vor diesem Hintergrund aus Sicht der Beteiligten feststellen lassen. Mittels eines qualitativen Forschungsdesigns wurde Kooperation als die zentrale Schnittstelle des Ganztagsbetriebs systematisch analysiert. Inhalt des Beitrags ist die vertiefende Darstellung der Analyseergebnisse anhand der Fragen nach den Kooperationsvorstellungen, der Kooperationspraxis und den Auswirkungen der Kooperation.

Der Beitrag von **Ulrich Deinet** und **Maria Icking** diskutiert die Ganztagsschule im Horizont des übergreifenden Konzepts der lokalen Bildungslandschaften. Im Horizont eines weiten Bildungsbegriffs kommen sie zu dem Schluss, dass die Jugendarbeit nicht nur die institutionelle Perspektive der Schule durch sozialräumliche Kooperationsformen erweitern, sondern insbesondere der oftmals vernachlässigten Subjekt- und Aneignungsdimension auch zu ihrem Recht verhelfen kann. Ganztagsschule, so verstanden, kann durch die Jugendarbeit zu einer sich entwickelnden Bildungslandschaft werden. Sie zeigen damit, dass Jugendarbeit eine wichtige Brückenfunktion einnehmen kann.

Bettina Arnoldt befasst sich mit der Frage, wie stark der Unterricht in Ganztagsschulen mit Angeboten der Kooperationspartner verbunden ist. Mit einem quantitativen Zugang aus den StEG-Daten zeigt sie mit regressionsanalytischen Berechnungen, dass Organisationsform und die Rhythmisierung der Schule dafür weniger eine Rolle spielen. Anhand eines latenten Wachstumskurvenmodelles im Längsschnitt zeigt die Autorin vielmehr, wie wichtig die Personalkontinuität, gemeinsame Fortbildungen sowie eine gemeinsame Zielperspektive für die Verbindung von Unterrichts- und Kooperationsangeboten sind.

Christine Wiezorek, Sebastian Stark und **Benno Dieminger** gehen den sozialräumlichen Aspekten der Ganztagsschulentwicklung nach, die sich auf bundeslandbezogene Spezifika sowie auf die Besonderheiten ländlicher Räume beziehen. Dabei werden zunächst die bundeslandspezifischen Rahmenbedingungen zur Ausgestaltung der Ganztagsschule in Rheinland-Pfalz und Thüringen skizziert. Deutlich werden hier einerseits große Unterschiede in der landespolitischen Flankierung der Ganztagsschulentwicklung und andererseits, dass bezüglich der Ausgestaltung der Ganztagsschule in beiden Bundesländern Strukturbedingungen der Ländlichkeit nicht berücksichtigt werden. Anschließend wird anhand von Ergebnissen aus Interviews mit den schulischen Akteuren der Einfluss von landesrechtlichen Rahmenbedingungen sowie von den Strukturbedingungen der Ländlichkeit auf die jeweilige Ganztagsschulentwicklung diskutiert.

1.2 Teil 2: Lernen in der Ganztagsschule

Wolfgang Böttcher, **Stephan Maykus** und **Tim Liesegang** untersuchen in ihrem Artikel, inwieweit die fachliche Maxime der individuellen Förderung im Schulalltag an das professionelle Selbstverständnis der im Ganztag handelnden Akteure anschlussfähig ist. Ausgehend von professionstheoretischen Überlegungen zu erweiterten Kompetenzanforderungen an die professionellen Akteure im Ganztag stellen sie exemplarische empirische Befunde aus einer qualitativen Studie vor, bei der 33 leitfadengestützte Interviews mit Lehrkräften und Personen des außerunterrichtlichen bzw. weiteren pädagogischen Personals aus NRW und Bremen durchgeführt worden sind. Die Resultate der Untersuchung machen deutlich, dass es innerhalb der einzelnen Gruppen kein einheitliches Förderverständnis gibt und im interprofessionellen Dialog ausgehandelt wird, was individuelle Förderung konkret auszeichnet. Überlegungen zur Neujustierung der Professionsrollen an Ganztagsschulen werden abschließend diskutiert.

Hans-Peter Kuhn und **Natalie Fischer** gehen in ihrem Beitrag auf der Basis der quantitativen Längsschnittdaten der StEG-Studie der Frage nach, inwieweit die Teilnahme an Ganztagsangeboten sich förderlich auf die Entwicklung von Schulleistungen und auf das Sozialverhalten bei Lernenden von der 5. bis zur 9. Klassenstufe auswirkt. Dabei zeigen sie, dass im Hinblick auf die Entwicklung der Schulnoten keine Effekte der generellen Teilnahme an Ganztagsangeboten festgestellt werden können, während sich hingegen unerwünschtes Sozialverhalten bei Lernenden positiver entwickelt, die kontinuierlicher an Ganztagsangeboten im Verlauf des Besuchs der Sekundarstufe I teilnehmen.

Heinz Reinders, **Ingrid Gogolin**, **Anne Gresser**, **Simone Schnurr**, **Jule Böhmer** und **Nina Bremen** beschäftigen sich in ihrem Beitrag mit der Frage, inwieweit Ganztagsschulen eine bessere soziale Integration von Migrantenkindern und eine günstigere Entwicklung der Sprachkompetenz im Deutschen ermöglichen als Halbtagsschulen. Dazu haben sie eine quantitative Längsschnittstudie bei Lernenden der ersten und zweiten Jahrgangsstufe an 29 Ganztags- und Halbtagsschulen im Grundschulbereich in Bayern und Hamburg durchgeführt. Basierend auf einem Schulqualitätsmodell werden neben dem Schultyp auch Faktoren der ethnischen Komposition der Schülerschaft und des Förderangebots an Schulen als mögliche erklärende Variablen in Mehrebenenanalysen mit einbezogen. Die Ergebnisse machen deutlich, dass Ganztagsschulen im Vergleich zu Halbtagsschulen keine Vorteile für das soziale Miteinander von Kindern mit und ohne Migrationshintergrund und für die Förderung der Lesekompetenz mit sich bringen. Zugleich zeigt sich aber auch die begrenzte Aussagekraft von formalen Merkmalen der Unterscheidung zwischen Ganztags- und Halbtagsschulen.

Christiane Steiner und **Natalie Fischer** gehen in ihrem Beitrag auf der Basis der Längsschnittdaten der StEG-Studie der Frage nach, welche Gruppen von Schülerinnen und Schülern, die Angebote von Ganztagsschulen nutzen. Dabei zeigen sie auf, dass die Teilnahme an Ganztagsangeboten eine Domäne jüngerer Lernender ist, dass Schülerinnen und Schüler, die von ihren Eltern an der Entscheidungsfindung beteiligt werden, die Angebote der Ganztagsschule positiver einschätzen und dass leistungsschwächere Lernende sich eher gegen die Angebote aussprechen. Die Befunde lassen somit erkennen, dass an den Schulen nicht nur altersangemessene Angebote fehlen, sondern auch Angebote, die vor allem leistungsschwächere Lernende ansprechen.

1.3 Teil 3: Leben mit der Ganztagsschule

Sabine Andresen, Martina Richter und **Hans-Uwe Otto** referieren zentrale Ergebnisse eines qualitativen Forschungsprojekts „Familien als Akteure in der Ganztagsschule". Aus einer akteursanalytischen Perspektive heraus wird Familie und Ganztagsschule ins Verhältnis gesetzt, um anschließend deren strukturelle Passung und Anschlussfähigkeit zu erörtern. Mit der Bezugnahme auf internationale Studien nimmt das Autorenteam schwerpunktmäßig die Dimensionen der Zeitverfügung und der Wissensvermittlung in den Blick und zeigt, dass die Familien und die professionellen Fachkräfte sehr unterschiedliche und bisweilen sich widerstrebende Vorstellungen über die Vermittlung und Wertigkeit bestimmter Wissensbestände und der Bedeutung freier Zeiteinteilung besitzen.

Nicole Börner untersucht auf der Grundlage der Studie zur wissenschaftlichen Begleitung der offenen Ganztagsschule im Primarbereich in Nordrhein-Westfalen die Auswirkungen der Ganztagsschule auf Familien. Die zugrunde liegenden Daten wurden aus qualitativen Interviews mit Eltern und einer standardisierten Elternbefragung gewonnen. Hierbei zeigt sich, dass Eltern vor allem im Hinblick auf die Vereinbarkeit von Familie und Beruf profitieren. Darüber hinaus kann die Ganztagsschule mit Angeboten wie der Hausaufgabenbetreuung und weiteren Freizeit- und Förderaktivitäten zu einer großen Entlastung von Familien beitragen. Mittels linearer Mehrebenenregressionsmodellen wird festgestellt, dass allerdings nicht alle Eltern gleichermaßen von der offenen Ganztagsschule profitieren. Es lassen sich im Bereich Familie und Beziehungen vor allem bei solchen Familie positive Veränderungen beobachten, die häufig als sozial benachteiligt gelten. Weitere Entwicklungsbedarfe deckt die Studie im Kontext von Familie und Ganztagsschule vor allem im Bereich der Hausaufgabenbetreuung auf.

Rimma Kanevski und **Maria von Salisch** gehen der Frage nach, ob die Ganztagsschule die Entwicklung sozialer und emotionaler Kompetenzen bei Jugendlichen fördert. Die Ganztagsschule wird von ihnen in nationalen und internationalen Studien als Institution mit besonderem sozialem Potenzial identifiziert. Eine wichtige Rolle nehmen darin die Peers ein. Anhand der quantitativen Studie „Peers in Netzwerken" (PIN) zeigen die Autorinnen klare Effekte der Ganztagsschulteilnahme, insbesondere im Hinblick auf die Fremd- und Selbstaufmerksamkeit sowie das aggressive Verhalten bei Jungen. Die Erwartung eines allgemeinen Fortschritts bei sozialen und emotionalen Kompetenzen von Jugendlichen in Ganztagsschulen im Vergleich zu Jugendlichen aus Halbtagsschulen wurde hingegen nur punktuell bestätigt.

Unser Dank gilt abschließend allen Kolleginnen und Kollegen, die an diesem Band mitgewirkt haben. Bedanken möchten wir uns im Besonderen auch bei Dipl.-Päd. Franziska Matzat, die den Band redaktionell betreut hat sowie bei Marie-Luise Dietz und Michael Heck (alle Justus-Liebig-Universität Gießen) für ihre Unterstützung bei der Erstellung des Manuskripts.

Gießen, Halle und München, September 2011
Ludwig Stecher, Heinz-Hermann Krüger und Thomas Rauschenbach

Literatur

Holtappels, H. G. (2005). Ganztagsschulen entwickeln und gestalten – Zielorientierungen und Gestaltungsansätze. In Höhmann, K., Holtappels, H. G., Kamski, I., & Schnetzer, T (Hrsg.), *Entwicklung und Organisation von Ganztagsschulen. Anregungen, Konzepte, Praxisbeispiele* (S. 7–44). Dortmund: Institut für Schulentwicklungsforschung.

Holtappels, H. G., Klieme, E., Rauschenbach, T., & Stecher, L. (Hrsg.). (2008). *Ganztagsschule in Deutschland. Ergebnisse der Ausgangserhebung der „Studie zur Entwicklung von Ganztagsschulen" (StEG)* (2. Aufl). Weinheim: Juventa.

Sekretariat der Ständigen Konferenz der Kultusminister der Länder in der Bundesrepublik Deutschland (KMK). (2008 [ff.]). *Bericht über die allgemein bildenden Schulen in Ganztagsform in den Ländern in der Bundesrepublik Deutschland – [2002 bis 2009]*. Berlin: Konferenz der Kultusminister der Länder.

Stecher, L., Allemann-Ghionda, C., Helsper, W., & Klieme, E. (2009). Ganztägige Bildung und Betreuung – Einleitung. In: Stecher, L., Allemann-Ghionda, C., Helsper, W., & Klieme, E (Hrsg.), *Ganztägige Bildung und Betreuung* (S. 7–16). Weinheim: Beltz (Beiheft der Zeitschrift für Pädagogik, 54).

Tillmann, K.-J. (2005). Ganztagsschule: die richtige Antwort auf PISA? In: Höhmann, K., Holtappels, H. G., Kamski, I., & Schnetzer, T (Hrsg.), *Entwicklung und Organisation von Ganztagsschulen. Anregungen, Konzepte, Praxisbeispiele* (S. 45–58). Dortmund: Institut für Schulentwicklungsforschung.

2 Die Steuerung von Ganztagsschulen

Zum Verhältnis von Schulautonomie, freien Anbietern und staatlicher Regulierung

Klaus-Jürgen Tillmann

Zusammenfassung: Die größere Selbstständigkeit der staatlichen Schulen und die damit verbundene geänderte Steuerungspraxis hat die Einzelschule viel stärker als früher in die Rolle eines Akteurs der eigenen Schulentwicklung gebracht. Der Ausbau der „offenen Ganztagsschulen" hat diesen Prozess beschleunigt; denn hier ist längst nicht mehr allein die staatliche Schulbehörde für die Regelung der pädagogischen Abläufe zuständig, sondern neben den Einzelschulen treten auch die Gemeinden und etliche freie Anbieter (z. B. Jugendhilfe) als weitere Akteure hinzu. Damit wird ein Feld für Aushandlungen und Absprachen geschaffen, das sich mit dem Konzept der „Educational Governance" angemessen beschreiben lässt. Aber auch das Spiel der eigenständigen Kräfte, wie es sich bei Kontextsteuerung und Governance ja entwickeln soll, braucht staatliche Vorgaben als sichere Rahmenbedingungen, dazu gehören: Qualitätsstandards und verlässliche personelle wie finanzielle Ausstattungen.

Schlüsselwörter: Ganztagsschule · Steuerung · Educational Governance · Selbstständigkeit der Einzelschule

The governance of all-days schools – The relationship of school autonomy, independent service providers and governmental regulation

Abstract: The increased autonomy of public schools and the changed governance practice associated with this has assigned schools more than before the part of an actor in their own school development. The expansion of the so called "open" all-day schools has expedited this process. Thus not only is the public school authority responsible for the regulation of the pedagogical process, but also the schools themselves, community institutions and several free independent service providers (i.e. youth welfare service) appear as further actors. Hence a field for negotiations and arrangements is created that can be described adequately by the concept of "educational governance". But also the play of independent forces, as it is intended to develop in this context of governance, needs governmental guidelines as secure framework requirements: To this belong quality standards, reliable personnel as well as financial facilities.

Keywords: All-day school · Regulation · Educational governance · School autonomy

© VS Verlag für Sozialwissenschaften 2011

Prof. Dr. K.-J. Tillmann (✉)
Fakultät für Erziehungswissenschaft der Universität Bielefeld,
Universitätsstraße 25, 33615 Bielefeld, Deutschland
E-Mail: Klaus.Tillmann@uni-bielefeld.de

Dieser Beitrag beschäftigt sich mit zwei Aspekten der Schulentwicklung, die systematisch voneinander getrennt werden können, die aber in de Realität zusammenfließen. Zum einen geht es um den Wandel der Steuerungsstrategie im staatlichen Schulwesen. Dieser Wandel wurde vielfach beschrieben: Schulautonomie, Kontextsteuerung und „output"-Kontrolle sind dafür die bekanntesten Stichworte (vgl. Berkemeyer 2010). Die Durchsetzung dieser „neuen Steuerung" im Schulsystem verläuft nun etwa seit 2002 in Deutschland zeitlich parallel zum Ausbau der Ganztagsschule. Daraus ergibt sich in der schulischen Realität eine Verknüpfung zwischen „neuer Steuerung" und „Ganztagsschule", die in diesem Beitrag zum Thema gemacht wird: Zum einen lässt sich fragen, ob bei der Ausweitung des Ganztagsschulbereichs bereits nach den Regeln der „Kontextsteuerung" verfahren wurde. Zum anderen interessiert, ob nicht gerade durch die Ganztagsschule, welche ja das schulische Feld für weitere Akteure (z. B. Jugendhilfe) öffnet, der Druck zum Abbau traditioneller Steuerungsmuster verstärkt wird.

Weil sich dies alles im staatlichen Schulsystem der deutschen Bundesländer abspielt, beginnt die Argumentation mit einigen knappen Überlegungen zum deutschen Staatsschulsystem, um dann aber schon sehr bald auf die Ganztagsschulproblematik überzugehen.

2.1 Staat, Schule, Steuerung

Deutschland hat eine lange Tradition der öffentlichen Schulen in staatlicher Trägerschaft; die preußische Vergangenheit spielt dabei eine große Rolle. Im Folgenden soll knapp gezeigt werden, dass mit einer solchen staatlichen Zuständigkeit Vor- und Nachteile verbunden sind – und dass auch hier der Wandel nicht übersehen werden darf.

2.1.1 Das staatliche Schulsystem: Lob und Kritik

In der gegenwärtigen bildungspolitischen Diskussion wird das bestehende staatliche Schulsystem aufgrund seiner Mängel und Defizite massiv kritisiert, zugleich wird aufgrund steigender Gründungszahlen von einem Privatschul-Boom gesprochen (vgl. Koinzer und Leschinsky 2009). Dies verbindet sich mit einer öffentlich ausgetragenen Kontroverse um die Motive, die zu einer zunehmenden Abwendung von „der Staatsschule" führen (vgl. Nohn 2010).

Diese Diskussion ist in den letzten Jahren wieder aktuell geworden, sie ist indes (insbesondere in der Kritik an der „Staatsschule") nicht neu. Dies führt zur *ersten These* dieses Aufsatzes:

> Die Vorteile einer staatlichen Trägerschaft des öffentlichen Schulsystems werden nur zu leicht übersehen, die Nachteile allzu stark betont.

Um diese These zu begründen, ist zunächst festzuhalten: In Deutschland hat der Staat bereits im ausgehenden 19. Jahrhundert durchgesetzt, dass (fast) alle Heranwachsenden eine öffentliche Schule besuchten und dort alphabetisiert wurden. Und längst trägt der Staat die Kosten dieses öffentlichen Schulsystems in vollem Umfang – von den Lehrergehältern bis zum Schülertransport. Somit ist die Schulausbildung in Deutschland unentgeltlich und damit nicht direkt vom Geldbeutel der Eltern abhängig. Als weiterer

Positivpunkt ist zu nennen: Die Schule als staatliche Einrichtung unterliegt der demokratischen Kontrolle, die Parlamente in den Kommunen und in den Ländern haben hier Einfluss- und Gestaltungsmöglichkeiten. Und die Bürger stimmen in Wahlen über die Grundlinien der Schulpolitik (z. B. über die Ausweitung des Ganztagsschulangebots) ab. Kurz: Das staatliche Schulwesen kann – wann immer Bürger es wollen – zum Gegenstand des öffentlich-demokratischen Diskurses gemacht werden. Und es kann durch demokratische Prozesse beeinflusst und verändert werden. Dies alles trifft für Schulen in privater Trägerschaft nicht oder nur sehr begrenzt zu.

Zugleich ist mit dem Staatsschul-Charakter aber auch die oft kritisierte Einbindung der öffentlichen Schule in ein hierarchisches System staatlicher Anweisungen und staatlicher Kontrollen verbunden. Durch Lehrpläne, Verordnungen und Erlasse, aber auch durch Personal- und Mittelzuweisungen werden von der Zentrale – dem Schulministeriums eines Landes – Vorgaben für die pädagogische Arbeit in der Schule gemacht: Welche Fächer werden mit wie vielen Stunden unterrichtet? Wie groß soll die Klasse sein? Welcher Stoff ist im Mathematikunterricht des 5. Schuljahrs zu vermitteln? Welche Prüfungen muss ein Lehrer absolvieren, bevor er unterrichten darf? Dies alles – und noch vielmehr – wird im staatlichen Schulsystem durch zentrale Vorgaben geregelt. Dadurch soll ein Mindestmaß an gleichen Bedingungen, an gleichen Anforderungen in den verschiedenen Schulen eines Landes gesichert werden. Ob diese Vorgaben eingehalten werden, soll dann von der staatlichen Schulaufsicht überprüft werden.

Dieser Aspekt des Staatsschulsystems – die hierarchisch-bürokratische Steuerung – wurde zu Beginn des 20. Jahrhunderts von damaligen Reformpädagogen genauso stark kritisiert (vgl. z. B. Otto 1912) wie später in der Bundesrepublik von den Akteuren der Schulreformphase (vgl. z. B. Rumpf 1971). In einem solchen System – so diese Kritik – habe die einzelne Schule keine eigenständige Rolle, sondern fungiere als eine Art „nachgeordnete Dienstbehörde", in der die Pädagogik durch die Administration dominiert wird. Die angesprochenen Vorteile eines staatlichen Schulsystems – so meine These – werden durch diese, nach wie vor populäre, Kritik nur allzu leicht überdeckt.

2.1.2 Steuerung im staatlichen Schulsystem: Der Abschied von der „nach geordneten Dienstbehörde"

Die Popularität dieser Staatsschul-Kritik steht nun aber in deutlichem Kontrast zu den Veränderungen, die sich in den letzten 20 Jahren im staatlichen Schulwesen vollzogen haben. Hier schließt nun die *zweite These* an:

Das Bild von der Schule als „nach geordneter Dienstbehörde" stimmt schon lange nicht mehr, es hat mit der Realität staatlicher Schulen zunehmend weniger zu tun.

Diese These stützt sich zunächst einmal auf die seit etwa 20 Jahren fortschreitende Entwicklung zur größeren Selbstständigkeit der Einzelschulen – auch überschwänglich als „Autonomie" bezeichnet (vgl. Tillmann 1997). Das soeben skizzierte hierarchische Steuerungsmodell ist auch wegen seiner pädagogischen Ineffektivität in die Kritik geraten, so dass inzwischen in allen Bundesländern die Schulministerien auf allzu enge Regelungen durch Verordnungen und Erlasse verzichten und stattdessen die Gestaltungs- und Entscheidungskompetenzen der Schulen stärken. Dies bedeutet u. a.: Schulen formulieren pädagogische Programme und geben sich spezifische Profile, sie suchen sich ihre Lehrkräfte z. T. selber aus, modifizieren die Stundentafeln und verwalten einen Teil ihrer Gelder selber. Sie dürfen z. B. auch selber entscheiden, ob sie sich um einen Ausbau zur Ganztagsschule bewerben. Kurz: Die Selbstgestaltungsfähigkeit der staatlichen Schulen ist deutlich gestiegen, der direkte Einfluss der Administration wurde dabei erheblich reduziert (vgl. Altrichter und Rürup 2010).

Diese größere Selbstständigkeit der Einzelschule ist Teil des bereits angesprochenen „neuen" Steuerungskonzepts, der „Kontextsteuerung". Diese wird von Helmut Fend knapp und präzis wie folgt beschrieben:

> Die Behörden nehmen sich in ihrer Kontrolle zurück, sie unterscheiden jetzt systematisch zwischen einer strategischen Führungsebene und einer operativen. Auf der ersten werden Zielvorgaben und Leistungsaufträge formuliert und mit entsprechenden Gestaltungsbudgets versehen. Die operativen Einheiten, als welche die Schulen angesehen werden, können im Rahmen der Leistungsaufträge, Organisationsform, Mittelverwendung und teilweise auch Lehrplanbereiche selbst bestimmen. (2000, S. 65)

Das bedeutet, dass die staatliche Schulaufsicht es aufgegeben hat, die Prozesse im Einzelnen steuern zu wollen. Stattdessen formuliert sie jetzt Rahmenvorgaben. Dadurch werden die Schulen in ihren Handlungsmöglichkeiten freigesetzt, zugleich werden sie aber an ihren Ergebnissen – am „output" gemessen. *Wie* die Schulen ihre Ziele erreichen, dürfen sie zunehmend stärker selbst entscheiden. Allerdings: *Ob* sie diesen Zielen – etwa die erwarteten fachlichen Leistungen – auch tatsächlich näher kommen, wird kontinuierlich durch externe Evaluationen (z. B. durch Leistungstests, Schulinspektionen) überprüft (vgl. Tillmann 2006; Dedering et al. 2007).

Nun gibt es neben der erweiterten Selbstständigkeit noch eine zweite Entwicklung, die zur Reduzierung der hierarchischen Steuerung geführt hat: Immer mehr Schulen binden sich in regionale Kooperationen ein, werden Teile von lokalen Netzwerken. Das können Kooperationen von Schulen mit Kindergärten, Horten und Sportvereinen sein, das sind ganz oft Vereinbarungen von Sekundarschulen mit Betrieben, wenn es um Betriebspraktika und Berufsvorbereitungen geht. Manche Schulen sind in Innovations-Netzwerke eingebunden – etwa „Selbstständige Schule" in NRW (vgl. Lohre 2004) oder „Reformzeit" in Brandenburg (vgl. Killus et al. 2010); wiederum andere Schulen arbeiten bei Schulentwicklungsprojekten mit externen Beratern zusammen (vgl. Dedering et al. 2010). Und vor allem im naturwissenschaftlichen Bereich gibt es Kooperationen zwischen Schulen und Universitäten. Und last but not least: Sowohl die Jugendhilfe als auch die kommunalen Schulträger treten immer häufiger als Akteure in den Schulen auf. Der Begriff der „kommunalen Bildungslandschaft" signalisiert hier die Absichten auf der lokalen Ebene (vgl. Mack 2008).

Dies alles bedeutet: Die Steuerung der Aktivitäten in einer einzelnen Schule folgt längst nicht mehr einem einzigen, einem hierarchischen Anweisungsweg, sondern ist in komplexer Weise vernetzt; denn an der Gestaltung der schulischen Aktivitäten sind inzwischen viele Akteure mit ihren Inputs beteiligt. In der Bildungssoziologie wird dies als Ablösung der „hierarchischen Steuerung" durch „Educational Governance" (vgl. Altrichter et al. 2007; Brüsemeister et al. 2010) beschrieben. Pointiert bedeutet das: Steuerung geschieht längst nicht mehr bevorzugt durch hierarchische Anweisungen, sondern inzwischen in komplexer Weise durch die gesellschaftliche Einbindung der Schule. Die vorgesetzte staatliche Behörde ist nicht mehr die einzige Steuerungsinstanz, sondern sie ist in einem komplexer werdenden Netzwerk ein Akteur unter anderen. Allerdings darf dabei nicht übersehen werden: Im Konfliktfall hat die vorgesetzte Behörde nach wie vor die Möglichkeit, hierarchisch „durchzugreifen".

2.1.3 Zwischenfazit

Wenn man heute einen Blick auf das staatliche Schulwesen wirft, so lassen sich – bei aller Differenz zwischen Bayern und NRW, zwischen Sachsen und Brandenburg – doch einige Tendenzen feststellen, die sich auf Aufgabe und Funktion des Staates beziehen:

1. Die staatliche Schule bleibt in allen Bundesländern, in allen Schulformen die auch quantitativ weit dominierende Rechtsform der öffentlichen Schule.
2. Die pädagogische Arbeit in den Schulen wurde lange Zeit verstanden als ausführende Tätigkeit im Sinne einer höheren Klugheit. Dem entsprach das Modell der hierarchisch-administrativen Steuerung durch Ministerien und Schulaufsicht. Dieses Selbstverständnis ist weitgehend (aber nicht völlig) verschwunden, sowohl Steuerungstheorie wie Steuerungspraxis haben sich deutlich verändert.
3. Die „vorgesetzte Dienstbehörde" ist zwar erhalten geblieben, sie konzentriert sich inzwischen aber vorwiegend auf die „Kontextsteuerung" der mit Handlungsspielräumen agierenden Schulen. Und diese Behörde ist eingebunden in ein Netzwerk von Akteuren, die alle ihren Einfluss auf die Arbeitsabläufe in der Schule besitzen.

Welche Relevanz hat dies alles für die Ganztagsschule?

2.2 Ganztagsschule – neue Anforderungen an die staatliche Steuerung?

Parallel zur Ausweitung der Schulautonomie, parallel zur Veränderung des Steuerungsmodells, erfolgte in den letzten acht Jahren in fast allen Bundesländern die Ausweitung des Ganztagsschulsektors (vgl. Quellenberg 2007). Damit ist insbesondere eine neue Form der Kooperation zwischen staatlicher Schule und den freien Anbietern (das sind vor allem Sportvereine und Jugendhilfe-Träger) verbunden. In welcher Weise diese Entwicklung eingebunden ist in die soeben skizzierte Steuerungsproblematik, soll jetzt verhandelt werden. Im Folgenden geht es somit darum, das spezifische Verhältnis zwischen der *Ganztags*schule und der Steuerung im staatlichen Schulsystem auszuloten. Dabei beginnen wir mit der Frage nach den gesellschaftlichen Kräften, die für mehr Ganztagsschulen gesorgt haben, um sodann nach den staatlichen Steuerungsstrategien bei der Durchsetzung zu fragen.

2.2.1 Politik und staatliche Gremien als Motoren der Ganztagsschulentwicklung

Seit 2002 wird in Deutschland der Ganztagsschulsektor massiv ausgebaut. Die Zahl der Ganztagsschulen konnte in den meisten Bundesländern bis 2007 mehr als verdoppelt werden. Auch der Anteil der Ganztagsschüler/innen wurde in dieser Zeit etwa verdoppelt, er liegt jetzt bei etwa 20 % (vgl. Kuhlmann 2010, S. 29). Dieser umfangreiche Ausbau, den wir seit 2002 beobachten können, ist innerhalb des *staatlichen* Schulwesens erfolgt. Er wurde von staatlichen Stellen – so von der Bundesregierung und den meisten Landesregierungen – befördert, getragen und finanziert. Somit ist vor allem der Staat als Motor der Ganztagsschulentwicklung aufgetreten. Hier lautet nun die *dritte These*:

> Der Druck zur Einrichtung weiterer Ganztagsschulen kam nicht so sehr aus den Schulen selbst, sondern er entstand vor allem durch öffentliche Erwartungen an eine verbesserte Betreuungs- und Förderungsleistung der Schulen. Diese wurden von der Politik aufgegriffen und von der staatlichen Schulverwaltung in Programme umgesetzt.

Analysen der bildungspolitischen Entwicklungen der Jahre 2001–2007 zeigen sehr deutlich: Nicht so sehr die Lehrkräfte in den Schulen und auch nicht die Sozialpädagogen in den Jugendhilfe-Einrichtungen waren die treibenden Kräfte dieser Ganztagsschulentwicklung. Beide Berufsgruppen haben und hatten vielmehr durchaus lobbyistische Gründe gegenüber der Ganztagsschule Abstand zu wahren. Zugespitzt formuliert: Lehrer/innen lieben aus den bekannten Gründen die Vormittags-Schule, und die Erzieher/innen und Sozialpädagogen fürchten um ihre Horte und um die Zeitdeputate für die Jugendarbeit. Die treibenden Kräfte der Ganztagsschulentwicklung finden sich deshalb eher seltener unter den Pädagogen und weit häufiger außerhalb der pädagogischen Professionen. Insbesondere nach PISA 2000 formulierte eine breite Öffentlichkeit, darunter sehr viele Eltern, ihre Erwartungen an eine Ausweitung des ganztägigen Angebots. Dies wurde von Bildungspolitikern aller Parteien aufgegriffen und verstärkt – und von den Schulministern in die Schulen getragen und als Innovation umgesetzt (vgl. Tillmann et al. 2008, S. 183–270).

Kurz: Wir haben es bei dem Ausbau der Ganztagsschulen nicht mit einer breiten Basisbewegung von Pädagoginnen und Pädagogen zu tun, sondern mit einem politischen Druck, der von den Bildungsbehörden in ein innovationsstrategisches Vorgehen umgesetzt wurde: Die Schulministerien haben Angebote und Anreize formuliert, damit sich Halbtagsschulen zu Ganztagsschulen weiterentwickeln. Somit sind staatliche Stellen hier zuerst als Innovatoren aufgetreten, eine regulierende und kontrollierende Rolle ist erst später hinzugetreten.

2.2.2 Ganztagsschul-Einführung durch Kontextsteuerung

Der Staat, genauer die Schulminister/innen der Länder, traten somit als Akteure zur Durchsetzung von mehr Ganztagsschulen auf. Dabei agierten sie nicht administrativ-hierarchisch, sondern arbeiteten sehr klug mit dem neuen Instrument der Kontextsteuerung. Die *vierte These* lautet daher:

> Der Ausbau der Ganztagsschulen nach 2001 ist ein Musterbeispiel dafür wie die staatliche Schulbehörde mit den Instrumenten der Kontextsteuerung schulische Reformaktivitäten aufnehmen, stützen und systematisch weiterbringen kann.

2 Die Steuerung von Ganztagsschulen

Ausgangspunkt bei diesen Prozessen war stets die Absicht des Ministeriums, die Zahl der Ganztagsschulen zu erhöhen. Genauer: Weitere Halbtags- in Ganztagsschulen umzuwandeln. Dies geschah in keinem uns bekannten Fall durch direkte Anweisungen, sondern immer in einem Verfahren der Ausschreibung und Bewerbung[1]: Das Ministerium teilte mit, in welchem Segment (z. B. Sekundarstufe I) im folgenden Jahr wie viel neue Ganztagsschulen eingerichtet werden sollen. Und es legte das organisatorische Grundgerüst dieser neuen Ganztagsschulen fest. Dazu gehören die Vorgaben für Öffnungs- und Betreuungszeiten, für die einmaligen baulichen Investitionen, für die laufende Personal- und Finanzausstattung. Außerdem wurde festgelegt, welche konzeptionellen Vorstellungen die Schulen für diese Bewerbungen ausarbeiten müssen. So war in Rheinland-Pfalz ein „standortspezifisches pädagogisch-organisatorisches Konzept" (Landtag RP 2003, S. 5) einzureichen, in dem zumindest beispielhaft darzulegen war, welche Inhalte und Angebotsformen in den Nachmittag eingebracht werden sollten. Dieses Konzept musste von der Lehrerkonferenz, den Eltern, dem Schulträger und den benannten Kooperationspartnern getragen werden.

In allen von uns untersuchten Ländern (Brandenburg, Bremen, Rheinland-Pfalz) lagen bei diesen Ausschreibungen mehr Bewerbungen vor als berücksichtigt werden konnten. Die Schulbehörde konnte auswählen, dabei spielten Qualitätsgesichtspunkte genauso eine Rolle wie Kriterien der regionalen und schulformspezifischen Verteilung. Auf diese Weise erreichte das Ministerium die vorher formulierten Zielzahlen an neuen Ganztagsschulen – und dies ausschließlich mit solchen Schulen, die genau diesen Veränderungsprozess auch selber wollten. Schulen, die in dem einen Jahr nicht zum Zuge kamen, konnten im nächsten Jahr erneut antreten. Mit einem solchen Verfahren der Ausschreibung und Bewerbung praktizierte das Ministerium die weiter vorn beschriebene Kontextsteuerung. Dabei sicherte es, dass

- nur solche Schulen in den Umwandlungsprozess eintraten, bei denen der Innovationsprozess von den allermeisten Beteiligten unterstützt wurde;
- umfassende pädagogische und organisatorische Vorarbeiten vorlagen, wodurch der Umwandlungsprozess zügig vorangehen konnte;
- ein Konzept realisiert wurde, das einerseits die zentralen Vorgaben akzeptierte, andererseits aber auch die Bedingungen vor Ort aufnahm und somit in die regionale Landschaft passte.

Dieses Verfahren ist ein Beispiel dafür wie auch bei einem solchen relativ offenen Prozess die staatliche Schulaufsicht nicht auf eine Steuerung verzichtet, sondern mit geänderten Methoden die Einhaltung der von ihr definierten Kriterien durchsetzen kann. Anders formuliert: Am Beispiel der Ganztagsschulen kann man aufzeigen wie erfolgreich die Strategie der Kontextsteuerung sein kann.

2.2.3 Die offene Ganztagsschule als Kooperationsfeld zwischen Schule und freien Anbietern

Bis Ende der 1990er Jahre lag der Anteil der Schüler/innen, die eine Ganztagsschule besuchten, bundesweit bei etwa 10 % des Altersjahrgangs (vgl. Quellenberg 2007, S. 21). Bei den allermeisten dieser Schulen handelte es sich um „gebundene Ganztagsschulen".

Das bedeutet, dass alle Schüler/innen, die diese Schulen besuchen, auch an den Lern- und Arbeitsgruppen des Nachmittags teilnehmen. Es bedeutet weiter, dass das gesamte schulische Programm – Freizeitaktivitäten und Hausaufgabenhilfen eingeschlossen – unter der Regie der Schule (und ihrer Leitung) steht und zum allergrößten Teil durch Lehrkräfte bestritten wird. Solche gebundenen Ganztagsschulen – die Gesamtschulen der 1970er Jahre können hier als Prototyp gelten – haben eine deutlich höhere Lehrerzuweisung als die vergleichbaren Halbtagsschulen, sie haben ein erweitertes Raumprogramm, und sie beschäftigen meist auch einige Sozialpädagogen. Was die Steuerungsproblematik angeht, ist durch diese Form der Ganztagsschule keine neue Situation entstanden: Alle Aktivitäten sind „schulische Veranstaltungen", es gibt nur eine verantwortliche Organisation und Leitung – und die wiederum ist der Schulaufsicht nachgeordnet. Nun setzte – wie bereits angesprochen – im Gefolge der PISA-Diskussion (ab 2002) eine massive Ausweitung des Ganztagsschulbereichs ein: Der Anteil der Kinder, die eine Ganztagsschule besuchen, hat sich in knapp zehn Jahren in etwa verdoppelt, die Tendenz ist weiter steigend. Allerdings wurden die neuen Ganztagsschulen nicht mehr als „gebundene", sondern ganz überwiegend als „offene" Ganztagsschulen gegründet[2]. Gerade mit diesem Ganztagsschul-Modell sind in den letzten Jahren die großen Zuwächse erreicht worden. Dass dieser Ausbau der offenen Ganztagsschule erhebliche Konsequenzen für den Staatseinfluss und für die Steuerungsproblematik besitzt, soll im Folgenden gezeigt werden. Dazu lautet die *fünfte These:*

> Die Etablierung der offenen Ganztagsschule hat all die Prozesse beschleunigt, die auf eine größere Autonomie der Einzelschule und auf eine Einbindung der Schule in ein „Governance-Netzwerk" hinauslaufen.

Um diese These zu verstehen, muss man sich zunächst einmal die spezifische Struktur einer „offenen" Ganztagsschule vor Augen führen: Dort wird im Vormittagsbereich in üblicher Weise Unterricht nach der Halbtags-Stundentafel erteilt – und zwar für *alle* Schüler/innen. Am Nachmittag finden „außerunterrichtliche Angebote" statt, an denen ein Teil der Schüler/innen (oft etwa 30 bis 40 %) aufgrund freier Entscheidungen teilnimmt. Im Erlass für die offene Ganztags-Grundschule in NRW (vgl. Ministerium NRW 2008) heißt es dazu:

> „Die offene Ganztagsschule bietet zusätzlich zum planmäßigen Unterricht ... Angebote außerhalb der Unterrichtszeit...". Diese werden „in Kooperation mit einer Vielzahl von Partnern, insbesondere aus der Kinder- und Jugendhilfe, des Sports und der Kultur" erbracht.

Diese verbindliche Kooperation führt dazu, dass an „offenen" Ganztagsschulen der Staat nicht mehr allein für das Bildungsprogramm und für den Personaleinsatz verantwortlich ist. So ist es in NRW jetzt die Aufgabe der Kommunen, „die Vergabe von Trägerschaften für außerunterrichtliche Angebote" zu koordinieren, dabei sollen vor allem die „freien Träger aus Kinder- und Jugendhilfe" berücksichtigt werden (ebd.). Der kommunale Schulträger schließt mit Jugendhilfe-Trägern, mit Musikschulen, mit Sportvereinen Kooperationsverträge ab, in denen festgelegt wird, welche Angebote mit welchem Personal realisiert werden sollen – und welche Vergütung dafür bezahlt wird. Dabei wird auch festgelegt, dass im Rahmen dieser Vereinbarung die jeweiligen Anbieter über die pädagogische Ausgestaltung ihrer Angebote selbst entscheiden (vgl. Landtag Rheinland-Pfalz 2003, S. 12).

Bei solchen, von „außen" eingeworbenen Nachmittagsangeboten kann es sich um Hausaufgabenbetreuungen, um sportlich Aktivitäten, um fachliche Ergänzungen (z. B. Fremdsprachentraining), um Kulturprojekte, um Diskussionsgruppen, auch um Formen der Jugendarbeit handeln. Dabei können die Kooperationspartner ganz unterschiedliches Personal – vom Sozialpädagogen über den Übungsleiter bis hin zum engagierten Pensionär – einsetzen.

Betrachtet man diese Arbeitsform der *offenen* Ganztagsschule unter der Steuerungsperspektive etwas genauer, so fällt zu allererst ihr „Doppelcharakter" ins Auge: Für den Unterrichtsvormittag ändert sich beim Übergang von der Halbtags- zur Ganztagsschule so gut wie nichts. Hier finden wir nach wie vor die „klassische" Schulsituation, in der Lehrer Unterricht erteilen. Sie orientieren sich dabei sowohl an zentralen Vorgaben (z. B. Lehrpläne) wie auch an Konzepten, die in der Schule entwickelt wurden (z. B. Schulprogramme). Diese professionelle Arbeit der Lehrkräfte wird von der Schulleitung inhaltlich und organisatorisch koordiniert.

Was den Nachmittagsbereich der offenen Ganztagsschule angeht, finden wir hingegen eine völlig neue Mixtur an Steuerungs-Einflüssen: Zum einen kommen die *Schulträger* erstmals in eine Rolle, bei der sie Einfluss auf die Inhalte der schulischen Aktivitäten nehmen können; denn die offene Ganztagsschule wird

„auf der Grundlage der Kooperationsvereinbarungen zwischen dem Schulträger, der Schule und beteiligten außerschulischen Partnern" ausgestaltet,

so heißt es in dem NRW-Erlass (2008). Während bisher der Staat (genauer: die Landesregierung) allein die zu lernenden Inhalte dekretiert hat, ist die staatliche Schulbehörde jetzt nur einer von drei Verhandlungspartnern, wenn es um das Nachmittagsprogramm geht. Das bedeutet zum zweiten, dass die *Kooperationspartner* – insbesondere die Träger der Freien Jugendhilfe – mit eigenständigem Auftrag in die Gestaltung der pädagogischen Arbeit in der Schule eingreifen. Und dies geschieht, mindestens der Tendenz nach, „auf Augenhöhe". Denn hier kann im Konfliktfall die staatliche Schulaufsicht nicht mehr einfach „durchregieren", sondern hier muss sie sich in Verhandlungen begeben.

Über die empirische Praxis dieser Kooperation ist bisher nicht allzu viel bekannt. Erste empirische Ergebnisse lassen erkennen, dass fast alle offenen Ganztagsschulen mit Kooperationspartnern zusammenarbeiten (vgl. Klieme et al. 2007, S. 369 f.). Dabei sind Sportvereine und Träger der Jugendhilfe die häufigsten Partner. Die Jugendhilfe deckt ein relativ breites Spektrum ab, so dass sie in Einzelfällen auch als eine Art „Generalunternehmer" für den Nachmittagsbereich fungiert (vgl. ebd., S. 370).

Insgesamt lassen solche Abläufe erkennen, dass die Steuerung in diesem Bereich nicht mehr durch Anweisungen möglich ist, sondern dass unterschiedliche Vertragspartner miteinander in Verhandlungen und dann in Kooperation treten. Dabei agiert die Schule relativ eigenständig, weil sie sich ja um ein „standortspezifisches Konzept" kümmern muss. Die daran beteiligten Akteure – Schule, Schulbehörde, Gemeinde, freie Anbieter – sind untereinander vernetzt und müssen in diesem Netzwerk zu einem Arbeitsbündnis finden, das für alle Beteiligten zu befriedigenden Ergebnissen führen soll. Genau das ist gemeint, wenn gesagt wird, dass Steuerung nunmehr als „Governance" in einem Netzwerk handelnder Akteure stattfindet.

Kurz: Der Wandel der Steuerungsstruktur, der sich im staatlichem Schulwesen seit etlichen Jahren beobachten lässt, wird durch die Etablierung offener Ganztagsschulen, wird durch den Arbeits- und Kooperationsalltag dieser Schulen massiv beschleunigt; denn die *offene* Ganztagsschule weist in ihrer alltäglichen Praxis ein deutlich höheres Maß an Autonomie und wesentlich mehr vernetzte Steuerungsstrukturen auf, als dies an einer „normalen" Halbtagsschule vorkommt.

2.3 Welche staatlichen Regelungen sind erforderlich, wie sollen sie aussehen?

Wenn also Ganztagsangebote in staatlicher Trägerschaft von relativ selbstständigen Schulen betrieben werden, und wenn sie in einem Governance-Netzwerk gesteuert werden: Welche staatlichen Regulierungen sind dann überhaupt noch erforderlich und wie sollten sie aussehen?

Weiter unten wird begründet, warum wir staatliche Regelungen in mindestens drei Bereichen für unverzichtbar halten:

1. Staatliche Regelungen müssen – auch als eine Art Selbstverpflichtung der Schulbehörde – festlegen, welche *Ressourcen* für den Betrieb der Ganztagsschulen zur Verfügung stehen.
2. Staatliche Regelungen müssen überprüfbare Standards für die *Qualität* der Ganztagsschulen formulieren und Verfahren der Überprüfung beschreiben.
3. Staatliche Regelungen müssen einen verbindlichen Rahmen für die *Kooperation* der beteiligten Akteure setzen.

Die folgenden Erläuterungen zu diesen drei Regelungsforderungen beziehen sich explizit auf das Modell der *offenen* Ganztagsschule.

2.3.1 Die Ressourcen der Ganztagsschule

Ganztagsschulen müssen den Eltern verbindlich erklären, welche Zeiten des Nachmittags durch die Arbeits-, Lern- und Spielangebote der Schule abgedeckt werden. Hier sind Regelungen erforderlich, welche die Mindestzeiten einer Ganztagsschule definieren: Zeiten, auf die sich Eltern und Kinder sicher verlassen können. Aus diesen zeitlichen Festlegungen, verknüpft mit den Gruppengrößen, ergibt sich der Personalbedarf einer Ganztagsschule. Hier sind verbindliche Finanzierungsregelungen notwendig: Wie viel Personal wird der Schule für den Ganztagsbetrieb zugewiesen? Wie viel Lehrerstunden sind darunter, wie viel Honorarmittel für freie Anbieter? Lassen sich diese Töpfe untereinander tauschen?

Doch es geht nicht nur um das Personal für die Betreuung der Gruppen. Es geht auch um die Mittagsversorgung, die dazu notwendigen Investitionen in Küche und Mensa, das Personal für die Essensausgabe, die laufenden Zuschüsse für die Mahlzeiten. Hier sind verbindliche Regelungen erforderlich, die darlegen, mit welchen Summen (vom Schulträger, vom Land) die Schule verbindlich rechnen kann. Diese Summen müssen so ausgestaltet sein, dass eine seriöse und qualitätsvolle Arbeit auch wirklich finanziert werden kann. Hier gibt es in etlichen Bundesländern – so u. a. in Mecklenburg-Vorpommern und in Niedersachsen – einen erheblichen Nachholbedarf. Und schließlich ist hier auf das spezielle Problem der Elternbeiträge zu verweisen: Die Kosten des Schulbesuchs werden in Deutschland vom Staat (genauer: von den Ländern) und von den kommunalen Schulträgern getragen, sie werden über Steuern finanziert. Für das einzelne Kind, für die Eltern ist der Besuch der öffentlichen Schule kostenlos. Für den Besuch der Ganztagsschule wird diese Frage jetzt z. T. wieder neu aufgerollt: Denn die Elternbeiträge, die für den Hortbesuch gezahlt werden, sollen auch in der Ganztagsschule erhoben werden (so z. B. in NRW). Man kann dies auch als eine Wiedereinführung des „Schulgelds" verstehen und als Position dagegen setzen: Die Unentgeltlichkeit des Schulbesuchs, eine demokratische Errungenschaft der frühen Bundesrepublik[3], muss sich auf alle öffentlichen Schulen, und damit auch auf die Ganztagsschule beziehen. Wird dies nicht realisiert, so besteht die Gefahr, dass gerade Kinder aus wenig begüterten Familien von der Ganztagsschule ferngehalten werden.

2.3.2 Die Qualität der Ganztagsschulen

Man kann sehr schnell Einigkeit darüber erzielen, dass das Ministerium nicht ein detailliertes Ganztagsschulkonzept für alle Schulen des Landes vorschreiben soll. Vielmehr muss es darum gehen, standortspezifische Lösungen zu ermöglichen, in die auch die örtlich ansässigen Organisationen und Vereine einbezogen werden sollten. Aber bedeutet dies, dass für die Konzepte „vor Ort" überhaupt keine pädagogisch-organisatorischen Vorgaben gelten sollen? Hier ist einzuwenden, dass ein solcher Regelungsverzicht unvereinbar wäre mit all den Bemühungen, die auf Sicherung von Schulqualität durch Standardsetzung und ihre Überprüfung ausgerichtet sind. Denn wenn man Qualitätssicherung nicht nur für den Unterricht, sondern auch für den Ganztagsbereich einer Schule realisieren will, ist es notwendig und sinnvoll, auch Qualitätsstandards zu formulieren. Dies gilt vor allem für die folgenden Bereiche:

- Ausstattung der Schulen mit Räumen für den Ganztagsbereich und mit einem akzeptablen Freigelände
- Realisierung einer Mischung unterschiedlicher Arbeitsformen (z. B. Hausaufgabenhilfen, unterrichtsbezogene Ergänzungen, Vorhaben und Projekte, Sport- und Bewegungsangebote, musikalische Angebote etc.)
- Vorgaben für maximale Gruppengrößen bei diesen verschiedenen Aktivitäten
- Mindestanteil des Lehrereinsatzes im Nachmittagsbereich
- Sicherung der Mindestqualifikation des außerunterrichtlichen Personals
- kontinuierliche Koordination zwischen Vormittags- und Nachmittagsangeboten
- Fortbildungs- und Beratungsangebote für das pädagogische Personal

Die Einhaltung dieser Anforderungen sollte kontinuierlich durch Formen der Selbstevaluation überprüft werden. In gewissen Zeitabständen sollte eine Fremdevaluation (in Anlehnung an die Schulinspektion) durchgeführt werden.

2.3.3 Die Kooperation zwischen den Akteuren

Es ist ja deutlich geworden, dass das Betreiben einer offenen Ganztagsschule nur möglich ist, wenn eine größere Zahl von Akteuren miteinander kooperiert. Dabei muss das

Angebot der Ganztagsschule von den Kindern und den Eltern als ein sinnvolles Gesamtkonzept wahrgenommen werden. Zugleich gilt aber auch, dass die verschiedenen freien Anbieter – von der Jugendmusikschule bis zu den Trägern der Jugendhilfe – Gelegenheit erhalten müssen, mit ihren spezifischen Vorstellungen und ihrem eigenständigen pädagogischen Auftrag in diese Kooperation einzutreten. Damit dies gelingen kann, sind Regelungen erforderlich, die Zuständigkeiten klären und Eigenständigkeiten sichern. Die folgenden Fragen machen deutlich, worum es dabei vordringlich geht:

1. Welche Rolle spielt der Schulträger? Soll er Konzepte und freie Anbieter koordinieren, oder soll das in der jeweiligen Schule passieren?
2. Welche Rolle spielt die Schulleitung? Definiert sie das Konzept und bietet einzelnen Anbietern die Ausfüllung einzelner Bereich an? Oder gibt es konzeptionelle Debatten, an denen Schule und Anbieter gemeinsam teilnehmen?
3. Welche Rolle spielen die Träger der Jugendhilfe? Übernehmen sie in einzelnen Schulen einzelne Kursangebote – oder streben sie an, so etwas wie „Generalunternehmer" für den Nachmittagsbereich zu werden?

Wenn man Qualität sichern und Kooperation auf Dauer stellen will, kann man dies nicht einfach dem freien Spiel der Kräfte überlassen – und in jeder Schule eine andere Regelung finden. Vielmehr sind hier – bezogen auf ein Bundesland – jeweils Grundlinien der Kooperation festzulegen, an die sich die Akteure dann halten müssen, auf die sie sich dann aber auch verlassen können. In einigen Ländern gibt es solche Festlegungen, in anderen sind weitere Konkretisierungen erforderlich. Dies gilt auch für die Frage, mit welchem Partner die freien Anbieter Verträge abschließen, welche zeitlichen Verbindlichkeiten damit verbunden sein sollen, und wie dabei bei den Honoraren eine Mindestlinie gesichert werden kann.

2.4 Fazit

Die größere Selbstständigkeit der Schulen und eine damit verbundene Veränderung der behördlichen Steuerungspraxis hat die Einzelschule viel stärker als früher in die Rolle eines Akteurs der eigenen Schulentwicklung gebracht. Der Ausbau der Ganztagsschulen hat diesen Prozess beschleunigt – und zwar insbesondere bei den Schulen, die sich zu *offenen* Ganztagsschulen weiterentwickelt haben. Hier ist längst nicht mehr allein die staatliche Schulbehörde für die Regelung der pädagogischen Abläufe zuständig, sondern neben der „selbstständigen" Einzelschule treten auch der kommunale Schulträger und etliche freie Anbieter (z. B. Jugendhilfe) als weitere Akteure hinzu. Damit wird ein Feld für Aushandlungen und Absprachen geschaffen, das sich mit dem Governance-Konzept angemessen beschreiben lässt: Hier agieren in einem Netzwerk mehrere eigenständige Akteure, die nicht in einer Anweisungs-, sondern in einer Verhandlungsbeziehung zueinander stehen. So gesehen lassen sich die offenen Ganztagsschulen als Vorreiter einer Entwicklung verstehen, die im staatlichen Schulwesen nach und nach zu einer weitgehenden Ablösung der „klassisch" administrativen Steuerung führen wird. Aber auch das Spiel der eigenständigen Kräfte, wie es sich bei Kontextsteuerung und Governance ja entwickeln soll, braucht sichere Rahmenbedingungen: Dazu gehören Qualitätsstandards, dazu gehören aber auch verlässliche personelle und finanzielle Ausstattungen. Und genau dafür sind in einem staatlichen Schulsystem auch weiterhin staatliche Rahmenvorgaben unverzichtbar.

Anmerkungen

1   Für Brandenburg, Bremen und Rheinland-Pfalz haben wir diese bildungspolitischen und administrativen Prozess detailliert empirisch untersucht (vgl. Tillmann et al. 2008; Kuhlmann 2010).
2   Zu den Modellen von gebundener, teilgebundener und offener Ganztagsschule vgl. KMK 2005, S. 5.
3   Die Kostenfreiheit der allgemein bildenden Schule ist in der Bundesrepublik erst in den 1950er Jahren vollständig durchgesetzt worden, denn bis dahin mussten die Eltern für den Realschul- und Gymnasialbesuch ihrer Kinder Schulgeld bezahlen.

Literatur

Altrichter, H., & Rürup, M. (2010). Schulautonomie und die Folgen. In H. Altrichter & K. Maag Merki (Hrsg.), *Handbuch Neue Steuerung im Schulsystem* (S. 111–144). Wiesbaden: VS-Verlag für Sozialwissenschaften.
Altrichter, H., Brüsemeister, T., & Wissinger, J. (Hrsg.). (2007). *Educational Governance, Handlungskoordination und Steuerung im Bildungssystem*. Wiesbaden: VS Verlag für Sozialwissenschaften.
Berkemeyer, N. (2010). *Die Steuerung des Schulsystems. Theoretische und praktische Explorationen*. Wiesbaden: VS Verlag für Sozialwissenschaften.
Brüsemeister, T., Altrichter, H., & Heinrich, M. (2010). Governance und Schulentwicklung. In T. Bohl, W. Helsper, H. G. Holtappels, & C. Schelle (Hrsg.), *Handbuch Schulentwicklung* (S. 126–132). Bad Heilbrunn: Klinkhardt.
Dedering, K., Kneuper, D., Kuhlmann, C., Nessel, I., & Tillmann, K.-J. (2007). Bildungspolitische Aktivitäten im Zuge von PISA – Das Beispiel Bremen. Zur politischen Legitimationskraft einer Leistungsvergleichsstudie. *Die Deutsche Schule, 99*(4), 408–421.
Dedering, K., Goecke, M., & Rauh, M. (2010). *Externe Schulentwicklungsberatung in Nordrhein-Westfalen – Grundinformationen*. Bielefeld: Fakultät für Erziehungswissenschaft der Universität.
Fend, H. (2000). Qualität und Qualitätssicherung im Bildungswesen: Wohlfahrtsstaatliche Modelle und Marktmodelle. In A. Helmke, W. Hornstein, & E. Terhart (Hrsg.), *Qualität und Qualitätssicherung im Bildungsbereich: Schule, Sozialpädagogik, Hochschule* (41. Beiheft der Zeitschrift für Pädagogik), S. 55–72. Weinheim: Beltz.
Killus, D., Horstkemper, M., & Gottmann, C. (2010). Unterrichts- und Schulentwicklung in Schulnetzwerken. Das Beispiel „Reformzeit". *Pädagogik 62*(9), 38–42.
Klieme, E., Holtappels, H. G., Rauschenbach, T., & Stecher, L. (2007). Ganztagsschule in Deutschland – Bilanz und Perspektive. In E. Klieme, H. G. Holtappels, T. Rauschenbach, & L. Stecher (Hrsg.), *Ganztagsschule in Deutschland. Ergebnisse der Ausgangserhebung der „Studie zur Entwicklung von Ganztagsschulen" (StEG)* (S. 354–382). Weinheim: Juventa.
Koinzer, T., & Leschinsky, A. (2009). Privatschulen in Deutschland. *Zeitschrift für Pädagogik ZfPäd 55*(5), 669–685.

Kuhlmann, C. (2010). *Zum bildungspolitischen Steuerungspotential von Leistungsvergleichsstudien. PISA 2000 und die Ganztagsschulentwicklung.* Dissertation. Bielefeld: Fakultät für Erziehungswissenschaft der Universität.

Kultusministerkonferenz (KMK). (2005). Bericht über die allgemeinbildenden Schulen in Ganztagsform in den Ländern der Bundesrepublik Deutschland – 2002 bis 2004. Bonn (Manuskript).

Landtag Rheinland-Pfalz. (2003). *Ganztagsschulen in neuer Form – neue Chancen für Schulentwicklung in Rheinland-Pfalz.* Unterrichtung durch die Landesregierung; (Drucksache 14/2661 v. 13.11.2003).

Lohre, W. (Hrsg.). (2004). *Verantwortung für Qualität, Band 1: Grundlagen des Projekts. Beiträge zu Selbstständige Schule.* Troisdorf: Bildungsverlag Eins.

Mack, W. (2008). Bildungslandschaften. In T. Coelen & H. U. Otto (Hrsg.), *Grundbegriff Ganztagsbildung* (S. 741–754). Wiesbaden: VS Verlag für Sozialwissenschaften.

Ministerium für Schule und Weiterbildung NRW. (2008). *Offene Ganztagsschule im Primarbereich.* (RdErl. V. 26.1.2006, ergänzt am 31.7.2008 (ABl NRW 8/2008)).

Nohn, C. (2010). *Wettlauf der Sechsjährigen.* Süddeutsche Zeitung vom 25.11.2010, S. 8.

Otto, B. (1912). *Die Reformation der Schule.* Groß-Lichterfeld: Verlag des Hauslehrers.

Quellenberg, H. (2007). Ganztagsschule im Spiegel der Statistik. In H. G. Holtappels, E. Klieme, T. Rauschenbach, & L. Stecher (Hrsg.), *Ganztagsschule in Deutschland* (S. 14–36). Weinheim: Juventa.

Rumpf, H. (1971). Schuladministration und Lernorganisation. *Die Deutsche Schule DDS, 63*(3), 134–151.

Tillmann, K.-J. (1997). Schulautonomie. Eine pädagogische Utopie in der bildungspolitischen Debatte. In K. H. Braun & H. H. Krüger (Hrsg.), *Pädagogische Zukunftsentwürfe* (S. 195–210). Opladen: Leske & Budrich.

Tillmann, K.-J. (2006). Die Qualitätsdefizite des deutschen Schulsystems und die Hoffnung auf Standards und Evaluation. In H. Ludwig, S. I. Beutel, & K. Kleinespel (Hrsg.), *Entwickeln – Forschen – Beraten. Reform für Schule und Lehrerbildung* (S. 199–213). Weinheim: Beltz.

Tillmann, K.-J., Dedering, K., Kneuper, D., Kuhlmann, C., & Nessel, I. (2008). *PISA als bildungspolitisches Ereignis. Fallstudien in vier Bundesländern.* Wiesbaden: VS Verlag für Sozialwissenschaften.

3 Schulentwicklung und Lehrerkooperation in Ganztagsschulen – Konzeption und Entwicklungsprozess als förderliche Faktoren der Kooperationsentwicklung?

Heinz Günter Holtappels · Karin Lossen · Lea Spillebeen · Katja Tillmann

Zusammenfassung: Der Erkenntnisstand der Schulentwicklungsforschung führt zu der Annahme, dass Verbesserungen in der Lehrerkooperation und Schulentwicklungsarbeit in engem Zusammenhang stehen. Die Analyse richtet den Fokus auf Einflüsse von Variablen der Schulkonzeption und des Schulentwicklungsprozesses auf die Entwicklung der Lehrerkooperation in Ganztagsschulen im Zeitverlauf. Mit Daten der „Studie zur Entwicklung von Ganztagsschulen" (StEG) wurden multivariate Analysen vorgenommen. Die Ergebnisse von Längsschnittanalysen mit Schul- und Lehrerdaten zeigen, dass sich die Intensität der Lehrerkooperation in Bezug auf die pädagogische und unterrichtliche Arbeit im Verlauf von vier Jahren in Ganztagsschulen positiv entwickelt. Die Analysen können belegen, dass in Primarschulen systematische Formen der Qualitätsentwicklung, in Sekundarstufenschulen intensive Entwicklungsarbeit am Schulkonzept die stärksten Prädiktoren ausmachen. Generell ist zudem ein hoher Anspruch in Zielsetzungen des Schulprogramms bedeutsam. Darüber hinaus nehmen System- und Kontextvariablen Einfluss auf die Entwicklung der Kooperation im Kollegium.

Schlüsselwörter: Ganztagsschule · Lehrerkooperation · Schulentwicklungsprozess · Schulkonzept

---

© VS Verlag für Sozialwissenschaften 2011

Prof. Dr. H. G. Holtappels · Dipl.-Psych. K. Lossen (✉) · L. Spillebeen, M.A. ·
Dipl.-Soz.-Wiss. K. Tillmann
Institut für Schulentwicklungsforschung, Technische Universität Dortmund,
Vogelpothsweg 78, 44227 Dortmund, Deutschland
E-Mail: Holtappels@ifs.tu-dortmund.de

Dipl.-Psych. K. Lossen
E-Mail: Lossen@ifs.tu-dortmund.de

L. Spillebeen, M.A.
E-Mail: Spillebeen@ifs.tu-dortmund.de

Dipl.-Soz.-Wiss. K. Tillmann
E-Mail: Tillmann@ifs.tu-dortmund.de

School development and teacher-cooperation in all-day schools – Conception and development process as supportive factors for cooperation?

Abstract: The knowledge base of school development research led to the assumption that improvement of teacher cooperation is closely related to school development work in schools. The analysis focuses on impacts that variables of school concept and school development have on teacher cooperation in all-day-schools over time. Multivariate analyses were conducted using data from the "Study on the Development of All-Day Schools" (StEG). Issues of longitudinal analyses with school and teacher data show that over four years the intensity of teacher cooperation with regard to pedagogical work and teaching in lessons has increased. The analyses are able to verify that in primary schools systematic strategies of quality improvement and in secondary schools intensive work on school concept were the strongest predictors. Generally ambitious pedagogical goals within the school programm are important. Beyond this some system and context variables have an impact on the development of cooperation of teaching staff.

Keywords: All-day schools · Teacher cooperation · School development process · School concept

Wer mit hohen und komplexen beruflichen Anforderungen konfrontiert ist, kommt in aller Regel ohne Kooperation mit anderen Organisationsmitgliedern am Arbeitsplatz nicht aus, um in professioneller Weise sozial und effektiv handeln zu können. Dies gilt in besonderem Maße für die Arbeit mit jungen Menschen in pädagogischen, psychologischen und sozialen Feldern, wo es in sozialen Interaktionen wenig Standard- und Routinesituationen gibt und Fallverstehen, Diagnostik, interaktive Handlungskompetenzen und Gestaltungsfähigkeit in unterrichtlich-didaktischen und erzieherischen Anforderungen benötigt werden (vgl. Terhart und Klieme 2006). Rosenholtz (1991) verdeutlicht, dass die Komplexität und die Forderungen des Unterrichtens ein ständiges Weiterlernen für Lehrkräfte notwendig macht, dass dies aber nicht allein bewältigt werden kann, sondern den Austausch im Kollegium über Unterricht erfordert. In Ganztagsschulen stellt sich für Lehrkräfte die Kooperationsaufgabe vermutlich in höherem Maße, auf Grund der zeitlich längeren Präsenz, der Komplexität der Aufgaben und der multiprofessionellen Personalstruktur – ganz abgesehen davon, dass im Zuge von Innovationen schulinterne Entwicklungsarbeit zu leisten ist.

Schulentwicklungstheoretische Ansätze und entsprechende empirische Befunde der Schulentwicklungsforschung zeigen: Erfolgreiche Innovationen und Entwicklungsverläufe in Schulen hängen entscheidend von der Intensität und Qualität der innerschulischen Kooperation des Personals ab. Dies konnte sowohl aufgrund von Innovationsstudien zu spezifischen organisatorischen und pädagogischen Reformansätzen (vgl. z. B. Haenisch 1993; Holtappels 1997, 2002) als auch in Studien über systematische Ansätze programmorientierter Schulentwicklung, insbesondere zur Schulprogrammarbeit und Evaluation (vgl. Haenisch 1998; Holtappels 2004), nachgewiesen werden. Zugleich zeigen Untersuchungen über die Intensität von Lehrerkooperation und Teamarbeit, dass unterschiedliche Kooperationsniveaus differentielle Wirkungen für die Entwicklungsarbeit von Schulen (vgl. Bonsen und Rolff 2006; Steinert et al. 2006) und speziell auch für die Entwicklung der Lernkultur im Unterricht (vgl. Holtappels 2002, 2008) hervor bringen. Die Formen und die Intensität schulinterner Kooperation bilden offenbar entscheidende Faktoren für schulentwicklungsbezogene Aktivitätsgrade der Schulen und daraus folgender Wirkungen bis hin zu Lernleistungen der Schülerinnen und Schüler (vgl. Senkbeil 2006).

Der vorliegende Beitrag untersucht Bedingungen für die Entwicklung der Kooperation von Lehrkräften an Ganztagsschulen. Dabei konzentrieren sich die Analysen auf die Frage, inwieweit Schulentwicklungsarbeit in der einzelnen Schule und die Konzeption der Ganztagsschule die Entwicklung der Lehrerkooperation fördern können.

3.1 Lehrerkooperation als Schulqualitätsmerkmal

Die Zusammenarbeit von Lehrkräften gehört zu den zentralen Merkmalen von Schulqualität auf der Schulebene. In theoretischen Qualitätsmodellen, insbesondere dem CIPO-Modell (vgl. Stufflebeam 1972; Holtappels 2009), bildet die Lehrerkooperation eines der Merkmale der Gestaltungs- und Prozessqualität. In den Orientierungsrahmen der Bundesländer wurde die Kooperation der Lehrkräfte ebenfalls unter die Qualitätskriterien auf Schulebene aufgenommen. Zudem nimmt Kooperation auch in empirisch fundierten Schulqualitätsmodellen eine wichtige Stellung ein (vgl. Scheerens und Bosker 1997; Ditton 2000). Scheerens (1990) skizziert dementsprechend ein integriertes Modell von Schulwirksamkeit, das empirischen Studien als Theoriemodell dienen mag. Darin differenziert er auf der Prozessdimension zwischen Schul- und Klassenebene, wobei die Schulebene vor allem Merkmale der Organisationskultur beinhaltet – so auch ‚cooperative planning of teachers'.

In organisationstheoretischen Ansätzen gehört die Kooperation des Personals in aller Regel zu den bedeutenden Organisationsmerkmalen (vgl. Mintzberg 1979; Dalin und Rolff 1990; Senge 2006), insbesondere in Bildungseinrichtungen. Auch in Konzeptionen des Organisationsklimas findet sich die Kooperation des Personals durchgängig als eins der grundlegendsten Merkmale (vgl. Holtappels und Voss 2006), wohingegen die Lehrerkooperation in neueren Studien auch eine für Effekte bezüglich der Unterrichtsqualität einflussstarke Variable im Gefüge der Organisationskultur der Schule darstellt (vgl. ebd.; Holtappels et al. 2008a). Organisationstheoretisch betrachtet scheint die Lehrerkooperation eine Schlüsselvariable für die Entwicklung von Kapazitäten einer lernenden Organisation zu sein (vgl. Gebauer und Holtappels 2008; Röhrich und Holtappels 2008).

3.1.1 Empirische Forschungsbefunde zum Zusammenhang von
       Schulentwicklung und Lehrerkooperation

In Schulen, die ihre Lernprozesse gezielt und systematisch durch intensive Teamarbeit organisieren, kann man – wie es die internationale Forschung bezeichnet – von „Professionellen Lerngemeinschaften" als zentralen Keimzellen für Organisationslernen sprechen (vgl. Leithwood 2002). Rosenholtz (1991) fördert empirische Merkmale zu Tage, die im Zusammenwirken ein hohes Niveau professioneller Lerngemeinschaft anzeigen und hinreichende Gelegenheiten zum professionellen Lernen geben: Grundlegende Orientierungen auf Schulebene, gemeinsame Ziele, Lehrerevaluation, Partizipation in der Entscheidungsfindung und Lehrerkooperation. Im Hinblick auf die Kennzeichen einer lernenden Organisation sehen Hall und Hord (2001) für die professionelle Lerngemeinschaft folgende Indikatoren: 1) Reduzierung von Isolation mit kollegialer Unterstützung, 2) Gelegenheiten des Weiterlernens, 3) Schaffung einer unterstützenden und produktiven Umgebung, 4) Erhöhung der Entwicklungskapazität des Kollegiums und 5) Bemühen um Qualitätsverbesserung. Das Gelernte wird mit Kollegen kommuniziert und in die pädagogische Praxis umgesetzt. Freilich bedarf es dafür Voraussetzungen, die den Arbeitsplatz förderlich gestalten, insbesondere eine grundlegende Innovationsbereitschaft, gemeinsame Ziele sowie institutionalisierte Arbeits- und Kommunikationsformen (vgl. hierzu Kelchtermans 2006).

Solche „professional learning communities" verkörpern die gemeinsame Verantwortung des Kollegiums für das Erreichen der pädagogischen Ziele und die zielbezogene Zusammenarbeit. Ihr Wirkungspotenzial vollzieht sich nach Leithwood (2002) in Abhängigkeit von fünf Merkmalen: Gemeinsam geteilte Werte und Normen, reflektierender Dialog und kontinuierliche Analyse, Deprivatisierung des Unterrichtshandelns durch Kommunikation im Team, intensive Kooperation zur Steigerung der Unterrichtseffektivität und Fokussierung auf Schüler- und Schülerinnenlernen. Ergebnisse, die Bonsen und Rolff (2006) für deutsche und schweizerische Schulen erhoben haben, zeigen, dass der gemeinsame Fokus am stärksten auf Schüler- und Schülerinnenlernen und gemeinsame pädagogische Ziele gerichtet wird, weniger aber ein reflexiver Dialog durch Unterrichtsanalyse stattfindet. Ferner wird die wird die individuelle Wahrnehmung von positivem Feedback überwiegend durch individuelle Faktoren beeinflusst. Bezüglich der Wahrnehmung von professionellen Lerngelegenheiten auf Schulebene scheinen Schulformeffekte sowie die Verständigung innerhalb der Schule auf gemeinsame Ziele und Normen entscheidend zu sein.

Zahlreiche Studien heben die Bedeutung der Lehrerkooperation für den Erfolg von Schulen hervor. Bedeutend sind hierbei vor allem die Kommunikation und die gemeinsame Planung unter den Lehrpersonen der gleichen und nächststehenden Schuljahrgangsstufen, die Curriculum-, Lehr- und Testkoordination, ‚staff development' und Kollegiums-Supervision bezüglich des Lernerfolgs in den wichtigsten skills sowie unterrichtsbezogene Lehrertrainings und Erfahrungsaustausch (vgl. Levine und Stark 1981). Darüber hinaus weist die internationale Forschung nach, dass besonders elaborierte Formen der Teambildung bzw. „professioneller Lerngemeinschaften" die Qualität der Schule als Organisation, aber auch der unterrichtsbezogenen Arbeit stark verbessern (vgl. Rosenholtz 1991; Seashore Louis und Kruse 1995; Leithwood 2002).

Die Bedeutung der Lehrerkooperation wird insbesondere durch Befunde zur Wirksamkeit von Kooperation unterstrichen. Mit der Intensität und Qualität der Kooperation lassen sich die Kompetenzen in der Unterrichtsarbeit und die Qualität des Unterrichts steigern (vgl. Holtappels 2002; Holtappels et al. 2008a); auch Bemühungen in der Unterrichtsentwicklung sind in kooperativen Kollegien ausgeprägter (vgl. Holtappels 2004), jedoch wird ebenso berichtet, dass die Intensität selten das Niveau von Arbeitsteilung und intensiver Kokonstruktion erreicht (vgl. Gräsel et al. 2006). Einflüsse der Lehrerkooperation auf Lernergebnisse sind bislang nicht nachgewiesen; vielmehr scheint es, als kooperieren Lehrkräfte erst dort und dann stärker, wenn sie Unterrichts- und Erziehungsprobleme nicht allein bewältigen können und die Lernleistungen der Schülerinnen und Schüler schwach ausfallen.

Fend (1998) hat in einer Analyse seiner Daten im Hinblick auf Schulqualität auf der Basis von Lehrerdaten (über Einschätzungsskalen) vor dem Hintergrund verschiedener Kriterien „gute" und „schlechte" Schulen identifiziert. Relativ stark differenzieren in dieser Studie unterschiedliche Aspekte der Kollegialität: Gute Schulen zeichnen sich – eher als schlechte – durch ein positives soziales Klima, durch Integrationskraft des Kollegiums und eine kollegiale Gemeinschaft aus (z. B. Integration neuer Kollegen, gegenseitige Hilfe, gemeinsame Aktivitäten außerhalb des Unterrichts).

Empirisch Befunde zeigen sich zudem im Zusammenhang von Lehrerkooperation und der Selbstentwicklung von Lehrkräften (vgl. Holtappels 1997): Lehrkräfte, die in Jahrgangs- oder Klassenteams eingebunden sind oder im Team-Teaching arbeiten, berichten von Wirkungen bezüglich intensiverer Reflexion der pädagogischen Arbeit, einer Erweiterung des didaktisch-methodischen und erzieherischen Handlungsrepertoires, über intensiveren Austausch sowie über Arbeitserleichterungen und höhere Arbeitszufriedenheit durch Aufgaben- und Verantwortungsteilung und gemeinsame Entscheidungen.

3.1.2 Verbesserung der Lehrerkooperation durch Schulentwicklungsprozesse?

Im Zentrum des vorliegenden Beitrages steht der Zusammenhang von Schulentwicklung und Lehrerkooperation in Ganztagsschulen. Dabei geht es speziell um die Frage, ob sich im Zuge von Innovationen Zielorientierungen und Konzeption der Neuerung einerseits und die Merkmale von Schulentwicklungsverläufen andererseits die Praxis bzw. Intensität der Lehrerkooperation verändern. Hier ist jedoch nicht die spezielle (und ggf. kurzfristige) Kooperation allein während der Entwicklungsarbeit gemeint, sondern die Gesamtheit des Kooperationshandelns in der alltäglichen Praxis der pädagogischen Lehrerarbeit in Schule und Unterricht. Für solche Effekte von Schulentwicklung auf die Lehrerkooperation zeigen sich in bisherigen empirischen Studien zwar Hinweise, jedoch wurde in dieser Wirkrichtung bisher noch wenig geforscht. Umfangreicher sind dagegen Forschungsbefunde zur umgekehrten Wirkungsrichtung, also Kooperation als Prädiktor für Schulentwicklung. Vielfach werden allerdings Interdependenzen sichtbar: In zeitlich erweiterten Grundschulen erwies sich die Intensität der Lehrerkooperation, vor allem aber im Rahmen institutionalisierter Teambildungen, als einer der wichtigen Schlüsselfaktoren für die Innovationserfolge, insbesondere der Differenzierung und Erweiterung der Lehr-Lern-Formen. Teambildung und Lehrerkooperation gehörten zu den Gelingensbedingungen für das Erreichen der Ziele zeitlich erweiterter Grundschulformen (vgl. Holtappels 1997, 2002). In beiden Studien über die Entwicklung und Schulqualität von Grundschulen mit erweitertem Zeitrahmen (volle Halbtagsschulen) erweist sich die Intensität der Lehrerkooperation als eine entscheidende Schlüsselvariable für das Erreichen einer differenzierten Lernkultur. Umgekehrt zeigen Schulen mit einer entwickelten Lernkultur im Zeitverlauf eine intensivere Kooperation hinsichtlich der Materialentwicklung, Unterrichtsplanung und -durchführung sowie der Diagnose der Lernentwicklung von Schülerinnen und Schülern. Die Steigerung der Lehrerkooperation könnte hier ein Mitnahmeeffekt gewesen sein, der ganz wesentlich aufgrund der engen Kooperation der Lehrkräfte in der Schulentwicklungsarbeit für die neue Zeitorganisation zustande kam. Kooperative Entwicklungsbemühungen können also die Kooperation auf Dauer stärken.

Dass der Zusammenhang zwischen Lehrerkooperation und Lernkultur nicht nur in Grundschulen Bedeutung hat, zeigt eine Längsschnittstudie mit zwei Messzeitpunkten in Niedersachsen über 27 Monate mit 20 Schulen der Sekundarstufe I, wovon zehn Schulen Schulprogrammarbeit erprobt haben (vgl. Holtappels 2004). Hier erweist sich die Lehrerkooperation als ein bedeutender Prädiktor für die Unterrichtsentwicklung und bildet einen relevanten Faktor eines förderlichen Organisationsmilieus als Nährboden für zielorientierte und systematische Schulprogrammarbeit. Umgekehrt betrachtet scheint die Steigerung der Intensität der Lehrerkooperation über die Zeit nicht zuletzt aufgrund der in der Schulprogrammarbeit erforderlichen kooperativen Entwicklungsarbeit in Bezug auf Zielklärung und Bestandsaufnahme, Analyse und Diagnose sowie Maßnahmenplanung und der Evaluation der Zielerreichung des Programms zustande gekommen zu sein.

Tillmann (2011) untersucht im Rahmen der StEG-Untersuchung erstmalig für ganztägig organisierte Primar- und Sekundarstufenschulen den Zusammenhang von Schulprogrammarbeit und Lehrerkooperation mit Längsschnittanalysen: Dabei belegt sie eindrucksvoll, dass die Verankerung von Ansätzen der Kooperation im Schulprogramm der Ganztagsschulen dazu beiträgt, die Qualität der Lehrerkooperation im Zeitverlauf von vier Jahren zu steigern, nicht aber deren Intensität erhöht. Die Kooperationsentwicklung selbst ist hier das Programmziel von Schulentwicklung, was demnach auch zu erfolgreichen Programmumsetzungen zu führen scheint, wobei ein Teil der Grundschulen durch den Programmanspruch kritischer in der Kooperationsbewertung wird. Umgekehrt scheint in beiden Schulstufen eine existierende hohe Kooperationsintensität die Verankerung im Schulprogramm und eine vertiefte Auseinandersetzung damit zu fördern.

Die Studie von Herzmann, Sparka und Gräsel (2006) zu einem Projekt zur Leseförderung zeigt, dass das Gelingen der Kooperation ganz wesentlich auch vom Gegenstand der Innovation abhängt. Die Forscherinnen finden Differenzen zwischen kooperationsstarken und -schwachen Schulen, die darin bestehen, dass kooperationsintensive Schulen sich auf gemeinsame Ziele und Strategien zur Umsetzung verständigt haben, offenbar Problemstellungen bearbeiten, in denen ihnen Kooperation gelingt. Die ermittelten Gelingensbedingungen (z. B. eine gemeinsame Unterrichtspraxis, Unterrichtsreflexion anhand von Daten, die Gesprächsanlässe hergeben und Analyse erfordern) verweisen auf Kooperationsanstöße, die durch Schulentwicklungsarbeit gegeben werden könnten.

3.1.3 Lehrerkooperation in Ganztagsschulen

Die meisten der wenigen Studien, die Befunde über Ganztagsschulen vorlegen, berichten fast ausschließlich über die Intensität der Kooperation der Lehrkräfte oder die Kooperation zwischen verschiedenen Personalgruppen (vgl. Dieckmann et al. 2008; Wegner et al. 2009) sowie über spezifische Wirkungen der Kooperation, selten aber über den Zusammenhang von Schulentwicklung und Kooperation.

In der empirischen Bestandsaufnahme über die Gestaltung und Organisation von Ganztagsschulen in Deutschland finden sich Hinweise darauf, dass in Ganztagsschulen eine entwickelte Lernkultur mit einer hohen Kooperationsintensität und institutionalisierten Lehrerteams korrespondiert (vgl. Höhmann et al. 2004): Ganztagsschulen, die mit Jahrgangs- oder Klassenteams arbeiten, unterscheiden sich von anderen Schulen dadurch, dass sie a) in höherem Maße inhaltlich-curriculare Profile für den Unterricht und außerunterrichtliche Aktivitäten sowie Zeitkonzepte für die Tagesrhythmisierung entwickelt haben, b) die Förderung der Schülerinnen und Schüler eher in den Fachunterricht integrieren oder daran anbinden und spezifische Fördermaßnahmen statt bloßer Hausaufgabenbetreuung betreiben, c) häufiger ein schulisches Förderkonzept aufweisen und auch eher mit elaborierten Förderungsformen arbeiten und d) in der Lernkultur in verstärktem Maße Formen von Projektlernen praktizieren und vermehrt erweiterte Lerngelegenheiten und Freizeitangebote in verpflichtender Form organisieren.

3.2 Forschungsleitende Fragestellungen und methodisches Vorgehen

Die meisten der Forschungsbefunde zum Zusammenhang von Schulentwicklung und Lehrerkooperation legen nahe, eine intensive Lehrerkooperation und Teamarbeit als entscheidende Voraussetzung für gelingende Schulentwicklungsverläufe zu betrachten. Die bisherigen Erkenntnisse zur Entwicklung der Lehrerkooperation zeigen jedoch auch, dass im Zuge von Innovationen und Schulentwicklungsprozessen offenbar die Intensität und zum Teil auch die Qualität der Lehrerkooperation einen Anstieg erfährt. Die zentrale Hypothese ist daher: In schulischen Innovationen trägt intensive Schulentwicklungsarbeit der Lehrerkollegien im Zeitverlauf zu einer Verbesserung der Intensität der Lehrerkooperation bei. Diese Annahme ist damit begründbar, dass systematische Schulentwicklungsarbeit über Zielklärungen, Analyse, Maßnahmeplanung und Evaluation die Lehrkräfte gezielt zu intensiver Kooperation in der Entwicklungsarbeit veranlasst. Positive Erfahrungen und Erfolge in dieser Kooperation könnten somit auch Kooperation und Teamarbeit in der alltäglichen pädagogischen Alltagsarbeit auf Schul- und Unterrichtsebene anstoßen oder verstärken.

Zu prüfen wäre, ob die Kooperationsveränderungen ein Mitnahmeeffekt von Innovationen sind oder ein Effekt von Prozessfaktoren der Konzeptentwicklung und intensiver Entwicklungsbemühungen. Eher ist von einem interdependentem Verhältnis auszugehen: Einerseits ist zu konstatieren, dass – auch unter Hinweis auf Studien von Gräsel et al. (2006), Steinert et al. (2006) und Holtappels (2004) – intensive Lehrerkooperation als Teil eines förderlichen Organisationsmilieus für erfolgreiche Schulentwicklung einen zentralen Gelingensfaktor darstellt, andererseits können Schulentwicklungsverläufe auch Formen und Intensität der Lehrerkooperation beflügeln. Der zweiten Annahme werden die folgenden Analysen in diesem Beitrag nachgehen.

Folgende Fragestellungen sollen beantwortet werden:

1. Wie entwickelt sich die Intensität der Lehrerkooperation in Ganztagsschulen im Zeitverlauf über drei Messzeitpunkte (2005, 2007, 2009)?
2. Inwieweit erweisen sich Prozessfaktoren der Schulentwicklungsarbeit als förderlich für die Entwicklung der Lehrerkooperation?
3. Welchen Einfluss haben Ziele und Konzeption der Ganztagsschule, also a) der Anspruch an Ganztagsschule in Form der Zielorientierungen der Schulen und Lehrkräfte, b) konzeptionelle Faktoren in Bezug auf die Festlegung von Aspekten der Schulgestaltung im Schulkonzept und c) die Verbindung von Unterricht und Angeboten auf die Entwicklung der Lehrerkooperation?

Der oben skizzierte Forschungsstand zu schulentwicklungsrelevanten Einflüssen auf die Lehrerkooperation legt nahe, dass sowohl Prozessfaktoren der schulinternen Entwicklungsarbeit als auch Zielorientierungen sowie das Schulkonzept – möglicherweise auch im Zusammenspiel – die Intensität der Kooperation zwischen Lehrkräften fördern, was durch Anforderungen zielbezogener und systematischer Konzeptentwicklung plausibel ist. Die in diesem Beitrag vorgenommenen multivariaten Analysen zu Wirkungsgefügen werden jedoch entsprechend der 2. und 3. Forschungsfrage getrennt nach zwei Feldern mit jeweils spezifischen Prädiktoren durchgeführt: a) nach Variablen des Schulentwicklungsprozesses und b) Variablen der ganztagsbezogenen Zielsetzungen sowie konzeptionellen Festlegungen.[1]

a. Zur Beschreibung des *Schulentwicklungsprozesses* werden insgesamt sechs relevante Variablen herangezogen, die in den multivariaten Bedingungsanalysen zur Anwendung kommen: die Intensität von Schulentwicklungsaktivitäten im Sinne des Vorhandenseins zentraler Entwicklungsaktivitäten in der Lehrerwahrnehmung (Skala: Aktivität bei der Entwicklung des Ganztagsschulkonzeptes), die Anwendung systematischer Schulentwicklungsverfahren und -strategien – im Sinne von Organisations-, Personal- und Unterrichtsentwicklung – als Maßnahmen zur Qualitätsentwicklung und -sicherung (Skala: Intensität der Maßnahmen zur Qualitätsentwicklung), das Auftreten von Start- bzw. Entwicklungsproblemen in der Einführungsphase des Ganztagsbetriebes (Skala: Auftreten von Start- und Entwicklungsproblemen), die Inanspruchnahme externer Unterstützung als Indikator für das Interesse der Schule an qualitätsorientierter Entwicklung des Ganztags (Skala: Anzahl der in Anspruch genommenen Unterstützungsleistungen), die Nützlichkeit externer Unterstützung (Index: Nützlichkeit der in Anspruch genommenen Unterstützungsleistungen) sowie die konzeptgemäße Passung der räumlichen, personellen und materiellen Ressourcen (Skala: Zufriedenheit der Schulleitungen mit Ressourcen).

b. Zur Beschreibung der *Ziele und Konzepte* an den untersuchten Schulen sind diejenigen Variablen zusammengefasst, die die Ziele, die mit dem Ganztagsbetrieb angestrebt werden und den bis zur Erhebung erreichten konzeptionellen Entwicklungsstand abbilden. Dazu zählen die Gründe für die Einrichtung des Ganztages (Pädagogische Entwicklungsziele/Orientierung an Ressourcenausstattung), die Zielorientierung der pädagogischen Arbeit im Ganztagsbetrieb (Erweiterung der Lernkultur, Kompetenzorientierung und Begabungsförderung, Gemeinschaft, soziales Lernen und Persönlichkeitsbildung, Betreuung und Schulöffnung), konzeptionelle Festlegungen im Schulkonzept und die konzeptionelle Verknüpfung von Unterricht und Ganztagselementen sowie die Zielorientierung der Lehrkräfte für den Ganztag (lern- und förderorientiert, freizeit-, betreuungs- und öffnungsorientiert).

Mittels dieser Aufteilung lässt sich eine Reihe einflussrelevanter und begründbarer Prädiktoren prüfen ohne die vorzeitige Reduktion möglicher Einflussbedingungen, was bei einem einzigen statistischen Modell aber unabdingbar wäre. Aufgrund der schulorganisatorischen Unterschiede von Schulen der Primar- und Sekundarstufe (z. B. Schulgröße, Lernorganisation, Teamstrukturen) werden die Analysen für beide Schulformen getrennt durchgeführt.

Im Rahmen der bundesweiten „Studie zur Entwicklung von Ganztagsschulen" (StEG) (Holtappels et al. 2008b) liegen Längsschnittdaten aus den Schulleitungs- und Lehrerbefragungen über drei Messzeitpunkte (2005, 2007, 2009) vor, die sowohl Informationen über die Intensität der Lehrerkooperation als auch umfangreiche Daten über die angenommenen Prädiktoren, also über den Zielanspruch und die konzeptionelle Fundierung sowie über Faktoren der Schulentwicklungsbemühungen der Ganztagsschulen, beinhalten. Die Daten wurden auf Schulebene aggregiert und die Längsschnittanalysen somit an Schulvariablen (Paneldaten der Schulen) vorgenommen. Im Rahmen der folgenden Analysen wurden nur die Angaben derjenigen Schulen berücksichtigt, die zu allen drei Erhebungszeitpunkten an der Befragung teilgenommen haben (Schulpanel). Vor dem Hintergrund dieser Bedingungen werden für die vorliegenden Analysen die Angaben von insgesamt 87 Primarstufenschulen sowie 236 Sekundarstufenschulen verwendet.[2]

Für die Analysen wird auf eine pfadanalytische Modellierung unter Verwendung des Programms (vgl. Muthén und Muthén 1998–2009) zurückgegriffen. Methodisch werden im Rahmen der entwickelten multivariaten Bedingungsanalysen (Pfadmodelle) die oben genannten, zum einen den Schulentwicklungsprozess zum anderen die Zielorientierungen und Konzeption beschreibenden, Variablen der ersten Erhebungswelle als Prädiktoren für die Lehrerkooperation zum ersten Erhebungszeitpunkt sowie deren Veränderungen vom ersten zum zweiten und vom zweiten zum dritten Erhebungszeitpunkt eingesetzt. Dadurch kann der Zusammenhang der Lehrerkooperation mit den Prädiktorvariablen sowohl auf den Entwicklungsstand zum ersten Erhebungszeitpunkt 2005 als auch auf den Entwicklungsstand in den darauf folgenden vier Jahren (2007, 2009) geprüft werden. Berichtet werden die auf den Einfluss von schulischen Strukturvariablen kontrollierten Pfadmodelle.[3]

3.3 Forschungsergebnisse aus der StEG-Untersuchung: Die Entwicklung der Lehrerkooperation durch Ziele, Konzeption und Schulentwicklungsarbeit

Die nachstehende Tab. 1[4] gibt einerseits Auskunft darüber, mit welcher durchschnittlichen Intensität die Lehrkräfte in den drei Erhebungswellen der StEG-Studie kooperieren und andererseits, wie sich die durchschnittliche Kooperationsintensität im Längsschnitt entwickelt.

Für die Primarstufenschulen wird ersichtlich, dass die Intensität der Kooperation der Lehrkräfte zwar eine über die Zeit signifikant positive Entwicklung nimmt, die Intensität aber auf einem relativ geringen Niveau verbleibt. Gleiches gilt auch für die Kooperationspraxis der Lehrerschaften an den untersuchten Sekundarstufenschulen: Auch hier nimmt das Ausmaß der Kooperation zwar über die Zeit signifikant zu, verbleibt aber auch auf einem durchschnittlich eher geringen Intensitätsniveau.

3.3.1 Ergebnisse der multivariaten Bedingungsanalysen

Die nachstehenden Ausführungen fassen die Ergebnisse der durchgeführten multivariaten Analysen getrennt für die Grund- und Sekundarstufenschulen zusammen. In Abschn. 3.3.1.1 erfolgt die Darstellung der Ergebnisse in Bezug auf den Einfluss zentraler schul-

Tab. 1: Entwicklung der Skala „Lehrerkooperation": Mittelwerte (MW) und Standardabweichungen (SD). (Quelle: StEG 2005–2009, Lehrkräftebefragungen, Panelschulen, Längsschnitt, Daten aggregiert auf Schulebene)

	2005			2007			2009			VA[a]
	N	MW	SD	N	MW	SD	N	MW	SD	
Primarstufe	82	2,93	0,36	77	3,14	0,32	75	3,18	0,35	$F_{1,67}=61,29$ $p=0,000$ $\eta^2=0,478$
Sekundarstufe I	231	2,58	0,30	215	2,68	0,30	224	2,76	0,33	$F_{1,201}=103,85$ $p=0,000$ $\eta^2=0,341$

[a]Varianzanalyse mit Messwiederholung, Prüfung des linearen Trends
1 = Bislang gar nicht, 2 = Halbjährlich oder seltener, 3 = Vierteljährlich, 4 = Monatlich, 5 = Wöchentlich oder öfter

entwicklungsbezogener Variablen auf die Entwicklung der Lehrerkooperation, daran anschließend steht – unter 3.3.1.2 – die Bedeutung von Merkmalen der innerschulischen Ziel- und Konzeptarbeit als Einflussgrößen für die Kooperation zwischen den Lehrkräften im Fokus der Betrachtungen.

In einem ersten Schritt wurden, getrennt für die Grund- und Sekundarstufenschulen, die Stabilitäten der Lehrerkooperation für den Zeitraum 2005 bis 2009 im Längsschnitt ermittelt. Die für die Grundschulen durchgeführten Analysen zeigen, dass die Lehrerkooperation als relativ stabiles Merkmal beschrieben werden kann (2005/2007 r=.719, 2007/2009 r=.739, 2005/2009 r=.693). Aus den analog für die Sekundarstufenschulen durchgeführten Analysen wird ersichtlich, dass die Lehrerkooperation hier, ebenso wie für die Grundschulen, einen über die Zeit recht stabilen Faktor der Organisationskultur darstellt (2005/2007 r=.792, 2007/2009 r=.803, 2005/2009 r=.696); es scheint, als wäre die Kooperationsentwicklung zunächst unabhängig vom Stadium der Entwicklung des Ganztagsbetriebs.

3.3.1.1 Zum Einfluss zentraler Elemente des Schulentwicklungsprozesses auf die Intensität der Lehrerkooperation

Die Überprüfung des Einflusses zentraler Schulentwicklungsvariablen auf die Entwicklung der Lehrerkooperation (vgl. Abb. 1) ergibt den überraschenden Befund, dass sich diese relativ unabhängig von den an den Schulen stattfindenden Entwicklungsbemühungen zeigt. So setzen sich lediglich zwei signifikante Prädiktoren in dem Modell zur Lehrerkooperation durch: Diejenigen Schulen, die im Jahr 2005 verstärkt systematisch Maßnahmen zur Qualitätsentwicklung und -sicherung – im Sinne von Organisations-, Personal- und Unterrichtsentwicklung – durchführten, sind im gleichen Jahr auch durch eine höhere Lehrerkooperation gekennzeichnet (.242**). Demgegenüber entwickelt sich die Intensität der Kooperation zwischen den Lehrkräften an denjenigen Grundschulen besser, deren Schulleitungen die materielle, personelle und räumliche Ressourcenausstattung an ihrer Schule eher für konzeptangemessen halten (.182*).

3 Schulentwicklung und Lehrerkooperation in Ganztagsschulen

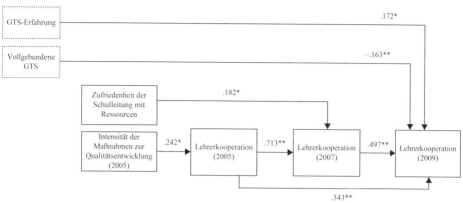

Fitstatistiken:Chi²=8.0, p=.425, df=13, CFI=.999, RMSEA=.011

Abb. 1: Pfadmodell auf Schulebene: Wirkungen des Schulentwicklungsprozesses auf die Lehrerkooperation, Primarstufe (n=87). (Quelle: StEG 2005–2009, Schulleitungs- und Lehrkräftebefragungen, Schulpanel Längsschnitt)

Unter Kontrolle der schulischen Strukturvariablen zeigt sich, dass die Entwicklung der Lehrerkooperation an den Grundschulen bis 2009 in Abhängigkeit von zwei Merkmalen steht: Einerseits weisen Grundschulen, die auf ein längeres Bestehen des Ganztagsbetriebs zurückblicken können, eine stärkere Entwicklung der innerschulischen Kooperation auf (.172*), andererseits entwickelt sich die Zusammenarbeit der Lehrkräfte an vollgebunden organisierten Grundschulen insgesamt weniger gut (−.163**).

In dem Modell für die Sekundarstufe I (vgl. Abb. 2) setzen sich zwei Schulentwicklungsvariablen als Prädiktoren für die Intensität der Lehrerkooperation durch: An Schulen, dessen Lehrerkollegien verstärkt über Entwicklungsbemühungen (z. B. Weiterbildung, Schulbesuche, Konzeptarbeit, Befragungen der Eltern- und Schülerschaften) berichten, ist die Intensität der Lehrerkooperation im Jahr 2005 höher (.268**) und sie entwickelt sich aufgrund dessen auch bis 2007 besser (.126**). Zudem erweist sich der Umfang der in Anspruch genommenen (externen) Unterstützungsmaßnahmen als eher dämpfend auf die Entwicklung der Lehrerkooperation (−.110**).

Auch bei den Sekundarstufenschulen stehen die Lehrerkooperation und deren Entwicklung im Längsschnitt in Abhängigkeit zu schulischen Strukturvariablen. Im Vergleich zum Grundschulmodell zeigt sich für die Sek I-Schulen allerdings ein wesentlich komplexeres Bild: Zum ersten Erhebungszeitpunkt 2005 weisen einerseits Gymnasien (−.459**) und andererseits größere Schulen (−.188**) eine geringere Intensität der Lehrerkooperation auf; ebenso verläuft die Entwicklung über die Zeit unter diesen Prämissen weniger gut (−.108* bzw. −.111**). Positiv wirkt sich demgegenüber ein höherer sozioökonomischer Status der Schülerschaft aus (.173*). Neben der Lehrerkooperation stehen auch die zwei schulentwicklungsbezogenen Prädiktoren in Beziehung mit verschiedenen Strukturvariablen: Einerseits ist die Intensität der Entwicklung des Ganztagsschulkonzeptes offenbar von der sozialen Schülerzusammensetzung und vom Bindungsgrad der Organisation abhängig (durchschnittlicher sozioökonomischer Status der Schülerschaft: −.301**,

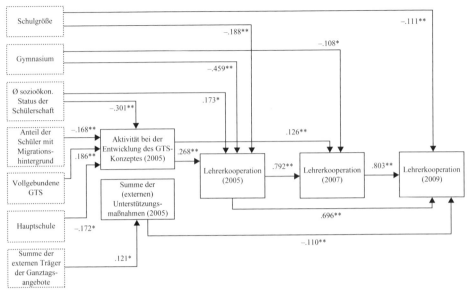

Abb. 2: Pfadmodell auf Schulebene: Wirkungen des Schulentwicklungsprozesses auf die Lehrerkooperation, Sekundarstufe I (n=236). (Quelle: StEG 2005–2009, Schulleitungs-, Lehrkräfte-, Eltern- und Schülerbefragungen, Panelschulen, Längsschnitt)

Anteil der Schüler mit Migrationshintergrund: −.168**, vollgebundene Ganztagsschulen: .186**, Hauptschule: −.172*); andererseits steht der Umfang der in Anspruch genommenen (externen) Unterstützungsmaßnahmen mit der Zahl externer Träger in Zusammenhang (Summe der externen Träger der Ganztagsangebote: .121*).

3.3.1.2 Zum Einfluss von zentralen ziel- und konzeptbezogenen Elementen auf die Intensität der Lehrerkooperation

In der Analyse zum Einfluss von Ziel- und Konzeptfaktoren (Abb. 3) zeigen sich im Primarbereich sowohl erwartete als auch unerwartete Befunde, wobei sich lediglich vier der untersuchten Ziel- und Konzeptvariablen als prädiktiv herausstellen. Erwartungskonform beeinflusst sowohl die Betonung von Zielen zur Anreicherung der eigenen schulischen Lernkultur als auch eine auf Freizeit, Betreuung und Öffnung der Schule orientierte Lehrerschaft die Kooperation innerhalb des Kollegiums im Jahr 2005 positiv (.527**, .374**). Weniger erwartbar ist dagegen, dass sich die Zielsetzungen im Schulprogramm, die sich zum einen auf Gemeinschaft, soziales Lernen und Persönlichkeitsentwicklung, zum anderen auf Betreuung und Schulöffnung durch eine ganztägige Schule beziehen, nachteilig auf die Lehrerkooperation 2005 auswirken (−.337**, −.283*). Ein Einfluss durch Umfeld- und Strukturvariablen konnte hier nicht gefunden werden.

Im Modell für die Sekundarstufenschulen ergibt sich, bezüglich der untersuchten Einflussvariablen, ein deutlich anderes Bild als für die Grundschulen, auch wenn sich hier ebenfalls nur vier von zehn untersuchten Variablen durchsetzen (vgl. Abb. 4): So erwei-

3 Schulentwicklung und Lehrerkooperation in Ganztagsschulen

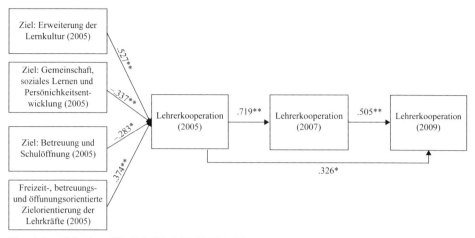

Fitstatistiken: Chi²=4.2, p=.832, df=8, CFI=1.000, RMSEA=.000

Abb. 3: Pfadmodell auf Schulebene: Wirkungen von Zielsetzungen und Schulkonzepten auf die Lehrerkooperation, Primarstufe (n=87). (Quelle: StEG 2005–2009, Schulleitungs- und Lehrkräftebefragungen, Schulpanel, Längsschnitt)

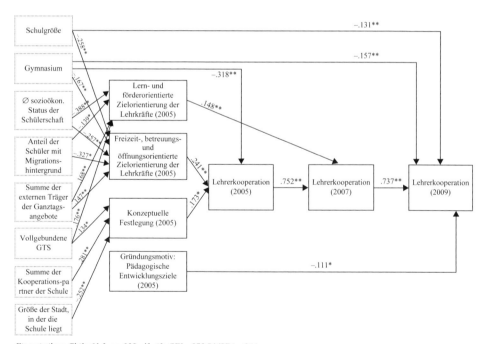

Fitstatistiken: Chi²=61.3, p=.028, df=42, CFI=.975 RMSEA=.044

Abb. 4: Pfadmodell auf Schulebene: Wirkungen von Zielsetzungen und Schulkonzepten auf die Lehrerkooperation, Sekundarstufe I (n=236). (Quelle: StEG 2005–2009, Schulleitungs-, Lehrkräfte-, Eltern- und Schülerbefragungen, Schulpanel, Längsschnitt)

sen sich für die Sekundarstufe umfassendere konzeptuelle Festlegungen und aus Sicht der Lehrerschaft die Betonung von Zielorientierung auf Freizeit, Betreuung und Öffnung als vorteilhaft für die Kooperation unter Lehrerinnen und Lehrern in 2005 (.173*, .241**). Hinsichtlich der Entwicklung über die Zeit beeinflussen lern- und förderorientierte Ziele des Lehrerkollegiums dessen Kooperation bis 2007 positiv (.148**), pädagogische Entwicklungsziele als Gründungsmotiv bis 2009 dagegen leicht negativ (−.111*).

Für die Stichprobe aus dem Sekundarbereich ist anders als bei den Grundschulen, eine Reihe von schulischen Umfeld- und Strukturvariablen bedeutsam. So geben zum ersten Erhebungszeitpunkt 2005 Schulen mit einem vollgebundenen Modell und mit einer größeren Anzahl an Kooperationspartnern eine fundiertere Festlegungen im Schulkonzept an (.134*, .281**), Schulen in größeren Städten dagegen weniger fundierte (.252**). Die Zusammensetzung der Schülerschaft zeigt Auswirkungen auf die Zielorientierung der Lehrerinnen und Lehrer dergestalt, dass diese an Schulen mit einem höheren Anteil an Schülerinnen und Schülern mit Migrationshintergrund und mit einem durchschnittlich höheren sozioökonomischen Status sowohl weniger eine Lern- und Förderorientierung (−.139*, −.388**) als auch weniger eine Freizeit-, Betreuungs- und Öffnungsorientierung (−.327**, −.257**) betonen. Dagegen gehen eine vermehrte Anzahl an externen Trägern für die Ganztagsangebote auch mit höheren Werten bei den genannten Zielorientierungen einher (.168**, .147**). Darüber hinaus zeigen Lehrkräfte an vollgebundenen Ganztagsschulen einen höheren Zielanspruch in Bezug auf Lern- und Förderungsorientierung als an anderen Schulen. An Gymnasien fällt die Lehrerkooperation im Jahr 2005 geringer aus als an anderen Schulen. Schulen mit höheren Schülerzahlen und Gymnasien erzielen jeweils niedrigere Werte für die Zielorientierung Freizeit, Betreuung und Öffnung bei Lehrerinnen und Lehrern (−.258**, −.167**) und auch eine schwächere Entwicklung der Kooperation in den Lehrerkollegien bis 2009 (−.131**, −.157**).

3.4 Diskussion

Hinsichtlich der Einflussfaktoren des Schulentwicklungsprozesses ergibt sich für die Grundschulen, dass die Intensität mit der die Schulen Maßnahmen systematischer Qualitätsentwicklung und -sicherung ergreifen, positiv mit der Intensität der Lehrerkooperation zusammenhängt. Zu vermuten ist, dass hier vor allem Personalentwicklungsmaßnahmen wirksam wurden. Für die positive Entwicklung der Zusammenarbeit unter Lehrerinnen und Lehrern ist der einzige signifikante Einfluss eine höhere Zufriedenheit der Schulleiter mit den zur Verfügung stehenden Ressourcen. Mögliche Erklärungen liegen eventuell darin, dass die Ressourcenausstattung das Kollegium auch zu Kooperationsanstrengungen motiviert oder dass konzeptangemessene Ressourcen es erlauben, neue und kooperationsförderliche Lernansätze und Konzepte einzuführen. Somit scheint eine konzeptgemäße Ressourcenausstattung der Grundschulen förderlich für die Entwicklung der Zusammenarbeit der Lehrerschaft zu sein. Betrachtet man die strukturellen Gegebenheiten der Schulen, so unterstützt eine längere Erfahrung mit dem Ganztagsbetrieb ebenfalls die Entwicklung der Kooperation, was mit erprobten Strukturen und mehr Routine in der Praxis der Zusammenarbeit zwischen Lehrerinnen und Lehrern zu tun haben dürfte. In den nicht vollgebundenen Grundschulen scheint der Ganztagsbetrieb in stärkerem Maße Lehrerkooperation zu induzieren oder zu stärken.

In Bezug auf den Zusammenhang von Schulentwicklungsmaßnahmen und der Entwicklung von Lehrerkooperation an Sekundarstufenschulen zeigt sich, dass die Zusammenarbeit der Lehrkräfte an Schulen, deren Kollegien verstärkt über ganztagsbezogene Entwicklungsaktivitäten berichten, 2005 höher ist und darüber hinaus auch einen positiven Entwicklungsverlauf bis 2007 nimmt. Gemeinsame und kooperative Entwicklungsarbeit beim Aufbau des Ganztagsbetriebes vermag demnach die Zusammenarbeit im pädagogischen Lehreralltag zu stärken. Negativ für die Kooperationsentwicklung im Zeitverlauf erweist sich dagegen eine größere Menge externer Unterstützungsmaßnahmen, die offenbar eher die Lehrerkooperation dämpft oder als verzichtbar erscheinen lässt.

Das Modell zu Zielen und Konzepten an Grundschulen weist vier Prädiktoren aus, die mit der Lehrerkooperation in Verbindung stehen. So zeigen sich hier eine vermehrte Zielorientierung der Lehrkräfte auf Freizeit, Betreuung und Öffnung als Vorteil, ebenso wie das im Schulkonzept verankerte Ziel der Schule, die eigene Lernkultur anzureichern. Zum einen bedeuten Freizeitpädagogik und Schulöffnung für Lehrkräfte Zielsetzungen, die zumeist nicht aus vorhandenen Kompetenzen in ihrer Ausbildung oder im Schulalltag umsetzbar sind, so dass Kooperation für gemeinsame Planungen und pädagogische Ansätze erforderlich wird. Zum anderen ziehen Ziele zur Weiterentwicklung der Lernkultur innovative Ansätze nach sich, die offensichtlich intensivere Zusammenarbeit im Kollegium induzieren. Liegen die im Schulkonzept verankerten Zielsetzungen der Grundschulen jedoch mehr im Bereich der Förderung von Gemeinschaft, dem sozialen Lernen und Persönlichkeitsentwicklung sowie der Betreuung und Schulöffnung, so findet weniger Zusammenarbeit unter den Lehrerinnen und Lehrern statt. Eine mögliche Interpretation dieses Befundes könnte sein, dass derart gestaltete Ganztagskonzepte eher von weiterem pädagogisch tätigem Personal getragen werden und weniger von der Lehrerschaft, womit intensivere Kooperationsanstrengungen nicht notwendig werden. Diese Zusammenhänge ergeben sich unabhängig von allen äußeren Bedingungen der Grundschulen.

In Schulen der Sekundarstufe werden ziel- und konzeptbezogen ebenfalls Zusammenhänge zu vier der geprüften Variablen sichtbar. Dabei zeichnen sich Schulen mit elaborierten konzeptuellen Festlegungen und diejenigen mit vermehrt Freizeit, betreuungs- und öffnungsorientierten Lehrkräften durch eine intensivere Lehrerkooperation aus. Beides erfordert eine gemeinsame Umsetzungsarbeit für die Praxis der Ganztagsschule und regt wohl deshalb die Zusammenarbeit an. Bedeutsam für eine bessere Entwicklung der Kooperation bis zum zweiten Erhebungszeitpunkt ist – hier vermutlich aus demselben Grund – eine stärkere Orientierung der Lehrerinnen und Lehrer an lern- und förderorientierten Zielen. Bis 2009 erweisen sich überraschenderweise pädagogische Entwicklungsziele in 2005 als leichter Nachteil. Ob dies tatsächlich auf das Gründungsmotiv für den Ganztagsbetrieb zurückzuführen ist oder mit anderen Einflüssen zusammenhängt, müsste in weiterführenden Analysen geklärt werden.

Betrachtet man die beiden Sekundarstufenmodelle in der Zusammenschau, so wird deutlich, dass die Wahrnehmung von schulischen Entwicklungsaktivitäten auf Seiten der Lehrerinnen und Lehrer sowie der Konsens über die Ziele innerhalb des Kollegium nicht nur zum ersten Zeitpunkt mit vermehrter Kooperation einhergehen, sondern auch deren ihre Entwicklung positiv beeinflussen. In beiden Analysen zeigt sich ebenso, dass zum ersten Erhebungszeitpunkt an Gymnasien und großen Schulen weniger Kooperation stattfindet und sich diese Schulen in dieser Hinsicht auch schlechter entwickeln (Gymnasien bis 2007; große Schulen bis 2009). Das könnte bedeuten, dass an Gymnasien möglicherweise weniger fachungebundene und mehr curriculumsbezogene Angebote aufgrund der dort ausgeprägten Fachkultur vorhanden sind, die von den Lehrkräften sehr ähnlich zum Unterricht gestaltet werden, was zu weniger Zusammenarbeit untereinander führt. Auch die Größe der Schule könnte die Kooperation beeinflussen, da hier die Kollegiumsgröße eine intensive Zusammenarbeit erschwert.

Es zeigt sich, dass innerschulische Entwicklungsarbeit die auch in der Wahrnehmung der Lehrerinnen und Lehrer präsent ist sowie ein zielbezogener Anspruch an die Ganztagsschule die Intensität der Lehrerkooperation in der pädagogischen Alltagsarbeit in Schule und Unterricht steigern können. Obwohl keineswegs durchgängig eine Vielzahl von miteinander korrespondierenden Prädiktoren der Schulentwicklungsarbeit und der konzeptionellen Fundierung der Ganztagsschule zu identifizieren sind, können dennoch einige untrügliche Belege für den Einfluss von schulentwicklungs- und konzeptrelevanten Faktoren auf die Lehrerkooperation vorgelegt werden. Auch in Ganztagsschulen scheinen sich demnach Schulentwicklungsprozesse eher als günstig für die Entwicklung der Lehrerzusammenarbeit zu erweisen.

Anmerkungen

1 Für die Items und Kennwerte der gelisteten Skalen siehe die Skalendokumentation des Projektes (vgl. Quellenberg 2009).
2 Die aggregierten Daten für die 87 Grundschulen beruhen auf Angaben von maximal 1109 Lehrkräften (2005: n=1109, 2007: n=1025, 2009: n=1008), diejenigen der 236 Sekundarstufenschulen auf Angaben von maximal 6630 Lehrkräften (2005: n=6630, 2007: n=5376, 2009: n=5242).
3 Folgende Strukturvariablen wurden kontrolliert: Hauptschule, Gymnasium; offene Ganztagsschule, vollgebundene Ganztagsschule; Schulgröße; durchschnittliche Jahrgangsstufe der an den Ganztagsangeboten teilnehmenden Schülerinnen und Schülern; Anteil der Schülerinnen und Schüler mit Migrationshintergrund; durchschnittlicher sozioökonomischer Status der Schülerschaft; großstädtisches Einzugsgebiet (>100.000 Einwohner); Erfahrung im Ganztagsbetrieb; Anzahl der außerschulischen Kooperationspartner der Schule; Anzahl der Träger der Ganztagsangebote.
4 Die fünfstufige Skala (zwanzig Items, $\alpha = 0,89$) bildet die Häufigkeit von kooperativen Arbeitsformen im Kollegium nach Selbstaussage der Lehrerinnen und Lehrer ab. Beispielitems: Teambesprechungen im Jahrgang, Austausch von Unterrichtsmaterial, Durchführung gleicher Klassenarbeiten in mehreren Klassen.

Literatur

Bonsen, M., & Rolff, H.-G. (2006). Professional learning communities of teachers. *Zeitschrift für Pädagogik ZfPäd, 52*(2), 167–184.
Dalin, P., & Rolff, H.-G. (1990). *Institutionelles Schulentwicklungsprogramm (ISP). Eine neue Perspektive für Schulleiter, Kollegium und Schulaufsicht.* Soest: Soester Verlagskontor.

Dieckmann, K., Höhmann, K., & Tillmann, K. (2008). Schulorganisation, Organisationskultur und Schulklima an ganztägigen Schulen. In H. G. Holtappels, E. Klieme, T. Rauschenbach, & L. Stecher (Hrsg.), *Ganztagsschule in Deutschland. Ergebnisse der Ausgangserhebung der „Studie zur Entwicklung von Ganztagsschulen" (StEG)* (2., korrigierte Aufl., S. 164–185). Weinheim: Juventa.

Ditton, H. (2000). Qualitätskontrolle und Qualitätssicherung in Schule und Unterricht. *Zeitschrift für Pädagogik ZfPäd, 41*(Beiheft), 73–92.

Fend, H. (1998). *Qualität im Bildungswesen. Schulforschung zu Systembedingungen, Schulprofilen und Lehrerleistung*. Weinheim: Juventa.

Gebauer, M. M., & Holtappels, H. G. (2008). *Professional learning communities and teaching development*. Presentation on European Conference on Educational Research (ECER) 2008 of European Educational Research Association (EERA), Gothenburg (Sweden).

Gräsel, C., Fußangel, K., & Pröbstel, C. (2006). Lehrkräfte zur Kooperation anregen – eine Aufgabe für Sisyphos? *Zeitschrift für Pädagogik ZfPäd, 52*(2), 205–219.

Haenisch, H. (1993). *Wie sich Schulen entwickeln. Eine empirische Untersuchung zu Schlüsselfaktoren und Prinzipien der Entwicklung von Grundschulen*. Soest: Kettler.

Haenisch, H. (1998). *Wie Schulen ihr Schulprogramm entwickeln. Eine Erkundungsstudie an ausgewählten Schulen aller Schulformen*. Bönen: Verlag für Schule und Weiterbildung.

Hall, G. E., & Hord, S. M. (2001). *Implementing change: Patterns, principles and potholes* (3. Aufl.). Boston: Allyn and Bacon.

Herzmann, P., Sparka, A., & Gräsel, C. (2006). Implementationsforschung zur Lesekompetenz. Wie Wissenschaftler und Lehrkräfte gemeinsam an der Leseförderung arbeiten. In S. Rahm, I. Mammes, & M. Schratz (Hrsg.), *Schulpädagogische Forschung. 2. Organisations- und Bildungsprozessforschung. Perspektiven innovativer Ansätze* (S. 97–108). Innsbruck: Studienverlag.

Höhmann, K., Holtappels, H. G., & Schnetzer, T. (2004). Ganztagsschule – Konzeptionen, Forschungsbefunde, aktuelle Entwicklungen. In H. G. Holtappels, K. Klemm, H. Pfeiffer, H.-G. Rolff, & R. Schulz-Zander (Hrsg.), *Jahrbuch der Schulentwicklung, Band 13. Daten, Beispiele und Perspektiven* (S. 253–289). Weinheim: Juventa.

Holtappels, H. G. (1997). *Grundschule bis mittags. Innovationsstudie über Zeitgestaltung und Lernkultur*. Weinheim: Juventa.

Holtappels, H. G. (2002). *Die Halbtagsgrundschule – Lernkultur und Innovation in Hamburger Grundschulen*. Weinheim: Juventa.

Holtappels, H. G. (2004). Schulprogrammwirkungen und Organisationskultur. Ergebnisse aus niedersächsischen Schulen über Bedingungen und Wirkungen. In H. G. Holtappels (Hrsg.), *Schulprogramme. Instrumente der Schulentwicklung* (S. 175–194). Weinheim: Juventa.

Holtappels, H. G. (2008). Methodentrainings und Unterrichtsgestaltung. In H. G. Holtappels, K. Klemm, & H.-G. Rolff (Hrsg.), *Schulentwicklung durch Gestaltungsautonomie. Ergebnisse der Begleitforschung zum Modellvorhaben Selbstständige Schule in Nordrhein-Westfalen* (S. 307–313). Münster: Waxmann.

Holtappels, H. G. (2009). Qualitätsmodelle – Theorie und Konzeptionen. In I. Kamski, H. G. Holtappels, & T. Schnetzer (Hrsg.), *Qualität von Ganztagsschule – Konzepte und Orientierungen für die Praxis* (S. 11–25). Münster: Waxmann.

Holtappels, H. G., & Voss, A. (2006). Organisationskultur und Lernkultur. Über den Zusammenhang von Schulorganisation und Unterrichtsgestaltung am Beispiel selbstständiger Schulen. In W. Bos, H. G. Holtappels, H. Pfeiffer, H.-G. Rolff, & R. Schulz-Zander (Hrsg.), *Jahrbuch der Schulentwicklung, Band 14. Daten, Beispiele und Perspektiven* (S. 247–275). Weinheim: Juventa.

Holtappels, H. G., Pfeiffer, H., Röhrich, T., & Voss, A. (2008a). Einfluss von Prozessmerkmalen der Organisations- und Unterrichtsentwicklung auf die Lernleistungen. In H. G. Holtappels, K. Klemm, & H.-G. Rolff (Hrsg.), *Schulentwicklung durch Gestaltungsautonomie. Ergebnisse der Begleitforschung zum Modellvorhaben Selbstständige Schule in Nordrhein-Westfalen* (S. 314–330). Münster: Waxmann.

Holtappels, H. G., Klieme, E., Rauschenbach, T., & Stecher, L. (Hrsg.). (2008b). *Ganztagsschule in Deutschland. Ergebnisse der Ausgangserhebung der „Studie zur Entwicklung von Ganztagsschulen" (StEG)*. 2., korrigierte Auflage. Weinheim: Juventa.

Kelchtermans, G. (2006). Teacher collaboration and collegiality as workplace conditions. A review. *Zeitschrift für Pädagogik ZfPäd, 52*(2), 220–237.

Leithwood, K. (2002). *Organizational learning and school improvement*. Greenwich: JAI.

Levine, D. U., & Stark, J. (1981). *Extended summary and conclusions: Institutional and organizational arrangements and processes for improving academic achievement at inner city elementary schools*. Kansas City: University of Missouri.

Mintzberg, H. (1979). *The structuring of organizations*. New York: Engelwood Cliffs.

Muthén, L. K., & Muthén, B. O. (1998–2009). *Mplus User's Guide* (5. Aufl.). Los Angeles: Muthén & Muthén.

Quellenberg, H. (2009). *Studie zur Entwicklung von Ganztagsschulen (StEG) – ausgewählte Hintergrundvariablen, Skalen und Indices der ersten Erhebungswelle*. (Materialien zur Bildungsforschung, Bd. 24). Frankfurt a. M.: Deutsches Institut für internationale pädagogische Forschung (DIPF).

Röhrich, T., & Holtappels, H. G. (2008). *Critical incidents in development processes of teacher teams – Case-oriented analyses in self-managing schools*. Presentation on European Conference on Educational Research (ECER) 2008 of European Educational Research Association (EERA), Gothenburg (Sweden).

Rosenholtz, S. J. (1991). *Teachers' workplace: the social organization of schools*. New York: Longman.

Scheerens, J. (1990). School effectiveness and the developement of process indicators of school functioning. *School Effectiveness and School Improvement: An International Journal of Research, Policy and Practice, 1*(1), 61–80.

Scheerens, J., & Bosker, R. (1997). *The foundations of educational effectiveness*. Oxford: Pergamon.

Seashore Louis, K., & Kruse, S. (1995). *Professionalism and community. perspectives on reforming urban schools*. Thousand Oaks: Corwin Press, Inc.

Senge, P. (2006). *Die Fünfte Disziplin.Kunst und Praxis der lernenden Organisation* (10. Aufl.). Stuttgart: Schäffer-Poeschel.

Senkbeil, M. (2006). Die Bedeutung schulischer Faktoren für die Kompetenzentwicklung in Mathematik und in den Naturwissenschaften. In M. Prenzel, J. Baumert, W. Blum, R. Lehmann, D. Leutner, M. Neubrand, R. Pekrun, J. Rost, & U. Schiefele (Hrsg.), *PISA 2003. Untersuchungen zur Kompetenzentwicklung im Verlauf eines Schuljahres* (S. 277–308). Münster: Waxmann.

Steinert, B., Klieme, E., Maag Merki, K., Döbrich, P., Halbheer, U., & Kunz, A. (2006). Lehrerkooperation in der Schule. Konzeption, Erfassung, Ergebnisse. *Zeitschrift für Pädagogik ZfPäd, 52*(2), 185–203.

Stufflebeam, D. L. (1972). Evaluation als Entscheidungshilfe. In C. Wulf (Hrsg.), *Evaluation* (S. 113–145). München: Pieper.

Terhart, E., & Klieme, E. (2006). Kooperation im Lehrerberuf – Forschungsproblem und Gestaltungsaufgabe. Zur Einführung in den Themen006 teil. *Zeitschrift für Pädagogik ZfPäd, 52*(2), 163–166.

Tillmann, K. (2011, im Druck). Innerschulische Kooperation und Schulprogramm. Zur Bedeutung des Schulprogramms als Schulentwicklungsinstrument. In N. Fischer, H. G. Holtappels, E. Klieme, T. Rauschenbach, L. Stecher, & I. Züchner (Hrsg.), *Ganztagsschule: Entwicklung, Qualität, Wirkungen – Längsschnittliche Befunde der Studie zur Entwicklung von Ganztagsschulen (StEG)*. Weinheim: Juventa.

Wegner, B., Bellin, N., & Tamke, F. (2009). Ganztagsschule in Deutschland. In H. Merkens, A. Schründer-Lenzen, & H. Kuper (Hrsg.), *Ganztagsorganisation im Grundschulbereich* (S. 19–34). Münster: Waxmann.

4 Lehrer/in sein an der Ganztagsschule: Neue Kooperationsanforderungen – neue Belastungen?

Vanessa Dizinger · Kathrin Fussangel · Oliver Böhm-Kasper

Zusammenfassung: Ziel des Aufsatzes ist es, die Beziehungen von professioneller und professionsübergreifender Kooperation sowie dem Belastungs- und Beanspruchungserleben von Lehrkräften an Ganztagsschulen (auch im Vergleich zu Halbtagsschulen) empirisch zu prüfen. Theoretische Grundlage ist ein Rahmenmodell zur schulischen Belastung und Beanspruchung, in welches die Formen der Kooperation verortet werden. Zwei schriftliche Befragungen von Lehrkräften an Haupt- und Realschulen im Rahmen des Projekts „Formen der Lehrerkooperation und Beanspruchungserleben an Ganztagsschulen" bieten die Datenbasis. Anhand linearer Strukturgleichungsmodelle werden zum einen die Zusammenhänge zwischen (inter-)professioneller Kooperation und dem Belastungserleben und der Beanspruchung von 341 Lehrkräften an Ganztagsschulen und zum anderen die Wirkung der Lehrerkooperation auf das Belastungserleben und die Beanspruchung im Längsschnitt von 329 Lehrkräften an Ganz- und Halbtagsschulen untersucht. Es zeigen sich keine wesentlichen Effekte der Kooperationsformen auf das Belastungserleben. Auch die Organisationsform (Ganz- vs. Halbtag) spielt kaum eine Rolle für die Kooperationspraxis und das Belastungserleben der Lehrkräfte.

Schlüsselwörter: Lehrer · Kooperation · Stress · Belastung · Ganztagsschule

Being a teacher in all-day schools: new types of cooperation and stress experience?

Abstract: The aim of the present study was to investigate how teachers' cooperation (both with colleagues and with additional educational staff) is related to teachers' stress experience. Based

---

© VS Verlag für Sozialwissenschaften 2011

Dipl.-Psych. V. Dizinger (✉) · Prof. Dr. O. Böhm-Kasper
Fakultät für Erziehungswissenschaft, AG 9, Universität Bielefeld,
Universitätsstraße 25, 33615 Bielefeld, Deutschland
E-Mail: Vanessa.Dizinger@uni-bielefeld.de

Prof. Dr. O. Böhm-Kasper
E-Mail: Oliver.Boehm-Kasper@uni-bielefeld.de

Jun.-Prof. Dr. K. Fussangel
Institut für Allg. Didaktik und Schulforschung, Universität zu Köln,
Gronewaldstr. 2, 50931 Köln, Deutschland
E-Mail: Kathrin.Fussangel@uni-koeln.de

on a theoretical model of stress and strain in schools, different types of teacher cooperation are investigated. Teachers of two different types of German secondary schools (5th–9th and 5th–10th grade) participated in our study. A standardized questionnaire was applied twice based on a longitudinal design. In this article, we first present cross-sectional data including 341 teachers working in all-day schools: The relationships between teachers' cooperation with colleagues and as well as with additional staff and stress experience and strain are analyzed. Second, we compare teachers working in all-day schools with teachers working in half-day schools: Based on 329 questionnaires (longitudinal data), the effect of teachers' cooperation with colleagues on teachers' stress experience is explored. Structural equation models are presented for both analyses. Our results show that the different types of cooperation are not or only little associated with indicators of stress and strain. Whether a teacher is working in an all-day or a half-day school seems not to be important regarding the relation between cooperation and stress.

Keywords: Teacher · Cooperation · Stress · All-day schools

4.1 Einleitung

Die Bedeutung einer funktionierenden Lehrerkooperation in Schulen, z. B. in Bezug auf Schul- und Unterrichtsqualität, wird von verschiedenen Autoren/-innen hervorgehoben (vgl. z. B. Ditton 2000; Scheerens und Bosker 1997). Gleichzeitig zeigt sich aber auch, dass elaborierte Formen der Lehrerkooperation im Schulalltag praktisch kaum existieren (vgl. z. B. Terhart und Klieme 2006). Im Zusammenhang mit der Ganztagsschulentwicklung stellt sich die Frage, ob sich hier eine neue und auch andere Kooperationskultur entwickelt (vgl. z. B. Klieme et al. 2008). An Ganztagsschulen sind weitere pädagogische Kräfte tätig, die häufig einen anderen professionellen Hintergrund haben als Lehrkräfte und somit neue Perspektiven in die schulischen Handlungsmuster einbringen (vgl. z. B. Kolbe und Reh 2008; Speck 2008). Zudem könnte vermutet werden, dass sich an Ganztagsschulen aufgrund veränderter Rahmenbedingungen, z. B. vor dem Hintergrund anderer Zeitstrukturen, mehr Kooperationsmöglichkeiten und -anlässe bieten. Ob und in welcher Form an Ganztagsschulen veränderte Rahmenbedingungen auf die Kooperationspraxis oder andere Arbeitsbereiche der Lehrkräfte wirken, ist untrennbar mit der Frage nach dem Belastungserleben von Lehrkräften an Ganztagsschulen verknüpft.

Welche Bedeutung die Kooperation sowohl zwischen Lehrpersonen als auch mit anderen pädagogischen Mitarbeiter/-innen für das Belastungs- und das Beanspruchungserleben der Lehrkräfte an Ganztagsschulen hat, kann auf der Basis bislang vorliegender empirischer Befunde nicht eindeutig beschrieben werden (vgl. Fussangel et al. 2010). Dieses Desiderat möchten wir in unserem Beitrag aufgreifen und mit empirischen Befunden verknüpfen.

4.2 Theoretischer Rahmen und Stand der Forschung

4.2.1 Der Zusammenhang von Kooperation, Belastung und Beanspruchung: Die Grundstruktur des theoretischen Modells

Die nachfolgend dargestellten Überlegungen setzen den Fokus auf die Beziehungen zwischen verschiedenen Arten professioneller sowie professionsübergreifender Kooperation und dem Belastungs- und Beanspruchungserleben von Lehrer/-innen. Um diese Beziehungen zu systematisieren, beziehen wir uns auf ein theoretisches Rahmenmodell zur schulischen Belastung und Beanspruchung (vgl. Böhm-Kasper 2004), welches bereits in vorangegangenen Studien hinsichtlich der angenommenen Grundstruktur empirisch bestätigt werden konnte (vgl. Böhm-Kasper 2004; Fussangel et al. 2010). Dieses theoretische Modell beachtet insbesondere die für den Bereich Schule wichtigen Konzepte der Belastung und Beanspruchung, indem es erziehungswissenschaftliche, arbeitswissenschaftliche und psychologische Perspektiven zusammenführt (vgl. Abb. 1). Die Unterscheidung von Belastung einerseits und Beanspruchung andererseits ist ein wichtiges Merkmal dieses Modells und hat – wie seit den 1980er Jahren in der arbeitswissenschaftlichen Forschung – auch in der Lehrerbelastungsforschung Anwendung gefunden (vgl. Rudow 1994). Zudem wird, in Anlehnung an bestehende Stresskonzepte, der vermittelnden Rolle individueller Bewertungs- und Bewältigungsprozesse im Belastungs- und Beanspruchungsgeschehen Rechnung getragen (vgl. Lazarus und Folkman 1984). Unter diesem Blickwinkel kann Belastung als Gesamtheit der erfassbaren Einflussgrößen verstanden werden, die von außen auf die Lehrperson einwirken und als Aufgabe, Bürde oder Hemmnis wahrgenommen werden und Anstrengungen zu ihrer Bewältigung nötig machen. Als Beanspruchung hingegen werden die Auswirkungen dieser Belastungen definiert, die in Abhängigkeit individueller Voraussetzungen und des jeweiligen Befindens zustande kommen (vgl. Böhm-Kasper 2004). Die wesentlichen Strukturmerkmale des Modells sind also 1) die (situativen und situationsübergreifenden) Belastungsfak-

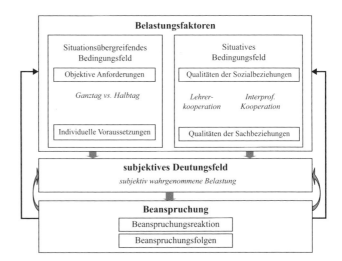

Abb. 1: Rahmenmodell zur schulischen Belastung und Beanspruchung. (Böhm-Kasper 2004)

toren, die 2) subjektive Wahrnehmung und Verarbeitung dieser Belastungsfaktoren und 3) die daraus folgende Beanspruchung (vgl. ausf.: Böhm-Kasper 2004; Fussangel et al. 2010). Die Beanspruchung kann dabei positiv wie negativ ausfallen und lässt sich in zeitlich nah am Belastungserleben liegenden Beanspruchungsreaktionen und langfristig auftretenden Beanspruchungsfolgen unterteilen. Zu den negativen Beanspruchungsfolgen zählen dabei etwa das Auftreten psychosomatischer Beschwerden oder auch Burnout (vgl. Vandenberghe und Hubermann 1999; Maslach et al. 2001).

Dieses theoretische Modell bildet die Grundlage unserer empirischen Untersuchung. Im Folgenden legen wir dar, welche Rolle die uns interessierenden Merkmale, wie die Ganztagsschulorganisation und die Formen der Kooperation, im Rahmen dieses theoretischen Modells spielen.

4.2.2 Ganztagsschule als objektive Anforderung im situationsübergreifenden Bedingungsfeld

Bei den im theoretischen Modell dargestellten Belastungsfaktoren lassen sich situationsübergreifende von situativen Faktoren unterscheiden. Dem situationsübergreifenden Bedingungsfeld sind auch schulinstitutionelle Voraussetzungen zuzuordnen (vgl. Böhm-Kasper 2004). Somit kann auch die Organisationsform einer Schule hier verortet werden, da aufgrund der Ganztagsorganisation die Lehrerschaft mit veränderten Arbeitsbedingungen konfrontiert wird.

Augenscheinlich ist in diesem Zusammenhang zunächst die neue Zeitstrukturierung an Ganztagsschulen, welche verschiedene Auswirkungen auf die Arbeit der Lehrkräfte haben kann. Beispielsweise kann sich ein längerer Schultag in längeren Anwesenheitszeiten in der Schule niederschlagen oder auch in einer anderen Aufgaben- und Arbeitsorganisation (vgl. Rabenstein 2008). Als weiterer Unterschied zu Halbtagsschulen ist die Beschäftigung des weiteren pädagogischen Personals an Ganztagsschulen zu nennen. Damit einher geht auch die Diskussion um die Notwendigkeit und Perspektiven kooperativer Arbeitsorganisation und -prozesse an Ganztagsschulen, welche einen hohen Stellenwert in der Ganztagsschuldebatte und -forschung einnimmt (vgl. Oelerich 2007). Mit der neuen Schulorganisation gehen nicht allein veränderte Arbeitsbedingungen einher, vielmehr beschreiben verschiedene Autoren/-innen ein komplexeres und umfangreicheres Aufgabenspektrum, welches Lehrkräfte an Ganztagsschulen bewältigen müssen. Dieses kann sich z. B. durch die Umsetzung neuer Lernformen oder durch ein höheres Ausmaß von Erziehungs- und Beratungsaufgaben ergeben, um den pädagogischen Ansprüchen und Zielsetzungen von Ganztagsschulen gerecht zu werden (vgl. z. B. Kolbe 2009; Scheuerer 2009). Naturgemäß stehen die neuen Anforderungen und Arbeitsbedingungen nicht isoliert nebeneinander: Eine neue Zeitstrukturierung kann zeitliche Spielräume für eine Zusammenarbeit mit den Lehrerkollegen/-innen oder dem weiteren pädagogischen Personal ermöglichen oder die Zusammenarbeit kann dazu führen, pädagogische Ziele erreichbar zu machen.

Die vielschichtige Belastungsstruktur von Lehrkräften an Schulen ohne ganztagsspezifischen Fokus ist bereits empirisch gut erforscht (vgl. Krause et al. 2008; Rothland 2007). Ob allerdings die Ganztagsorganisation für Lehrkräfte mit einer höheren Belastungswahrnehmung einhergeht, muss noch geklärt werden. In der Studie zur Entwicklung von Ganztagsschulen (StEG) zeigt sich, dass ein großer Anteil der Lehrkräfte (63 %) zufrieden mit dem Ganztagsbetrieb ist (vgl. Rollett 2008). Sicherlich muss dabei jedoch beachtet werden, wie stark die Lehrpersonen überhaupt in die Gestaltung des Ganztags einbezogen sind. In den bisher vorliegenden empirischen Befunden zur Ausgestaltung des Ganztags zeigt sich, dass Lehrkräfte an Sekundarschulen I häufiger als an Grundschulen in die unterrichtsnahen Nachmittagsangebote eingebunden sind. Zudem bieten Lehrkräfte gerade an voll gebundenen Ganztagsschulen – im Vergleich zu weniger verbindlichen Settings – am Nachmittag Angebote an und sind als Ansprechpartner/-innen verfügbar (vgl. Dieckmann et al. 2008). Deshalb wurde in einer ersten Erhebung gerade an voll gebundenen Ganztagshauptschulen der Zusammenhang zwischen Ganztagsorganisation und der wahrgenommenen Belastung von Lehrkräften überprüft (vgl. Fussangel et al. 2010). Diese Analysen bezogen sich jedoch auf querschnittliche Daten und sollen daher in der vorliegenden Untersuchung im Längsschnitt mit voll gebundenen Ganztagshaupt- und -realschulen überprüft werden.

4.2.3 Professionelle und interprofessionelle Kooperation als Teil des situativen Bedingungsfelds in Ganztagsschulen

Die Kooperationsformen zwischen Lehrkräften untereinander, sowie mit anderen Professionen innerhalb einer Schule, ordnen wir als Facetten der Sozialbeziehungen in den situativen Teil der Belastungsfaktoren des theoretischen Rahmenmodells ein. Auch wenn die schulischen Kooperationsstrukturen im Sinne einer systematischen Schulentwicklung langfristigen Charakter haben und Teil der allgemeinen Organisationsentwicklung sein sollten (vgl. Rahm 2010; Rolff 2010; Holtappels et al. in diesem Band), ist die konkret stattfindende Zusammenarbeit in Schulen an spezifische Aufgaben und Situationen gebunden.

Zur *Kooperation unter Lehrpersonen* liegen bereits vielfältige Forschungsarbeiten vor, wobei in den vergangenen Jahren wieder ein steigendes Interesse an diesem Thema zu beobachten ist. Aktuelle Ansätze betonen dabei die Bedeutung verschiedener Ebenen bzw. Qualitäten von Kooperation und haben diese auch empirisch messbar gemacht (vgl. z. B. Gräsel et al. 2006; Steinert et al. 2006). Durch die Unterscheidung verschiedener Formen der Lehrerkooperation wird zum einen den vielfältigen Funktionen Rechnung getragen, die Kooperation im schulischen Alltag haben kann und zum anderen können differenziertere Aussagen über Bedingungen und Wirkungen einzelner Kooperationsformen getroffen werden. In der vorliegenden Studie unterscheiden wir in Anlehnung an organisationspsychologische Ansätze sowie bisherige Kooperationsansätze im schulischen Bereich drei verschiedene Formen der Zusammenarbeit: 1) den Austausch (wechselseitige Information durch Gespräche und Material), 2) die gemeinsame Arbeitsplanung (Teilaufgaben werden verteilt und zu einem Gesamtprodukt zusammengefügt) und 3) die Kokonstruktion (gemeinsames Entwickeln von Standards und neuen Wissens) (vgl. ausführlich Fussangel et al. 2010; Gräsel et al. 2006).

Hinsichtlich der Bedeutung dieser drei Kooperationsformen für die Belastungswahrnehmung der Lehrkräfte lassen sich verschiedene Hypothesen aufstellen. Während Austauschprozesse verschiedener Art relativ einfach in den schulischen Alltag zu integrieren sind, stellt sich insbesondere bei den intensiveren Formen der Zusammenarbeit die Frage, ob eine belastungsrelevante Wirkung zu erwarten ist. Allerdings weisen Befunde zu professionellen Lerngemeinschaften darauf hin, dass Lehrpersonen, die in kokonstruktiven Prozessen zusammenarbeiten, zumindest eine fachliche und emotionale Absicherung hinsichtlich des eigenen Handelns erleben (vgl. z. B. Hord 1997). Dies könnte sich auch positiv auf das Belastungserleben auswirken. Entsprechend zeigen querschnittliche Analysen einen negativen – allerdings sehr geringen – Zusammenhang zwischen Kokonstruktion und dem Belastungserleben von Lehrkräften (vgl. Fussangel et al. 2010). Betrachtet man weitere Forschungsergebnisse, welche keine Differenzierung von Kooperationsformen vornehmen, so zeigt sich insgesamt ein uneinheitliches Bild hinsichtlich des Zusammenhangs von Kooperation und dem Belastungserleben von Lehrer/-innen: Es lassen sich sowohl Befunde berichten, die auf eine entlastende Wirkung von Kooperation hindeuten (vgl. z. B. Burke et al. 1996), als auch solche, die zeigen, dass die Zusammenarbeit mit Kollegen/-innen im schulischen Kontext eher eine negative Belastung darstellt (vgl. z. B. Klusmann et al. 2008).

Mit der intensivierten Forschung zur Entwicklung von Ganztagsschulen ist untrennbar ein verstärktes Forschungsinteresse an der *interprofessionellen Kooperation* verknüpft. An Ganztagsschulen ergeben sich für Lehrkräfte nicht nur mehr, sondern durch die Tätigkeit weiterer pädagogischer Mitarbeiter/-innen auch andere Kooperationsmöglichkeiten (vgl. Hänisch 2010; Maykus 2009). Aus Perspektive der Lehrerkooperationsforschung stehen Forschungsarbeiten zu einer differenzierten Konzeptualisierung der *interprofessionellen Kooperation* und deren Verbindung zum schulischen Belastungs-Beanspruchungs-Geschehen noch am Anfang. Autoren/-innen, die sich mit berufsübergreifenden Kooperationspraxen und -prozessen auseinandersetzen, betonen, dass angesichts der oft unterschiedlichen professionellen Hintergründe die Kooperation zwischen Lehrpersonen und dem weiteren pädagogischen Personal eine besondere Herausforderung darstellt (vgl. Olk 2005; Kolbe und Reh 2008; Speck 2008). Zudem ist an Ganztagsschulen zwischen sehr verschiedenen außer- und innerschulischen Kooperationspartnern/-innen und -akteuren zu unterscheiden. An Sekundarschulen zeigt sich im Gegensatz zu Primarschulen, dass fest angestellte Sozialpädagogen/-innen bzw. -arbeiter/-innen in der Regel einen großen Anteil des weiteren pädagogischen Personals stellen (vgl. Höhmann et al. 2008; Arnoldt 2009). Auch die Verbindlichkeit der Ganztagsorganisation kann eine Rolle für das Ausmaß der Kooperation haben: Insbesondere an voll gebundenen Ganztagsschulen sind pädagogische Kräfte häufiger in Vollzeit beschäftigt und fühlen sich dort auch stärker eingebunden als an Ganztagsschulen in offener Form (vgl. Höhmann et al. 2008).

Die vorliegenden empirischen Befunde, welche die Verknüpfung der Arbeitsfelder von Lehrkräften und pädagogischem Personal thematisieren, weisen auf eine noch deutlich ausbaufähigere Kooperation hin. Hinsichtlich der Verknüpfung von Unterricht und außerunterrichtlichen Angeboten geben in StEG lediglich 18 % der Kooperationspartner/-innen an, dass ihre Angebote Bestandteil des Regelunterrichts seien (vgl. Arnoldt 2008). An offenen Ganztagsgrundschulen scheint die Verzahnung von vormittäglichem Unterricht und Nachmittagsangeboten noch weniger zu bestehen (vgl. Hänisch 2010). Eine qualitative Studie bekräftigt die punktuell stattfindende interprofessionelle Kooperationspraxis an voll gebundenen Ganztagsschulen. Gleichzeitig erleben die interviewten Lehrkräfte aber gerade die Abgabe von Aufgabenbereichen hinsichtlich der psychosozialen Probleme von Schüler/-innen an das weitere pädagogische Personal als entlastend (vgl.

Dizinger et al. im Druck). In welcher Form die interprofessionelle Kooperation allerdings direkt mit der subjektiv wahrgenommenen Belastung von Lehrkräften zusammenhängt, ist auf Grundlage dieser Ergebnisse empirisch nicht ausreichend geklärt. Damit verknüpft stellt sich auch die Frage, ob und in welchem Ausmaß Lehrerkooperation mit einer interprofessionellen Zusammenarbeit zusammenhängt und ob diese eine ähnliche oder anders geartete Wirkung entfaltet. Diesen Fragen soll in dem vorliegenden Beitrag nachgegangen werden.

4.2.4 Selbstwirksamkeit als individuelle Voraussetzung im Belastungs- und Beanspruchungskontext

Die Selbstwirksamkeit kann als eine individuelle Voraussetzung in dem situationsübergreifenden Bedingungsfeld des hier verwendeten theoretischen Modells zugeordnet werden. Im deutschsprachigen Raum wurde das Konzept der Lehrer-Selbstwirksamkeit, das ebenso wie die allgemeine Selbstwirksamkeit auf der sozial-kognitiven Theorie von Bandura (1997) fußt, von Schmitz und Schwarzer (2000) eingeführt.

Empirische Studien zeigen, dass eine höher ausgeprägte berufliche Selbstwirksamkeit das Belastungserleben reduzieren bzw. vor Burnout schützen kann (vgl. z. B. Abele und Candova 2007; Schwarzer und Hallum 2008). Aufgrund der zentralen Rolle, die die Lehrer-Selbstwirksamkeit als personale Ressource im Belastungs- und Beanspruchungskontext einnimmt, soll diese in die Analysen der vorliegenden Studie zur Aufklärung der Beziehungen von (inter-)professioneller Kooperation und Belastungserleben an Ganztagsschulen einbezogen werden.

4.3 Anliegen der vorliegenden Studie

Das Anliegen dieses Beitrags ist es, die Beziehungen von (inter-)professioneller Kooperation und dem Belastungs- und Beanspruchungserleben an Ganztagsschulen zu untersuchen, da dazu bisher kaum empirische Befunde vorliegen. Dementsprechend lautet die erste Fragestellung: *1) Bestehen Zusammenhänge zwischen (inter-)professioneller Kooperation und dem Belastungserleben und der Beanspruchung von Lehrkräften an Ganztagsschulen?* Anhand des dargestellten Forschungsstands lässt sich zeigen, dass hinsichtlich einer differenzierten Erfassung der interprofessionellen Kooperation an Ganztagsschulen noch Entwicklungsbedarf besteht, während vorangeschrittene Forschungsarbeiten zur Lehrerkooperation bereits eine differenzierte Erfassung ermöglichen. Im vorliegenden Beitrag soll deshalb – dieser Fragestellung vorangestellt – auf Grundlage eigener Forschungsarbeiten die Operationalisierung der interprofessionellen Kooperation erläutert werden.

Weiterhin möchten wir die Wirkung von Lehrerkooperation auf das Belastungs- und Beanspruchungserleben an Halb- und Ganztagsschulen vergleichend in den Blick nehmen. (Naturgemäß kann in diesen vergleichenden Analysen allein die Lehrerkooperation und nicht die interprofessionelle Kooperation fokussiert werden, da an Halbtagsschulen in der Regel kein weiteres pädagogisches Personal beschäftigt ist.) Der vorliegende Beitrag schließt damit auch an vorangegangene Querschnittsanalysen an (vgl. Fussangel et al. 2010), wobei nun auf Grundlage von Längsschnittdaten auch Ursache-Wirkungs-Aussagen getroffen werden können. Entsprechend lautet die zweite Fragestellung: 2) *Welche Wirkungen zeigen Formen der Lehrerkooperation auf das Belastungserleben und die Beanspruchung an Halb- und Ganztagsschulen?*

4.4 Methode

4.4.1 Vorgehen und Stichprobe

In den Analysen werden diejenigen Lehrkräfte berücksichtigt, die an zwei schriftlichen Befragungen (im Herbst 2008 und 2009) des Projektes „Formen der Lehrerkooperation und Beanspruchungserleben an Ganztagsschulen"[1] (Projektleitung: Prof. Böhm-Kasper, Prof. Gräsel & Prof. Weishaupt) teilnahmen. Im Rahmen des Projektes wurden zum ersten Messzeitpunkt über fünfzig voll gebundene, seit mindestens zwölf Jahren bestehende Ganztagsschulen verschiedener Schultypen des Sekundarbereichs in Nordrhein-Westfalen schriftlich befragt, wobei in dem vorliegenden Beitrag alle 29 teilnehmenden Ganztagshauptschulen und neun Ganztagsrealschulen berücksichtigt werden. Die Ganztagshauptschulen wurden im Rahmen des Projektes zufällig aus der nordrhein-westfälischen Schulstatistik gezogen, während aufgrund der geringen Anzahl alle Ganztagsrealschulen in Nordrhein-Westfalen um Teilnahme gebeten wurden. Auf Grundlage zuvor definierter Auswahlkriterien (gleiche Postleitzahl, gleiche Schulgröße) wurden in Abhängigkeit der Schulform Halbtagsschulen als Partnerschulen gezogen. Schulen, die zum ersten Messzeitpunkt eine Einwilligung zur Projektteilnahme gegeben und Fragebögen zurückgesandt hatten, wurden im darauffolgenden Jahr wiederum angeschrieben.

Stichprobe 1. In diese Stichprobe werden alle Lehrkräfte der oben genannten Ganztagsschulen einbezogen, die sich zum zweiten Messzeitpunkt an der Untersuchung beteiligten, da die interprofessionelle Kooperation an Ganztagsschulen im vorliegenden Projekt erst zum zweiten Messzeitpunkt in den Blick genommen wurde. Somit setzt sich diese querschnittliche Stichprobe mit 341 Ganztagsschullehrkräften (67 % weiblich) aus 96 Real- und 245 Hauptschullehrkräften zusammen (entspricht 50 % der Stichprobe zu t1).

Stichprobe 2. Zur Beantwortung der Fragestellung 2 wird ein Untersuchungsdesign im Längsschnitt mit zwei Messzeitpunkten zugrunde gelegt. Die entsprechende Stichprobe bilden 329 Lehrpersonen (66 % weiblich), die zu beiden Messzeitpunkten an der Befragung teilnahmen und anhand eines Personencodes zum zweiten Messzeitpunkt eindeutig wieder identifiziert wurden (25 % der Stichprobe zu t1). Somit werden 163 Lehrkräfte von Ganztagsschulen (42 Real- und 121 Hauptschullehrkräfte) und 166 Lehrkräfte von Halbtagsschulen (71 Real- und 95 Hauptschullehrkräfte) berücksichtigt. Die Lehrkräfte an Ganztagsschulen unterscheiden sich von den Lehrkräften an Halbtagsschulen im Wesentlichen nicht hinsichtlich relevanter Stichprobenmerkmale.

4.4.2 Instrumente

Bis auf die Skalen zur Erfassung der interprofessionellen Kooperation, welche aus einer qualitativen Vorstudie neu entwickelt und allein zum zweiten Messzeitpunkt zum Einsatz kam, wurde für die beiden Messzeitpunkte ein Fragebogeninstrument mit erprobten Skalen zusammengestellt. Diese bereits erprobten Instrumente werden nachfolgend kurz erläutert, während auf die Skalenkonstruktion zur Messung der interprofessionellen Kooperation im Ergebnisteil näher eingegangen wird.

Die *Lehrerkooperation* wurde über drei Dimensionen erfasst: 1) den Austausch (3 Items; z. B. „Mit meinen Kolleginnen und Kollegen tausche ich Unterrichtsmaterialien aus."; $\alpha=0{,}75$), 2) die Gemeinsame Arbeitsplanung (3 Items; z. B. „Mit Kolleginnen und Kollegen erarbeite ich Konzepte für neue Unterrichtsreihen."; $\alpha=0{,}85$) sowie 3) die Kokonstruktion (4 Items; z. B. „Meine Kolleg/-innen und ich unterstützen uns gegenseitig bei der Korrektur von Tests und Klausuren."; $\alpha=0{,}63$) (Fussangel 2008).

Die Skala *Berufliche Selbstwirksamkeit* (12 Items; z. B. „Wie sehr können Sie als Lehrperson bewirken, dass auch Schülerinnen und Schüler mit problematischem Sozialverhalten Klassenregeln einhalten."; $\alpha=0{,}86$) wurde zur Erfassung personaler Einflussfaktoren eingesetzt (Gerecht et al. 2007).

Die *Subjektiv wahrgenommene Belastung* wurde anhand folgender drei Arbeitsbereiche erfasst: 1) Unterrichtsbezogene Belastungen (6 Items; z. B. „Schülerinnen und Schüler stören den Unterricht"; $\alpha=0{,}77$), 2) außerunterrichtliche Belastungen (2 Items; z. B. „umfangreiche Korrekturen"; $\alpha=0{,}66$) und 3) Belastungen durch Rahmenbedingungen (3 Items; z. B. „unzureichende Raumausstattung"; $\alpha=0{,}63$) (angelehnt an Böhm-Kasper et al. 2000).

Die *Beanspruchungsreaktion* wurde in Anlehnung an das Maslach Burnout Inventory (Maslach und Jackson 1981) über die deutsche Version der Skala ‚emotionale Erschöpfung' erhoben (7 Items; z. B. „Ich fühle mich am Ende eines Arbeitstages geschafft."; $\alpha=0{,}86$). Als Indikator für langfristige Beanspruchungsfolgen wurde die Auftretenshäufigkeit *psychosomatischer Beschwerden* ($\alpha=0{,}86$) herangezogen (vgl. Brähler und Scheer 1993).

4.5 Ergebnisse

4.5.1 Zusammenhänge von Kooperation und dem Belastungserleben und der Beanspruchung an Ganztagsschulen (Fragestellung 1)

In den nachfolgenden Analysen werden sowohl die Lehrerkooperation als auch die interprofessionelle Kooperation an Ganztagsschulen fokussiert. Für die Erhebung der interprofessionellen Kooperation wurde ein Messinstrument entwickelt, welches auf den Ergebnissen einer qualitativen Studie basiert. Die Auswertung von Interviews mit dreizehn Lehrkräften an voll gebundenen Ganztagsschulen des Sekundarbereichs ergab, dass im Gegensatz zur Lehrerkooperation verschiedene Qualitäten der interprofessionellen Kooperation nicht auszumachen sind. Vielmehr berichteten die Lehrkräfte einfache Formen der Kooperation bzw. die Abgabe von Verantwortungsbereichen in zwei zentralen Aufgabenbereichen: Zum einen hinsichtlich thematischer Bezüge zum Unterricht, z. B. Absprachen hinsichtlich themenbezogener Projekte oder die Planung des Förderunterrichts. Zum anderen hinsichtlich schülerbezogener Themen, wie die Besprechung individueller Maßnahmen für Schüler/-innen oder bei Schwierigkeiten in einer Klasse (vgl. Dizinger et al. im Druck). Somit beziehen sich die zwei Skalen zur Erfassung der interprofessionellen Kooperation auf diese beiden Bereiche: Eine Skala zur 1) *unterrichtsbezogenen Kooperation* (5 Items, α=0,85) und eine Skala zur 2) *schülerbezogenen Kooperation* (5 Items, α=0,88) wurden entwickelt. Darüber hinaus zeigte sich, dass Lehrpersonen insbesondere durch die schülerbezogene Kooperation eine Entlastung erleben. Somit wurde zusätzlich eine dritte Skala entwickelt, die auf die wahrgenommene 3) *Entlastung durch interprofessionelle Kooperation* (4 Items, α=0,93) abzielt. Eine konfirmatorische Faktorenanalyse mit N=636 Lehrkräften an Ganztagsschulen des Sekundarbereich bestätigt diese hergeleitete dreifaktorielle Struktur der interprofessionellen Kooperation (vgl. Abb. 2). In die nachfolgenden Analysen gehen die beiden Skalen zur *unterrichtsbezogenen* und *schülerbezogenen* Kooperation ein, da in dem vorliegenden Beitrag die verschiedenen Kooperationsformen mit dem Belastungs- und Beanspruchungserleben von Lehrkräften in Beziehung gesetzt werden sollen.

In Tab. 1 sind die durchschnittlichen Ausprägungen für die vorliegende Stichprobe sowie die Interkorrelationen der Variablen dargestellt. Es zeigt sich, dass die Formen

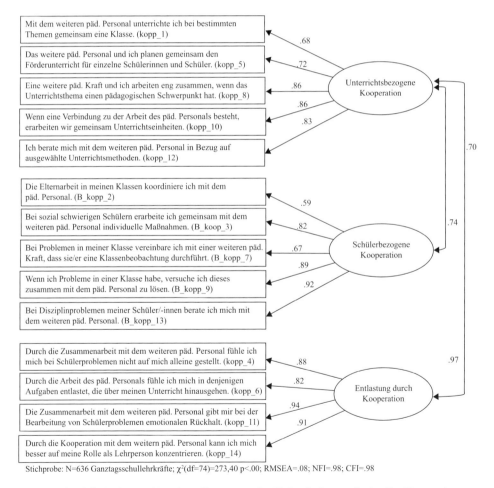

Abb. 2: Faktorielle Struktur und Itemformulierungen zu den Skalen der interprofessionellen Kooperation

Tab. 1: Ausprägung und Interkorrelationen der Variablen (N=341 *Ganztags*schullehrkräfte)

Variable	MW[a] (SD)	2	3	4	5	6	7	8	9	10	11
1 Austausch (L)[b]	4,2 (1,0)	*0,68*	*0,60*	*0,25*	*0,24*	*0,41*	−0,04	0,08	−0,01	0,00	0,01
2 Gem. Arbeitsplanung (L)	3,1 (1,3)		*0,70*	*0,30*	*0,19*	*0,32*	−0,09	−0,04	−0,11	−0,06	−0,09
3 Kokonstruktion (L)	2,9 (1,0)			*0,39*	*0,22*	*0,37*	−*0,17*	−0,04	−*0,12*	−*0,15*	−*0,13*
4 Unterrichtsbez. Koop(L-PP)	2,0 (1,0)				*0,67*	*0,22*	0,03	−0,08	−*0,13*	−0,02	−0,04
5 Schülerbez. Koop. (L-PP)	3,2 (1,3)					*0,16*	*0,15*	−0,10	−0,10	−0,06	−0,02
6 Berufl. Selbstwirksamkeit	3,6 (0,7)						−*0,31*	−0,05	−0,10	−*0,24*	−*0,18*
7 Unterrichtsbez. Belastungen	4,5 (0,9)							*0,23*	*0,34*	*0,34*	*0,36*
8 Außeru. Bel.	3,4 (1,2)								*0,35*	*0,28*	*0,30*
9 Bel. durch Rahmenbeding.	3,7 (1,1)									*0,23*	*0,21*
10 Erschöpfung	3,1 (1,0)										*0,74*
11 Beschwerden	3,0 (1,1)										

Signifikante Korrelationen sind kursiv hervorgehoben p <0,05
[a]Range: 1–6 Punkte
[b](L) Kooperation unter Lehrkräften bzw. (L-PP) unter Lehrkräften und weiterem pädagogischem Personal

der Lehrerkooperation mit den Formen der interprofessionellen Kooperation schwach bis moderat positiv korreliert sind. Weiterhin gehen höhere Ausprägungen der beruflichen Selbstwirksamkeit mit einer höheren Ausprägung der verschiedenen Formen der Kooperation einher. Zudem lässt sich eine negative Beziehung zwischen der Selbstwirksamkeit und den wahrgenommenen unterrichtlichen Belastungen und der Beanspruchung feststellen.

Signifikante negative Zusammenhänge zwischen den drei Formen der Lehrerkooperation und dem Belastungs- und Beanspruchungserleben liegen kaum vor bzw. sind gering. So ist die Kokonstruktion, als intensive Form der Lehrerkooperation, in geringem Maß mit verschiedenen Indikatoren des Belastungserlebens und der Beanspruchung negativ assoziiert. Zwischen den beiden Formen der interprofessionellen Kooperation und den Ausprägungen des Belastungs- und Beanspruchungserlebens sind kaum Zusammenhänge zu beobachten. Erwartungsgemäß stehen die Facetten des subjektiven Belastungserlebens im positiven Zusammenhang mit der Beanspruchung. Zur Überprüfung des theoretischen Rahmenmodells der schulischen Belastung und Beanspruchung an Ganztagsschulen wird der Einfluss ausgewählter Belastungsfaktoren auf das subjektiv wahrgenommene Belastungserleben und die Beanspruchung im Querschnitt geprüft (s. Abb. 3). Die Formen der Lehrerkooperation und der interprofessionellen Kooperation gelten als

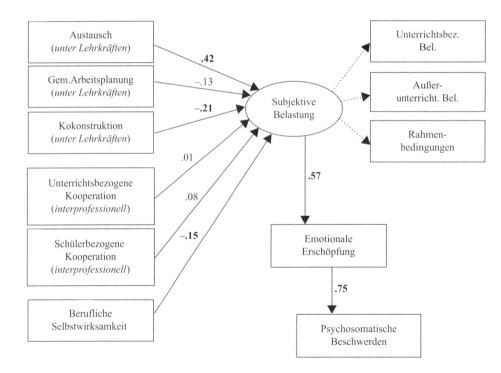

$N = 341, \chi^2 (29) = 81.11, p = .00, RMSEA = .07$

Abb. 3: Lineares Strukturgleichungsmodell für N = 341 Lehrkräfte an Ganztagsschulen; signifikante Pfade sind fett hervorgehoben

Einflussfaktoren des situativen Bedingungsfelds. Weiterhin geht die Lehrerselbstwirksamkeit als individuelle Einflussgröße in die Analysen ein. Zudem wird die Wirkung der subjektiv wahrgenommenen Belastung auf die emotionale Erschöpfung als eine mögliche Beanspruchungsreaktion und auf psychosomatischen Beschwerden als Beanspruchungsfolgen betrachtet.

Anhand Abb. 3 zeigt sich, dass der Austausch, als eine Form der Lehrerkooperation, einen positiven Effekt auf die subjektiv wahrgenommene Belastung hat. Eine Wirkung der Kokonstruktion liegt in entgegengesetzter Richtung vor. Die Formen der interprofessionellen Kooperation haben keinen Effekt auf die subjektiv wahrgenommene Belastung. Erwartungsgemäß wirkt die berufliche Selbstwirksamkeit belastungsmindernd und es lassen sich enge Beziehungen zwischen der subjektiven Belastungswahrnehmung und den Aspekten der Beanspruchung ausmachen.

4.5.2 Wirkung der Lehrerkooperation auf Belastungserleben und Beanspruchung an Ganz- und Halbtagsschulen (Fragestellung 2)

Um die Wirkung von Kooperation auf das Belastungserleben im Längsschnitt zu betrachten, beziehen sich die nachfolgenden Analysen auf zwei Messzeitpunkte. Zudem werden neben Ganztagsschulkräften auch Halbtagsschullehrkräfte betrachtet, um möglichst anders geartete Ausprägungen von Kooperation, Belastung und Beanspruchung in Abhängigkeit der Schulorganisationsform aufzudecken. Da allerdings an Halbtagsschulen in der Regel keine weiteren pädagogischen Kräfte beschäftigt sind, wird allein die Lehrerkooperation und nicht die interprofessionelle Kooperation fokussiert.

Die Korrelationsanalysen in Tab. 2 zeigen, dass für Ganztagsschulen – im Vergleich zu Halbtagsschulen – keine nennenswerten anders gearteten Ausprägungen hinsichtlich der Formen der Lehrerkooperation sowie Indikatoren des subjektiven Belastungs- und Beanspruchungserlebens vorliegen. Zwar finden sich statistisch signifikante Zusammenhänge hinsichtlich der Schulorganisation und Kokonstruktion, den unterrichtlichen Belastungen und der Erschöpfung, doch sind diese sehr niedrig und liegen kaum im Bereich der empirischen Bedeutsamkeit. Erwartungsgemäß sind die drei Formen der Lehrerkooperation hoch miteinander korreliert. Zwischen den Formen der Lehrerkooperation und Aspekten des Belastungs- und Beanspruchungserleben zeigen sich hingegen keine Assoziationen.

Die drei Aspekte des subjektiven Belastungserlebens stehen im positiven Zusammenhang mit der Beanspruchung und die berufliche Selbstwirksamkeit wirkt erwartungsgemäß belastungs- und beanspruchungsmindernd.

Zur Überprüfung des theoretischen Rahmenmodells an Ganz- und Halbtagsschulen im Längsschnitt wird der Einfluss ausgewählter Belastungsfaktoren des situationsübergreifenden und situativen Bedingungsfeldes zum ersten Messzeitpunkt auf das subjektiv wahrgenommene Belastungs- und Beanspruchungserleben zum zweiten Messzeitpunkt geprüft (s. Abb. 4). Die Variablen des situationsübergreifenden und situativen Bedingungsfeldes werden als Einflussfaktoren zum ersten Messzeitpunkt, analog zur vorangegangenen Darstellung, in das Modell aufgenommen. Als objektiver Belastungsfaktor des situationsübergreifenden Bedingungsfeldes wird die Schulorganisationsform (Halb- vs. Ganztag) zusätzlich in diesem Modell berücksichtigt.

Tab. 2: Ausprägung und Interkorrelationen der Variablen (N=329 Lehrkräfte)

Variable	MW[a] (SD)	2	3	4	5	6	7	8	9	10
1 Ganztag (vs. Halbtag) t1	163 [50]	−0,04	0,06	−0,13	0,08	−0,13	−0,03	0,02	0,12	0,04
2 Austausch (L)[b] t1	4,3 (1,0)		0,69	0,61	0,27	0,04	0,07	0,00	−0,04	0,03
3 Gem. Arbeitsplanung (L) t1	3,2 (1,3)			0,63	0,26	0,00	−0,01	0,02	0,02	0,03
4 Kokonstruktion (L) t1	2,9 (1,0)				0,21	−0,03	0,03	−0,07	−0,06	−0,03
5 Berufl. Selbstwirksamkeit t1	3,7 (0,6)					−0,25	0,01	−0,03	−0,17	−0,19
6 Unterrichtsbez. Belastungen t2	4,4 (0,9)						0,20	0,20	0,33	0,34
7 Außerun. Belastungen t2	3,4 (1,1)							0,20	0,32	0,25
8 Bel. durch Rahmenbeding. t2	3,6 (1,2)								0,18	0,21
9 Erschöpfung t2	3,1 (1,0)									0,72
10 Beschwerden t2	3,0 (1,1)									

Signifikante Korrelationen sind kursiv hervorgehoben p<0,05
[a]Range: 1–6 Punkte, bei dichotomer Variable: Häufigkeiten [%]
[b](L) Kooperation unter Lehrkräften

In diesem Kausalmodell zeigt sich, dass die Organisationsform im Ganztag keinen Effekt auf die subjektiv wahrgenommene Belastung hat. Auch die drei Lehrerkooperationsformen haben keinen Effekt auf die subjektiv wahrgenommene Belastung. Allein die berufliche Selbstwirksamkeit wirkt negativ auf die subjektive Belastung. Erwartungsgemäß zeigen sich wiederum enge Beziehungen zwischen der subjektiven Belastungswahrnehmung und Aspekten der Beanspruchung.

4.6 Diskussion

Im Mittelpunkt des vorliegenden Beitrags stand die Betrachtung der Lehrerkooperation und der interprofessionellen Kooperation im Kontext von Belastung und Beanspruchung an Ganz- und Halbtagsschulen. Dafür wurden zum einen querschnittliche Ergebnisse zu Formen der Lehrerkooperation und der interprofessionellen Kooperation an Ganztagsschulen und zum anderen längsschnittliche Befunde zur belastungsbezogenen Wirkung der Lehrerkooperation an Ganz- und Halbtagsschulen vorgestellt.

4 Lehrer/in sein an der Ganztagsschule

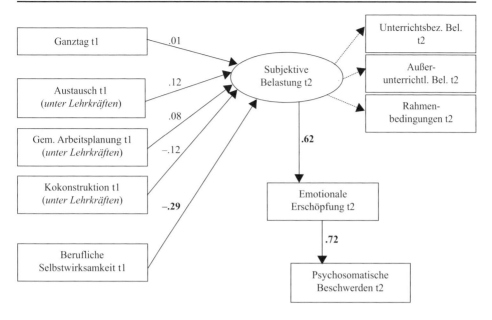

N = 329, χ² (25) = 66.35, p = .00, RMSEA = .07

Abb. 4: Lineares Strukturgleichungsmodell im Längsschnitt (zwei Messzeitpunkte t1 und t2) für N=329 Lehrkräfte; signifikante Pfade sind fett hervorgehoben

Auf Grundlage der vorliegenden Ergebnisse kann für die Formen der Lehrerkooperation festgehalten werden, dass diese kaum Effekte auf das Belastungserleben von Lehrkräften haben. Darüber hinaus zeigt auch die Schulorganisation (Ganztag vs. Halbtag) keinen substantiellen Zusammenhang mit der wahrgenommenen Belastung. Erwähnenswert sind zumindest die querschnittlichen Ergebnisse, die darauf verweisen, dass eine höhere Ausprägung kokonstruktiver Zusammenarbeit mit einem niedrigeren Belastungserleben in Verbindung steht. Diese gewonnenen Ergebnisse stehen im Einklang mit vorausgegangenen theoretischen und empirischen Arbeiten, die vor allem auf die entlastende Wirkung elaborierter Formen der Zusammenarbeit hinweisen. Dieser Effekt kommt allerdings im Längsschnitt nicht mehr zum Tragen.

Neben der Lehrerkooperation nahmen wir die interprofessionelle Kooperation an Ganztagsschulen in den Blick, wobei wir zunächst ein neues Instrument zur Erfassung der interprofessionellen Kooperation vorgestellt haben. Es konnten keine Effekte für die interprofessionelle Kooperation auf das Belastungserleben ermittelt werden, wobei hier noch eine Überprüfung im Längsschnitt aussteht.

Fraglich bleibt, warum die Kooperation keine bzw. nur eine sehr geringe Wirkung auf das Belastungserleben von Lehrkräften entfaltet. Allerdings zeigt sich, dass auch hinsichtlich anderer Zielbereiche, wie der Unterrichts- und Schulqualität, die Wirkungsmächtigkeit der Kooperation noch wenig ausgeschärft ist (vgl. Kullmann 2010). Sowohl Forschungsarbeiten zur Lehrerkooperation als auch erste Studien zur interprofessionellen Zusammenarbeit an Ganztagsschulen zeigen, dass die Kooperationspraxis von Lehrkräften durchaus intensiviert und umfassender gestaltet sein könnte (vgl. z. B. Gräsel et al. 2006; Steinert et al. 2006 sowie Arnoldt 2008; Hänisch 2010). Vielleicht kann sich das tatsächliche Potential kooperativer Aktivitäten nicht entfalten, solange diese einen so geringen Stellenwert im Schulalltag einnehmen.

Ferner legen u. a. qualitative Analysen nahe, dass kooperative Arbeitsformen zumeist positiv assoziiert sind und direkt als entlastend erlebt werden (vgl. z. B. Fussangel 2008; Dizinger et al. im Druck). Der Nutzen der Kooperation erscheint untrennbar mit dieser verknüpft, in dem Sinne, dass eine „gute und gelingende Kooperation" auch entlastend wirkt. Damit steht aber nicht mehr die Frage nach dem Ausmaß der Kooperationspraxis, sondern die Frage nach subjektiven Bewertungen und Deutungsprozessen im Mittelpunkt (vgl. Böhm-Kasper 2004). In Analogie zur „sozialen Unterstützung" könnte eine „gelingende Kooperation" als Ressource im Bewertungs- und Bewältigungsprozess verankert werden (vgl. auch Lazarus und Folkman 1984). In diesem Kontext stellt sich auch die Frage, welche Persönlichkeitsmerkmale mit der Kooperation assoziiert sind, da sich in der vorliegenden Studie u. a. gezeigt hat, dass die Formen der Lehrerkooperation mit Formen der interprofessionellen Kooperation und der Lehrerselbstwirksamkeit verknüpft sind.

In den vorliegenden Längsschnittanalysen fokussierten wir neben der Wirkung der Lehrerkooperation die Wirkung der Ganz- gegenüber der Halbtagsschulorganisation auf das Belastungserleben und die Beanspruchung von Lehrpersonen. Es zeigte sich, dass Lehrkräfte an Ganztagsschulen im Wesentlichen keine anders geartete Belastung erleben als an Halbtagsschulen. Auch die Beanspruchung ist vergleichbar ausgeprägt. Dies erscheint insofern bedeutsam, da im Rahmen des zugrunde gelegten Projektes voll gebundene, langfristig bestehende Ganztagsschulen in den Blick genommen wurden. Für diese Schulen kann von gefestigten, durch den Ganztag geprägten Anforderungsstrukturen, ausgegangen werden. Im Vergleich zu diesen Schulen ist allerdings denkbar, dass gerade neu gegründete Ganztagsschulen langfristig eine andere Belastungsstruktur aufweisen. Denn der Aufbau dieser neuen Ganztagsschulen steht im Rampenlicht der öffentlich-medialen Bildungsdebatte und es greifen Steuerungsdynamiken verschiedener bildungspolitischer Akteure (vgl. Tillmann et al. 2008).

Abschließend muss erwähnt werden, dass in der vorliegenden Studie nur Haupt- und Realschulen betrachtet wurden. Gerade für Gymnasien könnten die Ergebnisse anders ausfallen. Zum einen liegt hier eine etwas anders geartete Belastungskonstellation vor, die sich z. B. in höheren Arbeitszeiten niederschlägt (vgl. Mummert und Partner 1999). Zum anderen weisen Studien darauf hin, dass Lehrkräfte an Gymnasien in einem geringerem Ausmaß kooperieren (vgl. Steinert et al. 2006).

Anmerkung

1 Die Studie wurde aus Mitteln des Bundesministeriums für Bildung und Forschung und aus dem Europäischen Sozialfonds der Europäischen Union gefördert. Laufzeit von April 2008 bis Juni 2010.

Literatur

Abele, A. E., & Candova, A. (2007). Prädiktoren des Belastungserlebens im Lehrerberuf. *Zeitschrift für Pädagogische Psychologie, 21*(2), 107–118.

Arnoldt, B. (2008). Kooperationsformen – Bedingungen für gelingende Zusammenarbeit? In H. G. Holtappels, E. Klieme, T. Rauschenbach, & L. Stecher (Hrsg.), *Ganztagsschule in Deutschland. Ergebnisse der Ausgangserhebung der „Studie zur Entwicklung von Ganztagsschulen"* (StEG) (2. Aufl., S. 123–136). Weinheim: Juventa.

Arnoldt, B. (2009). Der Beitrag von Kooperationspartnern zur individuellen Förderung an Ganztagsschulen. *Zeitschrift für Pädagogik ZfPäd, 54*(Beiheft), 63–80.

Bandura, A. (1997). *Self-efficacy: the exercise of control.* New York: Freeman.

Böhm-Kasper, O. (2004). *Schulische Belastung und Beanspruchung.* Münster: Waxmann.

Böhm-Kasper, O., Bos, W., Jaeckel, S., & Weishaupt, H. (2000). *Skalenhandbuch zur Belastung von Schülern und Lehrern. Das Erfurter Belastungs-Inventar.* Erfurt: Universität Erfurt.

Brähler, E., & Scheer, J. (1993). Der Gießener Beschwerdebogen (GBB). In G. Jehle & P. Krause (Hrsg.), *Berufsbezogene Angst von Lehrerinnen und Lehrern: eine epistemologische Pilotstudie* (S. 127–142). Frankfurt a. M.: DIPF.

Burke, R. J., Greenglass, E. R., & Schwarzer, R. (1996). Predicting teacher burnout over time: effects of work stress, social support, and self-doubts on burnout and Its consequences. *Anxiety, Stress, and Coping, 9,* 261–275.

Dieckmann, K., Höhmann, K., & Tillmann, K. (2008). Schulorganisation, Organisationskultur und Schulklima an ganztägigen Schulen. In H. G. Holtappels, E. Klieme, T. Rauschenbach, & L. Stecher (Hrsg.), *Ganztagsschule in Deutschland. Ergebnisse der Ausgangserhebung der „Studie zur Entwicklung von Ganztagsschulen" (StEG)* (2. Aufl., S. 164–185). Weinheim: Juventa.

Ditton, H. (2000). Qualitätskontrolle und Qualitätssicherung in Schule und Unterricht. Ein Überblick zum Stand der empirischen Forschung. *Zeitschrift für Pädagogik ZfPäd, 41*(Beiheft), 73–93.

Dizinger, V., Fussangel, K., & Böhm-Kasper, O. (im Druck). Interprofessionelle Kooperation an Ganztagsschulen aus der Perspektive der Lehrkräfte. Wie lässt sie sich erfassen und wie wird sie bewertet? In K. Speck, T. Olk, O. Böhm-Kasper, H.-J. Stolz, & C. Wiezorek (Hrsg.), *Multiprofessionelle Teams an Ganztagsschulen.* Weinheim: Juventa.

Fussangel, K. (2008). Subjektive Theorien von Lehrkräften zur Kooperation. Eine Analyse der Zusammenarbeit von Lehrerinnen und Lehrern in Lerngemeinschaften, Wuppertal. http://elpub.bib.uni-wuppertal.de/edocs/dokumente/fbg/paedagogik/diss2008/fussangel. Zugegriffen: 30. Dez. 2010.

Fussangel, K., Dizinger, V., Böhm-Kasper, O., & Gräsel, C. (2010). Kooperation, Belastung und Beanspruchung von Lehrkräften an Halb- und Ganztagsschulen. *Unterrichtswissenschaft, 38*(1), 51–67.

Gerecht, M., Steinert, B., Klieme, E., & Döbrich, P. (2007). *Skalen zur Schulqualität. Dokumentation der Erhebungsinstrumente: Pädagogische Entwicklungsbilanzen mit Schulen (PEB).* Frankfurt a. M.: DIPF.

Gräsel, C., Fußangel, K., & Pröbstel, C. (2006). Lehrkräfte zur Kooperation anregen – eine Aufgabe für Sisyphos? *Zeitschrift für Pädagogik ZfPäd, 52*(2), 205–219.

Hänisch, H. (2010). Bedingungen, Determinanten und Wirkungen der schulinternen Kooperation von Lehr- und Fachkräften in offenen Ganztagsschulen. In Wissenschaftl. Kooperationsverbund (Hrsg.), *Kooperation im Ganztag.Erste Ergebnisse aus der Vertiefungsstudie der wissenschaftlichen Begleitung zur OGS* (Heft 14, S. 31–51). Münster: Institut für soziale Arbeit.

Hord, S. M. (1997). *Professional learning communities: communities of continuous inquiry and improvement.* Austin: Southwest Educational Development Laboratory.

Höhmann, K., Bergmann, K., & Gebauer, M. (2008). Das Personal. In H. G. Holtappels, E. Klieme, T. Rauschenbach, & L. Stecher (Hrsg.), *Ganztagsschule in Deutschland. Ergebnisse der Ausgangserhebung der „Studie zur Entwicklung von Ganztagsschulen" (StEG)* (2. Aufl., S. 77–85). Weinheim: Juventa.

Klieme, E., Holtappels, H. G., Rauschenbach, T., & Stecher, L. (2008). Ganztagsschule in Deutschland. Bilanz und Perspektiven. In H. G. Holtappels, E. Klieme, T. Rauschenbach, & L. Stecher (Hrsg.), *Ganztagsschule in Deutschland. Ergebnisse der Ausgangserhebung der „Studie zur Entwicklung von Ganztagsschulen" (StEG)* (2. Aufl., S. 345–381). Weinheim: Juventa.

Klusmann, U., Kunter, M., Trautwein, U., Lüdtke, O., & Baumert, J. (2008). Engagement and emotional exhaustion in teachers: does the school context make a difference? *Applied Psychology: An International Review, 57,* 127–151.

Kolbe, F.-U. (2009). Unterrichtsorganisation aus Sicht der Wissenschaft. Rhythmisierung und Flexibilisierung des Tagesablaufes. In F. Prüß, S. Kortas, & M. Schöpa (Hrsg.), *Die Ganztagsschule: von der Theorie zur Praxis. Anforderungen und Perspektiven für Erziehungswissenschaft und Schulentwicklung* (S. 203–214). Weinheim: Juventa.

Kolbe, F.-U., & Reh, S. (2008). Kooperation unter Pädagogen. In H.-U. Otto & T. Coelen (Hrsg.), *Grundbegriffe der Ganztagsbildung. Das Handbuch* (S. 815–824). Wiesbaden: VS Verlag für Sozialwissenschaften.

Krause, A., Schüpbach, H., Ulich, E., & Wülser, M. (Hrsg.). (2008). *Arbeitsort Schule: Organisations- und arbeitspsychologische Perspektiven.* Wiesbaden: Gabler.

Kullmann, H. (2010). *Lehrerkooperation. Ausprägung und Wirkungen am Beispiel des naturwissenschaftlichen Unterrichts an Gymnasien.* Münster: Waxmann.

Lazarus, R. S., & Folkman, S. (1984). *Stress, appraisal and coping.* New York: Springer.

Maslach, C., & Jackson, J. (1981). The measurement of experienced burnout. *Journal of Occupational Behavior, 2,* 99–113.

Maslach, C., Schaufeli, W. B., & Leiter, M. P. (2001). Job burnout. *Annual Review of Psy-chology, 52,* 397–422.

Maykus, S. (2009). Kooperation: Mythos oder Mehrwert? Der Nutzen multiprofessioneller Kooperation der Akteure schulbezogener Jugendhilfe. In F. Prüß, S. Kortas, & M. Schöpa (Hrsg.), *Die Ganztagsschule: von der Theorie zur Praxis. Anforderungen und Perspektiven für Erziehungswissenschaft und Schulentwicklung* (S. 307–321). Weinheim: Juventa.

Mummert & Partner Unternehmensberatung AG. (1999). *Untersuchung zur Ermittlung, Bewertung und Bemessung der Arbeitszeit der Lehrerinnen und Lehrer im Land Nordrhein-Westfalen.* Frechen: Ritterbach.

Oelerich, G. (2007). Ganztagsschulen und Ganztagsangebote in Deutschland – Schwerpunkte, Entwicklungen und Diskurse. In F. Bettmer, S. Maykus, F. Prüß, & A. Richter (Hrsg.), *Ganztagsschule als Forschungsfeld* (S. 13–42). Wiesbaden: VS Verlag für Sozialwissenschaften.

Olk, T. (2005). Kooperation zwischen Jugendhilfe und Schule. In Sachverständigenkommission Zwölfter Kinder- und Jugendgericht. (Hrsg.), *Kooperationen zwischen Jugendhilfe* (Bd. 4, S. 9–100). München: DJI.

Rabenstein, K. (2008). Rhythmisierung. In T. Coelen & H.-U. Otto (Hrsg.), *Grundbegriffe Ganztagsbildung. Das Handbuch* (S. 548–556). Wiesbaden: VS Verlag für Sozialwissenschaften.

Rahm, S. (2010). Kooperative Schulentwicklung. In T. Bohl, W. Helsper, H. G. Holtappels, & C. Schelle (Hrsg.), *Handbuch Schulentwicklung* (S. 83–85). Bad Heilbrunn: Klinkhardt.

Rolff, H.-G. (2010). Schulentwicklung als Trias von Organisations-, Unterrichts- und Personalentwicklung. In T. Bohl, W. Helsper, H. G. Holtappels, & C. Schelle (Hrsg.), *Handbuch Schulentwicklung* (S. 29–36). Bad Heilbrunn: Klinkhardt.

Rollett, W. (2008). Schulzufriedenheit und Zufriedenheit mit dem Ganztagsbetrieb und deren Bedingungen. In H. G. Holtappels, E. Klieme, T. Rauschenbach, & L. Stecher (Hrsg.), *Ganztagsschule in Deutschland. Ergebnisse der Ausgangserhebung der „Studie zur Entwicklung von Ganztagsschulen"* (StEG) (S. 283–312). Weinheim: Juventa.

Rothland, M. (Hrsg.). (2007). *Belastung und Beanspruchung im Lehrerberuf. Modelle, Befunde, Interventionen.* Wiesbaden: VS Verlag für Sozialwissenschaften.

Rudow, B. (1994). *Die Arbeit des Lehrers. Zur Psychologie der Lehrertätigkeit, Lehrerbelas-tung und Lehrergesundheit.* Bern: Huber.

Scheerens, J., & Bosker, R. J. (1997). *The foundations of educational effectiveness.* Oxford: Elsevier Science.

Scheuerer, A. (2009). Unterrichtsorganisation aus Sicht der Praxis. In F. Prüß, S. Kortas, & M. Schöpa (Hrsg.), *Die Ganztagsschule: von der Theorie zur Praxis. Anforderungen und Perspektiven für Erziehungswissenschaft und Schulentwicklung* (S. 215–228). Weinheim: Juventa.

Schmitz, G. S., & Schwarzer, R. (2000). Selbstwirksamkeitserwartung von Lehrern: Längsschnittbefunde mit einem neuen Instrument. *Zeitschrift für Pädagogische Psychologie, 14*(1), 12–25.

Schwarzer, R., & Hallum, S. (2008). Perceived teacher self-efficacy as a predictor of job stress and burnout: mediation analyses. *Applied Psychology: An International Review, 57*, 152–171.

Speck, K. (2008). Schulsozialarbeit. In H.-U. Otto & T. Coelen (Hrsg.), *Grundbegriffe der Ganztagsbildung. Das Handbuch* (S. 341–348). Wiesbaden: VS Verlag für Sozialwissenschaften.

Steinert, B., Klieme, E., Maag Merki, K., Döbrich, P., Halbheer, U., & Kunz, A. (2006). Lehrerkooperation in der Schule: Konzeption, Erfassung, Ergebnisse. *Zeitschrift für Pädagogik ZfPäd, 52*(2), 185–204.

Terhart, E., & Klieme, E. (2006). Kooperation im Lehrerberuf – Forschungsproblem und Gestaltungsaufgabe. Zur Einführung in den Thementeil. *Zeitschrift für Pädagogik ZfPäd, 52*(2), 163–166.

Tillmann, K.-J., Dedering, K., Kneuper, D., Kuhlmann, C., & Nessel, I. (2008). PISA als bildungspolitisches Ereignis. Oder: Wie weit trägt das Konzept der „evaluationsbasierten Steuerung"? In T. Brüsemeister & K.-D. Eubel (Hrsg.), *Evaluation, Wissen und Nichtwissen* (S. 117–140). Wiesbaden: VS Verlag für Sozialwissenschaften.

Vandenberghe, R., & Hubermann, A. M. (Hrsg.). (1999). *Understanding and preventing teacher burnout. A sourcebook in international research and practice.* Cambridge: Cambridge University Press.

5 Professionelle Kooperation unterschiedlicher Berufskulturen an Ganztagsschulen – Zentrale Befunde eines qualitativen Forschungsprojektes

Thomas Olk · Karsten Speck · Thomas Stimpel

Zusammenfassung: Im Rahmen des Forschungsprojektes „Professionelle Kooperation von unterschiedlichen Berufskulturen an Ganztagsschulen" wurde in den drei Bundesländern Brandenburg, Sachsen-Anhalt und Niedersachsen an je fünf Schulen auf der Basis kooperations- und professionstheoretischer Vorüberlegungen untersucht, welche Vorstellungen von Kooperation die schulischen Akteure (Schulleitungen, Lehrkräfte) sowie inner- und außerschulische Kooperationspartner haben, wie sich vor diesem Hintergrund die Kooperationspraxis an den Ganztagsschulen zeigt und welche Auswirkungen der ganztagsspezifischen Anforderungen sich auf das berufliche Selbstverständnis und Handeln feststellen lassen sowie welche Kooperationserfolge sich vor diesem Hintergrund aus Sicht der Beteiligten zeigen. Das vom Bundesministerium für Bildung und Forschung geförderte Projekt versteht sich als vertiefende Ergänzung zu der bundesweit durchgeführten „Studie zur Entwicklung von Ganztagsschulen" (StEG). Mittels eines qualitativen Forschungsdesigns wurde im Projekt *Kooperation* als die zentrale Schnittstelle des Ganztagsbetriebs systematisch analysiert. Inhalt des Beitrags ist die vertiefende Darstellung der Analyseergebnisse anhand der Fragen nach den Kooperationsvorstellungen, der Kooperationspraxis und den Auswirkungen der Kooperation.

Schlüsselwörter: Ganztagsschule · Kooperation · Profession · Berufskultur · Qualitative Forschung

---

© VS Verlag für Sozialwissenschaften 2011

Prof. Dr. T. Olk (✉)
Institut für Pädagogik, Philosophische Fakultät III, Martin-Luther-Universität
Halle/Wittenberg, Franckeplatz 1, Haus 6, 06099 Halle (Saale), Deutschland
E-Mail: Thomas.Olk@paedagogik.uni-halle.de

Prof. Dr. K. Speck
Institut für Pädagogik, Fakultät I Bildungs- und Sozialwissenschaften,
Carl von Ossietzky Universität Oldenburg, 26111 Oldenburg, Deutschland
E-Mail: Karsten.Speck@uni-oldenburg.de

T. Stimpel, M.A.
Institut für Pädagogik, Philosophische Fakultät III – Erziehungswissenschaften,
Martin-Luther-Universität Halle-Wittenberg, Franckenplatz 1, Haus 2
06108 Halle (Saale), Deutschland
E-Mail: Thomas.Stimpel@paedagogik.uni-halle.de

Professional cooperation among different profession cultures at all-day schools—Essential results of a qualitative research project

Abstract: Within the research project "Professional Cooperation among Different Profession Cultures at All-Day Schools" the cooperation system at 15 schools was analyzed. The research was conducted in three German federal states (Brandenburg, Saxony-Anhalt and Lower Saxony) and in each case at five schools. Based upon a cooperation- and profession-theoretical approach the following research questions were crucial: What ideas of professional cooperation have headmasters and teachers as well as school-internal partners (such as school social workers etc.) and school-external partners (such as enterprises and associations etc.)? What kind of cooperation practices can be observed? What consequences for the professional self-concept and action result from the specific demands of all-day schools? What kind of cooperation-success do the analyzed groups perceive? The project was funded by the German Federal Ministry of Education and Research and forms an addition to the nationwide "Study on the Development of All-Day Schools" (StEG). Using a qualitative research design, *cooperation* as the most important aspect for successful all-day schools was systematically analyzed in this project. In this article we focus on presenting the research results with the help of the research questions concerning perceptions of professional cooperation, practice(s) of cooperation, and outcomes of cooperation.

Keywords: All-day school · Cooperation · Profession · Profession culture · Qualitative research

5.1 Einleitung

Mit der Ausweitung von Ganztagsschulen[1] im Rahmen des Investitionsprogramms „Zukunft Bildung und Betreuung" des Bundes (IZBB) verfolgte die Bundesregierung anspruchsvolle Zielsetzungen wie die Schaffung einer modernen Infrastruktur im Bildungsbereich, die Entwicklung eines bedarfsorientierten Angebotes in allen Regionen, Qualitätsverbesserungen im Bildungssystem, die frühzeitige und individuelle Förderung von Kindern und Jugendlichen, eine bessere Vereinbarkeit von Familie und Beruf, etc. (vgl. z. B. BMBF 2003). Bei der Realisierung dieses erweiterten Aufgabenspektrums wurde von vornherein auf eine Kooperation zwischen dem schulischen Bildungssystem und einem breiten Spektrum weiterer Institutionen, Einrichtungen und Berufsgruppen gesetzt. Die Ganztagsschule ist somit auf die Kooperation mit verschiedenen Partnern[2] angewiesen. Hierbei kann es sich um Angehörige relevanter (professioneller) Berufe und/oder um weitere Akteure wie z. B. Unternehmen oder bürgerschaftlich Engagierte handeln. Der Analyse dieser Kooperationsstrukturen und -formen mit inner- und außerschulischen Partnern[3] an Ganztagsschulen galt das Hauptaugenmerk im Forschungsprojekt „Professionelle Kooperation von unterschiedlichen Berufskulturen an Ganztagsschulen" (ProKoop)[4]. Auf der Basis professions- und kooperationstheoretischer Überlegungen untersuchte das Projektteam die Kooperation an Ganztagsschulen in drei Bundesländern (Brandenburg, Sachsen-Anhalt, Niedersachsen) anhand von insgesamt 15 qualitativen Schulfallstudien. Im Fokus standen dabei die folgenden zentralen Fragestellungen:

1. Über welche (professions-)spezifischen Kooperationsvorstellungen verfügen die schulischen Akteure sowie die inner- und außerschulischen Kooperationspartner an Ganztagsschulen?

2. Welche Merkmale weist die Kooperationspraxis an Ganztagsschulen auf?
3. Welche Auswirkungen der ganztagsspezifischen Anforderungen auf das berufliche Selbstverständnis und Handeln lassen sich bei den verschiedenen Kooperationspartnern rekonstruieren, und wie wird der Kooperationserfolg an Ganztagsschulen aus der subjektiven Sicht verschiedener Kooperationsbeteiligter beurteilt?

Im Folgenden werden zunächst die kooperations- und professionstheoretischen Vorüberlegungen sowie das Forschungsdesign in der gebotenen Kürze skizziert, um daran anschließend die aufgeführten Fragestellungen zu beantworten.

5.2 Ganztagsschule und Kooperation

Vor dem Hintergrund der konkreten Rahmenbedingungen der Einführung von Ganztagsschulen im Kontext des IZBB und darüber hinaus ist unstrittig, dass Ganztagsschulen auf die Kooperation von Lehrkräften mit inner- und außerschulischen Partnern angewiesen sind (vgl. bereits Deutscher Bildungsrat 1968). Ebenso besteht weitgehend Konsens darüber, dass für das Gelingen ganztagsschulischer Konzepte die Einbindung von Ressourcen und Kompetenzen anderer Berufsgruppen wie Jugendarbeiter, Erzieher, Sozialpädagogen etc. notwendig ist (vgl. u. a. Appel 2004; Rademacker 2004; Beher et al. 2005; IFS 2007; Coelen und Otto 2008; Stolz 2009a, b). Dies wird zum einen mit der Erfüllung von Betreuungsaufgaben durch die Schule begründet. Zum anderen ergibt sich das Kooperationserfordernis aus den spezifischen Erwartungen an die Bildungswirkungen von Ganztagsschulen: Der Umgang mit Heterogenität in der Schülerschaft sowie die Förderung sowohl von hochbegabten als auch von benachteiligten Schülern erfordert die Orientierung an einem erweiterten Bildungsverständnis, das auf eine umfassende Förderung „von Kopf, Herz und Hand" ausgerichtet ist. Damit wird der Beitrag außerunterrichtlicher Bildungsangebote (z. B. durch kulturelle und politische Jugendarbeit) sowie der Einbezug informeller Lernarrangements (z. B. durch bürgerschaftliches Engagement) für die Erfüllung des Bildungsauftrags von Ganztagsschulen aufgewertet: Es geht um eine Verknüpfung formaler, non-formaler und informeller Bildungsangebote in und im Umfeld der Einzelschule.

Die Begründungen für die Notwendigkeit von Kooperation zwischen schulischen Akteuren und inner- und außerschulischen Partnern an Ganztagsschulen, ihre Annahmen und Ausdifferenzierungen liegen jedoch jeweils auf sehr unterschiedlichen Ebenen. In der Fachdiskussion lassen sich vergröbernd drei Muster unterscheiden: *Erstens* existiert ein pragmatisch-ressourcenorientiertes Begründungsmuster, in dem den außerschulischen Kooperationspartnern in der Tendenz lediglich eine quantitative Bedeutung und kompensatorische Funktion zur Absicherung des Ganztagsbetriebs (z. B. Freizeiten, Aufsicht, Mittagessen, Betreuung) zugesprochen und ihr spezifischer Eigensinn und Eigenwert sowie ihre besonderen Kompetenzen letztlich negiert werden (vgl. z. B. Ipfling 2005). *Zweitens* wird in einer schulpädagogischen Argumentationsfigur auf eine neue Lehr- und Lernkultur an Ganztagsschulen, begrenzte Möglichkeiten und Kompetenzen von Lehrkräften (z. B. Ansprechbarkeit für Schüler, außerschulische Kontakte) sowie veränderte Bedingungen des Aufwachsens in Kindheit und Jugend verwiesen. Eine Öffnung von Schule nach innen und außen wird deshalb als notwendig und vielversprechend angesehen (vgl. Appel 2004; Tillmann 2004). *Drittens* lässt sich ein sozialpädagogisches Begründungsmuster identifizieren: Im Interesse der Kinder und Jugendlichen wird eine Neubestimmung der Verantwortlichkeiten von Jugendhilfe, Schule und Eltern in Fragen der Bildung und Erziehung, eine stärkere lebensweltliche und sozialräumliche Öffnung von Schule sowie eine Verankerung von Ganztagsschulen im Gemeinwesen als notwendig erachtet (vgl. u. a. BMFSFJ 2002; Deinet und Icking 2005; Mack 2005; Arnoldt 2009). So betont die Sachverständigenkommission des Zwölften Kinder- und Jugendberichtes die hohe Bedeutung der Jugendhilfe bei der Einführung ganztagsschulischer Angebote und plädiert für den Aufbau multiprofessioneller Teams an Ganztagsschulen, bestehend aus Lehrkräften, Sozialpädagogen usw. Gleichzeitig sieht die Kommission für eine gelingende Kooperation aber auch einen Reformbedarf sowohl bei der Jugendhilfe als auch bei der Schule (z. B. Weiterentwicklung schulbezogener Leistungen der Jugendhilfe, Öffnung der Schule, strukturelle Verankerung der Kooperation, Steuerungsverantwortung der Kommunen) (vgl. BMFSFJ 2005, S. 554 ff.).

Die Gelingensbedingungen für den Aufbau tragfähiger Kooperationen zwischen diesen, unterschiedlichen Handlungslogiken folgenden, Systemen liegen auf verschiedenen Ebenen: Neben rechtlichen (z. B. Kooperationsverträge und -vereinbarungen) und organisatorischen Rahmenbedingungen sowie professionsspezifischen Habitualisierungen und Handlungsdispositionen können auch persönlichkeitsstrukturelle Merkmale auf das Kooperationsgeschehen einwirken (vgl. z. B. Spieß 1998a, b; van Santen und Seckinger 2003; Bonsen und Rolff 2006; Rakhkochkine 2008). Eine wesentliche Voraussetzung für das Gelingen einer Kooperation ist dabei der wahrgenommene Nutzen für die kooperierenden Professionsangehörigen (vgl. Schweitzer 1998). Empirische und theoretische Vorarbeiten von van Santen und Seckinger (vgl. 2003, S. 397 ff.) verknüpfen zudem die individuelle und die Organisationsperspektive und liefern ein dynamisches Konfigurations-Modell, mit dem sich eine Kooperation zwischen unterschiedlichen Berufskulturen und Organisationen empirisch und theoretisch fassen lässt. Danach kann Kooperation empirisch erfasst werden, wenn berücksichtigt wird, dass eine Kooperation unterschiedliche Phasen durchläuft, transinstitutionelle Komponenten enthält und mit einer Reihe von Folgeproblemen belastet ist (z. B. durch doppelte Zielkongruenz, verschiedene Handlungslogiken, unklare Abgrenzungen). Zur Rekonstruktion von Kooperationen sind danach vier Analyseebenen bzw. Referenzpunkte von Bedeutung: 1. das Individuum, 2. die Herkunftsorganisation, 3. der Kooperationszusammenhang und 4. die Makroebene bzw. die Gesellschaft. Darüber hinaus werden vier Dimensionen zur Untersuchung und Beschreibung von Kooperationen benannt (vgl. van Santen und Seckinger 2003, S. 416): So spielen *Status*erwartungen und -zuschreibungen (z. B. Ausbildungen, Berufsimage, Anerkennung der Kooperation und der Problemlösungen), Fragen der *Verbindlichkeit* (z. B. Selbstverpflichtung, institutionelle Absicherung der Kooperation, Handlungsautonomie, Ergebnisumsetzung), die *Ressourcen*einbindung (z. B. Informationsbesitz, personelle und finanzielle Möglichkeiten, Zeitressourcen, Stellenwert der Kooperation) sowie das jeweilige *Referenzsystem* (z. B. Selbstverständnis, Kooperationserfahrungen, Leitbild, gesellschaftliche Entwicklungen) auf allen vier Kooperationsebenen eine Rolle. Van Santen und Seckinger (vgl. 2003, S. 421) gehen davon aus, dass mit dem Konfigurations-Modell nicht nur Kooperationsprozesse besser verstehbar, sondern aufgrund der Interdependenzen innerhalb eines Kooperationsgefüges auch sichere Prognosen über deren Entwicklung möglich sind. Sie unterscheiden dabei die folgenden Kooperationsphasen: Startphase, Verlaufsphase sowie Beendigungsphase einer Kooperation.

Ungeachtet einer weit verbreiteten Zustimmung zu kooperativ ausgestalteten Ganztagsschulen wird in der Fachliteratur auch auf Kooperationsrisiken und -schwierigkeiten sowie Strukturprobleme der Kooperation an Ganztagsschulen aufmerksam gemacht (vgl. u. a. Olk 2005; Speck 2007; Arnoldt und Züchner 2008). Wunder (2006) benennt als ein zentrales pädagogisches Problem zur inneren Ausgestaltung der Ganztagsschule das ‚sozialpädagogische Problem', d. h. die Klärung der Zuständigkeiten von Lehrkräften sowie Sozialpädagogen am Nachmittag. Wahler et al. (2005, S. 118) beurteilen auf der Basis einer qualitativen Studie die Zusammenarbeit der verschiedenen Qualifikationsprofile an Ganztagsschulen als weitestgehend gelingend, verweisen aber auf (strukturelle) Probleme bei der Sicherung der Kontinuität in der Rekrutierung zusätzlichen Personals durch allfällige Finanzierungsunsicherheiten. Kritisiert werden darüber hinaus unzureichende Kooperationskonzepte, die Ausnutzung der Jugendhilfefachkräfte für Betreuungs- und Freizeitaufgaben während der Mittagspause und am Nachmittag, eine Unterordnung der Angebote der Jugendarbeit unter die Erfordernisse der Schule sowie Konflikte durch berufliche Hierarchien, divergierende Selbstverständnisse, Vorurteile, berufskulturelle Abgrenzungsprozesse sowie nicht anschlussfähige Strukturen von Jugendhilfe und Schule. So werden neben dem kritischen Verweis auf den Versuch einer ‚organisierten Entdifferenzierung' der Ganztagsschule (vgl. Kraft 2006, S. 158) Zweifel an einer gleichberechtigten Kooperation zwischen Jugendhilfe und Schule geäußert. Aus dieser Perspektive wird eine weitere Differenzierung der schulischen Praxis im Sinne einer Arbeitsteilung von vormittäglichem, schulischem Unterricht in der Verantwortung der Lehrkräfte und nachmittäglichen Angeboten anderer Träger unter der Aufsicht der Schulleitung ohne systematische Verknüpfungen beider Bestandteile als wahrscheinlichstes Ergebnis der Entwicklung zur Ausweitung des Anteils von Ganztagsschulen prognostiziert (vgl. Lipski 2005, S. 42).

Fasst man diese kooperationstheoretischen Überlegungen und empirischen Erkenntnisse zusammen, dann zeigt sich, dass Kooperation sowohl von schulischer als auch von sozialpädagogischer Seite als ambivalent betrachtet wird. So wird aus schulischer Sicht der mögliche Beitrag außerschulischer Kooperationspartner für die Erfüllung des schulischen Bildungsauftrags zum Teil skeptisch eingeschätzt. Umgekehrt äußern Akteure und Träger der Kinder- und Jugendhilfe Bedenken hinsichtlich der Dominanz der schulischen Logik und der Unterordnung von Akteuren der Kinder- und Jugendhilfe unter den schulischen Versorgungsauftrag. Die bisherige kontroverse Debatte lässt erkennen, dass eine gelingende Kooperation von Schulen mit inner- und außerschulischen Partnern zumindest auf bestimmte Voraussetzungen angewiesen ist. Hierzu gehören neben der Reflexion professionsspezifischer Handlungslogiken vor allem die Klärung und Präzisierung von Fragen der Arbeitsteilung zwischen den Angehörigen unterschiedlicher Professionen, die aktive Ausgestaltung von Kooperationsformen durch Schulleitungen und eigens gebildete Steuerungsgruppen sowie die Gestaltung des Kooperationsalltags im pädagogischen Bereich durch multiprofessionelle Teams (vgl. z. B. Kolbe et al. 2008; Rahm und Schröck 2008). Als klärungsbedürftig erweist sich insbesondere, wie sich Ganztagsschulen für andere Professionen öffnen, wie sich die Kooperation zwischen unterschiedlichen

Berufsgruppen am Ort der Schule gestaltet, wie ehrenamtliche und nicht-pädagogische Mitarbeiter (z. B. Künstler) in die pädagogische Arbeit der Ganztagsschulen integriert werden und welche Anforderungen an Lehrkräfte, Schulleitungen und Kooperationspartner für eine gelingende Kooperation zu stellen sind (vgl. Klieme et al. 2007, S. 379). Auf diese Fragen werden im Anschluss an die Skizzierung des Forschungsdesigns erste empirische Antworten gegeben.

5.3 Forschungsdesign

Zur Beantwortung der skizzierten Forschungsfragestellungen wurden im Rahmen des Forschungsprojektes insgesamt 15 qualitative Schulfallstudien zur Kooperation unterschiedlicher Berufskulturen bzw. Partner an Ganztagsschulen erstellt. Um eine Vergleichbarkeit und Kontrastierung der Ergebnisse gewährleisten zu können, wurden für jedes der drei Bundesländer Brandenburg, Sachsen-Anhalt und Niedersachsen fünf qualitative Schulfallstudien erarbeitet. Der Datengewinnung und -auswertung wurde ein multiperspektivischer Ansatz zugrunde gelegt. Demzufolge wurden bei der Erstellung der qualitativen Schulfallstudien die unterschiedlichen Perspektiven der an den Ganztagsschulen tätigen Kooperationspartner erfasst (z. B. Lehrkräfte, innerschulische Kooperationspartner, externe haupt- und ehrenamtliche Kooperationspartner, Eltern). Für ein solches Vorgehen sprachen in erster Linie professions- und kooperationstheoretische Argumente, die auf eine Mehrperspektivität von Kooperation aufmerksam machen (vgl. van Santen und Seckinger 2003) sowie der komplexe, quantitative Untersuchungsansatz in der StEG-Untersuchung (vgl. Holtappels 2009; Holtappels und Rollett 2009). Dieser Ansatz ermöglichte es, einen vertiefenden Einblick in die Kooperationsvorstellungen und die Kooperationspraxis von unterschiedlichen Partnern an Ganztagsschulen zu erlangen. Zudem wurde dadurch ein Vergleich zwischen den verschiedenen Kooperationsperspektiven ermöglicht.

Zur Erfassung der *schulischen Kooperationsperspektive* wurden a) kooperationsrelevante Dokumente der Länder (z. B. Gesetze, Richtlinien) sowie b) kooperationsrelevante Dokumente der Schulen (z. B. Ganztagsschulkonzepte, pädagogische Konzepte, Kooperationsvereinbarungen) ausgewertet, c) Gruppendiskussionen (vgl. Bohnsack 2009) mit Lehrkräften sowie d) Interviews mit Vertretern der Schulleitung und der Ganztagskoordination durchgeführt. Die *Kooperationsperspektive der inner- und außerschulischen Kooperationspartner* (Kinder- und Jugendarbeit, Kultur, Sport etc.) wurde kontrastierend dazu a) über problemzentrierte Interviews (vgl. Witzel 2000) mit innerschulischen Kooperationspartnern und externen hauptamtlichen und ehrenamtlichen Partnern sowie b) mittels Gruppendiskussionen mit Eltern erfasst. Die *unmittelbare Kooperationspraxis sowie die kooperationsrelevanten Szenen zwischen Lehrkräften und inner- und außerschulischen Partnern* wurden a) mit Hilfe der Protokollierung alltäglicher Kooperationspraxis und kooperationsrelevanter Szenen (wie bspw. Kooperationsgremien und Kooperationsprojekte mit inner- und außerschulischen Partnern, Steuergruppensitzungen) an den Schulen sowie b) mittels Gruppendiskussionen mit den Schülern eruiert. Auf der Basis der Auswertung des umfangreichen Datenkorpus und der Erstellung einer qualitativen Fallstudie für jede einzelne Schule war es möglich, mittels der empirisch begründeten Typenbildung (vgl. Kluge 1999; Kelle und Kluge 2010) aus den 15 Schulfallstudien Typisierungen von unterschiedlichen Kooperationskulturen vorzunehmen (vgl. dazu Speck et al. 2011). Im Folgenden sollen auf der Grundlage der empirischen Ergebnisse die bereits skizzierten zentralen Fragestellungen nach den (professions-)spezifischen Kooperationsvorstellungen, den Merkmalen der Kooperationspraxis sowie den Auswirkungen und dem Kooperationserfolg aus Sicht der Kooperationspartner beantwortet werden.

5.4 Forschungsergebnisse

5.4.1 Die (professions-)spezifischen Kooperationsvorstellungen der verschiedenen Partner

Die Analyse der (professions-)spezifischen Kooperationsvorstellungen wurde anhand folgender Kategorien vorgenommen: Zunächst wurden die *Vorstellungen bezüglich des Ganztags* – also die spezifischen Erwartungen und Motive an den Ganztag sowie die Identifikation mit dem jeweiligen Ganztagskonzept – als basale Rekonstruktionsebene analysiert. Hierfür wurden die Perspektiven der verschiedenen Akteursgruppen (Schulleitungen, Lehrkräfte, inner- und außerschulische Kooperationspartner) getrennt voneinander extrahiert. Auf dieser Grundlage wurden die jeweiligen *Vorstellungen bezüglich der Kooperation* – also das subjektive Begriffsverständnis von Kooperation sowie die spezifischen Erwartungen an sowie Motive und Voraussetzungen für Kooperation – für die einzelnen Akteure aus dem Datenmaterial herausgearbeitet. Zuletzt galt es, die *Zuschreibung* – also die Sicht des jeweils Anderen – mit Blick auf Kooperation herauszuarbeiten.

Auf der Ebene der *Vorstellungen bezüglich des Ganztags* zeigt sich, dass sowohl Schulleitungen und Lehrkräfte als auch inner- und außerschulische Kooperationspartner eine positive Idee davon artikulieren, was mit Hilfe ganztägiger Bildung und Betreuung erreicht und verwirklicht werden kann und soll. Das Spektrum reicht hierbei von Möglichkeiten, die Schülerleistungen zu verbessern (z. B. Nachhilfeangebote), über die Kompensation sozialer Benachteiligungen (z. B. in nachmittäglichen Angeboten wie Theaterprojekten, Arbeitsgruppen) bis hin zur Verknüpfung unterrichtlicher und außerunterrichtlicher Bildungsangebote und -inhalte (z. B. im Rahmen von Kooperationen mit Unternehmen). Zudem könne die Ganztagsschule zur Verbesserung der Betreuungssituation und damit zur besseren Vereinbarkeit von Familie und Beruf beitragen und – insbesondere auch im ländlichen Raum – Schülern die Möglichkeit bieten, an Freizeitaktivitäten teilzunehmen. Weitere Motive und Erwartungen sind – vornehmlich durch die Schulleitungen artikuliert – die Sicherung des schulischen Standortes und die Verbesserung struktureller Rahmenbedingungen. Unter den Bedingungen eines ‚Standortwettbewerbs' zwischen den Schulen aufgrund sinkender Schülerzahlen wird insbesondere von schulischen Akteuren das Ziel formuliert, das pädagogische Ganztagskonzept kontinuierlich weiterzuentwickeln, um auf diese Weise die Attraktivität der Schule zu steigern und den Erhalt der Schule zu sichern. Zentral ist, dass die befragten Akteure einerseits vorwiegend nutzerorientiert – also im Sinne der Schüler – argumentieren, aber auch andererseits die Potenziale für die eigene Arbeit betonen: So sehen bspw. die Lehrkräfte im Einbezug von außerschulischen Partnern die Möglichkeit, Hilfe und Unterstützung für die Bewältigung des schulischen

Alltags zu erhalten; bspw. kümmern sich pädagogische Mitarbeiter gezielt um einzelne Schüler, die Leistungsschwächen aufweisen oder den Unterricht stören. Insbesondere Schulleitungen, Teile der Lehrerschaft und innerschulische Kooperationspartner (wie Schulsozialarbeiter, pädagogische Mitarbeiter etc.) betrachten die Ganztagsschule darüber hinaus als eine geeignete Strategie zur Verbesserung der individuellen Förderung von Kindern und Jugendlichen. Der Ganztag bietet ihrer Meinung nach zudem die Möglichkeit, eine Optimierung formaler Bildungsprozesse (Unterricht) durch den Einbezug non-formaler Bildungsangebote (Arbeitsgemeinschaften etc.) vorzunehmen. In diesem Zusammenhang wird wiederholt hervorgehoben, dass Ganztagsschulen verbesserte Möglichkeiten bieten (theorielastigen) Unterricht und (praxisnahe) außerunterrichtliche Angebote im Bereich der Berufsvorbereitung und -orientierung miteinander zu verknüpfen. Hierbei spielt die kontinuierliche, themenspezifische und enge Kooperation mit regionalen Klein- und mittelständischen Betrieben eine überaus wichtige Rolle. Auf der anderen Seite betonen aber sowohl Lehrkräfte als auch Schulleitungen, dass der Ganztag für sie mit einem nicht unerheblichen Mehraufwand und hohem persönlichem Engagement (z. B. in nachmittäglichen Angeboten, Förderstunden) verbunden ist, der durch die erweiterten Stundenkontingente keineswegs kompensiert werden kann. Außerschulischen Kooperationspartnern wie Unternehmen bieten Kooperationen im Ganztag verbesserte Möglichkeiten, Zugänge zu potenziellem Fachkräftenachwuchs zu eröffnen. Dagegen sehen Vereine im Ganztag vor allem eine Chance, für ihr Angebot am Ort der Schule zu werben, Kontakte zu weniger vereinsaffinen Jugendlichen zu intensivieren und damit wachsenden Problemen des Mitgliederschwunds zu begegnen. Die befragten außerschulischen Kooperationspartner (Unternehmen, Vereine etc.) betonen zwar durchaus die Chancen, die sich mit ganztagsschulischen Angeboten für die Schüler eröffnen. Für sie stehen allerdings die spezifische Rolle, die sie im Ganztagsgefüge einnehmen (sollen) und die hiermit verbundenen begrenzten Zuständigkeiten im Mittelpunkt der Aufmerksamkeit: Sie sehen sich selbst eher in der Rolle von Bereitstellern spezifischer zusätzlicher (Ganztags-)Angebote, die lediglich einen kleinen Ausschnitt des gesamten Leistungsspektrums von Ganztagsschulen repräsentieren. Damit sehen sie sich in der Regel nicht in einer Verantwortung für das Gelingen der Ganztagsschule insgesamt, sondern lediglich für die professionelle Erledigung der von ihnen übernommenen Teilaufgabe (wie die Unterbreitung eines Sportangebotes oder die Bereitstellung von Praktikumsplätzen).

Darauf aufbauend kann für die Ebene der *Vorstellungen von Kooperation* Folgendes festgehalten werden: Die Befragtengruppen konstatieren einerseits einvernehmlich, dass Kooperation ein wichtiger Bestandteil für die Arbeit an Ganztagsschulen ist. Dies schließt eine Verbesserung der Kooperationskultur als solcher sowie die Aufwertung der Rolle der inner- und außerschulischen Partner ein. Nach wie vor steht für die Schulleitungen und Lehrerschaften allerdings der wahrgenommene Nutzen der Kooperation für die Erfüllung des schulischen Bildungsauftrags im Vordergrund. Dabei geht es den Schulleitungen insbesondere um die Koordinierung der beteiligten Akteursgruppen (Lehrkräfte, Schülerschaft, Eltern, inner- und außerschulische Kooperationspartner) bei der Realisierung der (ganztags-)schulischen Aufgaben. Die Lehrerschaft stellt dagegen ihre Entlastung und Unterstützung bei der Unterrichtsarbeit in den Mittelpunkt (weniger Störungen, aufmerksamere Schüler etc.). Bei der Definition von Zuständigkeiten und der Abgrenzung der beruflichen Aufträge der beteiligten Professionen halten sie überwiegend an einer klaren Trennung zwischen Unterricht und außerunterrichtlichen bzw. außerschulischen Tätigkeiten und Leistungen fest. Dies schließt allerdings veränderte Formen der Arbeitsteilung zum Beispiel zwischen pädagogischen Mitarbeitern oder Erziehern und Lehrern keineswegs aus (vgl. dazu auch Reh und Breuer 2010). In einigen Schulen können kooperative Arbeitsprozesse im Sinne einer gemeinsamen Erarbeitung von Problemlösungsstrategien beobachtet werden, bei denen Zuständigkeiten und Aufgaben situativ zwischen den unterschiedlichen Professionsangehörigen ausgehandelt werden. So betonen einige pädagogische Mitarbeiter den sukzessiven Wandel von einer strikten Abgrenzung des durch den Lehrer vorgenommenen Unterrichts und außerunterrichtlicher, durch Kooperationspartner bereitgestellter Angebote hin zu einer verstärkten Zusammenarbeit von pädagogischen Mitarbeitern und (einzelnen) Lehrern im Unterrichtsgeschehen (z. B. in Form von Tandems).

Die Abgrenzung zwischen unterrichtlichen und außerunterrichtlichen Tätigkeitsbereichen spielt für die Schulleitungen sowie für die inner- und außerschulischen Kooperationspartner eine deutlich weniger wichtige Rolle. So haben die Schulleitungen das Gesamtgefüge der Kooperation und dessen Bedeutung für die Erfüllung des komplexer gewordenen Bildungs- und Betreuungsauftrags der Schule im Blick. Auch die weiteren Kooperationspartner verorten ihre spezifischen Beiträge eher im Gesamtauftrag der Bildungsinstitution Schule. Insbesondere die Schulleitungen nehmen die Bedeutung berufskultureller und institutioneller Bedingungen für das Gelingen von Kooperation wahr und verweisen auf die Notwendigkeit von Veränderungen im beruflichen Selbstverständnis der Lehrer sowie einer weitergehenden Öffnung von Schule. Bei den außerschulischen Kooperationspartnern lassen sich hingegen unterschiedliche Mischungen aus nützlichkeitsbezogenen Motiven und weitergehenden fachlichen und normativen Orientierungen finden. So verweist etwa eine befragte Bibliothekarin, die mit einer Ganztagsschule kooperiert, auf den Mehrwert dieser Zusammenarbeit durch die Gewinnung zusätzlicher Nutzer ihrer Einrichtung. Damit erschöpft sich ihre Motivation zur Kooperation keineswegs. Über dieses nützlichkeitsorientierte Motiv hinaus begründet sie ihre Kooperation mit der Schule auch damit, dass sie auf diese Weise den Bildungsauftrag ihrer Einrichtung besser erfüllen kann. Ähnliches gilt für Unternehmen. Oft steht für sie die Gewinnung künftiger Arbeitskräfte im Vordergrund. Im Falle eines darüber hinausgehenden Unternehmensengagements kann die Kooperation mit Schulen allerdings auch Ausdruck einer Strategie sein, bei der das Unternehmen bewusst und gezielt Verantwortung für das Gemeinwesen im Umfeld des Unternehmensstandortes übernimmt (Corporate Citizenship). Dies schließt Verständigungs- und Aushandlungsprozesse hinsichtlich der Ziele und Vorgehensweisen der Kooperationspartner ausdrücklich ein. Nichtsdestotrotz sind die außerschulischen Partner dazu angehalten, flexibel auf die Bedürfnisse der Schule zu reagieren. Kooperation bedeutet, dass außerschulische Partner sich auf die Logik des Systems Schule einlassen müssen. Oft definieren die schulischen Akteure (Schulleitung, einzelne Lehrkräfte) die Kooperationsbedarfe und die Bedingungen der Kooperation und engen damit den Aushandlungsspielraum für die Gestaltung der Kooperationsbeziehungen im Vorhinein erheblich ein. Bemerkenswert ist zudem, dass in den untersuchten Schulen nur wenige Berührungspunkte zwischen inner- und außerschulischen Kooperationspartnern zu verzeichnen sind. Bezugspersonen für die außerschulischen Kooperationspartner waren primär die Schulleitungen bzw. allenfalls die – ‚passenden' – Fachlehrer (z. B.

Wirtschaftskundelehrer für Unternehmen oder Sportlehrer für Sportvereine). Weiteres pädagogisches Personal ist selten mit der Gestaltung der Außenbeziehungen zu Partnern betraut.

Hinsichtlich der *Zuschreibung* von Rolle und Funktion mit Blick auf Kooperation zeigt sich, dass der Schulleitung von allen Beteiligten eine herausgehobene Stellung als Steuerungsorgan und Verantwortungsträger zugesprochen wird. Schulleitungen haben die Angebotsstruktur sowohl der inner- als auch der außerschulischen Akteure im Blick und stellen die strukturellen Rahmenbedingungen bereit, die Kooperationen sowie deren Weiterentwicklung ermöglichen (sollen). Darüber hinaus sorgen sie mitunter durch die Propagierung eines Leitbildes bzw. ganztagsschulischen Konzeptes für den symbolischen Orientierungsrahmen für alle beteiligten Akteure. Dementsprechend werden Schulleitungen überwiegend als sehr engagiert sowie hinsichtlich der (Weiter-)Entwicklung und Öffnung der Ganztagsschule als Impulsgeber und Steuerer beschrieben. Sie treten immer wieder als ‚Vorreiter' bei Neuerungen und Innovationen auf. Zum Teil sorgen sie für die Einbindung der innerschulischen Kooperationspartner sowohl in Entscheidungs- und Steuergremien als auch in kooperative Arbeitsprozesse wie beispielsweise gemeinsame Unterrichtsprojekte. Damit übernehmen die Schulleitungen eine Initiativ- und Vorbildfunktion hinsichtlich der Kooperation mit inner- und außerschulischen Partnern.

Die Lehrerkollegien werden hingegen von den verschiedenen Kooperationspartnern als in sich gespalten wahrgenommen. Danach werden Teile der Lehrerkollegien als kooperationsbereit erlebt. Diese Lehrer werden als ‚positive Beispiele' mit ‚Leuchtturmcharakter' hervorgehoben; sie bringen sich persönlich sehr stark ein und ‚leben' das Konzept der Ganztagsschule. Ein anderer Teil der Lehrer hält allerdings nach Einschätzung der Kooperationspartner an „tradierten" Vorstellungen fest und sieht sich in der alleinigen Expertenrolle bei pädagogischen Prozessen im Kontext des Systems Schule. Diese Lehrer, die an den tradierten Denk- und Handlungsmustern des Einzelkämpfers festhalten, erweisen sich aus der Sicht der Kooperationspartner oft als ‚Bremser' bei Prozessen der schulischen Weiterentwicklung in Richtung einer stärkeren Verzahnung von (vormittäglichem) Unterricht und nachmittäglichem Bildungsgeschehen. Veranschaulicht wurde dieser Lehrertypus in den Interviews beispielsweise mit Aussagen wie: „In meinen Unterricht lasse ich niemanden hinein!" Die innerschulischen Kooperationspartner (in der Regel pädagogische Mitarbeiter und Schulsozialarbeiter) stellen in fast allen Untersuchungsschulen ein konstitutives Element für den Ganztag dar. Sie sind nicht selten ‚Mitstreiter' der Leitungsebene und wirken – in methodischer und konzeptioneller Hinsicht – als Impulsgeber und Partner bei der Ausgestaltung des Ganztags. Gleichzeitig wird ihnen jedoch in unterrichtsbegleitenden Prozessen eine zuarbeitende Rolle zugeschrieben: Als flexible und ergänzende Ressource wirken die innerschulischen Kooperationspartner als Problembearbeiter und Unterstützer der Lehrer (Subordination) (z. B. in den Steuergremien).

Außerschulischen Kooperationspartnern werden hingegen zwei divergierende Rollenmuster zugeschrieben: Auf der einen Seite werden sie als ‚Professionelle mit eigenem Metier' angesehen, die ihre spezifischen Kompetenzen mit ihren Angeboten für das Gelingen der Ganztagsschule zur Verfügung stellen (z. B. Unternehmen). Auf der anderen Seite werden sie jedoch als ‚nur partiell am schulischen Leben Beteiligte' und als ‚Laien ohne pädagogische Ausbildung' (z. B. freiwillig Engagierte) definiert, womit ihre randständige Rolle im schulischen Kooperationsgefüge festgeschrieben wird. Ob die Kooperation aufrechterhalten bzw. sogar erweitert wird, hängt von der Bedeutung des Beitrags des jeweiligen externen Kooperationspartners für das Gelingen des gesamten Kooperationsgefüges der Einzelschule sowie von den wahrgenommenen Erfolgen der Kooperation ab. Da die Kooperation mit externen Partnern eine Quelle erheblicher (Scheiterns-)Risiken darstellt, ziehen die Schulen es vor, auf ‚gute Erfahrungen' und ‚eingespielte Kooperationsbeziehungen' zurückzugreifen. Außerschulische Kooperationspartner, die ihren Nutzwert in Bezug auf das unterrichtliche Geschehen verlieren bzw. mit ihren Angeboten und Erfahrungen als nicht relevant für die Gewährleistung der schulischen Arbeitsabläufe angesehen werden, verlieren schnell an Attraktivität für die Schulen, was zur Folge haben kann, dass die Kooperation beendet wird.

5.4.2 Merkmale der Kooperationspraxis an Ganztagsschulen

Ebenso wie die Kooperationsvorstellungen wurden die Merkmale der Kooperationspraxis anhand von Kategorien systematisiert. Hierzu zählen die *Konzeptionierung der Ganztagsschule*, die Praxis bei der *Konzipierung des Ganztagsangebotes* sowie die *Durchführung und Bereitstellung von Ganztagsangeboten*. In diesem Kontext war entscheidend, welche Akteure wie, wann und in welchem inhaltlichen Zusammenhang miteinander interagieren und wie die Interaktion als solche verläuft. Dementsprechend sind Aspekte wie die Rolle bzw. Funktion der Betreffenden sowie die Formen der Anerkennung des Kooperationspartners von hoher Bedeutung.

Die *Konzeptionierung der Ganztagsschule* erfolgt oftmals durch eine unterschiedlich abgestimmte, arbeitsteilige Vorgehensweise zwischen Schulleitung und Lehrerschaft. Der Informationsaustausch wird entweder in einem Schulleitergremium, mittels einer Steuergruppe oder auch mittels eines Ganztagskoordinators vorgenommen. Auf dieser Kooperationsebene werden danach die zentralen, richtungsweisenden Entscheidungen für die Entwicklung der Ganztagsschule getroffen. Die Inhalte der Konzeptionen werden formell über Gremien und zum Teil auch informell innerhalb der einzelnen Berufsgruppen transformiert und den Eltern, Schülern und Partnern *mitgeteilt* (z. B. per Aushang oder in Elterngesprächen). Die Konzeptionierung der Ganztagsschule – und damit ihre inhaltliche und strukturelle Ausrichtung – wird in der Regel lediglich durch einen kleinen Kreis, bestehend aus Schulleitung, Ganztagskoordinator und wenigen engagierten Lehrern vorgenommen. Sie fungieren als Impulsgeber für die Ausrichtung und die Profilierung der Schule und verantworten die Entscheidungen bezüglich der Ausgestaltung des Ganztags. In einigen wenigen Schulen spielen neben der Schulleitung und den Lehrkräften die innerschulischen Kooperationspartner eine zentrale Rolle bei der Konzeptionierung des Ganztagsangebotes. Die Kooperation und Koordination erfolgt in diesen Fällen in spezifischen Steuergremien zwischen der Schulleitung, den innerschulischen Partnern und der Lehrerschaft. Damit verbleibt die Konzeptionierung zwar im innerschulischen Bereich, wird aber durch die unterschiedlichen Berufsgruppen der innerschulischen Kooperationspartner mitgetragen und mitgestaltet. Außerschulische Partner sind in die Planungs-, Konzeptionierungs- und Entscheidungsprozesse hingegen kaum eingebunden. Die Kommunikation mit außerschulischen Partnern erfolgt lediglich über die Vermittlung von Informationen, die durch das Entscheider-Gremium gesteuert werden.

Damit können die Sichtweisen und Interessen der außerschulischen Kooperationspartner allenfalls mittelbar in die Konzeption des Ganztages einfließen. Projekte und Leistungsbeiträge von außerschulischen Partnern müssen zur Konzeption der Schule ‚passen', um überhaupt akzeptiert werden zu können. Soweit dies der Fall ist, können diese Beiträge in formalisierter Form mittels einer Kooperationsvereinbarung in das schulische Kooperationsgefüge integriert werden.

Auf der Ebene der *Konzipierung des Ganztagangebotes* gilt, dass sich die Kooperationstätigkeit weitestgehend auf organisatorische Belange beschränkt. Die einzelnen Angebote der unterschiedlichen Akteure werden vornehmlich in Eigenregie entwickelt; erst danach erfolgen notwendige Koordinierungen im Sinne von Absprachen hinsichtlich Zeit und Räumlichkeiten zwischen schulischen Akteuren (zumeist Schulleitungen oder einzelne Fachlehrer) sowie den inner- bzw. außerschulischen Partnern. Soweit überhaupt inhaltliche Absprachen erfolgen, beziehen sie sich auf den begrenzten Kreis der Mitglieder von Steuergruppen oder freiwilligen Teams. Es finden sich jedoch auch Kooperationspraktiken, bei denen zwischen der Gestaltung des rein außerunterrichtlichen (z. B. Arbeitsgruppen) und des Bereiches der Verknüpfung formaler und non-formaler Angebote (z. B. im Rahmen der Berufsorientierung) unterschieden werden. Bezüglich des außerunterrichtlichen Bereichs erfolgt die Konzeptionierung und Koordination im schulischen Steuergremium – also zwischen Schulleitung, Teilen der Lehrerschaft und den innerschulischen Kooperationspartnern. Auf dieser Grundlage wird die inhaltliche Ausgestaltung des konkreten Angebots im Einzelnen durch den außerschulischen Anbieter selbst vorgenommen. Eine Abstimmung mit dem Steuergremium ist nur hinsichtlich des Passungsverhältnisses von Angebotsinhalt und Ganztagsschulkonzept vorgesehen. Mit außerschulischen Partnern werden hierfür insgesamt nur äußerst wenige Zusammenkünfte abgehalten, an denen die an der Schule zuständige Person teilnimmt (zumeist ein Lehrer). Diese Treffen dienen der Konsultation, dem Austausch über die inhaltliche Konzeptionierung zwischen den Partnern sowie der Reflexion des Angebots bzw. Projekts. Gemeinsam mit den Partnern werden die Erwartungshaltungen und Zuständigkeiten der Beteiligten besprochen. Die gemeinsam durchgeführte Problemanalyse hilft bei der Bedarfsermittlung und der Entwicklung von Lösungsansätzen. Hierbei handelt sich jedoch um rein additive Angebote im außerunterrichtlichen (und damit zumeist nachmittäglichen) Bereich. Mit Blick auf die kontinuierliche Verknüpfung formaler und non-formaler Angebote zeigt sich an wenigen Schulen das Folgende: Oftmals wird gemeinsam durch die Schulleitung und innerschulische Kooperationspartner in einem ersten Schritt versucht, ein Best-Practice-Beispiel zu generieren. Über gemeinsame Unterrichtsplanung, Erarbeitung des passenden Angebots und die gemeinsame Durchführung wird unter Beachtung der jeweiligen Kompetenzen – und damit auch Zuständigkeiten – der Partner versucht, eine partnerschaftliche Kooperation mit integrativem Charakter zu etablieren, die als Vorbild für die gesamte Lehrerschaft dienen kann. So besuchten zwei Partner beispielsweise erst eine Tandemfortbildung und bauten die Fortbildungsinhalte dann gemeinsam in den Unterricht ein. In einem zweiten Schritt wurden dann erfolgversprechende Projekte und Vorhaben mit weiteren interessierten Lehrern durchgeführt. Abgesehen von solchen ‚zarten Pflänzchen' der Verknüpfung formaler Angebote am Vormittag und non-formaler Angebote am Nachmittag ist jedoch eine weitgehend fehlende Absicherung der Kooperation durch Aushandlungs- und Reflexionsprozesse zwischen den Angehörigen unterschiedlicher Professionen – insbesondere bei der Zusammenarbeit mit außerschulischen Partnern – charakteristisch. Die Angebote außerschulischer Kooperationspartner berühren den schulischen Alltag lediglich in Form von äußeren Organisations- und Koordinierungsproblemen. Einflüsse auf die Regelstrukturen und Kernprozesse der Schule sind nur in wenigen Ausnahmefällen zu finden.

Bei der *Durchführung und Bereitstellung von Ganztagsangeboten* durch Lehrkräfte zeigt sich, dass die Inhalte solcher Angebote (z. B. Arbeitsgemeinschaften) in der Regel persönlichen Vorlieben und Interessen folgen. Langjährige persönliche Erfahrungen in diesen Handlungsfeldern lassen aufwändige und neue Formen der Kooperation als überflüssig erscheinen, da die fachlichen und die pädagogischen Kompetenzen vorhanden sind und das Angebot allein verantwortet wird. Die non-formalen Angebote werden in der Regel relativ unabhängig vom formalen Curriculum konzipiert; eine Ausnahme stellen die Angebote im Bereich der Berufsorientierung dar. Mit Bezug auf die Bereitstellung von Angeboten durch Pädagogische Mitarbeiter als innerschulische Kooperationspartner gilt, dass die Inhalte zumeist durch die Lehrer vorgegeben werden, wobei diese ihre Vorgaben unter Berücksichtigung von aus ihrer Sicht bestehenden Erfordernissen und Angebotslücken formulieren. Bei der Umsetzung dieser Angebote werden diese innerschulischen Kooperationspartner eigenverantwortlich tätig. Auch im Hinblick auf die Zusammenarbeit mit außerschulischen Partnern lässt sich eine arbeitsteilige Bereitstellung von Angeboten beobachten. Jeder ist für seinen Bereich, dessen inhaltliche Ausgestaltung sowie die Durchführung selbst zuständig. Aus Effizienzgründen werden Partner, die im Umfeld der Schule lokalisiert sind und bei denen die Kooperation daher einen geringen (Zeit-)Aufwand hervorruft, bevorzugt.

5.5 Fazit: Auswirkungen der Kooperation aus der Sicht der verschiedenen Kooperationspartner

Mit Blick auf die Auswirkungen und Erfolge, die sich in der Realität aus dem Zusammenspiel von Kooperationsvorstellungen und Kooperationspraxis ergeben, lassen sich eine *personenbezogene*, eine *institutionenbezogene* und eine *kooperationsbezogene* Ebene unterscheiden.

Auf der *personenbezogenen* Ebene lassen sich unterschiedliche Muster der Ausgestaltung von Kooperationsbeziehungen an Ganztagsschulen beobachten. So zeigen sich in einigen Schulen Formen der Kooperation zwischen Angehörigen unterschiedlicher pädagogischer Professionen, die über traditionelle hierarchische Handlungsmuster hinausweisen. Ein Teil der Lehrkräfte versteht sich nicht als ‚Einzelkämpfer', der allein den Unterricht und die Schule gestaltet bzw. gestalten muss. Diese Lehrer beziehen innerschulische Partner in das Unterrichtsgeschehen ein und beteiligen sich auch bei der gemeinsamen Planung und Durchführung außerunterrichtlicher Angebote im Ganztag. Dabei lassen sie sich auf offene Aushandlungsprozesse hinsichtlich der Arbeitsteilung und der Übernahme von Aufgaben ein und setzen sich mit den Sichtweisen und methodischen Herangehensweisen innerschulischer Partner auseinander. Im Verlaufe dieser Planungs- und Handlungsprozesse werden durchaus Abgrenzungen der professionellen Domänen vorgenommen, allerdings werden auch neue Formen der Arbeitsteilung und Zusammenarbeit entwickelt. Kooperation wird dabei nicht mehr ausschließlich als Unterstützung der Lehrer betrachtet. Vielmehr wird ein Übergang hin zum synergetischen Verständnis sichtbar. Die Kooperation mit anderen Berufsgruppen erfordert einen Öffnungsprozess, der kritische Einschätzungen der eigenen Arbeit ermöglicht. Partner können somit Reflexionsprozesse initiieren, die – wenn sie zugelassen werden – Veränderungen in den (bestehenden) Denk- und Handlungsmustern bewirken bzw. befördern.

Daneben sind allerdings ebenso hierarchische Beziehungsmuster zu beobachten, die von der Dominanz der schulischen Aufgabendefinition und der Lehrerperspektive geprägt sind. Solche Kooperationsmuster können zu Unzufriedenheiten sowie Prozessen der Resignation und des Rückzugs führen. In diesen Fällen beklagen die befragten inner- und außerschulischen Partner einen unzureichenden Informationsfluss sowie mangelnde Gelegenheiten der Kommunikation und des Austauschs über Inhalte, Ausgestaltung und Reflexion der ganztagsschulischen Angebote. Mögliche Potenziale einer Kooperation zwischen Angehörigen unterschiedlicher Berufsgruppen bleiben aufgrund mangelnder Reflexionsprozesse und der Beschränkung auf rein organisatorische Fragen der Koordinierung ungenutzt. Obwohl alle Partner ihren Beitrag zur Kooperation leisten, entsteht kein ‚Arbeitsbogen der Kooperation' über den gesamten Prozess, bei dem jede beteiligte Profession ihren Teil zur Verantwortung des Gesamtzusammenhangs beiträgt.

Auch auf der *institutionenbezogenen* Ebene lassen sich unterschiedliche Grade der Abschöpfung des ‚Kooperationsgewinns' beobachten. Insbesondere mit Blick auf die Kooperation der Ganztagsschule mit anderen Institutionen (wie bspw. Unternehmen) konzentrieren sich Kooperationen immer noch vornehmlich darauf, die Kompetenzen und Ressourcen der Partner für die Schule kurzfristig nutzbar zu machen. Dabei wird wenig Augenmerk auf die Aushandlung von Zielen, Formen und intendierten Resultaten der Kooperation gelegt, wodurch divergierende Kooperationserwartungen verdeckt bleiben. Auch werden mögliche Störquellen und Fehlentwicklungen im Umsetzungsprozess nicht thematisiert, weil die Kontextbedingungen sowie die institutionelle Verankerung der Kooperation nicht optimal gestaltet werden. Seitens der außerschulischen Kooperationspartner wird die Notwendigkeit des Einbezugs in Planungs- und Konzeptionierungsprozesse durchaus betont. Erst auf diese Weise sei es möglich, Lernprozesse zu initiieren, die das eigene Handeln – und damit Unterschiede in den Herangehensweisen – bewusst werden lassen. Mit Blick auf die institutionsbezogenen Auswirkungen böten integrative Kooperationskonzepte die Möglichkeit, das Nebeneinanderher verschiedener Berufsgruppen am Ort der Schule zu überwinden. Insbesondere die innerschulischen Partner verweisen darauf, dass hierdurch allen Beteiligten neue Handlungsspielräume und Möglichkeiten eröffnet würden, die helfen könnten, die Qualität der Ganztagsschule und der Angebote fort- und weiterzuentwickeln und das Schulklima und die Beziehung zwischen Schüler- und Lehrerschaft zu verbessern. Der konzeptionelle Einbezug von inner- und außerschulischen Kooperationspartnern befördere zudem auf institutioneller Ebene die allmähliche Öffnung der Institution Schule gegenüber dem umliegenden Gemeinwesen.

Damit eng verwoben sind die *kooperationsbezogenen* Auswirkungen. Von einer umfassend reflektierten und geplanten Kooperation kann bisher nur in Ausnahmefällen gesprochen werden. Vielmehr verbleiben die derzeitigen Kooperationsprozesse häufig auf dem Niveau der bloßen Abstimmung und Koordinierung von Räumlichkeiten und Terminen sowie der additiven Kombination der Beiträge unterschiedlicher Berufsgruppen und Akteure bei der Gestaltung des Ganztags. Die Planung und Gestaltung komplexer Formen der Arbeitsteilung, bei denen die Beiträge der unterschiedlichen Kooperationspartner auf die Erfüllung der gemeinsamen Aufgabe abgestimmt sind, stellt dagegen eher eine Ausnahme dar. Diese Beispiele stellen sich etwa dann ein, wenn die Denk- und Handlungsweisen des jeweiligen Partners wechselseitig bekannt und vertraut sind (z. B. bei Kooperationen mit anderen Schulen). Günstige Ausgangsbedingungen für Kooperation liegen offenbar auch dann vor, wenn die Kooperationspartner deutlich unterschiedliche Kompetenzen und Zuständigkeiten aufweisen und durch die Kooperation ein Nutzen auf beiden Seiten entsteht (win-win Situation). Ein Beispiel hierfür ist die Kooperation von Schulen und Unternehmen. Diese erweist sich als vergleichsweise unkompliziert, da beide Partner unterschiedliche Zuständigkeiten aufweisen und die Kooperation – z. B. im Handlungsfeld der Berufsorientierung – sichtbare Vorteile sowohl für die beteiligten Schulen (bessere Vorbereitung der Schüler auf den Übergang in den Beruf) als auch für die beteiligten Unternehmen (in Form eines verbesserten Zugangs zu Fachkräftenachwuchs) erzeugt. In vielen anderen Kooperationsbereichen kann beim gegenwärtigen Stand der Entwicklung von Ganztagsschulen weniger von Kooperation als vielmehr von Koordination gesprochen werden. Insbesondere die räumliche und zeitliche Trennung zwischen vormittäglichem Unterricht und nachmittäglicher Betreuung – aber auch hierarchische Formen der Kooperation, insbesondere im innerschulischen Bereich – führen zu Formen des ‚Nebeneinanderherarbeitens', bei denen synergetische Formen der Kooperation in einem gemeinsam verantworteten Arbeitsprozess (noch) nicht entstehen können.

Anmerkungen

1 Im Folgenden wird der Einfachheit halber von Ganztagsschulen gesprochen. Tatsächlich handelt es sich in der überwiegenden Mehrheit um Schulen mit ganztägigen Bildungsangeboten (vgl. darüber hinaus zur Definition Sekretariat der KMK 2010).
2 Im Interesse der Lesbarkeit des Textes wird keine geschlechtergerechte Sprache verwendet. Wenn die männliche Form verwendet wird, ist stets auch die weibliche Form gemeint.
3 Innerschulische Kooperationspartner sind bspw. pädagogische Mitarbeiter, Schulsozialarbeiter etc.; außerschulische Kooperationspartner können Unternehmen, Vereine und Verbände, Einrichtungen und Dienste der Kinder- und Jugendhilfe, Ehrenamtliche etc. sein.
4 Das Projekt wurde durch das BMBF und den Europäischen Sozialfond (ESF) im Rahmen der Förderung qualitativer Forschungsvorhaben in Ergänzung zur StEG-Studie finanziert (Laufzeit 01.01.2008 bis 31.03.2010). Es handelte sich um ein Verbundprojekt zwischen der Universität Potsdam und der Martin-Luther-Universität Halle-Wittenberg.

Literatur

Appel, S. (2004). *Handbuch Ganztagsschule. Konzeption, Einrichtung und Organisation* (4. Aufl.). Schwalbach/Ts.: Wochenschau.
Arnoldt, B. (2009). Der Beitrag von Kooperationspartnern zur individuellen Förderung an Ganztagsschulen. *Zeitschrift für Pädagogik ZfPäd, 54. Beiheft,* 63–80.

Arnoldt, B., & Züchner, I. (2008). Kooperationsbeziehungen an Ganztagsschulen. In T. Coelen & H.-U. Otto (Hrsg.), *Grundbegriffe Ganztagsbildung. Das Handbuch* (S. 633–644). Wiesbaden: VS Verlag für Sozialwissenschaften.

Beher, K., Haenisch, H., Hermens, C., Liebig, R., Nordt, G., & Schulz, U. (2005). *Offene Ganztagsschule im Primarbereich. Begleitstudie zu Einführung, Zielsetzungen und Umsetzungsprozessen in Nordrhein-Westfalen*. Weinheim: Juventa.

Bohnsack, R. (2009). Gruppendiskussion. In U. Flick, E. von Kardorff, & I. Steinke (Hrsg.), *Qualitative Forschung. Ein Handbuch* (7. Aufl., S. 369–384). Reinbek b. H.: Rowohlt-Taschenbuch-Verlag.

Bonsen, M., & Rolff, H.-G. (2006). Professionelle Lerngemeinschaften von Lehrerinnen und Lehrern. *Zeitschrift für Pädagogik ZfPäd, 52*(2), 167–184.

Bundesministerium für Bildung und Forschung (BMBF). (2003). *Verwaltungsvereinbarung Investitionsprogramm „Zukunft Bildung und Betreuung" 2003–2007*. Berlin: BMBF.

Bundesministerium für Familie, Senioren, Frauen und Jugend (BMFSFJ). (Hrsg.). (2002). *Elfter Kinder- und Jugendbericht – Bericht über die Lebenssituation junger Menschen und die Leistungen der Kinder- und Jugendhilfe in Deutschland*. Berlin: BMBF.

Bundesministerium für Familie, Senioren, Frauen und Jugend (BMFSFJ). (2005). *Zwölfter Kinder- und Jugendbericht. Bericht über die Lebenssituation junger Menschen und die Leistungen der Kinder- und Jugendhilfe*. Berlin: BMBF.

Bundesministerium für Bildung und Forschung (BMBF). (Hrsg.). (2011) Ergänzende Informationen zur Verwaltungsvereinbarung Investitionsprogramm „Zukunft Bildung und Betreuung". http://www.ganztagsschulen.org/_downloads/Ergaenzende_Information_zur_Verwaltungsvereinbarung%281 %29.pdf. Zugegriffen: 12. Jan. 2011.

Coelen, T., & Otto, H.-U. (Hrsg.). (2008). *Grundbegriffe Ganztagsbildung. Das Handbuch*. Wiesbaden: VS Verlag für Sozialwissenschaften.

Deinet, U., & Icking, M. (2005). Schule in Kooperation – mit der Jugendhilfe und mit weiteren Partnern im Sozialraum. In S. Appel, H. Ludwig, U. Rother, & G. Rutz (Hrsg.), *Jahrbuch Ganztagsschule 2006. Schulkooperationen* (S. 9–20). Schwalbach/Ts.: Wochenschau.

Deutscher Bildungsrat. (Hrsg.). (1968). *Empfehlungen der Bildungskommission. Einrichtung von Schulversuchen mit Ganztagsschulen*. Stuttgart: Deutscher Bildungsrat.

Holtappels, H. G. (2009). Ganztagsschule und Schulentwicklung. Konzeptionen, Steuerung und Entwicklungsprozesse. In F. Prüß, S. Kortas, & M. Schöpa (Hrsg.), *Die Ganztagsschule: von der Theorie zur Praxis* (S. 111–135). Weinheim: Juventa.

Holtappels, H. G., & Rollett, W. (2009). Schulentwicklung in Ganztagsschulen. Zur Bedeutung von Zielorientierungen und Konzeption für die Qualität des Bildungsangebots. *Zeitschrift für Pädagogik ZfPäd, 54. Beiheft,* 18–39.

Institut für Schulentwicklungsforschung (IFS). (2007). *Vorläufiger Qualitätsrahmen für Ganztagsschulen. Entwurf der IFS-Werkstatt „Entwicklung und Organisation von Ganztagsschulen" für den Dialog mit Praxisexpertinnen und Praxisexperten*. Dortmund: IFS.

Ipfling, H.-J. (2005). Voraussetzungen und Bedingungen für die Errichtung von Ganztagsschulen. In V. Ladenthin & J. Rekus (Hrsg.), *Die Ganztagsschule. Alltag, Reform, Geschichte, Theorie* (S. 299–309). Weinheim: Juventa.

Kelle, U., & Kluge, S. (2010). *Vom Einzelfall zum Typus. Fallvergleich und Fallkontrastierung in der qualitativen Sozialforschung* (2., überarb. Aufl.). Wiesbaden: VS Verlag für Sozialwissenschaften.

Klieme, E., Holtappels, H. G., Rauschenbach, T., & Stecher L. (2007). Ganztagsschule in Deutschland. Bilanz und Perspektiven. In H. G. Holtappels, E. Klieme, T. Rauschenbach, & L. Stecher (Hrsg.), *Ganztagsschule in Deutschland. Ergebnisse der Ausgangserhebung der „Studie zur Entwicklung von Ganztagsschulen" (StEG)* (S. 354–381). Weinheim: Juventa.

Kluge, S. (1999). *Empirisch begründete Typenbildung. Zur Konstruktion von Typen und Typologie in der qualitativen Sozialforschung*. Opladen: Leske + Budrich.

Kolbe, F.-U., Reh, S., Idel, T.-S., Rabenstein, K., & Weide, D. (2008). LUGS – ein Forschungsprojekt zur Lernkultur- und Unterrichtsentwicklung in Ganztagsschulen. In S. Appel, H. Ludwig, U. Rother, & G. Rutz (Hrsg.), *Jahrbuch Ganztagsschule 2008* (S. 30–41). Schwalbach/Ts.: Wochenschau.

Kraft, V. (2006). Erziehung zwischen Ausdifferenzierung und Entdifferenzierung am Beispiel der Ganztagsschule. In H.-U. Otto & J. Oelkers (Hrsg.), *Zeitgemäße Bildung. Herausforderung für Erziehungswissenschaft und Bildungspolitik* (S. 149–160). München: Reinhardt.

Lipski, J. (2005). Neue Lernkultur durch Kooperation von Ganztagsschulen mit außerschulischen Partnern. In S. Appel, H. Ludwig, U. Rother, & G. Rutz (Hrsg.), *Jahrbuch Ganztagsschule 2006. Schulkooperationen* (S. 38–43). Schwalbach/Ts.: Wochenschau.

Mack, W. (2005). Bildung in Schule und Jugendhilfe – Herausforderungen an Ganztagsschulen. In F.-U. Kolbe, K. Kunze, & T. Idel (Hrsg.), *Ganztagsschule in Entwicklung. Empirische, konzeptionelle und bildungspolitische Perspektiven* (Tagungsdokumentation, S. 87–94). http://www.ganztagsschule.rlp.de/files/Tagungsband_Ganztagsschule_in_Entwicklung.pdf. Zugegriffen: 23. Sept. 2011.

Olk, T. (2005). Kooperation zwischen Jugendhilfe und Schule. In Sachverständigenkommission Zwölfter Kinder- und Jugendbericht (Hrsg.), *Kooperationen zwischen Jugendhilfe und Schule. Materialien zum Zwölften Kinder und Jugendbericht* (Bd. 4, S. 9–100). München: Dt. Jugendinstitut.

Rademacker, H. (2004). Ganztagsangebote und Jugendhilfe. Neue Chancen für die Entwicklung öffentlicher Bildung in sozialer Verantwortung. *Die Deutsche Schule DDS, 96*(2), 170–183.

Rahm, S., & Schröck, N. (2008). *Wer steuert die Schule? Zur Rekonstruktion dilemmatischer Ausgangslagen für Schulleitungshandeln in lernenden Schulen.* Bad Heilbrunn: Klinkhardt.

Rakhkochkine, A. (2008). Kooperation von Bildungsorten. In T. Coelen & H.-U. Otto (Hrsg.), *Grundbegriffe Ganztagsbildung. Das Handbuch* (S. 613–620). Wiesbaden: VS Verlag für Sozialwissenschaften.

Reh, S., & Breuer, A. (2010). Zwei ungleiche Professionen? *Soziale Passagen, 2*, 29–46.

Santen, E. van, & Seckinger, M. (2003). *Kooperation: Mythos und Realität einer Praxis. Eine empirische Studie zur interinstitutionellen Zusammenarbeit am Beispiel der Kinder- und Jugendhilfe.* München: Dt. Jugendinstitut.

Schweitzer, J. (1998). *Gelingende Kooperation. Systemische Weiterbildung in Gesundheits- und Sozialberufen.* Weinheim: Juventa.

Sekretariat der Ständigen Konferenz der Kultusminister der Länder in der Bundesrepublik Deutschland (KMK). (2010). *Allgemein bildende Schulen in Ganztagsform. Statistik 2004 bis 2008.* Berlin: KMK.

Speck, K. (2007). *Schulsozialarbeit. Eine Einführung.* München: Reinhardt.

Speck, K., Olk, T., & Stimpel, T. (2011). Professionelle Kooperation unterschiedlicher Berufskulturen an Ganztagsschulen – Zwischen Anspruch und Wirklichkeit. In K. Speck, T. Olk, O. Böhm-Kasper, H.-J. Stolz, & C. Wiezorek (Hrsg.), *Multiprofessionelle Teams an Ganztagsschulen.* Weinheim: Juventa.

Spieß, E. (Hrsg.). (1998a). *Formen der Kooperation. Bedingungen und Perspektiven.* Göttingen: Verlag für Angewandte Psychologie.

Spieß, E. (1998b). Das Konzept der Empathie. In E. Spieß (Hrsg.), *Formen der Kooperation. Bedingungen und Perspektiven* (S. 53–61). Göttingen: Verlag für Angewandte Psychologie.

Stolz, H.-J. (2009a). Schule und Jugendhilfe als Partner. *Deutsche Zeitschrift für Kommunalwissenschaften DfK, 48*(1), 77–90.

Stolz, H.-J. (2009b). Ganztägige Bildung und Betreuung in Kooperation von Schule und ihren Partnern – aktuelle (bundesdeutsche) Diskussion. In M. Schüpbach & W. Herzog (Hrsg.), *Pädagogische Ansprüche an Tagesschulen* (S. 43–57). Bern, Stuttgart: Haupt.

Tillmann, K.-J. (2004). Schulpädagogik und Ganztagsschule. In H.-U. Otto & T. Coelen (Hrsg.), *Grundbegriffe der Ganztagsbildung. Beiträge zu einem neuen Bildungsverständnis in der Wissensgesellschaft* (S. 193–198). Wiesbaden: VS Verlag für Sozialwissenschaften.
Wahler, P., Preiß, C., & Schaub, G. (2005). *Ganztagsangebote an der Schule. Erfahrungen, Probleme, Perspektiven.* München: Dt. Jugendinstitut.
Witzel, A. (2000). *Das problemzentrierte Interview.* Forum Qualitative Sozialforschung/Forum: Qualitative Social Research. http://qualitative-research.net/fqs. Zugegriffen: 03. Juli 2010.
Wunder, D. (2006). Perspektiven der (gebundenen) Ganztagsschule in Deutschland. In: S. Appel, H. Ludwig, U. Rother, & G. Rutz (Hrsg.), *Jahrbuch Ganztagsschule 2007. Ganztagsschule gestalten* (S. 125–140). Schwalbach/Ts.: Wochenschau.

6 Jugendarbeit als Brücke zwischen Ganztagsschule und Bildungslandschaft

Ulrich Deinet

Zusammenfassung: Anhand eines Praxisbeispiels werden in der Einleitung des Beitrags Aspekte diskutiert, die sich zunächst auf die Kooperation zwischen einer Ganztagsschule und der Mobilen Jugendarbeit in einem Stadtteil beziehen und dann als leitende Aspekte des gesamten Beitrags aufgenommen werden: Öffnung von Schule, Sozialraumorientierung, die Bedeutung informeller Bildungsprozesse und die Anerkennung und Förderung außerschulischer Bildungsorte.

Der erste Teil des Beitrags befasst sich dann mit einem breiten Bildungsbegriff als Grundlage der Öffnung von Schule und der Kooperation mit außerschulischen Partnern. Dabei geht es auch um die alltägliche Lebensumwelt von Kindern und Jugendlichen. Bildungsprozesse gerade in diesen Lebensbereichen lassen sich mit dem Konzept der Aneignung fassen, wobei insbesondere Aspekte der Raumaneignung von Interesse sind; auch Schule kann als ein „Aneignungsort" interpretiert werden. Der zweite Teil beschreibt die sozialräumliche Kooperation von Ganztagsschule und Jugendarbeit, so wie sie bereits besteht am Beispiel einer aktuellen Studie aus NRW, in der u. a. vier Varianten der Kooperation beschrieben werden: zwischen einer sehr stark auf die neue Ganztagsschule orientierten Kooperation bis hin zur Betonung des außerschulischen Bildungsortes der Jugendarbeit.

Diese weitergehende Perspektive wird im letzten Teil als Herausforderung für Schule und Jugendarbeit zur Entwicklung lokaler Bildungslandschaften beschrieben. Dabei geht es um die Öffnung des Verständnisses einer Bildungslandschaft über die Verknüpfung von Bildungsinstitutionen hinaus in Richtung der Einbeziehung informeller Bildungsprozesse und Bildungsorte im öffentlichen Raum etc. In eine solche Bildungslandschaft könnte die Jugendarbeit insbesondere ihr Potenzial als Brücke zu den Bildungsorten von Kindern und Jugendlichen im öffentlichen Raum einbringen.

Schlüsselwörter: Jugendarbeit · Schule · Kooperation · Bildung · Bildungslandschaft

---

© VS Verlag für Sozialwissenschaften 2011

Prof. Dr. U. Deinet (✉)
Didaktik und methodisches Handeln/Verwaltung und Organisation,
Sozial- und Kulturwissenschaften, University of Applied Sciences, Fachhochschule Düsseldorf,
Universitätsstr. Gebäude 24.21, 40225 Düsseldorf, Deutschland
E-Mail: Ulrich.Deinet@fh-duesseldorf.de

Youth work as a bridge between full-day schools and the educational landscape

Abstract: In the introduction to the article, a case study is used to illustrate issues related initially to the cooperation between a full-day school and youth outreach work in a city district and subsequently used as guiding themes for the rest of the article: making schools more open, orientation towards local communities, the significance of informal educational processes, and the recognition of and support for extracurricular education.

The first part of the article focuses on a broad concept of education as the basis for making schools more open and cooperating with partners from outside the school. This section also discusses children's and young people's everyday surroundings. Educational processes in these areas of life can be grasped by means of the concept of appropriation, in which issues relating to appropriation of space are of particular interest; schools can also be viewed as "appropriation spaces."

The second section describes existing forms of community-based cooperation between full-day schools and youth work, exemplified by a recent study from North Rhine-Westphalia in Germany, in which four varieties of cooperation are described, ranging from a form of cooperation aligned very markedly with the new full-day school model to an emphasis on youth work as an arena for extracurricular education.

In the final section, this wider perspective is described as a challenge to schools and youth work to develop local educational landscapes. This involves opening up the concept of an educational landscape to include not only connections between educational institutions, but also informal educational processes and educational spaces in the public arena, etc. Such an educational landscape would be an ideal place for youth work to develop its potential as a bridge to public educational spaces for children and young people.

Keywords: Youth work · Schools · Cooperation · Education · Educational landscape

Fallvignette zum Beginn In einer Stadtteilkonferenz in einer Großstadt in Nordrhein-Westfalen wird immer wieder die problematische Situation Jugendlicher im öffentlichen Raum diskutiert, die sich auf Kinderspielplätzen aufhalten und Konflikte mit erwachsenen Bewohnern des Stadtteils haben. Auch der Schulhof der Ganztagshauptschule wird von den Jugendlichen als informeller Treffpunkt aufgesucht. Die Schließung einer Jugendeinrichtung verschlimmert die Situation, so dass ein Aktionsplan in der Stadtteilkonferenz beschlossen wird. Die Mobile Jugendarbeit führt Interviews mit Jugendlichen auf Schulhöfen durch, die zusammengetragenen Ideen der Jugendlichen werden an einem runden Tisch präsentiert und dort mit Verwaltung und Politik diskutiert.

Aus der Erkenntnis, dass es zwar Spielplätze für Kinder aber keine öffentlichen Orte für Jugendliche gibt, entsteht die Idee einen Treffpunkt für Jugendliche mit Jugendlichen im öffentlichen Raum zu planen und zu gestalten. Den besten Kontakt zur Jugendszene hat die Mobile Jugendarbeit. Die Ganztagshauptschule zeigt ebenfalls großes Interesse, weil ein Großteil der betroffenen Jugendlichen auch Schüler der Schule sind. Die Schule beschäftigt sich zunehmend mit dem Projekt und baut es schließlich in schulische Bezüge ein. Ein Lehrer der Schule wird direkte Kontaktperson für die Mobile Jugendarbeit. Bei den Planungsprozessen werden die Jugendlichen als Experten ihrer Lebenswelt angesprochen und zusammen mit den zuständigen Ämtern in einen Planungsprozess einbezogen, in welchem auch versucht wird, die Ideen der Jugendlichen aufzunehmen und umzusetzen. Methoden wie Begehungen, Modellbau oder eine Zukunftswerkstatt können in der

Planungsphase zum Teil direkt in die schulische Arbeit mit einbezogen werden. Beim Bau und der Gestaltung sind die Jugendlichen ebenfalls sehr aktiv und arbeiten zum Beispiel im Rahmen einer schulischen AG beim Aufbau des Treffs mit. Einige Jugendliche absolvieren während der Bau-Phase ihr Praktikum bei der ausführenden Firma. Rückhalt im Stadtteil bekommt das Projekt im besonderen Maße durch die Hauptschule (z. B. auch im Rahmen der Elternarbeit und der direkten Mitwirkung einiger Eltern). Mit der Einführung von Patenschaften soll der Treffpunkt nach der Eröffnung nachhaltig unterstützt werden. Auch durch dort stattfindende Veranstaltungen der Schule, wie Sommerfeste, soll eine weitere Kontaktaufnahme, auch mit den unmittelbaren Anliegern, ermöglicht werden. Aus Sicht der Mobilen Jugendarbeit ist die Kooperation mit Schulen ein wichtiger Faktor für den Erfolg des Projekts: „Wichtig war die Zusammenarbeit mit den Schulen, die sich kooperativ zeigten und die Verknüpfung von Praktikumsplätzen gern weiter ausbauen möchten!"

Anhand des Beispiels werden im Folgenden einige Aspekte diskutiert, die sich zunächst auf die Kooperation zwischen der Ganztagsschule und der Mobilen Jugendarbeit beziehen und dann als leitende Aspekte des gesamten Beitrags aufgenommen werden.

- *Öffnung von Schule, Sozialraumorientierung*: Durch die Mitarbeit der Ganztagsschule in der Stadtteilkonferenz ist ein wesentlicher Schritt zur Öffnung der Schule in den Sozialraum beschritten worden. Die Schule versteht sich auch als Akteur im Sozialraum, was durch deren Teilnahme an der Stadtteilkonferenz zum Ausdruck kommt, denn dies ist das Gremium, in dem die Themen und Probleme eines Stadtteils bearbeitet werden. Die Schule öffnet sich somit den Themenstellungen, die über den engeren Schulhorizont hinausgehen, gleichwohl oft nachhaltige Wirkung auf das schulische Leben haben. Ein Großteil der Zielgruppe sind auch Schülerinnen und Schüler, deren Freizeitsituation sich oft indirekt, manchmal sogar direkt, auf die Schule auswirkt. Aus Sicht der Schule wirkt sich die Verbesserung der Situation der Jugendlichen im öffentlichen Raum auch positiv auf das Schulklima aus.
- Mit der Unterstützung der Gestaltung eines informellen Treffs im öffentlichen Raum fördert die Schule auch *informelle Bildungsprozesse und* die Bedeutung *informeller Räume* für ihre Schülerinnen und Schüler (über den Schulhof hinaus). Bei der Planung und Gestaltung werden die Jugendlichen aktiv einbezogen. Beim Bau werden besonders motorische Kompetenzen gefördert, es geht um die ausführenden Arbeiten am Ort und die Auseinandersetzung mit praktischen und gestalterischen Aspekten. Hierbei stehen motorische, gegenständliche und gestalterische Aneignungsformen im Vordergrund.
- *Strukturen einer Kooperation*: Ein gemeinsames Projekt kann nur entstehen, wenn Kooperationsstrukturen geschaffen werden, etwa das Vorhandensein eines festen Ansprechpartners an der Schule für die Mobile Jugendarbeit und das Bauprojekt sowie die Einbeziehung der Projektarbeit in schulische und sogar unterrichtliche Zusammenhänge. Für die Entwicklung einer Kooperation ist es sehr günstig, wenn beide Partner nicht nur Ressourcen einbringen, sondern auch Vorteile aus der Kooperation ziehen können. Konkrete Dinge wie die Bereitstellung von Praktikumsplätzen gehören ebenfalls dazu (s. o.).

- Mit der *Anerkennung und Förderung außerschulischer Bildungsorte* öffnet sich die Schule nicht nur in den Sozialraum, sondern verbreitert durch ihr Engagement auch ihre zivilgesellschaftliche Basis, indem sie selbst zu einem Akteur im Sozialraum wird und von den Kooperationspartnern auch so wahrgenommen wird. Notwendig dazu sind aber auch Institutionen und Personen, die eine Scharnierfunktion übernehmen, etwa wie die Mobile Jugendarbeit im Beispiel oder die Schulsozialarbeit, die oft solche Funktionen übernimmt. Die Stadtteilkonferenz bietet den kommunalpolitischen Rahmen, in dem sich die Schule ebenso einbringen kann.

6.1 Breiter Bildungsbegriff als Grundlage der Öffnung von Schule und der Kooperation mit außerschulischen Partnern

Ein wichtiger Aspekt der Bildungsdiskussion bezieht sich auf den Bildungsbegriff: Bildung geht über die Schule hinaus und schließt damit außerschulische Bildungsorte mit ein. Diese Ausfassung steht im Zusammenhang mit einem z. B. auch vom Bundesjugendkuratorium formulierten erweiterten Bildungsbegriff. Danach wird neben der formellen (schulischen) Bildung ebenfalls die nicht-formelle einbezogen, worunter „jede Form organisierter Bildung und Erziehung zu verstehen ist, die generell freiwilliger Natur ist und Angebotscharakter hat" (Bundesjugendkuratorium 2002, S. 5).

Auch der Zwölfte Kinder- und Jugendbericht macht darauf aufmerksam, dass die Berücksichtigung informeller Bildungsprozesse einen Blick auf Lernwelten jenseits formaler Bildungsinstitutionen werfen muss. Es geht um „die Wahrnehmung beiläufiger, nicht-intendierter Lernprozesse" (BMFSFJ 2005, S. 533); gefordert wird daher ein Zusammenspiel von Bildungsorten und Lernwelten. „Dabei kommen Schule und Jugendhilfe als öffentlichen Bildungs-, Betreuungs- und Erziehungsinstitutionen gestaltende und vermittelnde Funktionen zu" (BMFSFJ 2005, S. 534). Entscheidend ist in diesem Zusammenhang, dass diese Lernprozesse nicht durch Unterricht und ähnliche zielgerichtete Bildungsprozesse ermöglicht werden können, sondern durch direkte Begegnungen und Auseinandersetzungen mit der Umwelt. An anderer Stelle wird dafür der Begriff „Aneignung" verwendet und Bildung als Aneignung von Welt auch in einer sozialräumlichen Dimension definiert (vgl. BMFSFJ 2005, S. 105 ff.).

In einem breiten Spektrum zwischen formellen und informellen Bildungsprozessen sowie zwischen formalen und non-formalen Settings wird im 12. Kinder- und Jugendbericht der Bundesregierung die Gleichrangigkeit unterschiedlicher Bildungsprozesse an unterschiedlichen Orten beschrieben. Dabei stehen auch informelle Bildungsprozesse in non-formalen Settings, etwa die Aktivitäten im Jugendzentrum oder die in der Clique, im Fokus. Mit der Bezugnahme auf informelle Bildungsorte kommt auch der öffentliche Raum in den Blick: Kinder und Jugendliche lernen und bilden sich also nicht nur in Institutionen oder in der Schule, sondern insbesondere auch in ihren jeweiligen Lebenswelten, Nahräumen, Dörfern, Stadtteilen und nicht zuletzt auch im öffentlichen Raum. Diese Orte der informellen Bildung prägen die intentionalen Bildungsprozesse wesentlich mit. Die Entwicklung sozialer Kompetenz im Umgang mit fremden Bezugspersonen in neuen Situationen, die Erweiterung des Handlungsraums und damit des Verhaltensrepertoires fördern dabei die Fähigkeit für den Erwerb von Sprachkenntnissen und folglich auch Bildungsabschlüssen.

In die nähere Betrachtung gerät damit auch die alltägliche Lebensumwelt von Kindern und Jugendlichen, deren Bedeutung in der ökologischen Sozialisationsforschung schon in den 1970er und 1980er Jahren betont wurde (vgl. Bronfenbrenner 1989). Aber auch die neuere Bildungsforschung versucht, alltägliche Lebenswelten und ihre Bildungswirkungen zu fassen. So spricht etwa Thomas Rauschenbach von der „Alltagsbildung" (vgl. 2009), die als aktive Erschließung der Welt verstanden werden kann und sich insbesondere auf informelle Bildungsprozesse bezieht.

In seinem Konzept einer Kooperation zwischen Jugendhilfe und Schule auf einer sozialräumlichen Grundlage geht Thomas Coelen auch auf die Bedeutung der lokalen Öffentlichkeit für Bildungsprozesse ein und spricht deshalb von „kommunaler Jugendbildung" (vgl. 2002). Darüber hinaus schlägt er vor, besonders die Chancen der Zusammenarbeit von Jugendarbeit und Schule „in doppelter Abgrenzung zur formell dominierenden Ganztagsschule als auch zu einer durch familiäre Betreuungsmängel induzierten Ganztagsbetreuung" (Coelen et al. 2004, S. 84) unter dem Begriff der „Ganztagsbildung" zu fassen.

Damit ist die Grundlage für ein breites Verständnis des öffentlichen Raums gelegt. Der dynamische Raumbegriff von Martina Löw ist gut geeignet, um unterschiedliche Qualitäten von Räumen für verschiedene Zielgruppen zu beschreiben und deren rein funktionalistische Definition zu überwinden. Dabei ist es notwendig zu wissen wie Kinder und Jugendliche den öffentlichen Raum nutzen, auf welcher Weise dabei verschiedene Raumqualitäten entstehen und mit welchen Interventionen und Elementen Aneignungsprozesse unterstützt werden können (vgl. Löw 2001). Mit dem Konzept der Raumaneignung (vgl. Deinet 2005) und der Operationalisierung des Aneignungsbegriffs lassen sich im öffentlichen Raum unterschiedliche Raumqualitäten aus Sicht von Kindern und Jugendlichen interpretieren.

6.1.1 „Aneignung" als sozial-räumliches Bildungskonzept

Die Ursprünge des Aneignungskonzeptes gehen auf die so genannte kulturhistorische Schule der sowjetischen Psychologie zurück, die vor allem mit dem Namen Leontjew (1973) verbunden ist. Die grundlegende Auffassung dieses Ansatzes besteht darin, die Entwicklung des Menschen als selbsttätige Auseinandersetzung mit seiner Umwelt, als Aneignung der gegenständlichen und symbolischen Kultur zu verstehen. Die Umwelt präsentiert sich dem Menschen in wesentlichen Teilen als eine Welt, die bereits durch menschliche Tätigkeit geschaffen bzw. verändert wurde.

Die Aneignungsprozesse beziehen sich nicht auf „wertfreie" Räume, denn die „räumliche Umwelt ist gleichzeitig besetzt, gesellschaftlich definiert und funktionalisiert" (Böhnisch 1996, S. 149). Die Erforschung von sozialräumlichen Zusammenhängen muss also sowohl Deutungen und Handlungen von Kindern und Jugendlichen, als auch die gesellschaftlichen Strukturen „als Botschaften, die in den Räumen sind" (Böhnisch und Münchmeier 1990, S. 13) verstehen.

Als tätigkeitstheoretischer Ansatz wurde das Aneignungskonzept besonders von Klaus Holzkamp (1973) weiterentwickelt und auf die heutigen gesellschaftlichen Bedingungen übertragen. Dies führt auch zu einer Verbindung von Aneignung und Raum, was sich sehr fruchtbar auf die Bildungsdiskussion anwenden lässt (vgl. Deinet und Reutlinger 2004). Räume werden darin als Möglichkeitsräume verstanden, weil die in ihnen eingelagerten gesellschaftlichen Sinngebungen vom Subjekt erschlossen werden müssen bzw. Kinder und Jugendliche Orte und Räume einen eigenen Sinn geben und sich so ihre Lebenswelt erschließen.

Vor diesem Hintergrund kann bei der Operationalisierung des Aneignungsbegriffs versucht werden die Qualitäten von Räumen und deren Erschließung als Aneignungsqualitäten zu fassen. „Aneignung" ist demnach eine:

- eigentätige Auseinandersetzung mit der Umwelt;
- (kreative) Gestaltung von Räumen mit Symbolen etc.;
- Inszenierung, Verortung im öffentlichen Raum (Nischen, Ecken, Bühnen) und in Institutionen;
- Erweiterung des Handlungsraumes (Nutzung der neuen Möglichkeiten, die in erweiterten Räumen liegen);
- Veränderung vorgegebener Situationen und Arrangements;
- Erweiterung motorischer, gegenständlicher, kreativer und medialer Kompetenz;
- Erprobung des erweiterten Verhaltensrepertoires und neuer Fähigkeiten in neuen Situationen;
- Entwicklung situationsübergreifender Kompetenzen.

Betrachtet man Bildungsprozesse unter dem Aspekt der Sozialisation und definiert diesen Prozess als Entwicklung des Subjekts durch aktive Aneignung von Welt, dann ergeben sich daraus keine grundsätzlichen Differenzen zwischen Aneignungsprozessen in der alltäglichen Lebenspraxis und Aneignungsprozessen in institutionalisierten Bildungsräumen (vgl. Kade 1993, der sich hier auf Erwachsenenbildung bezieht).

6.1.2 Schule als öffentlicher („Aneignungs"-)Raum

Auch die Schule ist ein Sozialraum, in dem Aneignungsprozesse möglich sind. Allerdings ist hier die Vermittlung von Weltwissen zumindest aus gesellschaftlicher Sicht die zentrale Funktion. Aber auch dieses Wissen muss selbsttätig von den Kindern und Jugendlichen angeeignet werden, wobei nicht zuletzt die durch Aneignungsprozesse in der Lebenswelt erworbenen sozialen und personellen Kompetenzen als grundlegende Schlüsselkompetenzen von Bedeutung sind.

Mack et al. kommen in ihrer vergleichenden Untersuchung „Schule, Stadtteil, Lebenswelt" von Schulen in sechs Regionen zu der Einschätzung: „Schule kann außerschulisch erworbene Kompetenzen nicht mehr ignorieren." (2003, S. 215) Aus einer sozialräumlich orientierten Perspektive folgern sie, „dass auch die Aneignungsqualität des schulischen Raums betrachtet werden und danach gefragt werden muss, ob und in welcher Form schulische Räume selbstbestimmtes Aneignungshandeln von Kindern und Jugendlichen zulassen" (2003, S. 215). Schule und besonders die Ganztagsschule ist also selbst auch Ort der informellen Bildung; „Aneignung" als subjektive Seite der informellen Bildung findet auch am Ort der Schule statt. Insofern müssen beide Funktionen, die Vermittlungs- und die Aneignungsfunktion, zusammen betrachtet werden. Die Wissensvermittlung als gesellschaftliche Funktionszuschreibung von Schule und anderen Institutionen steht der Aneignungsfunktion, die in der Schule einen Teil der subjektiven Lebenswelt und des Sozialraumes darstellt, gegenüber. Mack et al. betonen ebenfalls die soziale Funktion der Schule und konstatieren, „dass Schule auch über den Unterricht hinaus als Aufenthalts-, Arbeits- und Lebensraum von Schülerinnen und Schülern nachgefragt ist" (2003, S. 224). Auf der Grundlage dieser Einschätzung empfehlen die Autoren eine intensivere Nutzung der Räume.

Versteht sich Schule als Teil der Lebenswelt von Kindern und Jugendlichen, so werden etwa Schulhöfe als Spielräume geöffnet und als Lernumwelten gestaltet. So beschreiben z. B. Braun und Wetzel wie Schule als kind- und jugendgemäßer Lebensort gestaltet werden kann (vgl. 2000).

Die skizzierten Aspekte machen deutlich, dass besonders die Ganztagsschule ein sozialer Ort ist, an dem Kinder und Jugendliche einen großen Teil ihres Tages verbringen. Vor allem deshalb spielen die genannten Aspekte für die Gestaltung der Ganztagsschule als Lebensort eine große Rolle. Eine solche Gestaltung, besonders auch die Öffnung, funktioniert nur mit Kooperationspartnern. Hierbei gilt es zu zeigen, dass die Jugendarbeit ein besonders interessanter Partner für informelle Bildungsprozesse und für die Gestaltung von Setting usw. auch im öffentlichen Raum ist.

6.2 Jugendarbeit als Kooperationspartner der Schule

Aus den Befragungen der Kooperationspartner im Rahmen der „Studie zur Entwicklung von Ganztagsschulen" (StEG) hat sich ergeben, dass die Jugendhilfe eher eine gleichberechtigte Stellung als andere Kooperationspartner hat und z. B. durch Kooperationsverträge und Teilnahme in Schulgremien auch stärker in die Schule eingebunden ist. Im Vergleich zum Durchschnitt aller Kooperationspartner sieht sich die Jugendhilfe auch selbst häufiger als gleichberechtigter Partner (vgl. Arnoldt 2007, S. 125 f.).

Obwohl die Jugendhilfe einerseits als wichtigster Partner der Schule beschrieben wird, zielt sie andererseits in ihren Angeboten nicht so stark auf den Unterricht ab. Der höhere Anspruch an die Kooperation muss sich also auch aus anderen Aspekten ergeben. Dieser könnte mit dem Bildungsverständnis der Jugendhilfe zusammenhängen, das über Unterricht und schulisches Lernen deutlich hinausgeht. In der Kooperation zwischen Schulen und Einrichtungen der Jugendhilfe wird die Ortsfrage, d. h. die Gestaltung von Angeboten am Ort Schule oder in den kooperierenden Institutionen, oft als eher formaler Aspekt betrachtet. Unter sozialräumlichen Gesichtspunkten erscheint die Ortsfrage aber sehr wohl als konzeptionelle Frage zwischen den folgenden Polen: eine Orientierung, in der die Institution Schule immer den Mittelpunkt bildet und in der alle Angebote auch am Ort der Schule stattfinden sollen und eine stadtteilorientierte Konzeption mit einer Öffnung hin zu außerschulischen Orten.

Die Autoren einer aktuellen Studie zur Kooperation von Jugendarbeit und Schule (vgl. Deinet et al. 2010) gehen davon aus, dass die Kooperation zwischen der Offenen Kinder- und Jugendarbeit und Schule in vielfältigen Bereichen heute weit verbreitet ist. Dennoch fehle es an systematischem Wissen über Ziele und Inhalte der Kooperation sowie über Entwicklungs- und Veränderungstendenzen (vgl. Deinet et al. 2010). Zum Untersuchungsdesign gehöre neben qualitativen Interviews mit Expertinnen und Experten aus Jugendämtern und Einrichtungen eine schriftliche Befragung der Einrichtungen der Offenen Kinder- und Jugendarbeit. Die weitgehend standardisierte Befragung bezog 200 Einrichtungen ein, die hinsichtlich Größe der Kommune, Größe der Einrichtung und Art der Trägerschaft repräsentativ sind. Die im Rahmen der Studie durchgeführten leitfadengestützten mündlichen Interviews mit Einrichtungen wurden nicht nur zu Fallstudien verdichtet, sondern im zweiten Schritt auch nochmal daraufhin untersucht, ob sich daraus Ansätze bzw. Varianten identifizieren lassen, die vergleichbar sind bzw. sich zusammenfassen lassen.

6.2.1 Schulstandortbezogene Kooperationsformen

Diese bieten den Vorteil, dass das Bild der Schule nach innen und außen an Qualität gewinnt, sie von der Schule wahrgenommen und eher aktiv unterstützt werden, es eine direkte örtliche und zeitliche Anbindung an die Schulen gibt und die Kinder und Jugendlichen den Raum Schule in ihrer Freizeit erleben und kennen lernen können. Zu solchen schulstandortbezogenen Kooperationsformen passen zwei der von Deinet und Icking beschriebenen Varianten.

Bei der *thematisch orientierten Projektkooperation* geht es vor allem um Inhalte, für die der Jugendarbeit eine besondere Kompetenz zugeschrieben wird, z. B. soziales Lernen, Konfliktbearbeitung und geschlechtsspezifische Arbeit. Die Umsetzung erfolgt weniger im Rahmen des Ganztags, sondern kennzeichnet eher die Projektarbeit außerhalb des Ganztags. Oft finden solche Projekte innerhalb der Unterrichtszeit statt, zum Teil bewusst ohne Lehrerbeteiligung und ausschließlich in der Verantwortung der Fachkräfte der Jugendarbeit. Voraussetzung ist hierbei eine hohe Spezialisierung der Fachkräfte, meist erworben durch Zusatzqualifikationen, die von der Schule in der Regel auch hoch geschätzt werden.

Die *kontinuierliche Kooperation mit der neuen Ganztagsschule* ist vor allem ein Ergebnis des starken Ausbaus der Ganztagsschule. Insbesondere die Offene Ganztagsschule im Primarbereich (OGS) ist, zumindest in Nordrhein-Westfalen, ein additives Konzept, dass neben der Schule einen Träger vorsieht, der für die gesamte Organisation des Nachmittags nach der Unterrichtszeit verantwortlich ist. Im Sekundarstufenbereich beauftragen Schulen außerschulische Einrichtungen mit der Umsetzung der Mittagsbetreuung und setzen dafür eigene Mittel ein, die sie auf die Einrichtung übertragen. In der Regel findet das Nachmittagsangebot in der Schule statt, d. h. die Fachkräfte der Einrichtung arbeiten an der Schule.

6.2.2 Sozialräumlich orientierte Kooperationsformen

Neben stark auf den Ort Schule hin ausgerichteten Kooperationen, insbesondere im Rahmen der sich entwickelnden Ganztagsschule, spielen auch Kooperationsformen und Orte außerhalb von Schule eine wesentliche Rolle. So werden deutlich mehr als die Hälfte der Angebote nicht in der Schule, sondern am Ort der Jugendarbeit oder an anderen Orten wie Parks, Freiflächen, Sport- und Freizeitanlagen, Bibliotheken etc. durchgeführt (vgl. Deinet et al. 2010, S. 133).

Angebote in Einrichtungen der Offenen Kinder- und Jugendarbeit zeichnen sich aus durch:

- oftmals gut ausgestattete Räumlichkeiten;
- gute konzeptionelle Verbindungen zwischen offenen und geschlossenen Angeboten;
- oft langjährige Erfahrung in der Freizeit- und Erlebnispädagogik;
- Möglichkeiten, Kindern und Jugendlichen Raum zum Ansprechen sensibler Themen außerhalb der Schule zu bieten;
- Erreichbarkeit einer oft größeren und heterogenen Zielgruppe.

Die beiden sozialräumlich orientierten Kooperationsformen in der Studie von Deinet et al. werden wie folgt beschrieben:

Die *Jugendarbeit* als interessanter Ort außerhalb von Schule, *als außerschulischer Lernort*. Einrichtungen der Offenen Kinder- und Jugendarbeit haben eigene, zum Teil sehr unterschiedliche Räume, die über eine Qualität oder eine Ausstattung verfügen, welche die Schule nicht bieten kann. In bestimmten Kooperationsangeboten wird genau diese Qualität genutzt. Das Jugendzentrum kann aber auch einfach nur ein anderer Ort sein, der es erlaubt zeitweise die gewohnte Umgebung der Schule verlassen zu können und dort eine andere pädagogische Arbeit zu praktizieren.

Die *jugendarbeitsübergreifende Stadtteilkooperation* ist die Zusammenarbeit zwischen einer sozialräumlich geöffneten Schule und einer Jugendarbeit, die sich ebenfalls sozialräumlich orientiert und nicht mehr auf eine Einrichtung bezogen ist. Kennzeichnend sind die Integration weiterer Bereiche der Jugendförderung, wie etwa Mobile Arbeit, Schulsozialarbeit, Trägerschaft eines Horts im Sinne der die Überschreitung der klassischen Grenzen Offener Kinder- und Jugendarbeit. Inhaltlich finden sich Projekte aus den Varianten in diesem Ansatz wieder, allerdings in einem anderen sozialräumlichen bzw. einrichtungsübergreifenden Konzept: etwa in einem Stadtteilhaus in Form der Integration verschiedener Bereiche der Jugendhilfe oder als Team Jugendförderung für einen Sozialraum mit der Integration der Schulsozialarbeit. Die Organisationsentwicklung der Kinder- und Jugendarbeit ist in dieser Variante, also über die klassische Einrichtungsarbeit hinaus, kennzeichnend für eine Veränderung dieses Bereichs.

Diese Kooperationsform deutet auf den Begriff der Bildungslandschaft hin, in dem ganz unterschiedliche Institutionen, aber auch Orte der Bildung verknüpft werden sollen. Für die Konzipierung lokaler Bildungslandschaften ergeben sich aus einem breiten Bildungsverständnis und den skizzierten Kooperationen von Schulen mit außerschulischen Institutionen interessante Konsequenzen: Es geht um die Erweiterung des Verständnisses einer Bildungslandschaft, über die alleinige Verknüpfung von Institutionen hinaus, in Richtung der Einbeziehung informeller Bildungsprozesse an Bildungsorten im öffentlichen Raum, in non-formalen Settings.

Die Einbeziehung informeller Bildungsorte in die Entwicklung einer Bildungslandschaft und die Anerkennung informeller Bildungsprozesse besonders im öffentlichen Raum könnten, neben der Vernetzung und Kooperation der Bildungsinstitutionen, vielfältige Gelegenheiten (Settings, s. u.) für informelle Bildungsprozesse schaffen. Der „Deutsche Verein für öffentliche und private Fürsorge" bezieht in diesem Zusammenhang auch

Aspekte der Stadtplanung mit ein und spricht von einer breiten Nutzung des kommunalen Raums: „Kommunale Bildungslandschaften sind nicht dazu da, den Alltag von Kindern und Jugendlichen curricular zu verplanen. Sie finden ihren gültigen Ausdruck vielmehr in einer umfassenden Nutzung und Gestaltung des kommunalen Raums als einer vielfältig vernetzten, anregenden Lern- und Lebensumgebung – auch für das ungeplante, in Alltagsvollzüge eingebundene informelle Lernen" (2009, S. 16).

6.3 Von der schulbezogenen Kooperation zur Gestaltung einer Bildungslandschaft

Nach einer anfänglich eher institutionell geführten Diskussion um die Bildungslandschaften im Sinne einer besseren Kooperation und Vernetzung vorhandener Bildungsinstitutionen verweist der Deutsche Verein für öffentliche und private Fürsorge auch auf Bereiche der informellen Bildung,u. a. im öffentlichen Raum. Seine Empfehlungen von 2009 basieren auf der Grundlage eines breiten Bildungsbegriffs: „Bildung ist ein wesentlicher Faktor bei der wirtschaftlichen und sozialen Entwicklung von Städten, Landkreisen und Gemeinden. Eine gut ausgebaute, konzeptionell aufeinander bezogene und verlässlich miteinander verknüpfte Bildungsinfrastruktur, die über die formalen Bildungsinstitutionen des Lernens hinaus (z. B. Kindertageseinrichtungen, Schule, Ausbildung, Universität etc.) auch die Familie, Cliquen, Jugendclubs, den Umgang mit neuen Medien, freiwilliges Engagement in Vereinen und Verbänden, Weiterbildungsangebote, Musikschulen, Bibliotheken, Jugendkunstschulen, Museen als Orte kultureller Bildung etc. einbezieht, kann zur gesellschaftlichen Teilhabe der Bürger/innen eines Gemeinwesens und zu mehr Chancengerechtigkeit beitragen" (2009, S. 1). Der Deutsche Verein erweitert mit seinen Ausführungen die bisher formulierten Grundlagen der Entwicklung einer Bildungslandschaft in Richtung non-formaler und informeller Bildungsorte: „Denn Bildungsförderung kann nur dann für alle erfolgreich sein, wenn sie über die Schule hinaus den Blick auf die Vielfalt der non-formalen und informellen außerschulischen Bildungsorte öffnet und diese einbezieht" (2009, S. 1).

Für die Konzipierung kommunaler bzw. regionaler Bildungslandschaften ergeben sich aus einem solchen breiten Bildungsverständnis Konsequenzen für die Konzipierung von Bildungslandschaften: Es geht um die Erweiterung des Verständnisses einer Bildungslandschaft über die alleinige Verknüpfung von Institutionen hinaus, in Richtung der Einbeziehung informeller Bildungsprozesse an Bildungsorten im öffentlichen Raum, in non-formalen Settings etc. Verbunden mit der Erweiterung sind jedoch Probleme bei der Konzipierung einer Bildungslandschaft in einer Kommune oder in einem Kreis: z. B. die planerische und konzeptionelle Frage, wie die Orte der informellen Bildung überhaupt einbezogen werden und wie sie entwickelt und geplant werden können.

Die hier begründete Notwendigkeit einer Heterogenität der Bildungsorte passt nicht zu dem weit verbreiteten statischen Verständnis einer Bildungslandschaft, so wie sie von Reutlinger kritisiert wird (vgl. 2009). Er beklagt in diesem Zusammenhang nicht nur die „unkritisch-harmonische Tradition" des verwendeten Begriffs der Landschaft, mit der häufig Harmonie, Schönheit und Ganzheit verbunden wird. Entscheidend sind seine raumtheoretischen Einwände gegen die Bildungslandschaftsdiskussion. Ein zentraler Begriff ist hier der Bildungsort. Die Kinder und Jugendlichen bewegen sich zwischen

Orten, die in erster Linie geografisch verstanden werden. Hier werden sie in zeitlichen Abfolgen beschult, beraten, betreut oder erzogen. Im Konzept der Bildungslandschaften sollen die Orte systematisch zusammengeführt werden.

In dieser Diskussion wird ausgeblendet, dass es nicht nur territorial unterschiedliche Bildungsorte gibt, sondern diese auch in einem hierarchischen Sinne unterschiedlich positioniert sein können. So steht die Schule als Bildungsort immer noch im Zentrum, während die außerschulischen Bildungsorte auf eine Zulieferfunktion reduziert werden können. Reutlinger folgend baut die Verkürzung des Bildungsorts als territorial definierten Raum auf einem banalen Raumverständnis auf. Räume werden als Behälter oder Container verstanden, die mehr oder weniger geschlossen sind. Notwendig ist dagegen ein flexibles Verständnis von Räumen als ein „ständig (re)produzierte(s) Gewebe sozialer Praktiken" (Reutlinger 2009, S. 123), d. h. ein Raum, der sozial konstruiert wird. Mit diesem Raumverständnis gerät in den Bildungslandschaften, bezogen auf die Bildungsorte, die unterschiedliche Raumqualität in den Blick: Welche Ressourcen beinhalten sie, wie viel Handlungsoptionen sind möglich?

Die Kritik Reutlingers am Begriff der „Bildungslandschaften" und die zumindest konzeptionelle Berücksichtigung von „Lernwelten", die als Erweiterung des Begriffs des „Bildungsortes" verstanden werden können, geben Anlass auch solche Bildungsräume in den Blick zu nehmen, die weniger funktionale Bildungsorte sind, sondern vielmehr „Ermöglichungsräume" für Bildung (vgl. 2009, S. 132). So, wie in einer Skizze von Wolfgang Zacharias aus den 80er Jahren (vgl. Pädagogische Aktion 1984, S. 25) auch informelle Orte in der anregenden Lern- und Lebensumgebung eines Kindes nachgezeichnet wurden, sollten auch kommunale Bildungslandschaften ungeplante und in Alltagsvollzüge eingebundene, informelle Lernprozesse in den Blick nehmen, die weit über die Bildungsinstitutionen hinausgehen.

Auch wenn der Deutsche Verein noch keine konkreten Vorschläge macht, *wie* die Einbeziehung solcher Orte und Bereiche aussehen kann, deuten die Empfehlungen doch sehr stark auf eine Ausweitung des Spektrums der in einer Bildungslandschaft handelnden Akteure hin: „Kommunale Bildungslandschaften sind daher immer auch Landschaften im konkret räumlichen Sinne und von daher Teil einer integrierten Raumentwicklungsplanung. Zumindest perspektivisch sind daher beispielsweise auch Akteure im Bereich der Wohnungswirtschaft, aber eben auch aus den bereits genannten weiteren für Bildung wichtigen kommunalen Bereichen einzubinden. Auch für diese Gestaltungsperspektiven gibt es bereits erste Ansätze gelingender Praxis" (2009, S. 15).

Die „Vernachlässigung der zivilgesellschaftlichen und der Aneignungs-Dimension in lokalen Bildungslandschaften" (Bradna et al. 2010) In der Auswertung des Projektes des Deutschen Jugendinstituts (DJI) „Lokale Bildungslandschaften in Kooperation von Ganztagsschule und Jugendhilfe" beklagen die Autoren unter anderem, dass in den untersuchten lokalen Bildungslandschaften vor allem die hier skizzierte Perspektive von informeller und non-formaler Bildung nicht ausreichend thematisiert wird. So „muss aus Sicht der Forscher/innen die Vernachlässigung der Subjekt- und Aneignungsperspektive als wichtigstes Desiderat der Gestaltung lokaler Bildungslandschaften benannt werden. Dies steht in scharfem Kontrast zur institutions- und regionsübergreifend konsensuellen Benennung der Leitperspektive eines ‚ganzheitlichen' Lern- und Bildungsverständnisses.

Untermauert wird dieser – *gemessen an den vor Ort und im Diskurs deklarierten Zielperspektiven* kritisch zu sehende – Befund durch die Tatsache, dass es in den Modellregionen bislang nicht zur verlässlichen und erwartbaren Beteiligung von Kindern und Jugendlichen bei allen sie unmittelbar betreffenden Angelegenheiten kommt" (Bradna et al. 2010, S. 7).

Die im Eingangsbeispiel so plastisch zu beschreibende Anerkennung von Möglichkeiten eines ganzheitlichen Lernens in einem lokalen Rahmen scheint in den vom DJI untersuchten lokalen Bildungslandschaften keine große Rolle zu spielen: „Ungeachtet der damit verbundenen Betonung der Bedeutung von ‚Selbstbildung' und (ko-)konstruktivistischer Lerntheorie, schlägt sich diese Gestaltungsdimension nur wenig in den organisationalen Aktivitätsstrukturen nieder; dies gilt ganz speziell auch im Hinblick auf die Leitlinie einer konsequenten, erwartbar und verlässlich gestalteten Implementierung beteiligungsorientierter Planungsverfahren" (Bradna et al. 2010, S. 10). Insbesondere die von den DJI-Autor/innen bemängelten Aspekte könnten durch eine Kooperation von Jugendarbeit und Schule in die entstehenden Bildungslandschaften eingebracht werden.

Die Jugendarbeit ist durch ihre institutionellen Rahmenbedingungen – insbesondere durch das Prinzip der Offenheit und der konkreten Gestaltung der Einrichtungen mit ihren Offenen Bereichen – für Jugendliche ein wesentlicher Teil des öffentlichen Raumes. Viele Einrichtungen arbeiten institutionsübergreifend im öffentlichen Raum, etwa durch die Unterstützung von Cliquen in Parks etc. oder den Aufbau von Treffmöglichkeiten im öffentlichen Raum.

Eine sozialräumliche Jugendarbeit versteht subjektive Bildungsprozesse insbesondere als sozialräumliche Aneignungsprozesse, die eingelagert sind in den gesellschaftlichen Räumen bzw. den Räumen, die sich Kinder und Jugendliche schaffen. Diese stehen oft im Gegensatz zu den offiziell institutionalisierten Bildungsräumen und -orten, so wie sie derzeit in der Diskussion um die lokalen Bildungslandschaften vorrangig diskutiert werden. Der Beitrag der Offenen Kinder- und Jugendarbeit kann auf der Grundlage des Aneignungskonzeptes darin bestehen, Bildungsorte und -räume mehrdimensional zu verstehen und für die Diskussion von lokalen/regionalen oder kommunalen Bildungslandschaften nutzbar zu machen. Das „wilde Lernen" (vgl. Böhnisch 2002), die aneignungstheoretisch besonders wichtige Funktion der Veränderung von Situationen und Räumen kann so sichtbar gemacht und in die Diskussion eingebracht werden. Für die Diskussion um lokale Bildungslandschaften geht es deshalb auch darum, den öffentlichen Raum mit einzubeziehen, weil dieser als Aneignungs- und Bildungsraum zu verstehen ist. Stadtentwicklung und Stadtplanung als Hauptgestalter dieses Raumes sind deshalb in diese Diskussion zu integrieren.

So kann die Kinder- und Jugendarbeit durch Schaffung von Settings für unterschiedliche Gelegenheiten und Räume im öffentlichen Raum z. B. Treffmöglichkeiten schaffen und Verknüpfungsmöglichkeiten zwischen verschiedenen Szenen und Cliquen herstellen. Besonders die Mobile Jugendarbeit im öffentlichen Raum kann dabei Aneignungs- und Bildungsmöglichkeiten auf sehr unterschiedlichen Ebenen ermöglichen. Hierbei geht es etwa um die Beteiligung der Jugendlichen bei der Suche nach geeigneten Plätzen für die Errichtung von überdachten Treffs im öffentlichen Raum sowie um deren konkrete Gestaltung und Nutzung durch unterschiedliche Gruppierungen (vgl. Deinet et al. 2009).

In dem städteübergreifenden Projekt „Betreten Erlaubt" – in dem auch das Eingangsbeispiel zu finden ist – wurde in zwei Evaluationsrunden insbesondere die Beteiligung der Jugendlichen untersucht. Zusätzlich standen die Chancen und Probleme der Intervention der Fachkräfte im Fokus, die zwischen Stadtverwaltungen, Politik, Ordnungsämtern, Polizei, Anwohnern und den betroffenen Jugendlichen agieren müssen. In den untersuchten Projekten konnten Aneignungs- und Bildungsmöglichkeiten auf unterschiedlichen Ebenen beschrieben werden: In den eher an der praktischen Umsetzung orientierten Projekten fanden Aneignungsprozesse durch physische Arbeiten am Ort und durch die Auseinandersetzung mit praktischen und gestalterischen Aspekten statt. Hierbei standen motorische, gegenständliche und gestalterische Aneignungs-formen im Vordergrund. In den vorrangig planungsorientierten Projekten fanden Aneignungs-prozesse insbesondere in Zusammenhang mit der Auswahl der möglichen Projektstandorte statt. Über einen intensiven Diskurs, Visualisierungen und Präsentationen der eigenen Ideen konkretisierten die Jugendlichen ihre Vorstellungen von einem eigenen Jugendtreff und konnten so die Entscheidungen der Öffentlichkeit beeinflussen und nachvollziehen.

Aneignungsprozesse waren häufig auf der sprachlichen und kognitiven Ebene zu beobachten, also besonders im Bereich der Aneignung sozialer und kultureller Kompetenzen. Dies reichte bis hin zum Bereich der politischen Bildung, in dem Jugendliche nachhaltige Erfahrungen auch im politischen Bereich machten und sich damit wichtige Kompetenzen aneigneten. In einem der Projektstandorte zeigten die Jugendlichen, angeregt durch das Projekt, verstärktes Interesse am kommunalen Geschehen und begannen Berichte in der Tageszeitung zu lesen. Projekte, die sich eher auf eine konkrete Gestaltung bezogen, entwickelten sich weniger stark als Beteiligungsprojekte und hatten mehr den Charakter eines pädagogischen Angebots. Dies erschließt ebenfalls Aneignungsmöglichkeiten, macht aber keine weiterführenden Beteiligungserfahrungen möglich.

Die Kooperation von Jugendarbeit und Ganztagsschule kann, über die Schaffung von institutionellen und lokalen Mehrwerten auch dazu beitragen, die vernachlässigte Aneignungs- und Subjektdimension stärker in die sich entwickelnden Bildungslandschaften einzubringen.

Literatur

Arnoldt, B. (2007). Kooperationsformen – Bedingungen für gelingende Zusammenarbeit? In G. Holtappels, E. Klieme, T. Rauschenbach, & L. Stecher (Hrsg.), *Ganztagsschule in Deutschland. Ergebnisse der Ausgangserhebung der »Studie zur Entwicklung von Ganztagsschulen« (StEG)* (S. 123–136). Weinheim: Juventa.

Böhnisch, L. (1996). *Pädagogische Soziologie*. Weinheim: Juventa.

Böhnisch, L. (2002). Räume, Zeiten, Beziehungen und der Ort der Jugendarbeit. *Zeitschrift Deutsche Jugend, 50*(2), 70–77.

Böhnisch, L., & Münchmeier, R. (1990). *Pädagogik des Jugendraums: Zur Begründung und Praxis einer sozialräumlichen Jugendpädagogik*. Weinheim: Juventa.

Bradna, M., Meinecke, A., Schalkhausser, S., Stolz, H.-J., Täubig, V., & Thomas, F. (2010). *Lokale Bildungslandschaften in Kooperation von Ganztagsschule und Jugendhilfe. Abschlussbericht* (unveröffentlicht). München: Dt. Jugendinstitut e. V.

Braun, K.-H., & Wetzel, K. (2000). *Sozialpädagogisches Handeln in der Schule*. Neuwied: Luchterhand.

Bronfenbrenner, U. (1989). *Die Ökologie der menschlichen Entwicklung: Natürliche und geplante Experimente*. Frankfurt a. M.: Fischer Taschenbuch.

Bundesjugendkuratorium. (2002). Zukunftsfähigkeit sichern! Für ein neues Verhältnis von Bildung und Jugendhilfe. http://www.bundesjugendkuratorium.de/pdf/1999–2002/bjk_2001_stellungnahme_zukunftsfaehigkeit_sichern.pdf. Zugegriffen: 14. Feb. 2011.

Bundesministerium für Familie, Senioren, Frauen und Jugend (BMFSFJ). (Hrsg.). (2005). *Zwölfter Kinder und Jugendbericht: Bildung, Betreuung und Erziehung vor und neben der Schule*. Berlin: Bundesministerium für Familie, Senioren, Frauen und Jugend.

Coelen, T. (2002). *Kommunale Jugendbildung. Raumbezogene Identitätsbildung zwischen Schule und Jugendarbeit*. Frankfurt. a. M. u. a.: Lang.

Coelen, T., Hetz, H., & Wolf, S. (2004). Wer bildet die „Offene Ganztagsschule"? Bildungsanspruch und Bildungspraxis in der Kooperation von Grundschule und Jugendhilfeträger. In B. Sturzenhecker & W. Lindner (Hrsg.), *Bildung in der Kinder- und Jugendarbeit. Vom Bildungsanspruch zur Bildungspraxis* (S. 77–93). Weinheim: Juventa.

Deinet, U. (Hrsg.). (2005). *Sozialräumliche Jugendarbeit. Grundlagen, Methoden, Praxiskonzepte* (2., völlig überarbeitete Aufl.). Wiesbaden: VS Verlag für Sozialwissenschaften.

Deinet, U., & Reutlinger, C. (Hrsg.). (2004). *„Aneignung" als Bildungskonzept der Sozialpädagogik. Beiträge zur Pädagogik des Jugendalters in Zeiten entgrenzter Lernorte*. Wiesbaden: VS Verlag für Sozialwissenschaften.

Deinet, U., Okroy, H., Dodt, G., & Wüsthof, A. (Hrsg.). (2009). *Betreten erlaubt! Projekte gegen die Verdrängung Jugendlicher aus dem öffentlichen Raum, soziale Arbeit und sozialer Raum* (Bd. I). Opladen: Barbara Budrich.

Deinet, U., Icking, M., Leifheit, E., & Dummann, J. (2010). *Jugendarbeit zeigt Profil in der Kooperation mit Schule* (Reihe „Soziale Arbeit und Sozialer Raum", Hrsg. Ulrich Deinet, Bd. 2) Opladen: Barbara Budrich.

Deutscher Verein für öffentliche und private Fürsorge e. V. (2009). *Empfehlungen des Deutschen Vereins zur Weiterentwicklung Kommunaler Bildungslandschaften*. http://www.deutscher-verein.de/05-empfehlungen/empfehlungen_archiv/2009/pdf/DV%2019-09.pdf. Zugegriffen: 14. Feb. 2011.

Holzkamp, K. (1973). *Sinnliche Erkenntnis*. Frankfurt a. M.

Kade, J. (1993). Aneignungsverhältnisse diesseits und jenseits der Erwachsenenbildung. *Zeitschrift für Pädagogik ZfPäd, 39*(3), 392–408.

Leontjew, A. N. (1973). *Problem der Entwicklung des Psychischen*. Frankfurt a. M.: Athenäum Fischer.

Löw, M. (2001). *Raumsoziologie*. Frankfurt a. M.: Suhrkamp.

Mack, W., Raab, E., & Rademacker, H. (2003). *Schule, Stadtteil, Lebenswelt. Eine empirische Untersuchung*. Opladen: Leske und Budrich.

Pädagogische Aktion. (1984). *Kulturpädagogisches Lesebuch*. München: Eigenverlag.

Rauschenbach, T. (2009). *Zukunftschance Bildung, Familie, Jugendhilfe und Schule in neuer Allianz*. Weinheim: Juventa.

Reutlinger, C. (2009). Bildungslandschaften – raumtheoretisch betrachtet. In J. Böhme (Hrsg.), *Schularchitektur im interdisziplinären Diskurs: Territorialisierungskrise und Gestaltungsperspektiven des schulischen Bildungsraums* (S. 119–139). Wiesbaden: VS Verlag für Sozialwissenschaften.

7 Was haben die Angebote mit dem Unterricht zu tun? Zum Stand der Kooperation

Bettina Arnoldt

Zusammenfassung: Ganztagsschulen füllen ihren erweiterten Zeitrahmen mit zusätzlichen Angeboten, die von Förder- bis zu Freizeitangeboten reichen können. Inwieweit Unterricht und Angebot in Beziehung zueinander stehen, wird als Qualitätskriterium betrachtet. Im Beitrag wird der Frage nachgegangen, wie stark diese Verbindung aus Sicht der Kooperationspartner ist, wovon diese abhängt und ob sie sich im Laufe der Zeit verändert. Dabei werden vor allem Prädiktoren berücksichtigt, die sich zum bisherigen Zeitpunkt als förderliche Bedingungen herauskristallisiert haben. Der Fragestellung wird mit den Daten der bundesweiten, längsschnittlichen „Studie zur Entwicklung von Ganztagsschulen" nachgegangen. Ergebnis ist, dass auch aus Sicht der Kooperationspartner die Verbindung von Angebot und Unterricht nicht sehr hoch ausgeprägt ist und im Verlauf der Zeit nicht zunimmt. Insgesamt ist die Verbindung von Angebot und Unterricht höher, wenn der Bildungsaspekt in den Angeboten im Fokus steht, wenn das Personal hauptamtlich angestellt ist und gemeinsame Fortbildungen mit Lehrkräften erhält und die Schule mehr Ganztagsschulerfahrung hat.

Schlüsselwörter: Ganztagsschule · Verbindung von Angebot und Unterricht · Kooperationspartner

The connection between lessons and extracurricular activities: The level of cooperation

Abstract: All-Day schools offer diverse educational, free-time and care offerings that run through the day. A linkage between lessons and these extracurricular activities is regarded as an indicator of quality. From the cooperation partner's point of view, this article explores to which extent lessons and extracurricular activities are linked, which predictors are related with that and if there is an increase over time. The empirical basis is the statewide longitudinal "Study on the Development of All-day Schools". In general, the linkage between lessons and extracurricular activities is low and does not increase over time. Findings suggest that there is a stronger connection between lessons and extracurricular activities, when the extracurricular activities have a focus on education, the external personnel works on a full-time basis and gets further training together with teachers and when the school has a longer experience in extended school time.

© VS Verlag für Sozialwissenschaften 2011

Dipl. Päd. B. Arnoldt (✉)
Kinder- und Kinderbetreuung, Projekt StEG, Deutsches Jugendinstitut,
Nockherstraße 2, 81541 München, Deutschland
E-Mail: Arnoldt@dji.de

Keywords: All-day schools · Extracurricular activities · School cooperation partners

7.1 Einleitung

Ganztagsschulen sind vor die Aufgabe gestellt, den gegenüber Halbtagsschulen erweiterten Zeitrahmen zu füllen und auszugestalten. Auch wenn das schlechte Abschneiden Deutschlands bei der PISA-Studie 2000 ein Anlass für den verstärkten Ganztagsschulausbau war (vgl. BMBF 2003, S. 4), ist in Deutschland die Ansicht weit verbreitet, dass Ganztagsschule keine Unterrichtsschule sein soll. Vielmehr wird konstatiert, dass (Ganztags)Schule „mehr als Unterricht" ist (vgl. Appel 2004, S. 21; Prüß et al. 2009, S. 16). Die Umsetzung erfolgt durch die Installation zusätzlicher Angebote, die von Förder- bis zu Freizeitangeboten reichen können. Die Breite des Angebotsspektrums variiert von Schule zu Schule und hängt von den Ressourcen, Schülerzahlen und pädagogischen Konzepten ab (vgl. StEG-Konsortium 2010). Inwieweit Unterricht und Angebot in Beziehung zueinander stehen, wird als Qualitätskriterium betrachtet. Die Verbindung beider Elemente gilt einerseits als Beleg für eine ernsthafte Integration des Ganztagsbetriebs und dessen Gestaltungsbereiche in die Schul- und Lernkultur und andererseits als Chance, um bei der pädagogischen Arbeit Lernprozesse und Lernergebnisse der einzelnen Felder gezielt aufeinander zu beziehen (vgl. Kamski und Holtappels 2010, S. 47).

Diese Annahmen finden sich auch in Vorgaben und Regelungen auf Bundes- und Länderebene wieder. Ganztagsschulen, die Fördermittel aus dem von 2003 bis 2009 bestehenden Investitionsprogramm „Zukunft Bildung und Betreuung" (IZBB) erhalten wollten, waren aufgefordert ein pädagogisches Konzept vorzulegen, das auf eine Veränderung der Lernkultur durch Verknüpfung von Unterricht, Zusatzangebot und Freizeit eingeht (vgl. BMBF 2003, S. 7). Das Programm ist mittlerweile abgeschlossen, aber viele Länder haben für die Mittelvergabe ähnliche Anforderungen formuliert. Zudem beinhaltet die Definition der Kultusministerkonferenz von Ganztagsschule den Passus, dass Ganztagsangebote in einem konzeptionellen Zusammenhang mit dem Unterricht stehen müssen (vgl. KMK 2011, S. 5).

Die geforderte Verbindung von Angebot und Unterricht wird in der Regel pauschal auf alle Arten des Angebots bezogen. Es lassen sich jedoch auch Einschränkungen finden. Appel (2004) benennt als Fehlentwicklung, dass nicht wenige Schulen überlastete Stundenraster und fehlende Freiräume für die Schülerinnen und Schüler aufweisen (S. 80). Der Ganztag sollte auch Entspannungsphasen beinhalten, da Schülerinnen und Schüler sonst überfordert oder zu stark belastet werden. Außerdem sind Phasen notwendig, in denen Schülerinnen und Schüler selbstbestimmt und weitgehend ohne Aufsicht eigenen Interessen nachgehen können, um Persönlichkeitsentwicklung zuzulassen und den mit zunehmendem Alter steigenden Autonomiebedürfnissen entgegenzukommen. Haenisch (2009) macht bezogen auf den offenen Ganztag darauf aufmerksam, dass Angeboten auch eine komplementäre Funktion zugewiesen werden kann. Die einfache Formel: „Je mehr Verzahnung, desto besser" gilt nicht ohne weiteres, da auch der Aspekt der Eigenständigkeit in Rechnung gestellt werden muss (S. 6 f.). Daraus resultiert, dass für bestimmte Angebote eine Verbindung von Angebot und Unterricht sinnvoll und notwendig ist, für andere Angebote bzw. Zeitfenster hingegen nicht.

Es wird außerdem angenommen, dass eine Verbindung von Angebot und Unterricht besser gelingt, wenn die Schulen auch Veränderungen in der Zeitstrukturierung vornehmen, also zum Beispiel rhythmisieren. Rhythmisierung gelingt wiederum besser an gebundenen Ganztagsschulen, da hier ganze Klassen oder alle Schülerinnen und Schüler geschlossen Ganztagsangebote nutzen. Daraus wird oft der Schluss gezogen, dass an offenen Ganztagsschulen eine Verzahnung von Angebot und Unterricht kaum möglich ist (vgl. z. B. Burow und Pauli 2006; Schnetzer 2006). Der Zusammenhang zwischen Rhythmisierung und der Verbindung von Angebot und Unterricht erschließt sich aus dem reformpädagogischen Diskurs, der einen Vorteil der Ganztagsschule gegenüber der Halbtagsschule darin sieht, dass der Schultag in einer am „natürlichen" Rhythmus des Kindes orientierten Art und Weise gestaltet ist und dadurch eine bessere Verbindung von „Schule" und „Leben" geschaffen werden kann (vgl. Rabenstein 2008, S. 551). Die Forschergruppe Kolbe et al. (2006) schlägt jedoch vor, nicht von Rhythmisierung von Zeitstrukturierungsmodellen zu sprechen, denn: „Nicht etwa ein vermeintlich verallgemeinerbarer Rhythmus von ‚Anspannung' und ‚Entspannung' liegt der Entscheidung für eine bestimmte Strukturierung des Schultages zugrunde, sondern die Frage, wie das Lernen von Schüler(innen) erfolgreich ermöglicht werden kann" (Rabenstein 2008, S. 551).

In diesem Themenbereich ist es daher wichtig, die verschiedenen Aspekte nicht verkürzt zu vermengen. Allein der (rhythmisierte) Wechsel zwischen Angebots- und Unterrichtselementen beinhaltet noch keine inhaltliche Verbindung. Auch unter Beibehaltung der herkömmlichen Zeitstrukturen können Angebot und Unterricht thematisch aufeinander bezogen sein. Daher wird auch die automatische Zuordnung der Organisationsform zu bestimmten Modellen die Realität an den Schulen nicht angemessen abbilden können. Es ist ein Ziel des vorliegenden Beitrags, den beschriebenen verbreiteten Annahmen empirisch nachzugehen. Darüber hinaus soll die Entwicklung der Verbindung von Angebot und Unterricht aus Sicht der Kooperationspartner dargestellt werden. Hierfür wird in einem ersten Schritt der Forschungsstand herangezogen, in einem zweiten Schritt werden eigene Berechnungen anhand der Daten der bundesweiten und längsschnittlichen Studie zur Entwicklung von Ganztagsschulen (StEG)[1] vorgenommen.

7.2 Forschungsstand

Aus Sicht der Schulleitungen zeigen die Ergebnisse von StEG, dass es insgesamt im Durchschnitt aller Schulen eine eher schwache Verbindung von Unterricht und sonstigen Angeboten an Ganztagsschulen gibt. So sind an 54 % der Ganztagsschulen Unterricht und sonstige Angebote wenig miteinander verbunden. Andererseits stimmen 57 % der Schulen eher oder sehr der Aussage zu, dass sich Lehrkräfte und weiteres pädagogisch tätiges Personal kontinuierlich über Unterricht, erweiterte Lernangebote und Freizeitformen austauschen. An 35 % der Schulen nehmen Lehrkräfte und weiteres pädagogisch tätiges Personal gemeinsam an Fortbildungen teil. Die Themen von Projekten und Arbeitsgemeinschaften stehen in 34 % der Schulen regelmäßig mit Fachunterrichtsthemen in Verbindung oder ergeben sich daraus (vgl. Holtappels 2008, S. 150). Die konzeptionelle Verbindung ist aus Sicht der Schulleitungen an älteren Ganztagsschulen höher als an jüngeren und darüber hinaus an teil- oder vollgebundenen Ganztagsschulen höher als an offenen. Zwischen Primarstufe und Sekundarstufe gibt es keine Unterschiede (vgl. ebd., S. 150 f.). Die StEG-Ergebnisse zeigen auch, dass gebundene Schulen nicht unbedingt rhythmisieren und dass zugleich auch offene Ganztagsschulen viele erweiterte Zeitmodelle eingerichtet haben (vgl. Dieckmann et al. 2008, S. 172).

Die Studie zur musisch-kulturellen Bildung in der Ganztagsschule (MUKUS) zeigt, dass sich insbesondere im Bereich der Musik an vielen Schulen immer häufiger eine Zusammenarbeit zwischen regulären Fachlehrkräften und externen Musikern etabliert, die im Team Bläser-, Chor- oder Orchesterklassen anleiten. Diese Form von Unterricht ist an einigen Schulen bereits Bestandteil des regulären Lehrplans geworden, so dass die Leistungen der Schüler in diesen Fächern wie in den prüfungsrelevanten Kernfächern zensiert werden (vgl. Lehmann-Wermser et al. 2010, S. 56). Die Verbindung der musisch-künstlerischen Angebote mit dem Unterricht scheint jedoch verbesserungswürdig. Einerseits sind Angebote als Ergänzung zum Unterricht initiiert, andererseits findet kaum ein persönlicher Austausch zwischen Lehrkräften und weiterem pädagogisch tätigen Personal statt. Auch gibt es unterschiedliche Einschätzungen des weiteren pädagogisch tätigen Personals zu Fragen der Beteiligung an der Konzeptentwicklung. Während manche hier hochmotiviert sind, sehen sich andere eher als Ausführende. Insgesamt wird eine intensivere Kommunikation zwischen Lehrkräften und Personal gewünscht (vgl. ebd., S. 95 f. und 101).

Mit den Daten der Studie „Wissenschaftliche Begleitung der offenen Ganztagsschule im Primarbereich in Nordrhein-Westfalen" wurden Bedingungen für eine bessere Verbindung von Angebot und Unterricht analysiert. Verzahnungsintensive Schulen hatten bei ihrer Gründung bereits deutlich konzeptionelle Strukturen im Hinblick auf Profilbildung und Schwerpunktsetzung. Solche Schulen zeichnen sich durch ein höheres Ausmaß an Öffnungsaktivitäten aus. An diesen Schulen überwiegen auch anspruchsvollere Formen der Kooperation von Lehrkräften und Personal (z. B. Hospitation) und die Schulleitung nimmt eine stärkere Moderatorfunktion, bezogen auf die Kooperation zwischen Lehrkräften und pädagogischem Personal, ein. Zudem ist an diesen Schulen ein höherer Grad an professioneller Orientierung bei den pädagogischen Kräften festzustellen (vgl. Haenisch 2009, S. 6 f.). Der Aufbau von Verzahnungsaktivitäten scheint ein schrittweiser Prozess zu sein. Schulen mit mehr Ganztagserfahrung schneiden besser ab, zudem ist eine Beteiligung der Lehrkräfte im Ganztag förderlich (vgl. ebd., S. 22 f.). Als vielversprechende Maßnahme zur Initiierung von Verzahnungsaktivitäten erweisen sich gemeinsame Fortbildungen. Grenzen der Verzahnung werden darin gesehen, dass es sich bei dem offenen Ganztag nicht um die Fortsetzung des Unterrichts vom Vormittag handelt. Nach viel Disziplin, Aufmerksamkeit und Lernen benötigen die Kinder auch Phasen der Erholung und des freien Spiels (vgl. ebd., S. 24).

Zusammengefasst lässt sich festhalten, dass zum bisherigen Zeitpunkt als förderliche Bedingungen für eine Verbindung von Angebot und Unterricht konzeptionelle Grundlagen, Beteiligung von Lehrkräften, professionelle Orientierung beim weiteren Personal, gemeinsame Fortbildungen und Austausch zwischen Lehrkräften und weiterem Personal gelten können. Diese Aspekte sollen im weiterem Verlauf überprüft werden.

7.3 Fragestellung und Methode

Es liegen aus der aktuellen Ganztagsschulforschung einige Befunde zum Stand und zu den Bedingungen der Verbindung von Angebot und Unterricht vor. Was bislang fehlt, ist ein genauerer Blick auf das Thema aus Sicht der Kooperationspartner sowie aus einer Längsschnittperspektive. Im Folgenden soll daher der Frage nachgegangen werden, wie stark die Verbindung von Angebot und Unterricht aus Sicht der Kooperationspartner ist, wovon diese abhängt und ob sie sich im Laufe der Zeit verändert. Dabei werden vor allem Prädiktoren berücksichtigt, die sich beim Forschungsstand als relevant herauskristallisiert haben. Zudem wird ein besonderes Augenmerk auf die Aspekte Organisationsform und veränderte Zeitstrukturen gelegt.

Der Fragestellung wird mit den Daten der Studie zur Entwicklung von Ganztagsschulen nachgegangen. Die Studie hat zu drei Messzeitpunkten schriftliche Befragungen an bundesweit 371 Ganztagsschulen durchgeführt. Hierbei wurden auch die Kooperationspartner der Schulen ermittelt und befragt ($n_{2005}=676$; $n_{2007}=812$; $n_{2009}=729$). Die Auswertungen erfolgen aus Perspektive der Kooperationspartner, die um Angaben der Schulleitungen ergänzt worden sind.

An Ganztagsschulen ist eine Fluktuation von Kooperationspartnern Realität: Nur ein Drittel der Kooperationspartner der Gesamtstichprobe wurde von den Schulen zu allen drei Messzeitpunkten als Partner aufgeführt. Daraus resultieren zwei Auswertungsrichtungen: Zum einen wird untersucht, ob sich die Verbindung von Angebot und Unterricht aus Sicht aller Kooperationspartner je Messzeitpunkt verändert. Diese Auswertungsrichtung verfolgt die Frage, ob sich die Bedingungen insgesamt an den Schulen ändern, zum Beispiel weil Schulen durch die gewachsene Erfahrung mit dem Ganztagsbetrieb strukturelle Veränderungen vorgenommen haben (Kohortenvergleich). Zum anderen kann nachgezeichnet werden, ob sich für den einzelnen Kooperationspartner im Verlauf der Zeit die Verbindung von Angebot und Unterricht ändert. Aus dieser Perspektive wird der Frage nachgegangen, ob es etablierten Kooperationspartnern besser gelingt, eine Verknüpfung der beiden Elemente herzustellen als neuen Kooperationspartnern, zum Beispiel durch Vertrauensbildung oder länger bestehende Kommunikationsprozesse (Panelvergleich). Die Stichprobe beinhaltet 143 Kooperationspartner, die zu allen drei Messzeitpunkten geantwortet haben.

7.4 Bedingungsgefüge der Verbindung von Angebot und Unterricht zum ersten Messzeitpunkt

In StEG wird die Verbindung von Angebot und Unterricht aus Sicht der Kooperationspartner mit Hilfe von vier Items erfasst. Dabei wird differenziert, ob überhaupt irgendeine Form der Abstimmung getroffen wird und (wenn ja), mit welcher Intensität die Verbindung hergestellt wird. Eine vorhandene Verbindung von Angebot und Unterricht wird über drei Ausprägungen beschrieben: Das Angebot ist Bestandteil des Unterrichts, das Angebot wird im Unterricht vor- und nachbereitet, das Angebot ist thematisch auf den Unterricht abgestimmt.

Zum ersten Messzeitpunkt 2005 zeigt sich bereits, dass ein größerer Teil der Kooperationen (60,6 %) keinerlei Verknüpfung zwischen Angebot und Unterricht aufweist. Ist eine Verbindung von Angebot und Unterricht vorhanden, so ist von den drei Optionen die thematische Abstimmung von Angebot und Unterricht am weitesten verbreitet (35 %). Seltener ist es der Fall, dass das Angebot Bestandteil des Regelunterrichts ist (18,7 %). Die aus Sicht der Kooperationspartner eingeschätzte Intensität der Verbindung von Angebot und Unterricht wird in einem Index[2] erfasst, der alle vier erhobenen Items beinhaltet. Dieser Index liegt über alle Kooperationspartner hinweg im Jahr 2005 bei 1,29. Demnach wird die Verbindung von Angebot und Unterricht aus Sicht der Kooperationspartner nicht besonders hoch eingeschätzt. Dieses Ergebnis deckt sich mit der weiter oben beschriebenen Bewertung der Schulleitungen.

Um aufzuzeigen, welche Faktoren maßgeblich eine Verbindung von Angebot und Unterricht positiv beeinflussen, wird eine lineare Regression berechnet, die die Organisationsform und veränderte Zeitstrukturen berücksichtigt, aber auch weitere Aspekte des Forschungsstandes aufgreift, wie beispielsweise den Anteil der Lehrkräfte, die am Ganztag mitwirken. Es werden Angaben der Schulleitungen und der Kooperationspartner verwendet, die abhängige Variable ist der Index zur Verbindung von Angebot und Unterricht. Die „Umsetzung konzeptionelle Verbindung" ist eine Skala aus dem Schulleitungsdatensatz, die Aussagen einerseits dazu enthält, inwieweit Lehrkräfte und weiteres Personal sich untereinander austauschen, zusammenarbeiten, an gemeinsamen Fortbildungen teilnehmen und andererseits dazu, in welchem Ausmaß inhaltlich-curriculare Profile und Schwerpunkte entwickelt wurden und Unterrichts- und Angebotsthemen miteinander verbunden sind[3]. „Flexible Zeitorganisation" ist ein Index aus dem Schulleitungsdatensatz, der beschreibt, inwieweit Konzepte für Tagesrhythmisierung entwickelt wurden und eine Abkehr vom 45-Minuten-Takt stattfand[4]. Die Anzahl der Kooperationspartner wird als Indikator für die Öffnung der Schule in das Modell aufgenommen. Der „Angebotsschwerpunkt Bildung" ist eine Angabe der Kooperationspartner darüber, welcher Aspekt bei ihren Angeboten im Vordergrund steht. Es wird als Indikator für eine professionelle Orientierung berücksichtigt, wie hoch der Anteil der hauptamtlich Beschäftigten von allen eingesetzten Personen in der Schule des Kooperationspartners ist. Es wird angenommen, dass eine Verbindung von Angebot und Unterricht mit diesem Personal eher möglich ist als mit Ehrenamtlichen oder Honorarkräften. Zudem wird vermutet, dass ein Kooperationsvertrag förderlich ist, da dieser Verbindlichkeit erzeugt und in ihm konzeptionelle Aspekte schriftlich festgehalten werden können. Die regionale Lage der Schule (Bundesland) und die Schulstufe gehen als Kontrollvariablen in das Modell ein.

Die Regression (vgl. Tab. 1) bestätigt nicht die Annahme, dass eine flexible Zeitorganisation und die Organisationsform wesentlichen Einfluss auf die Verbindung von Angebot und Unterricht haben. Es bestätigt sich jedoch ein Teil der Ergebnisse der Studie „Wissenschaftliche Begleitung der offenen Ganztagsschule im Primarbereich in Nordrhein-Westfalen" (s. Abschn. 7.2): So erweisen sich auch mit den StEG-Daten Fortbildungen, an denen Lehrkräfte und Personal des Partners gemeinsam teilnehmen und die Ganztagsschulerfahrung als wichtige Einflussgrößen. Zudem ist die Art des Angebots von Bedeutung, das der Kooperationspartner an der Schule durchführt: Die Verbindung ist intensiver, wenn die Angebote auf einen Bildungsaspekt zielen. Ebenso ist die Verzahnung bei einem höheren Anteil von hauptamtlichem Personal besser. Die Kontrollvariablen ergeben zwar

Tab. 1: Lineare Regression zu den Einflussfaktoren auf die Intensität der Verbindung (Index) 2005. (Quelle: StEG-Kooperationspartnerbefragung, ergänzt um Schulleitungsangaben 2005)

	Modell 2 Koeff. b (SE)
Konstante	*0,651 (0.175)***
Organisationsform offen	0,052 (0.044)
Flexible Zeitorganisation (SL)	0,031 (0.068)
Verbindung A+U ist Inhalt des Konzepts (SL)	0,014 (0.028)
Umsetzung konzeptionelle Verbindung (SL)	0,017 (0.041)
Anteil LK, die aktiv im GT mitwirken (SL)	0,000 (0.001)
Anzahl KP der Schule (Öffnung) (SL)	0,002 (0.004)
Ganztagsschulerfahrung (SL)	*0,007 (0.003)**
Angebotsschwerpunkt Bildung (KP)	*0,162 (0.039)***
Gemeinsame Fortbildungen mit Schule (KP)	*0,129 (0.057)**
Anteil Hauptamtliche an eingesetztem Personal (KP)	*0,001 (0.000)***
Kooperationsdauer (KP)	0,007 (0.004)
Kooperationsvertrag abgeschlossen (KP)	−0,015 (0.041)
Schulstufe Sek. I	*0,142 (0.044)***
Bundesland neu	*0,111 (0.042)***
n/korr. r²	286/0.220

*p<0.05; **p<0.01
(SL) Angaben der Schulleitungen; (KP) Angaben der Kooperationspartner

eine stärkere Verbindung in der Sekundarstufe und in den neuen Bundesländern. Weitere Analysen zeigen aber auf, dass es keine grundsätzlichen Unterschiede im Bedingungsgefüge zwischen den verschiedenen Schulstufen und -formen gibt.

7.5 Verbindung von Angebot und Unterricht im zeitlichen Verlauf

Im Vergleich zum ersten Messzeitpunkt 2005 verringert sich der Anteil der Kooperationen, die keinerlei Verknüpfung zwischen Angebot und Unterricht aufweist, nur tendenziell. Über alle Kooperationspartner hinweg betrachtet, sinkt der Wert von 61 auf 56 %. Wählt man nur diejenigen Kooperationspartner aus, die zu allen drei Messzeitpunkten geantwortet haben (Panel), ist bei niedrigerem Ausgangswert ein gegenläufiger Trend zu verzeichnen: In dieser Gruppe verschlechtert sich der Anteil von 52 auf 54 % (vgl. Tab. 2). Angebote als Bestandteil des Regelunterrichts und die Vor- und Nachbereitung des Angebots im Unterricht nehmen insgesamt an den Ganztagsschulen tendenziell zu.

Tab. 2: Formen der Verbindung von Angebot und Unterricht im Zeitverlauf. (Quelle: StEG-Kooperationspartnerbefragung 2005–2009)

	2005	2007	2009
Alle Partner je Welle			
Keinerlei Verbindung von Angebot und Unterricht	60,6 % (n=388)	57,9 % (n=439)	56,2 % (n=276)
Angebot ist Bestandteil des Unterrichts	18,7 % (n=422)	22,3 % (n=421)	23,4 % (n=501)
Angebot wird im Unterricht vor- und nachbereitet	22,7 % (n=379)	26,1 % (n=387)	28,7 % (n=463)
Angebot ist thematisch auf den Unterricht abgestimmt	35,0 % (n=397)	42,1 % (n=428)	39,9 % (n=511)
Panel-Partner			
Keinerlei Verbindung von Angebot und Unterricht	51,9 % (n=81)	58,3 % (n=84)	53,9 % (n=102)
Angebot ist Bestandteil des Unterrichts	27,7 % (n=94)	21,8 % (n=78)	17,7 % (n=96)
Angebot wird im Unterricht vor- und nachbereitet	27,5 % (n=80)	20,0 % (n=70)	26,4 % (n=91)
Angebot ist thematisch auf den Unterricht abgestimmt	45,2 % (n=84)	46,3 % (n=80)	37,5 % (n=104)

Betrachtet man nur die Panel-Kooperationspartner, sinkt hingegen tendenziell der Anteil der Angebote, die Bestandteil des Regelunterrichts sind (vgl. Tab. 2).

Bezogen auf den Index der Intensität der Verbindung von Angebot und Unterricht ist ebenso nur ein geringfügiger Anstieg von 1,29 im Jahr 2005 auf 1,34 in den Jahren 2007 und 2009 zu beobachten. Panel-Kooperationspartner haben bereits in 2005 einen Wert von 1,35, der im Verlauf der Zeit aber tendenziell abnimmt und auf 1,32 im Jahr 2009 abfällt. Dieses Ergebnis wird auch durch ein Wachstumsmodell bestätigt, das mit dem Programm MPLUS mit denjenigen Kooperationspartnern durchgeführt wurde, die zu allen drei Messzeitpunkten geantwortet haben. Die in Tab. 3 dargestellten Ergebnisse geben Auskunft darüber, dass das Ausgangsniveau (Intercept) im Mittel (Mean) relativ niedrig ist, denn der Index hat einen Rang von 1 bis 2. Der mittlere Steigungskoeffizient (mean slope) zeigt, dass es im Verlauf der Studie kaum eine Veränderung gibt. Zwischen den Kooperationspartnern sind Unterschiede in den Ausgangswerten festzustellen, was sich in den signifikanten Varianzen des Intercepts ausdrückt.

In der Summe heißt das, dass sich ein gegenläufiger Trend zwischen dem Kohorten- und dem Panelvergleich beobachten lässt. Dies bedeutet letztlich, dass sich die Bedingungen an den Ganztagsschulen für eine Verbindung von Angebot und Unterricht verbessern, unabhängig davon, wer Kooperationspartner ist. Die Panel-Kooperationspartner bewerten die Verzahnung im Verlauf zurückhaltender. Ob dies aus realen Veränderungen oder einer anspruchsvoller werdenden Sicht resultiert, kann nur vermutet werden. Ergebnis ist jedoch, dass sich beide Gruppen durch die gegenläufige Entwicklung annähern.

Tab. 3: Unkonditioniertes Wachstumskurvenmodell zur Verbindung von Angebot und Unterricht. (Quelle: StEG-Kooperationspartnerbefragung (Panel) 2005–2009)

	b (SE)
Mean Intercept	*1.350 (0.036)***
Mean Slope	−0.012 (0.019)
Varianz Intercept	*0.076 (0.022)***
Varianz Slope	−0.002 (0.009)
Kovarianz int/slop	0.000 (0.010)

*p<0.05; **p<0.01
Unstandardisierte Werte; n=127

Bei Einbezug von Prädiktoren in das Wachstumskurvenmodell zeigt sich wiederum keine signifikante Veränderung. Kooperationspartner, deren Angebotsschwerpunkt Bildung ist, haben einen signifikant höheren Ausgangswert. Der Anteil der Hauptamtlichen am eingesetzten Gesamtpersonal des Kooperationspartners hat zu jedem Messzeitpunkt einen signifikanten Einfluss auf die Verbindung von Angebot und Unterricht. Interessanterweise wird in diesem Modell auch die Organisationsform signifikant: Offene Ganztagsschulen stehen jeweils in einem positiven Zusammenhang mit der Verbindung von Angebot und Unterricht. Die signifikante Varianz des Intercepts zeigt wiederum, dass es deutliche Unterschiede im Ausgangsniveau zwischen den Kooperationspartnern gibt (vgl. Tab. 4).

Im Unterschied zum Regressionsmodell (vgl. Tab. 1), das die Situation im Jahr 2005 für alle Kooperationspartner beschreibt, erklärt das Wachstumskurvenmodell Ausgangssituation und Veränderung nur für die Kooperationspartner, die zu allen drei Messzeitpunkten geantwortet haben. Für diese Gruppe der dauerhaften Kooperationspartner ist die Organisationsform der Ganztagsschule doch bedeutend für die Verbindung von Angebot und Unterricht. Dass jedoch das offene Modell mit einer höheren Verbindung einhergeht, mag zunächst überraschen. Allerdings wird hier die Perspektive der Kooperationspartner dargestellt. Eine mögliche Erklärung könnte daher sein, dass Kooperationspartnern an gebundenen Schulen eine andere Rolle zukommt als an offenen. Da der Anteil der Lehrkräfte, die sich aktiv am Ganztagsbetrieb beteiligen, an gebundenen Schulen signifikant höher ist, wäre es denkbar, dass dort die Lehrkräfte auch eher die mit dem Unterricht verbundenen Angebote durchführen. An offenen Ganztagsschulen würden, diesem Gedanken folgend, aufgrund weniger Lehrkräfte die Kooperationspartner diese Rolle ausfüllen.

Die Tatsache, dass sich die Verbindung von Angebot und Unterricht nicht signifikant verändert, hängt eventuell damit zusammen, dass es sich hierbei nicht um ein stabiles Phänomen handelt. Wie die Daten zeigen, ist es falsch anzunehmen, dass bereits verzahnte Kooperationen auch verzahnt bleiben. Der Anteil der Kooperationen, die aus Sicht der außerschulischen Partner über alle drei Wellen eine Verbindung aufweisen, liegt bei einem Drittel. 39 % der Kooperationen ist dauerhaft additiv, in den restlichen Fällen (29 %) ist ein Wechsel der Kooperationsform zu beobachten. Dies könnte damit zusammenhängen, dass beispielsweise das Angebot der Kooperationspartner wechselt oder deren Personal. Mit einer multinomialen Regression wird im Folgenden geklärt unter welchen Bedingungen eine dauerhafte Verbindung realisiert wird. Hierfür werden wiederum die in der linearen Regression (vgl. Tab. 1) signifikant gewordenen Merkmale berücksichtigt (vgl. Tab. 5).

Tab. 4: Wachstumskurvenmodell zur Verbindung von Angebot und Unterricht. (Quelle: StEG-Kooperationspartnerbefragung (Panel) 2005–2009, ergänzt um Schulleitungsangaben)

	Intercept b (SE)	Slope b (SE)
Zeitinvariante (Kontroll-)Variablen		
Ganztagsschulerfahrung (SL)	0.009 (0.005)	−0.001 (0.003)
Angebotsschwerpunkt Bildung (KP)	*0.157 (0.072)**	0.009 (0.043)
Gemeinsame Fortbildungen mit Schule (KP)	0.158 (0.081)	−0.038 (0.049)
Kooperationsdauer (KP)	0.010 (0.006)	0.000 (0.004)
Schulstufe Sek. I	0.091 (0.071)	−0.007 (0.041)
Bundesland neu	0.002 (0.068)	0.038 (0.040)
Zeitvariante Prädiktoren (Regression auf den jeweiligen Messzeitpunkt)		
Anteil Hauptamtliche an eingesetztem Personal (KP) 2005	*0.002 (0.001)**	
Anteil Hauptamtliche an eingesetztem Personal (KP) 2007	*0.001 (0.001)**	
Anteil Hauptamtliche an eingesetztem Personal (KP) 2009	*0.002 (0.001)**	
Organisationsform offen 2005	*0.162 (0.071)**	
Organisationsform offen 2007	*0.142 (0.168)**	
Organisationsform offen 2009	*0.151 (0.169)**	
Varianzkomponenten		
Varianz Intercept	*0.817 (0.138)***	
Varianz Slope	0.000 (0.084)	
Kovarianz Intercept/Slope	0.008 (0.010)	
Chi²/CFI/ RMSEA	24.893/0.957/0.036	

*p<0.05; **p<0.01
Unstandardisierte Werte; n=143

Zunächst muss erwähnt werden, dass von den 143 Panel-Kooperationspartnern nur 70 Fälle in jeder Welle Angaben über die Verbindung von Angebot und Unterricht machen. Für die multinomiale Regression bleiben durch das Hinzuziehen erklärender Variablen nur noch 57 Fälle übrig. Das Ergebnis dieser Analyse ist demnach durch eine spezifische Gruppe geprägt: Sie kooperiert mit derselben Schule mindestens über fünf Jahre, beantwortet jedes Mal den Fragebogen (ist also auch erreichbar), und sie führt jedes Mal ein Angebot durch, das mit den vorgegebenen Items zur Verbindung von Angebot und Unterricht eingeordnet werden kann. Zumindest für diese Gruppe kann aber festgehalten werden, dass sich dauerhaft aufeinander abgestimmte von dauerhaft additiven Kooperationen darin unterscheiden, dass sie eher an offenen Ganztagsschulen stattfinden, in Schulen,

Tab. 5: Multinomiale Regression zu dauerhaften Verbindung von Angebot und Unterricht. (Quelle: StEG-Kooperationspartnerbefragung (Panel) 2005–2009, ergänzt um Schulleitungsangaben)

Referenzkategorie: Dauerhafte Verbindung	Dauerhaft additiv	Wechselnd
	Koeff. b (SE)	Koeff. b (SE)
Konstante	*4,524 (1.824)**	1,887 (1.768)
Organisationsform offen	*−2,427 (1.118)**	−0,433 (0.993)
Ganztagsschulerfahrung (SL)	*−0,162 (0.077)**	−0,037 (0.061)
Angebotsschwerpunkt Bildung (KP)	0,806 (0.950)	−0,590 (1.010)
Gemeinsame Fortbildungen mit Schule (KP)	−1,983 (1.145)	−0,629 (0.941)
Anteil Hauptamtliche an eingesetztem Personal (KP)	−0,005 (0.009)	−0,008 (0.009)
Kooperationsdauer (KP)	*−0,192 (0.098)*+	−0,040 (0.076)
Schulstufe Sek. I	−0,056 (0.859)	−0,400 (0.806)
Bundesland neu	−1,103 (0.930)	0,213 (0.843)
n/Nagelkerkes r²	57/0.433	

*p<0.05; **p<0.01; +p=0.051

welche mehr Ganztagsschulerfahrung haben und wenn die Kooperation selbst schon länger besteht. Im Vergleich zu den vorangegangen Berechnungen sind die Art des Angebots, das eingesetzte Personal und gemeinsame Fortbildungen nicht mehr relevant. Dies bestätigt einerseits die Bedeutung der Organisationsform für die Panel-Kooperationspartner. Andererseits scheint für die dauerhafte Abstimmung von Angebot und Unterricht Erfahrung und Vertrauen eine größere Relevanz zu haben als andere Rahmenbedingungen.

7.6 Fazit

Auch aus Sicht der Kooperationspartner ist die Verbindung von Angebot und Unterricht nicht sehr hoch ausgeprägt, und sie nimmt auch nicht im Verlauf der Zeit zu. Generell hat die Organisationsform keinen großen Einfluss auf die Verbindung von Angebot und Unterricht. Sie wird erst dann bedeutend, wenn es sich um eine Kooperation mit langfristigen und zuverlässigen Partnern handelt. Wider Erwarten ist die Verbindung von Angebot und Unterricht dann aber an offenen Ganztagsschulen höher. Dies wird mit dem geringeren Anteil an Lehrkräften erklärt, die an offenen Ganztagsschulen im Angebotsbereich mitwirken und sonst die Schnittstelle für die Verbindung darstellen. Eine flexiblere Zeitorganisation, wie zum Beispiel Rhythmisierung, erweist sich bei keiner der Analysen als relevante Einflussgröße.

Insgesamt ist die Verbindung von Angebot und Unterricht aus Sicht der Kooperationspartner höher, wenn der Bildungsaspekt in den Angeboten im Fokus steht, wenn das Personal hauptamtlich angestellt ist und gemeinsame Fortbildungen mit Lehrkräften erhält und die Schule mehr Ganztagsschulerfahrung hat. Handelt es sich jedoch um langjährige

Kooperationspartner, werden äußerliche Rahmenbedingungen weniger wichtig, da sie mit Ganztagsschul- und Kooperationserfahrung ausgeglichen werden können. Dennoch kann aus der Perspektive der Schulentwicklung festgehalten werden, dass für eine Verbesserung der Verbindung von Angebot und Unterricht bei Kooperationen zwischen Schule und außerschulischen Partnern das Ziel des Angebots zu klären ist, welches Personal das Angebot durchführt und wie es fortgebildet wird.

Anmerkungen

1　Siehe auch www.projekt-steg.de.
2　Index von 1=Keinerlei Verbindung bis 2=Maximale Verbindung mit einem Mittelwert von 1,29.
3　Skala von 1 bis 4 mit einem Mittelwert von 2,52; Cronbachs Alpha=.84.
4　Index von 1=Nein bis 2=Ja mit einem Mittelwert von 1,36.

Literatur

Appel, S. (2004). *Handbuch Ganztagsschule*. Schwalbach/Ts.: Wochenschau-Verlag.
Bundesministerium für Bildung und Forschung (BMBF). (2003). *Investitionsprogramm „Zukunft Bildung und Betreuung". Ganztagsschulen. Zeit für mehr.* Berlin: BMBF.
Burow, O.-A., & Pauli, B. (2006). *Ganztagsschule entwickeln. Von der Unterrichtsanstalt zum Kreativen Feld.* Schwalbach/Ts.: Wochenschau-Verlag.
Dieckmann, K., Höhmann, K., & Tillmann, K. (2008). Schulorganisation, Organisationskultur und Schulklima. In H. G. Holtappels, E. Klieme, T. Rauschenbach, & L. Stecher (Hrsg.), *Ganztagsschule in Deutschland* (2. korr. Aufl., S. 164–185). Weinheim: Juventa.
Haenisch, H. (2009). Verzahnung zwischen Unterricht und außerunterrichtlichen Angeboten im offenen Ganztag. *Der GanzTag in NRW, 5*(11), 6–24.
Holtappels, H. G. (2008). Ziele, Konzepte, Entwicklungsprozesse. In H. G. Holtappels, E. Klieme, T. Rauschenbach, & L. Stecher (Hrsg.), *Ganztagsschule in Deutschland* (2. korr. Aufl., S. 139–163). Weinheim: Juventa.
Kamski, I., & Holtappels, H. G. (2010). Unterrichtsentwicklung in Ganztagsschulen. In H. Buchen, L. Horster, & H.-G. Rolff (Hrsg.), *Ganztagsschule: Erfolgsgeschichte und Zukunftsaufgabe* (S. 37–56). Stuttgart: Raabe.
Kolbe, F.-U., Rabenstein, K., & Reh, S. (2006). *Expertise „Rhythmisierung". Hinweise für die Planung von Fortbildungsmodulen für Moderatoren.* Berlin: Technische Universität Berlin. http://www.ganztag-blk.de/cms/upload/pdf/berlin/Kolbe_et.al_Rhythmisierung.pdf. Zugegriffen: 11. Mai 2011.
Lehmann-Wermser, A., Naacke, S., Nonte, S., & Ritter, B. (2010). *Musisch-kulturelle Bildung an Ganztagsschulen.* Weinheim: Juventa.
Prüß, F., Kortas, S., & Schöpa, M. (2009). Aktuelle Anforderungen an die Erziehungswissenschaft und die pädagogische Praxis. In F. Prüß, S. Kortas, & M. Schöpa (Hrsg.), *Die Ganztagsschule: von der Theorie zur Praxis* (S. 15–30). Weinheim: Juventa.
Rabenstein, K. (2008). Rhythmisierung. In T. Coelen & H.-U. Otto (Hrsg.), *Grundbegriffe Ganztagsbildung. Das Handbuch* (S. 548–556). Wiesbaden: VS Verlag für Sozialwissenschaften.
Schnetzer, T. (2006). Durchdachte Ganztagsschule. *Lernende Schule, 35,* 24–26.

Sekretariat der Ständigen Konferenz der Kultusminister der Länder in der Bundesrepublik Deutschland (KMK). (2011). *Allgemein bildende Schulen in Ganztagsform in den Ländern in der Bundesrepublik Deutschland – Statistik 2005 bis 2009.* Berlin: Sekretariat der Kultusministerkonferenz.

StEG-Konsortium. (2010). *Ganztagsschule: Entwicklung und Wirkungen.* Frankfurt: DIPF.

8 „Wissen Sie, die Infrastruktur ist einfach nicht so, dass ich aus dem Vollen schöpfen kann" – Ganztagsschulentwicklung in ländlichen Räumen

Christine Wiezorek · Sebastian Stark · Benno Dieminger

Zusammenfassung: Der Beitrag geht sozialräumlichen Aspekten der Ganztagsschulentwicklung nach, die sich auf bundeslandbezogene Spezifika sowie auf die Besonderheiten ländlicher Räume beziehen. Dabei werden zunächst die bundeslandspezifischen Rahmenbedingungen zur Ausgestaltung der Ganztagsschule in Rheinland-Pfalz und Thüringen skizziert. Deutlich werden hier die Unterschiede in der landespolitischen Flankierung der Ganztagsschulentwicklung sowie dass in beiden Bundesländern Strukturbedingungen der Ländlichkeit nicht berücksichtigt werden. Anschließend wird anhand von Ergebnissen aus Interviews mit den schulischen Akteuren der Einfluss von landesrechtlichen Rahmenbedingungen sowie von den Strukturbedingungen der Ländlichkeit auf die jeweilige Ganztagsschulentwicklung diskutiert: Am Beispiel der Entwicklung einer ländlichen Ganztagsschule in Thüringen wird zum einen aufgezeigt, inwiefern durch die landesrechtlichen Bedingungen die Ganztagsschulentwicklung beeinflusst wird. Zum anderen werden Problematisierungen im Hinblick auf die Ausgestaltung der Ganztagsschule thematisiert, die von den Befragten beider Bundesländer in Verbindung mit Strukturmerkmalen des Ländlichen gebracht worden sind.

Schlüsselwörter: Ganztagsschule · Ländliche Räume · Sozialräumliche Disparitäten · Bildungssystem

---

© VS Verlag für Sozialwissenschaften 2011

Dr. C. Wiezorek (✉) · S. Stark, M.A.
Institut für Erziehungswissenschaft, Lehrstuhl für Sozialpädagogik und außerschulische Bildung,
Friedrich-Schiller-Universität Jena, Am Planetarium 4, 07737 Jena, Deutschland
E-Mail: Christine.Wiezorek@uni-jena.de

S. Stark, M.A.
E-Mail: Sebastian.Stark@uni-jena.de

B. Dieminger
Institut für Erziehungswissenschaft, Lehrstuhl für Schulpädagogik und Didaktik
Friedrich-Schiller-Universität Jena, Am Planetarium 4, 07737 Jena, Deutschland
E-Mail: Benno.Dieminger@uni-jena.de

"You must know the infrastructure of rural areas is really not such that I can draw on abundant resources" – Development of all-day schools in rural areas

Abstract: This article examines regional aspects of the development of all-day schools which are related to the specifics of different federal states and the particularities of rural areas. First, the specific conditions for the design of all-day schools in Thuringia and Rhineland-Palatinate are outlined. Here, large differences in the support of all-day schools by regional politics become apparent. On the other hand, in both federal states the structural conditions of rural areas are not taken into account when designing all-day schools. Then the influence of federal state law and the influence of the structural conditions of rural areas on the development of all-day schools are discussed on the basis of results from interviews with involved persons: Using the example of a rural all-day school in Thuringia, it is demonstrated how the development of all-day schools is influenced by the specifics of federal state law. Furthermore, problems regarding the design of all-day schools are discussed which have been associated with the structural characteristics of rural areas by the interviewed persons.

Keywords: All-day school · Rural areas · Social area disparity · Educational system

8.1 Einführung

Zu den in der sozial- und erziehungswissenschaftlichen Forschung zur Ganztagsschule bislang vernachlässigten Bereichen gehört die systematische Analyse der regionenspezifischen Besonderheiten der Ausgestaltung von ganztägigen Bildungsangeboten. Einerseits spielen die landesspezifischen Regelungen zur Etablierung bzw. Ausgestaltung von Ganztagsschulen sowie darauf bezogener Kooperation von Jugendhilfe und Schule in der wissenschaftlichen Diskussion kaum eine Rolle. Andererseits wird die Spezifik ländlicher Räume bislang nicht thematisiert und das, obwohl regionale Lebensbedingungen zu den zentralen Strukturmerkmalen im Hinblick auf die Ermöglichung sozialer und gesellschaftlicher Teilhabe für Kinder und Jugendliche gezählt werden (BT-Drs. 15/6014 2005, S. 75 ff.).

Anhand von Ergebnissen aus dem Forschungsprojekt zu „Ganztagsschulen in ländlichen Räumen (GaLäR)" wollen wir im Beitrag diese beiden *sozialräumlichen* Aspekte der Ganztagsschulentwicklung fokussieren, die einerseits auf *bundeslandbezogene Spezifika* und andererseits auf die *Besonderheiten ländlicher Räume* gegenüber den städtischen bezogen sind. Damit kann insgesamt verdeutlicht werden, dass den „mit Blick auf die Bildungschancen von Kindern und Jugendlichen im ländlichen Raum ... große(n) planerische(n) und politische(n) Herausforderungen" (BT-Drs. 15/6014 2005, S. 89), auf die bereits der 12. Kinder- und Jugendbericht hingewiesen hat, bislang zu wenig Rechnung getragen wird.

Das Forschungsprojekt „Ganztagsschulen in ländlichen Räumen" der Universität Jena und der Agrarsozialen Gesellschaft Göttingen wurde in zwei Teilprojekten vom Bundesministerium für Bildung und Forschung sowie dem Europäischen Sozialfond für die Laufzeit von März 2008 bis zum Juni 2010 gefördert. Während die Göttinger Kollegen den Auswirkungen der Implementierung von Ganztagsschulen im Sekundarbereich auf dörfliche Sozialräume nachgingen, interessierten im Jenaer Teilprojekt vor allem die regionenspezifischen Merkmale der Kooperation zwischen Schulen mit einem ganztägigen Bildungsangebot im Sekundarbereich und den Trägern der Jugendarbeit in ländlichen Räumen. Mittels der Erforschung der jeweiligen bildungs- und sozialpolitischen Rahmenbedingungen in zwei Bundesländern, der jeweiligen sozialräumlichen Gegebenheiten in je zwei ländlichen Regionen pro Bundesland, der Vernetzung der einzelnen Schulen und der Träger der Jugendarbeit auf institutioneller Ebene sowie der konkreten Kooperation der an der Ausgestaltung ganztägiger Bildungsangebote beteiligten Akteure war es das Ziel des Projektes, Erkenntnisse zu den Gelingens- und den Gefährdungspotenzialen in der Zusammenarbeit zwischen Schule und Jugendarbeit im Hinblick auf die Ausgestaltung von Ganztagsschulangeboten zu generieren.

Dies geschah im Vergleich von vier ländlichen Regionen in den Bundesländern Rheinland-Pfalz und Thüringen, wobei in jeder Region drei Schulen, davon mindestens eine Ganztagsschule, den Ausgangpunkt der Untersuchung darstellten. Insgesamt wurden ca. 50 leitfadengestützte, offene Interviews mit zentralen schulischen und außerschulischen Akteuren an den insgesamt 12 Schulstandorten und den Einzugsdörfern der Umgebung durchgeführt. Darüber hinaus bildete die Analyse bundes- und landesspezifischer rechtlicher Vorgaben und Ausführungsvorschriften zur Ganztagsschule sowie zur Kooperation zwischen Schule und Jugendhilfe einen Schwerpunkt der Forschungsarbeit.

Wie bereits erwähnt, stehen die *sozialräumlichen Aspekte der Ganztagsschulentwicklung* im Fokus des Beitrags, während auf Fragen der Kooperation zwischen Ganztagsschule und Jugendarbeit nur am Rande eingegangen wird. Im Folgenden werden die bundeslandspezifischen Rahmenbedingungen zur Ausgestaltung der Ganztagsschule in Rheinland-Pfalz und Thüringen skizziert. Dabei wird deutlich, dass – neben vielen Unterschieden – für beide Bundesländer gilt, dass Strukturbedingungen der Ländlichkeit im Hinblick auf die Ausgestaltung von (Ganztags-)Schule nicht berücksichtigt werden. Der Einfluss von landesrechtlichen Rahmenbedingungen sowie von den Strukturbedingungen der Ländlichkeit auf die jeweilige Ganztagsschulentwicklung wird anschließend anhand von Ergebnissen aus Interviews mit den von uns befragten schulischen Akteuren dargestellt.

8.2 Zu den landesrechtlichen Rahmenbedingungen der Gestaltung von Ganztagsschulen

Im Hinblick auf rechtliche Rahmenbedingungen für die Gestaltung ganztägiger und kooperativer Bildungsangebote liegen mit Rheinland-Pfalz und Thüringen zwei Bundesländer vor, die hinsichtlich der Entwicklung und Unterstützung von Ganztagsschulformaten in ihrer Schullandschaft kaum unterschiedlicher sein können. Dies wird im Folgenden ausgeführt.

8.2.1 Rheinland-Pfalz: Landespolitisch aktiv flankierte Ganztagsschulentwicklung für alle Schularten

Nach der rheinland-pfälzischen Landtagswahl 2001 einigten sich die Regierungsparteien SPD und FDP in der Koalitionsvereinbarung darauf, „in der nächsten Legislaturperiode einen bildungs- und familienpolitischen Schwerpunkt mit dem Aufbau eines Ganztagsangebots für alle Schularten zu setzen" (Koalitionsvereinbarung 2001). Fünf Jahre später war die anvisierte Anzahl von 300 Ganztagsschulen im Land erreicht. Im Mittelpunkt des Aufbauprogramms stand dabei ein Ganztagsschulmodell, das in der Fassung des Schulgesetzes vom 30. März 2004 die Bezeichnung *Ganztagsschule in Angebotsform* erhielt. Neu war dieses Modell dahingehend, als dass die Anmeldung zur Teilnahme auf Freiwilligkeit beruht; wenn die Anmeldung allerdings erfolgt, diese für ein Schuljahr bindend ist. Das Modell steht damit konzeptionell zwischen den beiden bis dahin praktizierten Modellen: zum einen die verpflichtende Ganztagsschule, die bis zu diesem Zeitpunkt mehrheitlich an Sonder- bzw. Förderschulen zu finden war und zum anderen die Ganztagsschule in offener Form, eine Form der Ausgestaltung der Halbtagsschule mit nachmittäglichen Betreuungsangeboten. Die Ganztagsschule in Angebotsform erstreckt sich „auf die Vormittage und vier Nachmittage einer Woche. Sie kann Unterricht auf den Nachmittag legen und hält weitere pädagogische Angebote vor" (§ 14 SchulG).

Zentral für die grundlegende Zusammenarbeit zwischen Schule und Jugendhilfe ist die in § 19 SchulG vorgenommene Forderung, nach der Schulen in Rahmen der Erfüllung ihrer Aufgaben mit „außerschulischen Einrichtungen und Institutionen, deren Tätigkeit für die Lebenssituation junger Menschen wesentlich ist", zusammenarbeiten sollen. In diesem Sinne wird hier der einseitigen Verpflichtung zur Zusammenarbeit der Kinder- und Jugendhilfe mit Schulen, wie sie das SGB VIII vorsieht, auf schulischer Seite entsprochen. Seit 1994 wird von der Landesregierung zudem die Ausweitung von Angeboten der Jugendhilfe an Schulen dauerhaft unterstützt. So erfolgt die Finanzierung von Schulsozialpädagogen an Haupt- und berufsbildenden Schulen zu zwei Dritteln durch das Land.

Die wesentlichen Rahmenbedingungen für die Gestaltung von Ganztagsschulen in Angebotsform sind in landesweit geltenden Richtlinien ausgeführt. Diese regeln bspw. die finanziellen Belange für die personelle Abdeckung des Ganztagsangebots. Nach dem Schulgesetz stellt das Land „für die Ganztagsschulen in Angebotsform und in verpflichtender Form auch das sonstige pädagogische Personal bereit" (§ 74 Abs. 1 SchulG). Dementsprechend tritt das Land als Träger der für die ganztägige Betreuung notwendigen Personalkosten auf. Diese Kosten ergeben sind aus einem Sockelbetrag, der an eine Mindestanzahl von Ganztagsschülern an einem Schulstandort gebunden ist sowie aus den weiteren Anmeldezahlen. Dabei ist die Basisberechnungseinheit für das Personalbudget eine Lehrerwochenstunde. Über Lehrerwochenstundenzuweisungen kann seitens der Schule weitgehend frei verfügt werden: Es können zusätzliche Lehrkräfte vom Land eingefordert werden oder aber die Lehrerwochenstunden werden anhand eines Umrechungsschlüssels in Stundenkontingente für sozialpädagogische Fachkräfte oder in Geld überführt. Mit diesem Geld können außerschulische Partner, wie Verbände, Vereine oder Privatpersonen, an die Schule gebunden werden. Parallel hierzu schloss die Landesregierung Rahmenvereinbarungen mit zahlreichen außerschulischen Kooperationspartnern ab, darunter Jugendverbände und die Kirchen, die Grundlage für Kooperationen der Einzelschulen sind (Ganztagsschule RLP o.J.).

Für die inhaltliche Ausgestaltung des ganztägigen Betreuungsangebotes gilt nach dem Schulgesetz die Forderung nach der Verbindung von Unterricht und weiteren schulischen Angeboten zu einer „pädagogischen und organisatorischen Einheit" (§ 14 Abs. 1 SchulG). Diesbezügliche Vorgaben sind schließlich in den jeweiligen Konferenzen (Gesamt- oder

Teilkonferenzen) zu klären und in der Schulordnung niederzuschreiben (§ 53 Abs. 2 Punkt 8 SchulG).

Insgesamt finden wir in Rheinland-Pfalz also ein umfangreiches von der Landespolitik getragenes Aufbauprogramm für ganztägige Betreuungsangebote, das Schulen in die Lage versetzt, eigenständig ein Ganztagsangebot zu gestalten und mit externen Partnern Kooperationen einzugehen. Dem Förderprogramm in Rheinland-Pfalz wird vielfach bescheinigt, dass es „gute Voraussetzungen für Kooperationen von Schulen mit Einrichtungen und Trägern der Jugendhilfe bietet" – so beispielsweise Mack (2007, S. 15). Diese positive Einschätzung stimmt – und sie stimmt wiederum nicht: Denn zumindest, was die dörflichen Ganztagsschulen in Rheinland-Pfalz angeht, zeigte sich in unserer Untersuchung, dass zwar der *Ausbau* zur Ganztagsschule in Rheinland-Pfalz finanziell gut gefördert wird, die Finanzierung des *laufenden Betriebs* sich dagegen bei kleinen Schulen schwierig gestaltet (vgl. 8.3.2.1).

8.2.2 Thüringen: Flächendeckende Ganztagsgrundschule und landespolitische Ignoranz bezüglich des Ausbaus von Ganztagsschulen im Sekundarbereich

Schlägt man im Thüringer Schulgesetz unter dem Begriff Ganztagsschule nach, muss man feststellen, dass dieser Begriff keine Verwendung findet[1]. Dies verwundert zunächst, gilt Thüringen doch, ähnlich wie die anderen ostdeutschen Bundesländer, als ein Bundesland mit einem vergleichsweise dichten Netz an Ganztagsschulen. Allerdings stellt das Land in dieser Hinsicht einen Sonderfall dar: In Thüringen ist im Schulgesetz das Modell der Ganztagsschule bislang nicht vorgesehen. Der hohe Anteil an Ganztagsschulen gilt in erster Linie für die Grundschulen und ergibt sich aus der flächendeckenden Weiterführung des Schulhorts an den Grundschulen (vgl. Zickgraf 2005; Eberhardt 2007). Denn hier wurde Anfang der 1990er Jahre das in Zeiten der DDR gewachsene Hortangebot an Schulen aufrechterhalten (vgl. Döbert und Führ 1998, S. 381): Die Schulhorte waren in der DDR organisatorisch, räumlich, inhaltlich und im Verständnis der Akteure mit dem Grundschulbereich der Einheitsschule verbunden. Im Zuge der Transformation des Schulwesens nach 1990 wurde in Thüringen diese Verankerung, anders als in allen anderen ostdeutschen Bundesländern, nicht aufgelöst; Horte sind nach wie vor „organisatorisch Teil der betreffenden Schule" (Geißler 2004, S. 162). Entsprechend dieser Regelung werden die Kosten für das Personal auch durch das Land getragen (§ 2 Abs. 1 ThürSchFG). Dies ist eine für die Bundesrepublik untypische Gegebenheit, da in allen anderen Bundesländern die Tageseinrichtungen für schulpflichtige Kinder dem Bereich der Kinder- und Jugendhilfe zugeordnet sind (vgl. Stolz 2006, S. 57).

Im Sekundarbereich wird in Thüringen anstelle der Etablierung von ganztägigen Bildungsangeboten ein Modell verfolgt, in dem durch Förderprogramme ergänzende außerschulische Angebote an die Halbtagsschulen herangeführt werden sollen. Diese Förderung geschah zunächst bis zum Jahr 2006 im Rahmen der „Förderrichtlinie zur Gewährung von Zuwendungen für Projekte der Schuljugendarbeit", wobei die vom Land bereitgestellten Gelder paritätisch auf die örtlichen Schulträger und damit an die Gemeinden und Städte verteilt wurden. Schulen konnten Projektanträge stellen, über deren Bezuschussung das Schulamt entschied. Allerdings konnte die Beantragung nicht direkt geschehen, die Stellung der Schulen als nichtrechtsfähige Anstalten erforderte einen zwischengeschalteten

Zuwendungsempfänger. Als mögliche Partner hierfür waren Träger der Jugendhilfe, aber auch Schulfördervereine vorgesehen. Parallel hierzu wurde von der Landesregierung seit 1997 die sogenannte „Jugendpauschale" an die Kommunen gezahlt, die zur Sicherung der örtlichen Jugendhilfestruktur diente. Im Jahr 2006 trat die Richtlinie „Örtliche Jugendförderung" in Kraft, in der die Zuwendungen für Projekte der schulbezogenen Jugendarbeit und der Jugendpauschale zusammengeführt wurden. Die Zuweisungsempfänger sind gemäß der Förderrichtlinie allein „Landkreise und kreisfreie Städte als die örtlichen Träger der öffentlichen Jugendhilfe" (TMSFG 2005, S. 2), womit die Verteilung der Gelder für die Schuljugendarbeit nicht mehr den Schulämtern untersteht.

Die hier skizzierte Konstellation ergibt für Thüringen im Bundesvergleich eine diffuse Situation: Einerseits sind Ganztagsschulen als eigenständige Schulart im Thüringer Schulgesetz nicht vorgesehen, andererseits entsprechen die Hortangebote an Grundschulen sowie die Ausgestaltung der (Halbtags-)Schulen im Sekundarbereich mit außerunterrichtlichen (Nachmittags-)Angeboten der KMK-Definition für Ganztagsschulen. In diesem Sinn kann das Land im Rahmen der bundesweiten Bildungsberichterstattung auf ein vergleichsweise enges Ganztagsschulnetz verweisen, ohne diese Schulform strukturell vorzusehen und deren Ausbau entsprechend zu flankieren (vgl. Quellenberg 2008, S. 19, 35 f.).

Damit ist die Lage in Thüringen zwar von der gesetzlich zugesicherten, flächendeckenden Unterstützung des Hortes im Grundschulbereich durch das Land gekennzeichnet, die Gestaltung von Ganztagsschulen im Sekundarbereich wird aber als landespolitische Aufgabe bislang ignoriert. Kooperationen zwischen Schulen und außerschulischen Partnern werden dabei punktuell durch Förderprogramme unterstützt, wobei es Aufgabe der Kommunen ist hier gestalterisch tätig zu sein. Dies gilt auch für den Bereich der Schulsozialarbeit.

8.3 Die Relevanz gesetzlicher Rahmenbedingungen und ländlicher Strukturbedingungen im Hinblick auf Ganztagsschulentwicklung

Am Beispiel der Entwicklung einer ländlichen Ganztagsschule in Thüringen wird im Folgenden aufgezeigt, inwiefern durch die landesrechtlichen Bedingungen die Ganztagsschulentwicklung strukturiert wird. Dabei zeigt sich, dass neben den fehlenden gesetzlichen Rahmungen die Strukturbedingungen der Ländlichkeit eine besondere Herausforderung für die einzelschulische Ganztagsschulentwicklung darstellen. Hinweise auf diese Strukturbedingungen der Ländlichkeit haben wir wiederum in allen Interviews mit den Schulleitungen gefunden, sowohl in Thüringen als auch in Rheinland-Pfalz; dies wird anschließend ausgeführt.

8.3.1 „Aber der Unterschied is eben in Thüringen, dass ich äh Geld ranschaffen muss"
– Zur Problematik fehlender gesetzlicher Rahmungen zur Ganztagsschule im Sekundarbereich in Thüringen

Die Regelschule in J-Hausen[2] ist eine kleine Thüringer Schule, die seit 2003 mit einem Ganztagsschulkonzept arbeitet. Die Entwicklung zu einer Ganztagsschule ist hier zum einen durch die sinkenden Schülerzahlen vorangetrieben worden, und zwar als offensiver Akt, um die Attraktivität des Schulstandortes zu heben. Zum anderen ist für diese Entwicklung die Schulleiterin maßgeblich verantwortlich, die mit der Wende und im schulischen Transformationsprozess ein hohes Engagement und Gestaltungspotenzial im Hinblick auf Schulentwicklung entfaltete, das schließlich auch dazu führte, als Schulleiterin die Schule als Ganztagschule zu etablieren.

Im Interview kommt diese Schulleiterin an unterschiedlichen Stellen auf die Rahmenbedingungen der Ganztagsschulentwicklung zu sprechen, so beispielsweise in ihrer Erzählung zu den Anfängen der Ganztagsschule:

> Der jetzige Landrat, der hat uns hier also (.) in erster Linie unterstützt, is in den (.) Dienstberatungen aufgetreten, mit n Eltern aufgetreten, Gesamtversammlung (.) un hat uns sehr viel Mut gemacht, das zu machen, obwohl wir ja nu' alle wissen dass 's im Thüringer Schulgesetz keine Ganztagsschule gibt. [...] Wir ham dann mehrfach auch ans Kultus geschrieben und nachgefragt und: ‚wie das is mit dem Status?' Gut dann ham wa uns halt ‚Regelschule mit Ganztagsangeboten' genannt und später dann eben ‚Ganztagsschule'. Da ham se gesaacht: ‚macht das ruhig', als wa eigenverantwortliche Schule warn. (Schulleiterin J-Hausen (SLJ))

Was die Schulleiterin hier thematisiert, das Problem der Benennung ihrer Schule, scheint zunächst nur formal zu sein: Es geht um die Einordnung einer neuen Schulform in den Kanon vorhandener. Als *„Regelschule mit Ganztagsangeboten"* ist dieser Einordnung jedoch nur unzureichend Genüge getan, weil eine Reihe von Schulen, die als Halbtagsschulen arbeiten, ebenfalls über ein nachmittägliches AG-Angebot verfügen. Mit dieser Bezeichnung ist nach dem Selbstverständnis der Schulleiterin das Ganztagsschulkonzept der Schule – grob skizziert: zwei Unterrichtsblöcke in rhythmisierter Form am Vormittag, ein Zeitband, in dem individuelle Lern-, Förder- und AG-Zeiten liegen sowie ein dritter Unterrichtsblock am Nachmittag – nicht deutlich zum Ausdruck gebracht.

Dieses Problem der Bezeichnung der Schule wird nun über die Beharrlichkeit seiner Thematisierung beim Kultusministerium pragmatisch gelöst: Im Zuge der Teilnahme am Thüringer Schulentwicklungsvorhaben „Eigenverantwortliche Schule" wird den Lehrenden zugestanden, die Einrichtung als Ganztagsschule zu bezeichnen. Damit ist allerdings das eigentliche Problem der Schule nicht gelöst. Denn das Problem der Bezeichnung ihrer Schule erweist sich als eines der *Anerkennung als einer eigenen Schulform* in den landesgesetzlichen Regelungen, die wiederum im Hinblick auf die Anerkennung eines spezifischen Förderbedarfs notwendig scheint. Pointiert kommt dieses Problem in folgendem Ausschnitt zum Ausdruck, in dem es um die knappe Budgetierung der Personalkosten geht:

> Aber der Unterschied is eben in Thüringen, dass ich äh Geld ranschaffen muss, was (.) andern Bundesländern nich (habt), da bekomm ich ja soundso viel Stundenzuweisung mehr von vornherein, wie in Bayern, das is ja geregelt ne (.) oder n andern (.) in (.) Rheinland-Pfalz sowieso (.) un dann bekomm' ich soundso viel Haushalt mehr. Ich hab ja die Bücher alle da, wie das läuft (.). Aber in Thüringen is ja nicht (2), wenn's Schulamt gut drauf is un hat Stunden, saacht se: ‚gut ihr kriegt zwanzisch Stunden mehr für eure Profilierung' ne (.). Aber die Stunden hab' ich ja nich,

das is ja immer s Problem (3). Also, Thüringen is total in Ganztagsschulen wir sin abhängig (.) von uns selber (.). Wenn ich nix ranschaff' hab' ich nix [...] des is so. (.) Thüringen gibt es eben keine Regelung. (SLJ)

Die fehlende gesetzliche Verankerung der Schulart führt zu einer Situation, in der der Schule die Grundlage, von der aus Ansprüche bezüglich der Ausgestaltung des Ganztagsangebots geltend gemacht werden könnten, vorenthalten bleibt. Diese, im Hinblick auf die personellen und finanziellen Bedarfe, an den Tag gelegte Gleichgültigkeit des Landes steht wiederum in eklatanter Diskrepanz zu den Aufforderungen des Kultusministeriums an die Schule, als ein Beispiel gelingender Ganztagsschulentwicklung in der Öffentlichkeit zu fungieren:

Jo wir mussten auch viel auftreten, also so mh im beim Bildungssymposium in Erfurt un Schule präsentieren und (.). Also in dem Moment, als ma gebraucht wurden, als se jemanden gebraucht haben, der Ganztachsschule vorführt, war'n wa immer gut gefraacht. Als es drum ging (.) oder hieß (.): ‚Bekommen die Schüler das Fahrgeld äh bezahlt' heißt es: ‚nein es gibt ja keine Ganztagsschulen in Thüringen'. Also ham sämtliche Proteste von (.) Schülersprechern, Elternsprechern bis zum Minister, wir war'n beim Staatssekretär, wir war'n überall (.) nichts geholfen, weil's keine Ganztachsschulen gibt (.). Aber wemma se vorstellen mussten, war'n ma immer dicke gefraacht (.). Das hat uns schon viel geärgert. (SLJ)

Im Hinblick auf die Ausgestaltung ihrer Schule als Ganztagsschule kommt die Schulleiterin auch auf die Kooperation mit externen Mitarbeiterinnen und Mitarbeitern zu sprechen. Sie bezeichnet dabei diese Zusammenarbeit als ein *„ständiges Wechselspiel"*, wobei die fehlende Gewährleistung von Kontinuität in der gemeinsamen Arbeit als *„größte Sorge"* der Ausgestaltung der Ganztagsschule herausgestellt wird. Dabei identifiziert die Schulleiterin sehr differenziert eine Reihe von Problemquellen, die zum einen seitens der externen Partnerinnen und Partner die Verlässlichkeit der Arbeit beeinflussen, sich zum zweiten dann als Anforderungen an die Lehrenden der Schule stellen, die wiederum zum dritten selbst nicht über weitere Ressourcen verfügen und – wie in der oben zitierten Sequenz deutlich wird – letztlich vom Gutdünken seitens des Schulamtes bzw. der eigenen Fähigkeit, selbst zusätzliche Gelder zu akquirieren, abhängig sind. Zunächst ist aus der Sicht der Schulleiterin die Kooperation mit der Schule für die Externen aufgrund der geringen Entlohnung nicht lukrativ. Dabei wird die ohnehin knappe Finanzierung der außerunterrichtlichen Angebote vor dem Hintergrund des zeitlichen Aufwandes, an die Schule zu kommen, noch verschärft:

Wir dürfen denen nur acht Euro bezahlen am Anfang durften wa fünfzehn Euro bezahlen da (.) war das Interesse au noch n bisschen größer (.) aber, wenn Sie jetz von Jandelsfinn kommen, fahrn her, machen die Stunde, fahrn wieder heim, sind ja doch fast zwei drei Stunden rum un dann kriegen se acht Euro ne. (SLJ)

Hier wird exemplarisch sichtbar, wie die für die Etablierung als Ganztagsschule schwierige strukturelle Lage unter den Bedingungen der Ländlichkeit noch zugespitzt wird: Die geringe Entlohnung für die konkrete Arbeitszeit vor Ort relativiert sich nochmals vor dem Hintergrund der Zeit, die zum Bewältigen der Wege gebraucht wird. Vor diesem Hintergrund erscheint es der Schulleiterin verständlich, dass die „*Zuverlässigkeit*" der Kooperationspartnerinnen und -partner nicht gewährleistet ist; zugleich ist dies aber auch ein Hinweis auf die Prekarität der Beschäftigungsverhältnisse der „*außenstehenden Personen*":

> Wemma mit (1) außenstehenden Personen arbeidet, isses eben nich leicht, kontinuierlich zu arbeiden [I: hmhm] (.). Also da ma krank un dann Arbeitsstellenwechsel un dann (.) kann plötzlich der Verein nich mehr, also das is sehr sehr schwierich. (SLJ)

Die Gestaltung von Angeboten wird nicht im Rahmen eigener arbeitsrechtlicher Regelungen getroffen, sondern nur über atypische Beschäftigungsverhältnisse abgesichert. Damit wiederum geht die Abhängigkeit der Kooperationen mit personenbezogenen Befindlichkeiten und regionalen Arbeitsmarktbedingungen einher. Darüber hinaus benennt die Schulleiterin das Problem der fehlenden Kontinuität allerdings auch als eines, das auf der institutionellen Ebene der Vereine angesiedelt ist, deren Kooperationsvermögen nicht weniger prekär erscheint: „*un dann (.) kann plötzlich der Verein nich mehr*".

Problematisch ist die fehlende Kontinuität für die Schulleiterin nun wiederum im Hinblick auf die kurzfristige Organisation von Vertretungen sowie im Hinblick auf die Betreuung der Schülerinnen und Schüler: „*dann rufen se um et- zwölf an: ‚isch komm' heut um zwei nich' und dann hängen (.) zehn fünfzehn Kinder in da Luft*". Hier stellen sich akut Anforderungen, die vor allem die Arbeitszeit der eigenen Lehrerinnen und Lehrer betreffen. Diese ist allerdings ohnehin schon überbeansprucht:

> Wir-ham insgesamt dieses Jahr (.) sechs'n'vierzig Stunden (.) mehr (2) mehr d-drin (.), als (.) jede normale Schule in unsrer Größenordnung (.) und die müssen ma erstma irgendwo auftreiben. (SLJ)

Darin, dass die Schulleiterin sich sowie ihre Kolleginnen und Kollegen als diejenigen sieht, die die Lehrerwochenstunden oder Geld „*auftreiben*", wird abermals ersichtlich, wie stark die Entwicklung dieser Schule vom persönlichen Engagement abhängt – die fehlenden landespolitischen Vorgaben erweisen sich hier eher stark als Stolperstein der einzelschulischen Entwicklung zur Ganztagsschule.

Deutlich wird ebenso, dass die Ausgestaltung der Ganztagsschule – hier im Hinblick auf die Kooperation mit Externen – durch die infrastrukturellen Bedingungen der Ländlichkeit beeinflusst ist, die die ohnehin strukturell nicht einfache Situation für die Etablierung als Ganztagsschule noch verschärfen.

8.3.2 Ganztagsschulentwicklung unter den Bedingungen der Ländlichkeit

Unabhängig davon, ob sich die Schule in Rheinland-Pfalz oder in Thüringen befindet, tauchten in den Interviews mit den schulischen Akteuren Problematisierungen im Hinblick auf die Ausgestaltung ganztägiger Bildungsangebote auf, die von den Befragten in Verbindung mit Strukturmerkmalen des Ländlichen gebracht worden sind. Diese Problematisierungen beziehen sich insgesamt auf drei Bereiche: erstens die Bereitstellung von Angeboten am Ort Schule und die damit verbundene Problematik der Akquise von Mitarbeiterinnen und Mitarbeitern, zweitens die Versorgung mit bzw. die Nutzung von außerschulischen Bildungsorten und drittens die im Ländlichen erhöhten Mobilitätsanforderungen für die Schülerinnen und Schüler und deren Familien.

8.3.2.1 „Ich habe kein Personal, was um die Ecke wohnt" – Das Problem der Akquise von Mitarbeiterinnen und Mitarbeitern

Ein zentrales Ergebnis des Forschungsprojektes liegt darin, dass ländliche Ganztagsschulen bezüglich der Kooperation mit der Jugendarbeit unter solchen infrastrukturellen und sozialräumlichen Bedingungen arbeiten, die eine kontinuierliche Zusammenarbeit eher verunmöglichen (vgl. Wiezorek 2010). So ist auch in nur einer der untersuchten Schulen die Jugendarbeit der privilegierte Partner bei der Ausgestaltung des schulischen Ganztagsangebots (vgl. Wiezorek et al. i.E.). Aber auch unabhängig von der institutionellen Zusammenarbeit mit Trägern der Jugendarbeit bzw. der Jugendhilfe erweist sich die Gewinnung von pädagogisch tätigem Personal an der Schule als schwierig. Diese Schwierigkeit liegt zum einen darin, überhaupt Mitarbeiterinnen und Mitarbeiter akquirieren zu können. Zum anderen stellt sich die Frage der Eignung dieser hinsichtlich der pädagogischen Fähigkeiten ebenso wie im Hinblick auf das konkret zu gestaltende Angebot.

Die Schwierigkeit, überhaupt Personal akquirieren zu können, kommt z. B. pointiert in folgendem Interviewauszug einer rheinland-pfälzischen Schulleiterin zum Ausdruck:

> Dünn besiedelter Raum (1) Ganztagsschule, ich habe kein Personal, was um die Ecke wohnt, was bereit ist, mal zwei Stunden, mal grad das Projekt zu machen (.). Der Aufwand zu fahren is viel zu groß (1), wenn die Leute (1) frei wären (1), dann vielleicht in den Abendstunden, wenn sie nicht selbst berufstätig sind (.). Und ich habe auch nicht dieses Angebot wie ich es in B-Uni-Stadt oder in Burgwalde oder sonstwo hätte (.) äh an an Schülern und Studenten, die da vielleicht auch noch mit (1) einsteigen können. (Schulleiterin B-Hausen (SLB))

Im „*dünn besiedelte(n) Raum*" fehlt es zuvorderst an Personen, die so nahe wohnen, dass es für diese keinen überbordenden Aufwand bedeutet, an der Schule ein Angebot zu gestalten. Bereits die räumliche Nähe entscheidet offensichtlich über die Bereitschaft eine Tätigkeit an der Schule aufzunehmen, denn, so die Schulleiterin, „*der Aufwand zu fahren, is viel zu groß*". Hier wird deutlich, dass von Vornherein darauf gesetzt wird, solche Mitarbeiterinnen und Mitarbeiter zu gewinnen, die sich zusätzlich zur eigentlichen Erwerbsarbeit, also im Nebenerwerb bzw. im Ehrenamt, an der Schule engagieren. Dieser Punkt wird aber genau durch die Erwerbstätigkeit der „*Leute*" konterkariert, die der Ganztagsschule – deren Angebot gegen 16.00 Uhr endet – nicht zur Verfügung stehen können. Andere potenzielle Mitarbeiterinnen und Mitarbeiter, wie etwa (ältere) Jugendliche oder Studierende, fehlen, weil es kein Gymnasium und keine Berufsschule vor Ort, aber auch keine Universität in der Nähe gibt; eine Problematik, die in ähnlicher Weise auch vom Schulleiter einer weiteren rheinland-pfälzischen Ganztagsschule geschildert wird:

> Äh wir sind jetzt nischt in der Nähe einer Uni (.), ähm da kamman nisch dann auf Studenten zurückgreifen, die (.) die man oder Lehramtsstudenten zurückgreifen, die mal eine Gruppe übernehmen könnten (.). Das geht bei uns nischt. Also von der

vom personellen Angebot externer Mitarbeiter ähm (.) mh aus gesehen müssen wir sagen (.), dass wir hier im ländlischen Raum da (.) eindeutische Nachteile haben, auch (.) geeignete Leute (.) zu finden, die dann (.) das vielleischt über Jahre machen (.). Die ähhm (.) Kooperation-, die Möglischkeit der Kooperationsverträge mit ähh (.)Verbänden mit Vereinen und so weiter sind sehr teure (.) ja, die kosten ungefähr das Doppelte (.) wie (.) n Vertrag auf Honorarbasis mit einer Einzelkraft. (Schulleiter A-Hausen (SLA))

Dabei weist dieser Auszug zugleich auf den – auch in anderen Interviews zu findenden – Anspruch hin, pädagogisch qualifiziertes Personal für die Ausgestaltung des Ganztagsangebots zu finden, das Kontinuität in der Arbeit mit Kindern und Jugendlichen gewährleistet – Kriterien, vor denen sich die infrastrukturellen Bedingungen der ländlichen Räume als *„eindeutische Nachteile"* erweisen. Allerdings wird an dieser Stelle auch deutlich, dass es nicht nur die Bedingungen der Ländlichkeit sind, die die Gewinnung von pädagogischen Mitarbeiterinnen und Mitarbeitern erschweren. Denn potenziell wird eine Möglichkeit der Entschärfung dieser Problematik in den *„Kooperationsverträge(n)... mit äh Verbänden mit Vereinen"* gesehen, aus ökonomischen Gründen allerdings wird diese Möglichkeit, ähnlich wie an anderen Schulen unseres Samples, verworfen.

Hier zeigt sich die Tragweite der finanziellen Flankierung des bereits etablierten Ganztagsbetriebs in Rheinland-Pfalz: Zwar wird die Einrichtung einer Ganztagsschule finanziell breit gefördert, die Unterstützung für die laufende Unterhaltung dieser geschieht allerdings über eine Pro-Kopf-Berechnung (vgl. 8.2.1), die sich für die kleinen Schulen auf dem Land – die Teilnehmerzahl am Ganztagsangebot variierte an den untersuchten Schulen zwischen 140 und 250 Schülerinnen und Schülern – als nachteilig erweist. Denn die Rahmenvereinbarungen des Landes mit Trägern von Jugendarbeit regeln die Personalkosten, die sich an tarifrechtlichen Bestimmungen orientieren, *unabhängig* von der Schülerzahl, und diese können von kleinen Schulen offensichtlich nur schwer oder gar nicht getragen werden (vgl. Ganztagsschule RPL o.J.).

Dass die Angewiesenheit auf Mitarbeiter, die (nur) im Nebenerwerb bzw. im Ehrenamt in die Ausgestaltung der schulischen Ganztagsangebote involviert sind, auch im Hinblick auf die Frage, welches Angebot vorgehalten werden kann, problematisch ist, illustriert der Ausschnitt aus dem Interview mit einem weiteren Schulleiter:

Die ich ja gut gebrauchen könnte, wären Übungsleiter von von den Sportvereinen (2) qualifizierte Übungsleiter ne nur die die da is die Zeit is die passt net- die schaffen ja bis fünf Uhr (1) ja, da hab ich keine Ganztagsschule mehr ne. (Schulleiter C-Hausen (SLC))

Als Alternativlosigkeit im Hinblick auf die Ausgestaltung des Ganztagsangebots erweist sich schließlich die Situation, in der es *„keine Auswahl"* an potenziellen Kooperationspartnern gibt: Die Schulleiterin der Ganztagsschule in E-Hausen verweist im Folgenden auf die problematische Akquisesituation potenzieller Mitarbeiterinnen und Mitarbeiter im Hinblick auf die geringere Vereinsdichte vor Ort:

Ich mein ma is hier schon so mehr auf 'm Land hier (.), also (.) muss ma schon sagen. Also ähm jetzt, das sin ja (3) das is das is schwierig, also wir ham ja hier

> auch keine Auswahl in dem Sinn (.) an Kooperationspartnern. […] So in der Stadt gibts so viele Vereine un un un hier gibts diesen (1) diesen Turnverein, den ham wa schlechte Erfahrungen mit der Ganztagsschule gemacht hatten, den wir auch nie wieder fragen können. (Schulleiterin E-Hausen (SLE))

Vor dem Hintergrund der im urbanen Raum vorzufindenden Vereinsdichte und dem generell breiteren kulturellen Angebot müsse man sich vor Ort gewissermaßen damit abfinden, dass es nur „*diesen Turnverein*" gibt, mit dem man jedoch auf keine gute Zusammenarbeit zurückblicken kann. Auch wenn die Gründe hierfür nicht expliziert werden, verdeutlicht das Beispiel, dass das Scheitern der Kooperationsbeziehung mit dem örtlichen Verein nicht nur den Verlust eines außerschulischen Partners bedeuten kann, sondern unter Umständen den Verlust des einzig verfügbaren Partners nach sich zieht.

Insgesamt wird also ersichtlich, dass sich die Einbindung externer pädagogisch tätiger Mitarbeiterinnen und Mitarbeiter in die Ausgestaltung des Ganztags für die ländlichen Schulen als hochgradig prekär erweist. Ob sich, unter solchen Bedingungen, ein kontinuierliches und den vielfältigen pädagogischen Ansprüchen an die Ganztagsschule entsprechendes Ganztagsangebot etablieren kann, bleibt fraglich. In den meisten der von uns untersuchten Schulen bestand die Lösung des Problems darin, die Ausgestaltung des Ganztags vorrangig über das eigene Lehrpersonal abzudecken.

8.3.2.2 „Vom Bildungsangebot denk ich mal… sind da durchaus Abstriche zu machen" – Das Problem der Nutzung außerschulischer Bildungsorte

Im Hinblick auf das Vorhandensein eines dörflichen Vereinslebens ist eben schon angeklungen, dass die Versorgung der Kinder und Jugendlichen mit Bildungs- und kulturellen Angeboten im Rahmen der Ausgestaltung des Ganztags durch die ländliche Lage beeinträchtigt ist. Dies betrifft nun vor allem die Nutzung außerschulischer Bildungsorte: So verweist der Koordinator der AG-Angebote an der thüringischen Schule in D-Hausen am Beispiel der örtlichen Bibliothek auf einen Zusammenhang zwischen Ländlichkeit und dem Angebot außerschulischer Bildungsmöglichkeiten. Demnach nutzen nur die Kinder und Jugendlichen das Angebot, die am Standort der Einrichtung wohnen. Für andere Schülerinnen und Schüler käme eine Bibliotheksnutzung nur infrage, wenn „*Eltern sagen, komm, ich fahr Dich da mal hin*", denn das selbstständige Aufsuchen der Bibliothek „*geht bei den meisten schon nicht, weils zu weit ist*".

Am Beispiel der organisatorischen Schwierigkeiten bei der Planung und Durchführung einer Schülerfahrt verdeutlicht die Schulleiterin der rheinland-pfälzischen Schule in B-Hausen den finanziellen und zeitlichen Aufwand:

> Kürzlich hatten wir Bornweiler Technikmuseum warn ma eingeladen worden ja. Dann ham die auch sogar noch Geld gesponsert (1), dann wollten aber paar Klassen mehr mitfahren (2), ja da ham die über die Rechnung gestaunt, die da kommt. Ich hab gesagt: ,ja ham Sie sich mal überlegt, wie weit Bornweiler wie weit das is?' (1) ,ja aber soviel Hunderte von Euro ham wir ja nicht gedacht' (1) ja (ich hab aber wenn wir so auch). Das is für uns das Problem (.), wenn wir mit 'nen Kindern nach (1) ins Theater nach Baurenmoor wollen (.) fünfzig Kilometer (1), zeitlich schon ein

Problem(.): Kriegen wir das überhaupt irgendwie unter? Wer zah- bezahlt den Bus? (2) Wollen wir ins Schwimmbad (2) ja, wir haben eins vor Ort (.), Freibad (1) das liegt ganz am anderen Ende, das sind (1) fünf sechs sieben Kilometer mindestens (.) wenn net noch mehr. (SLB)

Auch der Besuch des Theaters oder des Schwimmbades wird als problematisch angeführt. In Bezug auf die Partizipation an kulturellen Angeboten sowie an außerschulischen Bildungsgelegenheiten wird die ländliche Lage insgesamt als defizitär wahrgenommen. Dies zeigt sich schließlich auch hinsichtlich der eigenständigen Nutzung regionaler Jungendeinrichtungen durch die Jugendlichen, die nicht gewährleistet ist. So verweist u. a. die Schulleiterin der J-Hausener Schule auf das in der Kreisstadt befindliche Jugendhaus. Dieses *„hat halt viele Angebote"*, die aber durch die Schüler ihrer Schule aufgrund der fehlenden Mobilität nicht genutzt werden können. Insofern stellt sich das Problem der Nutzung außerschulischer Bildungsorte auch als ein Problem der erhöhten Mobilitätsanforderungen in ländlichen Räumen dar.

8.3.2.3 *„Es geht bei uns nicht, weil die Busse nicht fahren" – Das Problem der unzureichenden Mobilität*

Die Frage der Organisation von Transportmöglichkeiten für die Schüler, die am Ganztagsangebot der Schule teilnehmen, zeigt sich – aufgrund der rechtlichen Grundlagen – für die Schulen in Thüringen und in Rheinland-Pfalz unterschiedlich: Dadurch, dass in Thüringen Ganztagsschulen nicht als eigenständige Schulform im Sekundarbereich gesetzlich vorgesehen sind, fehlt den Schulen hier eine Grundlage, von der aus sie mit dem ÖPNV in Verhandlung treten könnten, um Busfahrzeiten mit dem Schulbetrieb zu harmonisieren. Und so wird die Frage der Ausgestaltung von AG-Angeboten z. B. an der G-Hausener Schule zur Frage nach der Realisierbarkeit im Hinblick darauf, ob Schüler aufgrund der eingeschränkten Mobilität dieses Angebot nutzen können. Bezüglich einer Sport-AG am Nachmittag heißt es: *„Es geht bei uns nicht, weil die Busse nicht fahren"*. Dies hat zur Folge, *„dass überwiegend direkt G-Hausener in den AGs sind, also die nur hinlaufen müssen und alle die, die auf den Busverkehr angewiesen sind, eher nicht kommen"*. In K-Hausen, einem weiteren Thüringer Schulstandort, wurde es von der Ganztagskoordinatorin der Schule angesichts der zähen Verhandlungen mit dem ÖPNV bereits als eine große Herausforderung gesehen, *„aus diesen (.) wie gesaacht Sechs-Stunden-Tag (.) da diesen Sieben-Stunden-Tag zu machen"*. Dass mit der ganztagsbezogenen Organisation des Schülertransports wiederum finanzielle Fragen verknüpft sind, ist weiter oben bereits angedeutet worden, als die Schulleiterin der J-Hausener Schule von ihrer Auseinandersetzung mit dem Thüringer Kultusministerium berichtete: *„als es drum ging (.) oder hieß (.): ‚Bekommen die Schüler das Fahrgeld äh bezahlt' heißt es: ‚nein, es gibt ja keine Ganztagsschulen in Thüringen'"*.

Wenngleich derartige Problematiken von den schulischen Akteuren in Rheinland-Pfalz nicht berichtet wurden, bleiben Fragen der Mobilität im Hinblick auf die Schulorganisation auch hier ein virulentes Thema. Dieses erweist sich für die schulisch Verantwortlichen als ein Problem der finanziellen Absicherung ihres Schulbetriebs. Das führt bspw.

der C-Hausener Schulleiter am Beispiel des organisatorischen Aufwands für eine Schulveranstaltung aus:

> Das is ja das Schöne an der Stadt (.), da brauch ich mir als Schulleiter gar keine Gedanken machen, wenn ich zum Beispiel sage: ‚ich mach Frei- äh Samstagnachmittag 'ne Veranstaltung', brauch ich mir keine Gedanken machen. Wenn ich die in C-Hausen machen will, da muss ich an soviel Dinge denken. Da muss ich zum Beispiel (.) äh in in zwei Richtungen ein' Bus finanzieren [I: hm] ‚Wi- wie kommen die Eltern dann hier hin?' [I: hm] Denn viele (.) haben kein Auto [I: hm] oder dat Auto is weg [I: hm] und da brauch sich der der Schulleiter in in der Stadt, die setzen sich in die die Drei oder in die Fünf und fahren dann zur Schule hin ne [I: hm]. Nur dat geht hier net (1), äh der weiteste Weg (durch) un dann dann machen wir uns dicke Gedanken, dass ich da zwei Busse einsetze, wie finanzier ich den Bus?(.) Ich kriech von niemanden Geld dafür (1), d- d- da muss ich also schon überlegen, dat da der Förderverein sagt: ‚gut ich (.) wir geben hundert Euro geben wir (.) noch' und äh wenn ich dann den äh den Reisebusunternehmer habe, sach ich: ‚kannst du noch äh (.) kannst du noch hundert Euro? (.) kannst du den Fahrer stellen?' (.), dann krieg ich dat vielleicht geschultert. Dat kann ich aber auch net über Gebühr strapazieren ne. (SLC)

Der Schulleiter entwirft hier das Bild eines im Vergleich zum Städtischen höheren Aufwands der Veranstaltungsdurchführung, der vor allem in einer ungleich höheren finanziellen Belastung wegen des Schülerinnen- und Schüler- sowie des Elterntransports besteht. Dabei wird deutlich, dass seitens der Schule finanzielle Unterstützungsleistungen eingeworben werden müssen. Zwar wären in seinem Fall der Schulförderverein und der persönlich bekannte „*Reisebusunternehmer*" geeignete Ansprechpartner. Allerdings beläuft sich der Zuschuss des Fördervereins auf nur einen Teil der Ausgaben, und der informelle Kontakt zum Reisebusunternehmer erfordert eine hohe Sensibilität, weil der persönliche Kontakt nur dann tragfähig bleibt, solange die Hilfe des Unternehmers nicht „*über Gebühr strapazier(t)*" wird. Auch im Hinblick auf die Absicherung einer ausreichenden Mobilität erweisen sich also die sozialräumlichen Bedingungen der Ländlichkeit als eine Strukturproblematik, die mit einem eigenen Finanzierungsbedarf einhergeht.

8.4 Fazit

Insgesamt, so wird deutlich, stehen seitens der schulischen Akteure sowohl in Rheinland-Pfalz als auch in Thüringen Problematisierungen hinsichtlich der finanziellen Flankierung der Ganztagsschule im Vordergrund. Diese weisen, für beide Bundesländer in unterschiedlicher Weise, auf die Regelungsbedürftigkeit von spezifisch ländlichen Anspruchsberechtigungen hin. Denn die z. T. durch die landesrechtlichen Rahmenbedingungen angelegten Problematiken der Organisation und pädagogischen Ausgestaltung ganztägiger Bildungsangebote werden über die sozialräumlichen und infrastrukturellen Bedingungen der Ländlichkeit verschärft. Hier tritt unverkennbar eine Fehlstelle zutage, die in der mangelnden Berücksichtigung der sozialräumlichen Besonderheiten ländlicher Räume gegenüber den städtischen liegt. Die deutlichen Hinweise auf die spezifischen

Finanzierungsbedarfe der vor allem kleinen Schulen in den ländlichen Räumen erscheinen vor diesem Hintergrund auch als klare Signale, regionenbezogene Disparitäten des Zugangs von Kindern und Jugendlichen zu Bildung zwischen urbanen und ländlichen Räumen nicht zu vergrößern. Insofern verweisen sie vor allem auf *politische* Handlungsbedarfe – wie schon die Autoren des 12. Kinder- und Jugendberichtes betonen: „Mit Blick auf die Bildungschancen von Kindern und Jugendlichen im ländlichen Raum ergeben sich (…) große planerische und politische Herausforderungen, um (…) finanzielle Mittel der sich verringernden öffentlichen Haushalte effektiv und an den Interessen von Kindern und Jugendlichen orientiert einzusetzen" (BT-Drs. 15/6014 2005, S. 89).

Anmerkungen

1   Die Ausführungen beziehen sich auf die zum Untersuchungszeitpunkt gültige Gesetzeslage. Am 9.12.2010 wurde vom Thüringer Landtag eine Novellierung des Thüringer Schulgesetzes verabschiedet, in deren Zuge Ganztagsschule zwar nicht in den Kanon der Thüringer Schularten aufgenommen wurde, der Begriff jedoch Verwendung findet.
2   Alle orts- und personenbezogenen Daten außer den Angaben zu den Bundesländern und den Landeshauptstädten liegen hier maskiert vor.

Literatur

Bundestags-Drucksache (BT-Drs.) 15/6014. (2005). *Bericht über die Lebenssituation junger Menschen und die Leistungen der Kinder- und Jugendhilfe in Deutschland. Zwölfter Kinder- und Jugendbericht.* Berlin: Deutscher Bundestag.
Döbert, H., & Führ, C. (1998). Zu Entwicklungen in den neuen Ländern zwischen 1990 und 1995. In C. Führ & C. L. Furck (Hrsg.), *Handbuch der deutschen Bildungsgeschichte. 1945 bis zur Gegenwart. Band VI: 19945 bis zur Gegenwart. Zweiter Teilband Deutsche Demokratische Republik und neue Bundesländer* (1. Aufl., S. 377–389). München: C. H. Beck.
Eberhardt, K. (2007). *Rede zum 17. Landeselterntag am Thüringer Institut für Lehrerfortbildung, Lehrplanentwicklung und Medien in Bad Berka am 02. Juni 2007,* Mainz. http://www.thueringen.de/de/tmbwk/aktuell/reden/27408/uindex.html. Zugegriffen: 27. Dez. 2010.
Ganztagsschule Rheinland-Pfalz. (o.J.). *Rahmenvereinbarungen,* Mainz. http://www.ganztagsschule.rlp.de/bibliothek/bibliothek/ergebnis_bibliothek?b_start:int=20&kat=rahmenvereinbarungen. Zugegriffen: 27. Dez. 2010.
Geißler, G. (2004). Ganztagsschule in der DDR. In S. Appel, H. Ludwig, U. Rother, & G. Rutz (Hrsg.), *Jahrbuch Ganztagsschule. Investition in die Zukunft* (S. 160–170). Schwalbach: Wochenschau.
Koalitionsvereinbarung SPD und FDP. (2001). *Verantwortung für Rheinland-Pfalz Unsere Heimat. Unsere Zukunft.* Vereinbarung zur Zusammenarbeit in einer Regierungskoalition für die 14. Wahlperiode des rheinland-pfälzischen Landtags 2001–2006. Mainz.
Mack, W. (2007). Perspektiven der Ganztagsschule. In M. Zeller (Hrsg.), *Die sozialpädagogische Verantwortung der Schule. Kooperation von Ganztagsschule und Jugendhilfe* (S. 11–21). Baltmannsweiler: Schneider Hohengehren.

Quellenberg, H. (2008). Ganztagsschule im Spiegel der Statistik. In H. G. Holtappels, E. Klieme, T. Rauschenbach, & L. Stecher (Hrsg.), *Ganztagsschule in Deutschland. Ergebnisse der Ausgangserhebung der „Studie zur Entwicklung von Ganztagsschulen" (StEG)* (S. 14–37). Weinheim: Juventa.

Schulgesetz Rheinland-Pfalz (SchulG). Vom 30. März 2004, Mainz. http://rlp.juris.de/rlp/SchulG_RP_2004_rahmen.htm. Zugegriffen: 27. Okt. 2009.

Stolz, H.-J. (2006). Ganztagsschule und Hort. Ein Systemvergleich. *Recht der Jugend und des Bildungswesens RdJB, 52*(1), 50–63.

Thüringer Ministerium für Soziales, Familie und Gesundheit (TMSFG). (2005). *Richtlinie „Örtliche Jugendförderung"*. Erfurt. http://www.thueringen.de/imperia/md/content/tmsfg/abteilung4/ref34/richtlinie___rtliche_jugendf__rderung.pdf. Zugegriffen: 13. Sept. 2008.

Thüringer Ministerium für Bildung, Wissenschaft und Kultur. *Thüringer Gesetz über die Finanzierung der staatlichen Schulen (ThürSchFG),* Mainz. http://www.thueringen.de/de/tmbwk/bildung/schulwesen/gesetze/gfss/content.html. Zugegriffen: 9. Apr. 2009.

Wiezorek, C. (2010). *Jugendarbeit und Ganztagsschule in ländlichen Räumen – Zur (Un-) Möglichkeit von Kooperation unter den gegebenen Rahmenbedingungen*. Vortrag auf dem 34. Sozialpädagogiktags der Universität Tübingen am 26.11.2010.

Wiezorek, C., Dieminger, B. & Hörnlein, S. (im Erscheinen). „Wobei wir natürlich im ländlichen Raum die Probleme haben" – Kooperation von Ganztagsschulen in ländlichen Räumen. In K. Speck, T. Olk, O. Böhm-Kasper, H. J. Stolz, & C. Wiezorek (Hrsg.), *Ganztagsschulische Kooperation und Professionsentwicklung. Studien zu multiprofessionellen Teams und sozialräumlicher Vernetzung*. Weinheim: Juventa.

Zickgraf, A. (2005). Thüringen und die Sehnsucht nach dem Mehr. *Ganztagsschule aktuell.* http://www.ganztagsschulen.org/4328.php. Zugegriffen: 16. Sept. 2007.

9 Individuelle Förderung in der Ganztagsschule

Theoretisch-empirische Reflexionen zu Anspruch und Konsequenzen eines (sozial-) pädagogischen Programms im professionellen Handeln

Stephan Maykus · Wolfgang Böttcher · Timm Liesegang · André Altermann

Zusammenfassung: Mit der Ausgestaltung von Ganztagsschulen korrespondieren organisatorische und pädagogische Merkmale, die einen Rahmen schaffen können, um eine neue individualisierende sowie unterrichtliche Bildung und außerunterrichtliche Erziehung zusammenführende Praxis zu etablieren. Insbesondere erweiterte Kompetenzanforderungen sowie neue Formen der intra- und interprofessionellen Kooperation zeigen sich hierbei als Merkmal professioneller Förderung. Im Beitrag interessiert uns daher die Frage, inwieweit die fachliche Maxime der individuellen Förderung im Schulalltag anschlussfähig an das pädagogische Handeln der in den Ganztag eingebunden Akteure ist. Hier zeigen die berichteten Ergebnisse unserer Studie eine kaum operationalisierbare und differenzierbare Matrix von solchen Handlungsprozessen, die auf einer systematischen methodischen Grundlage basieren. Es dominiert ein eher situatives, den alltäglichen Ausprägungen von Förderbedarfen gerecht werdendes Handeln, das jedoch kaum in Bezug zu einem Meta-Wissen, einem Verweisungs- und Analysewissen gesetzt wird. Gegenwärtig zeigen sich auf Seiten der Ganztagsakteure unterschiedliche Interventionssituationen und Rollenerwartungen im Kontext der Förderung, die es nicht anzugleichen, aber dennoch professionstheoretisch und -praktisch in ihrer Komplementarität zu verorten gilt.

Schlüsselworte: Individuelle Förderung · Ganztagsschule · Profession · Kooperation

---

© VS Verlag für Sozialwissenschaften 2011

Dipl. Päd. T. Liesegang (✉)
LWL Berufskolleg Fachschulen Hamm,
Heithofer Allee 64, 59071 Hamm, Deutschland
E-Mail: timm.liesegang@lwl.org

Prof. Dr. S. Maykus
Fakultät Wirtschafts- und Sozialwissenschaften, Fachhochschule Osnabrück, CF-Gebäude,
Raum CF 0325, Caprivistrasse 30a, 49009 Osnabrück, Deutschland
E-Mail: s.maykus@fh-osnabrueck.de

Prof. Dr. W. Böttcher
Institut für Erziehungswissenschaft, Abteilung II, Westfälische Wilhelms-Universität Münster,
Raum C123, Georgskommende 33, 48143 Münster, Deutschland
E-Mail: Wolfgang.Boettcher@uni-muenster.de

Dipl. Soz. A. Altermann
ISA-Münster, Institut für soziale Arbeit e. V., Studtstr. 20, 48149 Münster, Deutschland
E-Mail: Andre.Altermann@isa-muenster.de

Individual student advancement at full-time schools – Theoretical and empirical reflections as to requirements and consequences of a (socio-) pedagogical program in professional behavior

Abstract: The further development of full-time schools corresponds to certain organizational and pedagogical characteristics that are able to create a framework with regard to establishing a new and individualizing practice capable of consolidating academic school teaching and extracurricular education. In particular, extended competence requirements as well as new forms of intraprofessional and inter-professional cooperation have arisen as vital characteristics of professional student advancement. Thus the question interesting us in this article is in how far the professional dictum of individual advancement of students in day-to-day school life is adapted by the full-time school actors within their pedagogical behavior. The depicted results of our study show a matrix of processes which is hardly operationalizable and differentiable on a methodical basis. The dominating behavior tends to aim at coping with every-day specificities of student advancement requirements depending on the respective situation, but hardly bearing upon any meta-knowledge, cross-reference knowledge or analysis knowledge. At present, different intervention situations and role expectations as to the student advancement context are discernible when looking at the full-time school actors. However, they are not to be aligned, but to be professionally located theoretically and practically in due consideration of their complementarity.

Keywords: Individual student advancement · Full-time school · Profession · Cooperation

9.1 Problemaufriss

Mit dem Anspruch einer stärkeren Individualisierung schulischer Bildungsprozesse ist seitens der Bildungspolitik u. a. die Hoffnung verbunden, dass der Einfluss hemmender Faktoren, vornehmlich hier die soziale Herkunft, auf den Bildungserfolg – wenn nicht neutralisiert – so doch zumindest abgemildert werden kann. Dieser Lösungsansatz stellt eine besondere Form der pädagogischen Förderung dar, der häufig unmittelbar mit Kompetenzentwicklung verbunden ist, wobei sich die angestrebten Kompetenzen jedoch vermehrt nicht mehr nur auf Fachleistungen, sondern auch auf Sozial- und Selbstkompetenzen beziehen und einen Synergismus bilden, wie es Ehninger und Melzer (vgl. 2005, S. 37 ff.) in einem Modell von Bildungserfolg entwerfen. Allerdings wird diese umfassende Sicht auf individuelle Kompetenzen durch ein Förderverständnis dominiert, das als Lernförderung bezeichnet wird (vgl. Holtappels 2005, S. 15 f.). Wenn auch Lernförderung sowohl für kognitive, manuelle, soziale als auch emotionale Aspekte gefordert wird, so ist die Gefahr groß, diese mit rein und verkürztem schulischen Lernen gleichzusetzen, mit schulisch initiierten Lernräumen, die sich nicht öffnen, sondern nur der eigenen Logik, vor allem der einer Qualifizierung (und damit der Orientierung an Verwertbarkeit) folgen. Die in den PISA-Studien ermittelte soziale Verwobenheit von Bildungsprozessen und -bedingungen sowie von Schulerfolg und dadurch beeinflusster sozialer Teilhabe (vgl. Merten 2005) ruft ein Förderverständnis auf den Plan, das man ggf. besser, und in Anlehnung an das breite, subjekttheoretische Bildungsverständnis, als *Entwicklungsförderung* fassen könnte. Ein solches Verständnis entspricht folglich auch eher dem Leitziel der individuellen Förderung: Förderung von Schlüsselkompetenzen (selbstständiges und soziales Handeln, Nutzung von *tools*), von Bewältigungskompetenzen, des Erlebens von

Selbstwirksamkeit und Selbstbestimmung sowie der Entwicklung und Erfahrungen physischer, sozialer und geistig-seelischer Kompetenzen (vgl. Jerusalem 2005).

Förderung bedeutet dabei zunächst eine zielorientierte und intendierte pädagogische Intervention, sie folgt der Vorstellung von einem Zusammenhang zwischen dem pädagogischen Handeln und Kompetenzerwerb, ist damit tendenziell standardisiert. Der Zusatz *individuell* hingegen betont das Subjekt, den Blick auf das einzelne Kind sowie seine Lebenslage und Bildungsbiografie. Beide Begrifflichkeiten konstituieren konzeptionell vereint spezifische Implikationen, die für Ganztagsschulen von besonderer Bedeutung sind bzw. mit ihren organisatorischen und pädagogischen Merkmalen korrespondieren, denn das Konzept der individuellen Förderung hat (vgl. Maykus 2006, S. 103 f.):

1. konzeptionelle Implikationen – indem es einer Standardisierung von Kompetenzzielen widerspricht, korrektiv ist und die Einzigartigkeit von Kindern und ihren Lebenskontexten, des Erlebens in ihnen, betont und lebensweltorientierte Konzepte des pädagogischen Handelns verlangt;
2. methodische Implikationen – indem es Intensitäten, gleichsam maßgeschneiderte pädagogische Interventionen meint, die vielfältig arrangiert und hinreichend differenziert sein sollen;
3. struktur- und organisationsbezogene Implikationen – denn der Komplexität von individueller Förderung als pädagogischem Kontext muss ein umfassendes und koordiniertes System an Förderangeboten, Förderpersonen und -settings in ganztägiger Organisation entsprechen;
4. professionsbezogene Implikationen – indem es ein Fachlichkeitsverständnis forciert, das soziale Diagnostik, Bildungsplanung, Kooperation und Lebensweltorientierung von den unterschiedlichen Beteiligten verlangt, im Sinne einer handlungsbezogenen Operationalisierung individueller Förderung mithin die Fähigkeit, eine *Praxis der Schnittstellen* zu realisieren, die die Konturen der jeweiligen professionellen Handlungskontexte trotzdem wahrt.

Als Entwicklung der ganzen Persönlichkeit gedacht führt individuelle Förderung mit der Ausdifferenzierung ihrer pädagogischen Arbeit somit konsequenterweise weg vom ziel- und problemgruppenbezogenen Denken und richtet sich demnach nicht nur an die Pole der Leistungsschwachen und besonders Begabten, sondern eben auch an das Leistungsmittelfeld – also an alle Schülerinnen und Schüler. Gelingende Förderung „als pädagogische Organisation eines umfassenden Erfahrung- und Erlebnisfeldes, das den lebensweltlichen Hintergrund von Kindern aufnimmt und die Aufmerksamkeit auf den ganzen Prozess biographischer Entwicklung richtet" (Winkler 2008, S. 180) muss in diesem Sinne in einem über die in Lehrplänen standardisierten Inhalte hinausgehenden Bildungskonzept aufgehen.

Das Konzept der Ganztagsschule bietet hierfür einen Rahmen, es ist selbst aber noch nicht das alleinige Mittel dahin, so Maykus (vgl. 2006), sondern es muss ausgestaltet werden, um dessen Potenziale der Förderung jeweils vor Ort zu klären und zu konkretisieren. Denn individuelle Förderung braucht förderliche Rahmenbedingungen und ihre Integration in Teamarbeit und in den Schulalltag. Vor allem dann, wenn sie nicht *Maßnahme* für eine bestimmte Gruppe von Schülerinnen und Schülern, sondern Fundament einer neuen Schule sein soll.

Nun lässt sich, trotz des formulierten Anspruches, eine entsprechende systematische Verankerung oder deren Umsetzung in der Breite bisher kaum beobachten. Zudem scheint die Auseinandersetzung mit Formen individueller Förderung insbesondere bei Lehrkräften in hohem Maße von Unsicherheiten und Mehrdeutigkeiten geprägt zu sein, die sich mitunter auf grundsätzliche Widersprüche professionellen (Lehrer-)Handelns zurückführen lassen. Hinzu kommt, dass die notwendige Klärung von Förderverständnissen und Fördermethoden an der einzelnen Schule noch zu wenig Raum erhält. Nicht zuletzt sind es die jeweiligen strukturellen Bedingungen, die als rahmende Faktoren den Umgang mit Heterogenität beeinflussen (vgl. z. B. Beher et al. 2005, 2007; Solzbacher 2009).

Vor diesem Hintergrund interessiert uns daher im Folgenden die Frage, inwieweit die fachliche Maxime der individuellen Förderung im Schulalltag anschlussfähig an das pädagogische Handeln der in den Ganztag eingebunden Akteure ist. Grundlage der nachfolgenden Darstellungen sind einerseits professionstheoretische Reflexionen über die Ausgestaltung einer entsprechenden Handlungskompetenz dieser Akteure, andererseits die empirisch gewonnenen Befunde aus leitfadengestützten Interviews mit 16 Lehrkräften und 17 Personen des außerunterrichtlichen bzw. weiteren pädagogisch tätigen Personals aus NRW und Bremen. Hierbei wurden vor allem Situationen der Förderung von Kindern in schwierigen Lebens- und Bildungssituationen thematisiert. 21 dieser Interviews wurden an Schulen des Primarbereichs, 12 an Schulen der Sekundarstufe I durchgeführt. Die Gruppe des außerunterrichtlichen Personals setzt sich ausschließlich aus qualifiziertem Personal zusammen – z. T. Leitungspersonen des Ganztagsbereichs, sozialpädagogischen Fachkräften oder auch Erzieherinnen. Bei der Interpretation der vorgestellten Ergebnisse ist dies angesichts einer in der Praxis vorfindbaren Heterogenität der weiteren pädagogisch Tätigen hinsichtlich Qualifikation und Beschäftigungsformen zu berücksichtigen.

Die Auswertung der Interviews erfolgte maßgeblich mittels einer strukturierten Inhaltsanalyse (vgl. Mayring 2000). Grundlage der Kodierung der transkribierten Interviews waren das Interviewschema und die entwickelten Definitionen der Auswertungskategorien.

Die Replizierbarkeit des Kategoriensystems sowie die Überprüfung der Praktikabilität und Präzisierung der Kategoriendefinitionen wurden durch Probekodierungen unterschiedlicher Kodierer mit anschließender Revision des Kategorienschemas sichergestellt. Zur Anwendung kamen hiernach schließlich sechs Analysegruppen mit insgesamt 35 Analysekategorien.

9.2 Vorüberlegungen zur empirischen Analyse: Erweiterte Kompetenzanforderungen als Merkmal professioneller Förderung

Grundsätzlich ist davon auszugehen, dass Ganztagsschulen einen konkreten und keinesfalls nur programmatischen Kontext bieten, in dem sich eine neue individualisierende sowie Bildung und Erziehung zusammenführende Praxis etablieren kann. Neue Zeitmodelle, neu geordnete Organisationsstrukturen, die Neubewertung von non-formaler Bildung, Individualisierung und Kooperation und dem damit eingeführten Ansatz der Schule als multiprofessionelle Einrichtung bieten den dort pädagogisch Tätigen hoch bedeutende Chancen zur Neuorientierung. Insbesondere diese neuen Formen der intra- und interprofessionellen Kooperation, des verbindlichen und abgestimmten Miteinanders, zeigen sich als notwendige Voraussetzung zur Realisierung einer veränderten Schul- und Lernkultur. Ein Veränderungs- und Gestaltungswille muss somit von allen Beteiligten getragen werden. Welche Konsequenzen ergeben sich daraus für die neuen Ganztagsakteure?

Die mit Blick auf das Leitbild der individuellen Förderung notwendigen Anpassungsleistungen des Ganztagspersonals können aus einer berufspolitischen Perspektive als Professionalisierung des Berufshandelns interpretiert werden. Dabei ist im Kontext Ganztagsschule Professionsentwicklung oder Professionalisierung als reziproke Erweiterung professioneller Handlungskompetenz des schulischen und außerschulischen Personals zu begreifen. Offen bleibt allerdings, in welcher Weise sich diese Entwicklungen für die jeweiligen Berufsgruppen oder Funktionssysteme im Ganztag auswirken. Festzustellen ist, dass das System Ganztagsschule durch interprofessionelle Kooperation auf der konkreten Handlungsebene eine Erweiterung seiner monoberuflichen Verfasstheit (vgl. Stichweh 1996) erfährt. Unklar bleibt indes, inwieweit sich auf der Systemebene das monoberufliche Funktionssystem Schule zugunsten eines durch interprofessionelle Kooperation geprägten Gesamtsystems verändern wird. Denkbar sind verschiedene Alternativen. Zum einen sind seit Jahrzehnten auch in der Halbtagsschule verschiedene Professionen tätig – Schulsozialarbeiter, Schulpsychologen und weitere – ohne das sich an der inneren Systemlogik, hier monoberufliches Funktionssystem, etwas verändert hätte. Nach wie vor sind es schulpädagogische Konzepte, Wahrnehmungen und Theorien, die maßgeblich das System Schule gestalten, sprich die Deutungshoheit der Lehrkräfte im System Schule bleibt ungebrochen. Zwar ist die Ganztagsschule erheblich stärker durch interprofessionelle Kooperation gekennzeichnet, bleibt aber nach wie vor von ihrer inneren Logik her Schule. Auch wenn sich eine fortschreitende funktionale Differenzierung beobachten lässt, kann nicht von einer Diversifikation des relevanten, bzw. systemleitenden Wissensbestandes ausgegangen werden, eher noch von einer Schließung gegenüber konkurrierenden Wissenssystemen. „Diese Schließungstendenz von Professionen verbindet sich mit dem Moment der professionellen Hierarchie. Dies bedeutet, dass andere Professionen in derselben Wissensdomäne nur dann akzeptiert werden, wenn sie bereit sind, sich in subordinierter Position in eine Hierarchie professioneller Arbeit einzufügen" (Stichweh 2005, S. 39). Denkbar wäre aber auch eine Alternative, in der es zu Verlusten der professionellen Autonomie und traditionell gesicherter Privilegien der Lehrerschaft kommt. Am Beispiel klassischer Professionen lassen sich Autonomieverluste aufgrund einer zunehmenden funktionalen Differenzierung auf gesellschaftlicher Ebene und einer zunehmenden Binnendifferenzierung von Handlungsfeldern (zunehmend arbeitsteilige Strukturen) nachzeichnen. „Die fortschreitende interne Differenzierung und die professionelle Pluralisierung in Funktionssystemen löst die faktische und normativ gestützte Kontrolle nur einer Leitprofession über ganze Funktionssysteme auf. Es ist genau die Stelle, an der die Sozialform *Organisation* übernimmt und die Arbeitsteilung in einem Funktionssystem reorganisiert" (ebd., S. 41). Für Lehrkräfte bedeutet dies, dass Entscheidungsspielräume und eine professionelle Autonomie nicht nur durch bürokratische Vorgaben übergeordneter Schulbehörden vorgegeben sind, sondern zunehmend stärker auch durch die Organisation Schule eingeschränkt werden. Anhaltspunkte für solch eine Deprofessionalisierung ergeben sich auch aus vielen schulischen Reformprojekten, in denen managementorientierte Instrumentarien aus der Wirtschaft implementiert werden (vgl. Tacke 2005).

Allgemein wird darauf verwiesen, dass zur Realisierung einer veränderten schulpädagogischen Praxis die Integration sozialpädagogischer Kompetenz und Professionalität von besonderer Bedeutung ist. Was aber kennzeichnet das spezifische Professionalitätsverständnis der Kinder- und Jugendhilfe als veranstaltete Sozialpädagogik und wie anschlussfähig ist es an schulpädagogische Kontexte? Eine lebensweltorientierte Jugendhilfe erfordert von den sozialpädagogisch Tätigen einen betont reflexiven Zugang zum Handeln, dies wird gleichsam eine Schlüsselkategorie des methodischen Handelns (vgl. Hansbauer 2001; Maykus 2001), dass die eigene Person, die Anforderungen des Falles, die eingesetzten Methoden und formulierten Ziele sowie die Bedingungen, unter denen gehandelt wird, stets durchdacht, überprüft, abgestimmt und gegebenenfalls situationsadäquat modifiziert wissen will. Eine solche zentrale Anforderung ist nur als methodisches und strukturiertes Handeln realisierbar und sollte hinsichtlich der Tätigkeiten der Beschäftigten in den Ganztagsschulen, insbesondere mit Blick auf die Arbeit mit den Adressatinnen und Adressaten, gleichsam auf die *Basisarbeit* bezogen, folgende Schritte berücksichtigen (erweitert nach von Spiegel 2002):

- Analyse der lebensweltlichen Konstellationen und Bedingungen eines Falles bzw. eines pädagogischen Handlungskontextes,
- Analyse und Konkretisierung des Unterstützungsanlasses junger Menschen sowie der resultierenden Aufgaben und Handlungsmöglichkeiten,
- Entwicklung von fallspezifischen Zielen und pädagogischen Interventionen,
- Vergegenwärtigung und Planung von Handlungsschritten und -regeln, Vereinbarungen,
- pädagogischer Handlungsprozess und Zielerreichung als begründetes und strukturiertes Handeln (auf der Basis von pädagogischen Förderkonzepten) sowie
- Evaluation des Handelns und der erreichten Ziele auf der Grundlage der fallspezifischen Zielformulierung sowie der Bedingungen der Umsetzung.

Dabei ist methodisches Handeln zugleich Resultat und Voraussetzung von *professioneller Handlungskompetenz*. Wir unterscheiden in Anlehnung an von Spiegel (vgl. 2002, S. 595 f.) drei in Wechselwirkung stehende Bausteine, die gleichsam die Grundlagen von Handlungskompetenz – auch im Bereich der individuellen Förderung junger Menschen in Ganztagsschulen – darstellen:

9.2.1 Baustein 1: Wissen

Hiermit ist die Verfügbarkeit von Fachwissen gemeint, das in Handlungssituationen abgerufen werden kann bzw. deren Reflexion und Realisierung fördert. Dabei sind Kenntnisse zur Strukturierung und Kategorisierung von Situationen wichtig (z. B. hinsichtlich von Ressourcen und Stärken der Adressaten, Charakteristika von Lebenslagen oder beeinträchtigenden Strukturen) und Wissen zur Erklärung von Problemzusammenhängen, Entstehungsbedingungen und ihren Auswirkungen. Ferner sind die Kenntnis sozialpädagogischer Fachmaximen (z. B. Lebenswelt- und Sozialraumorientierung) in ihrer Auswirkung auf das Handeln sowie relevanter sozialpädagogischer Methoden und Verfahren von Bedeutung; schließlich das Wissen um rechtliche und administrative Grundlagen der Arbeit, um die eigenen Kompetenzen sowie die regionale Angebots- und Hilfestruktur, mithin eine sozialräumliche – und Feldsensibilität (vgl. zu Kategorien des Fachwissens auch Peters 2002).

9.2.2 Baustein 2: Können

Zunächst spielt an dieser Stelle die Fähigkeit zum Einsatz der eigenen Person eine Rolle, die personale Dimension des sozialpädagogischen Könnens. Sie drückt sich aus in Empathie, des gedanklichen Perspektivenwechsels, der Reflexion von Deutungsmustern sowie dem Ausbalancieren von Nähe und Distanz in pädagogischen Beziehungen. Klarheit über die eigene Rolle und ihre Gestaltung ist nicht nur Resultat dieser Fähigkeit, sondern auch Voraussetzung für das Aushalten offener und wenig kalkulierbarer pädagogischer Prozesse. Des Weiteren ist das Handeln im engeren Sinne gemeint, die Beherrschung der Grundoperationen des zielorientierten und methodischen Handelns im oben genannten Sinne. Besonders hervorzuheben sind hierbei die multiperspektivische Fallarbeit (vgl. Müller 1993) sowie Strategien der Selbstevaluation als Grundlage und Impuls für die Weiterentwicklung und Optimierung des Handelns (vgl. Heiner 1996).

9.2.3 Baustein 3: Berufliche Haltungen

Hier wird der Arbeit an der eigenen beruflichen Haltung eine hohe Bedeutsamkeit beigemessen. Dies kann geschehen anhand der Reflexion eigener beruflicher Handlungsmuster und Wertestandards, der Reflexion des Kontaktes und der pädagogischen Begegnung mit den Adressatinnen und Adressaten sowie der Orientierung an ihrer Autonomie und Kompetenz, die Ergebnis einer solchen Vergewisserung sein sollte. Vor diesem Hintergrund stellt sich das Konzept des Empowerment (vgl. Stark 1996) als zentrale fachliche Leitlinie dar, die einerseits als methodischer Zusammenhang fungieren kann, andererseits aber vor allem eine Einstellung und berufliche Maxime ausdrückt, die die Unterstützung und Befähigung der Adressatinnen und Adressaten meint, die Förderung ihrer Selbstorganisation und Eigenverantwortung. Betont werden hierbei deren Stärken und Fähigkeiten sowie die Ressourcenorientierung als Ausgangspunkt der pädagogischen Arbeit (vgl. Hansbauer 2001, S. 366).

Im Sinne der Wechselwirkungen der Bausteine von Handlungskompetenz resultiert aus den Bausteinen Wissen und Können eine Grundhaltung der sach-, ziel- und personenbezogenen Sensibilität für die Ausgestaltung der erzieherischen Förderung. Die Reflexion, Bewertung bzw. Evaluation beruflicher Handlungsmuster ist dabei Ausdruck professionellen Handelns. Professionelle Selbstreflexivität im Sinne einer Relationierung von fachlichem Wissen und Handlungswissen repräsentiert das spezifische Professionswissen.[1]

Die in diesem Arbeitsfeld des ganztägigen Lernens zu bearbeitenden Probleme weisen eine erhebliche Komplexität auf und sollten von Professionellen als solche auch wahrgenommen und konzeptuell aufgegriffen werden. Diese Komplexität bezieht sich auf die je individuell biografische Bewältigungsthematik des Kindes durch die Gestaltung pädagogischer Angebote und Lebensräume, nicht auf durch technokratisch definierte Interventionen lösbare Einzelprobleme. Wichtig wird daher der lebensweltliche Blick auf die

Bedürfnisse der Adressatinnen und Adressaten, auf ihr Bedürfnis, relevanten Erwachsenen zu begegnen, sie in ihrem persönlichen Profil zu erfahren, im gemeinsamen Tun, im *sich Auseinandersetzen* und *Konflikte lösen* statt einer arrangierten Künstlichkeit und Einengung des professionellen Blickwinkels auf standardisierte Erziehungsarrangements.

Eine darauf fußende professionelle Handlungskompetenz macht die Fähigkeit aus, den komplexen und vielschichtigen Anforderungen erzieherischer Förderung gerecht zu werden und sich gleichsam in einem Wechselspiel der drei Bausteine stetig zu stabilisieren wie auch weiterzuentwickeln. Damit können der Alltag und Routinen adäquat bearbeitet, aber auch neue Anforderungen auf der Grundlage eines fachlichen Selbstverständnisses bewältigt werden.

9.3 Empirische Befunde: Exemplarische Perspektiven auf Handlungsprozesse zwischen Erfahrungsorientierung und Externalisierung

Inwieweit wird nun vor diesem Hintergrund individuelle Förderung als Handlungskonzept an Ganztagsschulen seitens der Fach- und Lehrkräfte wahrgenommen und umgesetzt?

Für beide Akteursgruppen spielen auf (Berufs-)Erfahrung aufbauende Alltagstheorien (subjektive Theorien) in ihrem professionellen Handeln eine entscheidende Rolle: „*Ich denke mir, dass ich aufgrund meiner Berufserfahrung einen Blick dafür habe, wie Kinder z. B. agieren und ich denke, dass ich auch ganz gut damit umgehen kann und das ich solche Situationen gut lösen kann*" (soz.-päd. Fachkraft).

Handlungsleitende *subjektive Theorien* sollen hier verstanden werden als „Überzeugungen, denen Gültigkeit unterstellt wird und die auf die Wahrnehmung von Menschen und Situationen selektiven Einfluss haben" (Mägdefrau 2006, S. 166). Subjektive Theorien sind somit unbewusste oder bewusste handlungsleitende Dispositionen, die die Handlungsfähigkeit des Subjektes erst herstellen und somit eine hinreichende Voraussetzung für ein funktionierendes Alltagshandeln darstellen.

Die Befragungen haben gezeigt, dass im Kontext Schule ein flexibles, situationsbezogenes (ad hoc) Handeln notwendige Voraussetzung für eine anschlussfähige Interaktion in der Schüler-Lehrer respektive Schüler-Sozialpädagogen-Beziehung ist: „*[...]weil man auch schnell reagieren muss, weil man viel im Auge haben muss. Es läuft ja nicht so einheitlich oder so ruhig ab, wie das sonst so ist*" (Lehrkraft).

Insofern sind subjektive Theorien nicht per se geringer zu schätzen als abstraktes wissenschaftliches Wissen. Professionelles Handeln gründet sich nicht allein auf ein wissenschaftliches Erklärungswissen (dies entspräche dem Typus des rein instrumentellen Handelns), vielmehr bedarf es zusätzlich der Analyse des je konkreten Einzelfalls. Zum individuellen Fallverstehen ist vom Professionellen zusätzlich ein „interpretatives, auf die individuelle Person orientiertes Sinn- und Bedeutungsverstehen gefordert" (Schroeter und Rosenthal 2005, S. 15). Der Professionelle als Idealtypus handelt auf Grundlage einer doppelten Wissensbasis, die durch unterschiedliche Kompetenzen begründet wird. Wissenschaftliche Kompetenz i. S. eines umfassenden Theorieverständnisses und dem Wissen um wissenschaftliche Verfahren (Reflexionskompetenz), als auch die hermeneutische Kompetenz des individuellen Fallverstehens begründen hier den besonderen Handlungstyp des Professionellen: "Der Professionelle stellt in seinem Handeln die widersprüchliche Einheit von universalisierter Regelanwendung und Fallverstehen her. Seine Aufgabe und Leistung besteht in der Vermittlung von Theorie und Praxis mittels stellvertretender Deutung" (Pfadenhauer 2003, S. 41). Problemdeutung bedeutet hier, dass der Professionelle nach den methodischen Regeln der Sequenzanalyse rekonstruiert was der konkrete Fall ist, bzw. ihn hierdurch erst erschließt. Die Befunde aus den Befragungen lassen allerdings darauf schließen, dass methodisch reflektiertes Handeln oder professionsspezifische Abwägungsprozesse im Sinne von disziplinspezifischen Professionspraktiken im Alltagshandeln eine untergeordnete Rolle spielen, obgleich die Befragten Methodenkompetenz und Fachwissen als eine notwendige Voraussetzung zur Realisierung einer individualisierten Förderpraxis betrachten. Grundsätzlich kann man sagen, dass sowohl innerhalb der Professionsgruppen als auch zwischen ihnen keine geteilten, abgestimmten Normen oder Standards des Handelns vorliegen. Individuelle Förderung, so könnte man zugespitzt die Situation beschreiben, drückt sich in einer doppelten Individualisierung aus: Die Hinwendung zum einzelnen Kind scheint sich in der methodisch-praktischen Umsetzung im je individuellen Horizont von persönlichen und beruflichen Erfahrungen, Alltagstheorien und Wahrnehmungsmustern zu entfalten, ohne einer verallgemeinerbaren, konzeptionell fundierten Leitorientierung zu folgen. Das muss nicht automatisch bedeuten, dass Förderung nicht gelingt. Es lässt sich jedoch kaum gezielt entwickeln, kommunizieren, abstimmen und evaluieren, was wichtige Kriterien einer nicht nur geschulten und erfahrenen, sondern auch professionellen Förderpraxis wären.

Deutlich wird dieser Sachverhalt insbesondere auch im uneinheitlichen Verständnis von individueller Förderung: Es existieren eher individuelle Bilder und Zuschreibungen, Erklärungen von Förderbedarfen der Kinder, die dann das Handeln leiten und zu unterschiedlichen Interventionszielen und -formen führen. Auch diese individuellen Erklärungen kommen infolge beruflichen Wissens, gewonnener Erfahrungen und Kausalitätsannahmen zustande, weniger im Rückgriff auf dezidierte fachlich geprägte Annahmen. Während es dabei professionsbezogene Muster gibt (Verständnisunterschiede bezüglich Förderung zwischen Lehrkräften und außerunterrichtlich tätigen Fachkräften, s. u.), lassen sich jedoch in den Erklärungen von Heterogenität der Schülerschaft in ihren Lebens- und Bildungssituationen kaum Unterschiede zwischen den Professionen finden. Die Kontextualisierung des Phänomens individuelle Förderung erfolgt auf beiden Seiten nach einem vor allem defizitorientierten Blick (normabhängig) und thematisiert Zuschreibungseffekte (v. a. soziale Indikatoren lösen Annahmen über Förderbedarf aus), eine erlebte situative Diskrepanz, Passungsprobleme zwischen Förderzielen und -effekten bei den Kindern (v. a. anhand von Entwicklungsdefiziten der Kinder erklärt) sowie leistungsbezogene Unterschiede, die überwiegend individualisiert werden (zu frühe Einschulung, Lernbehinderung, Einstellungen und Motivation etc.). Bei Lehrkräften sind diese Erklärungsmuster deutlich negativer konnotiert, indem die eigenen Handlungsoptionen reflektiert und sofort als schwierig eingeschätzt werden, also eine gewisse Frustration auslösen. Grundverständnisse und Erklärungen von Förderbedarfen und Heterogenität der Lebens- und Bildungssituationen der Kinder leiten demnach das Handeln, zeigen sich aber genauso vielfältig, gleichzeitig professionsspezifisch und relativ homogen zwischen den Befragten sowie weniger als dezidierte, reflektierte Handlungsorientierung (im Sinne konzeptionell ausgerichteter Interventionen), eher noch als pragmatische Konsequenz aus gegebenen Verhältnissen.

Neben professionsspezifischen Sach- und Methodenkenntnissen haben selbst- oder fremdzugewiesene, extrafunktionale oder personenbezogene Kompetenzen bei der Zuweisung spezifischer Aufgaben und Rollen in Ganztagsschulen eine Bedeutung. Im Kontext der Ganztagsschule lassen sich zwei Funktionsgruppen unterscheiden – außerunterrichtliches und unterrichtliches Personal. Beide Gruppen weisen in der Praxis klar voneinander getrennte Aufgabenbereiche aus. Deutlich wird diese Funktionsunterscheidung auch hier durch die ausgeprägten selbst- und fremdzugewiesenen Kompetenzen der Interviewpartner.

Sowohl in der Selbstcharakterisierung des außerunterrichtlichen Personals, als auch in der Fremdzuschreibung durch die Lehrkräfte werden die sozialen Kompetenzen des außerunterrichtlichen Personals hervorgehoben. Dem außerunterrichtlichen Personal werden idealtypisch soziale Kompetenzen zugesprochen. Es existiert die Vorstellung, dass diese Funktionsgruppe idealerweise *das Ganze* im Blick hat (erweiterte Analysekompetenz). Sie vermittelt weniger schulisches Wissen, dafür aber wichtige Sozialkompetenzen und hat einen systemischen Blick auf das Kind bzw. den Jugendlichen, d. h., sie bezieht im Förderkonzept stärker die Familien mit ein (Stärkung des Erziehungsaspektes).

Feststellbar ist hierbei, dass die Befragten i. d. R. deutlich eine fachliche Abgrenzung zur jeweils anderen Funktionsgruppe vornehmen: *„Wenn ich anfange Deutsch-Nachhilfe zu geben, dreimal die Woche, dann verliere ich meinen Status bei den Kindern. [...] Die Schüler dürfen mich alle duzen, wenn ihnen danach ist – ich bin auf einer ganz anderen Ebene mit denen – ich bin mehr auf Augenhöhe mit ihnen als ein Lehrer und die Rolle möchte ich gerade mit lernstofffachlicher Sache nicht kaputt machen. Die sollen weiterhin sehen – ich bin keine Lehrerin – ich werde sie nicht unterrichten. Ich verteile keine Noten. Bei mir muss keiner unter Druck arbeiten. Bei mir darf jeder so arbeiten, wie er das kann und wie er es auch möchte – ein stückweit"* (soz.-päd. Fachkraft). Lehrkräfte dagegen verweisen deutlich häufiger auf ihre Kompetenzen zur Realisierung rein schulischer Förderung und sehen darin im Wesentlichen auch ihre Kernaufgabe. *„Ich denke – die Diagnostik – was Lernen betrifft – gelingt uns inzwischen – mir auch – gut. Wir haben uns tüchtig fortgebildet. Wir haben eine Menge Erfahrungen gesammelt, haben uns selber eine Menge Beobachtungs- und Diagnoseinstrumente gesucht, mit denen wir das gut hinkriegen und auch gut dokumentieren können"* (Lehrkraft).

Unmittelbar aus dem professionellen Selbstverständnis oder dem professionellen Selbst- und Fremdbild leitet sich das jeweilige Rollenverständnis der Ganztagsakteure ab. Gerade hierbei zeigen die Befunde, dass wechselseitige Rollenerwartungen der verschiedenen Professionen nach wie vor nicht deckungsgleich sind: *„Ich denke, dass es vielen Lehrern schon auch bewusst ist, dass individuelle Förderung notwendig ist. Sie finden es auch gut, wenn es jemand anders tut"* (soz.-päd. Fachkraft). Dieses Zitat verweist stellvertretend darauf, dass die Akteure – Lehrkräfte und Fachkräfte in den außerunterrichtlichen Angeboten – durchaus deutlich unterscheidbare Grundverständnisse von individueller Förderung äußern. Während Lehrkräfte einen eher leistungsorientierten und unterrichtsbezogenen Blick verdeutlichen, betonen die weiteren Fachkräfte eine sozialpädagogisierte Sichtweise und betonen ganzheitliche, alltags- und beziehungsorientierte sowie kommunikative Strategien der Förderung. Die beiden Akteursgruppen vergegenwärtigen vor diesem Hintergrund unterschiedliche Grundmerkmale der Interventionssituation (Förderverständnis). Die sozialpädagogischen Fachkräfte wollen um des Kindes und seiner Alltagsbewältigungskompetenz willen fördern und nennen als Mittel Individualität, Beziehungsarbeit und Kommunikation. Man könnte sagen, dass hier eine Interventionskongruenz vorliegt, da die fachliche Maxime (individuelle, subjektorientierte pädagogische Arbeit) gleichzeitig auch das Ziel der Förderung darstellt (Individualität ermöglichen): Individualisierung als Handlungsstrategie ist die Antwort auf die Unterschiedlichkeit und Subjektivität der Handlungsanlässe. Bei Lehrkräften hingegen kann man von einem Interventionsparadox sprechen. Sie wollen Kinder um des Lernerfolgs willen fördern, den sie für alle als relativ gleichartig formulieren, wenngleich ihn die Kinder gegebenenfalls auf unterschiedlichen Wegen erreichen. Individualisierung ist hier eher ein Mittel zur Vereinheitlichung, denn es werden gleiche Lernziele für alle Schüler als Orientierung angenommen. Die Betonung der Beziehungsarbeit als eine grundlegende Maxime der individuellen Förderung – wie sie die sozialpädagogischen Fachkräfte hervorheben – erschwert die Operationalisierung von individueller Förderung und damit die Spezifizierung der Handlungsstrategien. Eine stärkere Vergewisserung (Reflexion) über das eigene Handeln bei individueller Förderung löst die bewusste Orientierung an diesem pädagogischen Ziel aus Sicht vieler Befragter trotz allem aus. Vereinzelt sind auch Widerstände und Unsicherheiten, Tendenzen der Überforderungen wahrzunehmen. Der hohe fachliche Anspruch stößt auf begrenzte persönliche und qualifikatorische Möglichkeiten, ist letztlich nicht automatisch auch umsetzbar. Mehrheitlich wird daher auch die ausgewiesene Bedeutung einer multiprofessionellen Kooperation angesehen, die das eigene Handeln anregt, variieren lässt, für Entlastung sorgen kann und den Blick auf Schüler verändert (er stellt sich problemadäquater und umfassender dar). Individuelle Förderung als Vorsatz und erlebte Praxis initiiert erkennbar die Kooperation der Akteure. Sie hat zwischen den Professionen durchaus zugenommen, auch innerhalb der Lehrerschaft, wird aber noch als deutlich ausbaufähig angesehen.

Insbesondere im Umgang mit Kindern und Jugendlichen, die sich in schwierigen Bildungs- und Lebenssituationen befinden, fühlen sich viele Fach- und Lehrkräfte überfordert. Die nachfolgende Äußerung ist eine Antwort auf die Frage, inwieweit Kompetenzen und Methoden zur Förderung von auffälligen Kindern vorhanden sind und steht stellvertretend für eine Reihe ähnlicher Einschätzungen: „*Fast überhaupt keine. Da sind wir überfordert. [...] Unsere Sozialpädagogen sind auch von Haus aus keine Spezialisten für Schwererziehbare. Das ist eine andere Ausbildung. Obwohl die wirklich gute Arbeit leisten, aber es ist einfach etwas anderes, sie haben ja auch viele andere Aufgaben. Und wir haben sie ja nicht eingestellt für Schwererziehbare. Und Lehrer sind ja auch keine Spezialisten, natürlich nicht. Und diese individuelle Behandlung, die diese Schüler haben müssten, die können wir nicht leisten*" (Lehrkraft). Je schwieriger die Schülerinnen und Schüler, desto weniger ist klar, was ein individuelles Förderkonzept konkret bedeutet. Gerade also bei der Klientel, um die es bei der Reduktion von Chancenungleichheit geht, macht sich die Vagheit besonders negativ bemerkbar: Einem motivierten und klugen Schüler ein individualisiertes (und erfolgreiches) Förderkonzept anzubieten, dürfte erheblich weniger Probleme machen, als einem Schüler, der kognitive, soziale oder motivationale Barrieren aufweist.

Weitaus schwerwiegender als fehlende Kompetenzen im Umgang mit einem Teilbereich der Schülerschaft scheint aber der Umstand, dass im Arbeitsfeld des außerunterrichtlichen Personals viele un- und angelernte Kräfte, hier insbesondere die vielen auf

Stundenbasis beschäftigen Mitarbeiterinnen und Mitarbeiter, keine dem Tätigkeitsbereich entsprechende Ausbildung mitbringen: *"Es ist schon wirklich von Vorteil, dass ich eine erzieherische Ausbildung habe. Das ist natürlich vollkommen klar, deswegen haben auch unsere Betreuungskräfte extra noch einen Lehrgang gemacht, da merkt man aber auch schon so die Unterschiede, ob jemand Erzieher ist oder ob er von außerunterrichtlichen Bereichen kommt"* (soz.-päd. Fachkraft). *"Wir haben ja z. B. bei uns in der OGS nur zwei Erzieherinnen, der Rest sind einfach nur Leute, die meinen, sie könnten mit Kindern umgehen, das muss man auch mal ganz ehrlich sagen. Es sind keine Fachkräfte. Was nicht heißt, dass sie unbedingt schlecht sind, das muss es ja nicht heißen. Aber da fehlt es natürlich auch irgendwo. Man müsste da schon, ja, entweder muss man sich von außen Leute holen oder man müsste mehr Fachkräfte einstellen. Das wäre schon wichtig"* (Lehrkraft). In diesem Sinne stellt der als *Ganztag* bezeichnete Zeitabschnitt mehr einen *Tätigkeitsbereich* als ein *Berufsfeld* dar, sprich die vorhandenen Qualifikationen (insbesondere der Stundenkräfte) entsprechen häufig nicht dem Aufgabenfeld bzw. dessen Anforderungen. Diese Personalpolitik der Träger des Ganztags lässt auf eine unzureichende Finanzausstattung der Ganztagsschulen schließen und hat nachvollziehbar einen direkten Einfluss auf die Qualität der Ganztagsangebote. Ein Umstand, den insbesondere das außerunterrichtliche Personal beklagt: *"Beim sozialpädagogischen Fachpersonal – muss ich sagen, da bin ich so ein bisschen traurig – da gibt es sehr, sehr unterschiedliche Standards. Es sind hier Sozialpädagogen, ich bin hier Sozialpädagogin und Diplompädagogin – zufällig nun – wir haben aber auch Erzieher und da sind eben die Standards sehr unterschiedlich, was jeder mitbringt. Das Problem ist, dass die Behörde eigentlich gar nichts von uns erwartet – ja, wir sind Betreuungskräfte und Betreuungskräfte heißt: Natürlich hat man als Erzieher seine Funktion, aber inhaltlich ist da noch nie ein Anspruch an uns gesetzt worden. Was ich an der Stelle vermisse, sind Fortbildungen, die gibt es nicht für uns. Wir nehmen immer an den allgemeinen schulinternen Fortbildungen teil. Möglicherweise zur Teambildung, zu was auch immer, aber wir haben noch keine einzige inhaltliche Fortbildung gehabt. Ich finde – ganz ehrlich – dass die Erzieher nicht ganz richtig qualifiziert sind. Die werden traditionell ausgebildet für den Vorschulbereich"* (soz.-päd. Fachkraft).

Hält dieser Zustand dauerhaft an, besteht die Gefahr, dass sozialpädagogische Fachkräfte bzw. Erzieherinnen oder Erzieher resigniert in andere Tätigkeitsbereiche abwandern, sofern dies die Arbeitsmarktlage zulässt. Gerade für letztere gilt, dass die Optionen am Arbeitsmarkt aufgrund des Fachkräftemangels im Elementarbereich sukzessive zunehmen. Darüber hinaus ist anzunehmen, dass sich die Qualität der Beschäftigungsverhältnisse unmittelbar auf die Personalpolitik der Träger auswirkt. Mit Blick auf die Personalstruktur des außerunterrichtlichen Personals lässt sich die Frage anschließen, inwiefern die Ausgestaltung der Beschäftigungsverhältnisse sich auch limitierend auf den personalplanerischen Spielraum bei der Stellenbesetzung auswirkt. Es ist anzunehmen, dass hier Fremd- und Selbstselektionseffekte eine Limitierung des potenziellen Bewerberinnen- und Bewerber-Pools zur Folge hat. In der Regel bewirken die häufig prekären Arbeitsbedingungen, dass nur ein ganz spezifischer Beschäftigungstyp rekrutiert werden kann. Darüber hinaus ist die Fluktuation bei Teilzeit- und/oder geringfügig Beschäftigten sowie angelerntem Personal i. d. R. erhöht. Dies verhindert den Aufbau von individuellem Erfahrungswissen und erschwert organisationales Lernen. Hier würde eine genauere

Betrachtung lohnen, denn die Zusammensetzung der Personalstruktur hat einen deutlichen Einfluss auf Qualität und Professionalität der erbrachten Leistungen. *„Es ist eben schwierig – weil ich einfach denke – wir operieren hier alles nur mit Teilzeitkräften, Honorarkräften"* (soz. päd. Fachkraft).

Neben der Zahl und Qualifikation des Personals in den Ganztagsangeboten beeinflusst eine oftmals mangelhaft empfundene Ressourcenausstattung die Qualität der Leistungen und das professionelle Handeln selbst. Gruppen- bzw. Klassengröße, Zeitmangel im Unterricht und in den Ganztagsangeboten für Förderung und Kooperation gleichermaßen, Qualität und Quantität geeigneter Räumlichkeiten sowie sächliche Bedingungen sind hierbei häufig genannte Problemfelder. Eine effektive individuelle Förderung setzt eine günstige Fachkraft-Kind-Relation voraus (also möglichst kleine Gruppen- und Klassengrößen). Tatsächlich ist der Mehraufwand des Ganztags und der individuellen Förderung – wenn überhaupt – nur zu finanzieren, wenn die Gruppen bzw. Klassen möglichst maximal ausgelastet sind: *„Die Gruppengröße ist immens wichtig [...] Aber man kriegt eben das Geld vom Senator eben nur Pro-Kopf-Schüler und wir können uns den guten Ganztag und die gute Betreuung hier an der Schule in dem Sinne eben nur leisten, wenn wir auch volle Kanone fahren"* (Lehrkraft). So bremsen die als defizitär eingeschätzten Rahmenbedingungen auch die Planung und Erprobung innovativen Handelns, da die Spielräume für individuelle Förderung grundsätzlich als zu eng bewertet werden. Der kritische Blick auf strukturelle Einflüsse überwiegt bei den Lehrkräften, ist aber bei den außerunterrichtlich tätigen Fachkräften ebenso verbreitet.

Die Ergebnisse dieser Studie zeigen – zusammengefasst gesprochen – eine kaum operationalisierbare und differenzierbare Matrix von Handlungsprozessen auf methodischer Grundlage. Diese Situation betrifft die beteiligten Professionsgruppen gleichermaßen. Individuelle Förderung findet nach den Aussagen der Befragten kaum auf einer wissenschaftlich reflektierten, konzeptionellen und durch Fachwissen geleiteten Basis statt. Stattdessen dominiert eher ein situatives, den alltäglichen Ausprägungen von Förderbedarfen gerecht werdendes Handeln, das jedoch kaum in Bezug zu einem Meta-Wissen, einem Verweisungs- und Analysewissen gesetzt wird (Welches Problem liegt vor? Wie kann es beschreiben, erklärt und bewertet werden? Wer kann es wie bearbeiten?). Zudem zeigen die Interviews, dass gerade bei den außerunterrichtlich tätigen Fachkräften ein eher diffuses Bild von den Standards eigenen Handelns herrscht, das nicht spezifizierbar und wenig verallgemeinerbar ist. Dies wird auch aus Sicht von Lehrkräften beschrieben, die aus diesem Grund häufig nur ein verschwommenes Bild von den Kompetenzen der Kollegen in den Ganztagsangeboten entwickeln können – was auch Auswirkungen auf die Entwicklung von Kooperation haben dürfte. Nicht nur die Verständigung über Förderkonzepte ist von Bedeutung, sondern auch die Klärung der jeweiligen fachlichen Orientierungen, methodischen Vorgehensweisen und individuellen Kompetenzen der Beteiligten, damit Berührungspunkte und Synergieeffekte abgeschätzt werden können.

Die individuelle Förderung von Kindern in schwierigen Lebens- und Bildungssituationen ist auf fundierte diagnostische Kompetenzen angewiesen. Dies drücken fast alle Gesprächspartner in den Interviews aus und weisen gleichzeitig darauf hin, dass hierzu ein immenser Fortbildungsbedarf besteht. Die hohe Bedeutung der Diagnostik in der Arbeit mit einzelnen Kindern und Familien geht nicht einher mit einer entsprechenden Möglichkeit, Fortbildungen wahrzunehmen und die eigenen Kompetenzen auszubauen.

Gerade Fachkräfte aus den Ganztagsangeboten schildern, dass ihnen diese Spielräume häufig fehlen. Im Sinne einer Förderung – verstanden als Entwicklungsförderung, die soziale und individuelle Aspekte des Erlebens und Verhaltens junger Menschen gleichermaßen berücksichtigt – ist hier ein entscheidender Baustein nur gering ausgeprägt und birgt darin die Gefahr, dass dem hohen Anspruch individueller Förderung der Boden an fachlichen Kompetenzen entzogen wird. Ohne die Möglichkeit der Fort- und Weiterbildung in diagnostischen genauso wie in weiteren methodischen Grundlagen kann man den einzelnen Akteuren kaum die alltägliche Umsetzung einer derart komplexen Förderpraxis abverlangen. Die tendenziellen Überlastungstendenzen und Neigungen zur Delegation in den als „schwierig" erlebten Fällen sind gegebenenfalls auch darin begründet, dass die Betreffenden eine zu große Lücke zwischen den eigenen Kompetenzen und situativ gestellten Anforderungen wahrnehmen. Diese zu schließen bzw. zumindest zu verkleinern, wäre Aufgabe einer kontinuierlichen Qualifizierung, die weitere bedeutsame Effekte haben dürfte: Sie kann dazu beitragen, dass das überwiegend rekonstruierte diffuse Kompetenzprofil in der Förderung, die kaum spezifizierten sozialpädagogischen Standards sowie rollenspezifische Konfliktstrukturen (vor allem der Lehrkräfte) einen Rahmen der Auseinandersetzung erhalten, der auch zu einer Erhöhung des Professionswissens und der Methodenkompetenz beitragen kann. Die gewisse Dominanz des Persönlichen als Handlungsmodus der Förderung – Beziehungsarbeit als Einsatz der Person und im Rückgriff auf eigene Erfahrungen – würde dann eingeordnet in weitere Perspektiven des Handelns und in seiner möglichen Einseitigkeit relativiert. Beziehungsarbeit als Basis für Förderstrategien wird von vielen Befragten als wichtig erachtet, darf jedoch nicht zur Abwendung von methodisch reflektierten Handlungsstrategien führen. Letztlich drückt beides die zwei Seiten der Medaille professionellen Handelns aus.

Die Umsetzung individueller Förderung wird im Kontext von Professionalitätsmerkmalen letztlich genauso von grundlegenden Rahmenbedingungen an der Schule bedingt, wie in den vorstehenden Kontexten bereits erörtert. Die Befragten äußern in hohem Maße, dass die idealen Vorstellungen von individueller Förderung und der Arbeit mit Kindern in schwierigen Lebens- und Bildungssituationen erkennbar beeinträchtigt werden von den strukturellen Gegebenheiten wie Klassengröße und Lehrplanvorgaben sowie den eingeschränkten Möglichkeiten der internen Teamarbeit und multiprofessionellen Kooperation durch Zeitdruck oder fehlende Orte der Begegnung. Hier zeigt sich, dass die grundlegenden Strukturqualitäten von Ganztagsschule eine Schlüsselrolle bei der Umsetzung von individueller Förderung spielen – und das in allen hier betrachteten Kontexten. Sie beeinflussen die Wahrnehmung des Phänomens genauso wie die Handlungsmuster, den dabei erreichten Grad an Professionalität und die Möglichkeiten der multiprofessionellen Kooperation.

9.4 Schlussfolgerungen: Operationalisierungsdefizite pädagogischer Programme als Herausforderung für Theorie, Praxis und Forschung

Die exemplarisch beschriebenen Befunde zur Umsetzung individueller Förderung können auf eine Frage hin pointiert werden: Inwiefern ist die für ganztägig organisierte Schulen konstitutive fachliche Maxime der individuellen Förderung anschlussfähig an das fachliche Handeln und die ihnen zugrunde liegenden Förderkonzepte der Lehr- und weiteren pädagogischen Fachkräfte? Die fachliche Maxime selbst erweist sich kaum als praktische Handlungsleitformel und stößt an klare Grenzen der Handlungsmöglichkeiten und -bedingungen der befragten Akteure. Die Implikationen von Förderung (v. a. organisations- und professionsbezogen, methodisch und konzeptionell) haben keine dezidierte Entsprechung in der Praxis. Innerhalb der Gruppen und zwischen ihnen existiert kein einheitliches Förderverständnis – es gibt keinerlei verbindliche Klärung. Individuelle Förderung ist Gegenstand individueller Interpretation und daraus resultierender Interventionen. Die mit teils diffusen Erwartungen konfrontierten Akteure des Ganztags sind somit selbst gefordert, Klärungsprozesse zu initiieren und situativ – respektive in einem interprofessionellen Dialog – zu definieren, was individuelle Förderung konkret auszeichnet und welchen Stellenwert sie in der unterrichtlichen und außerunterrichtlichen Arbeit erhalten soll. Strukturelle Mängel (Zeit, Personal, Raum- und Sachausstattung) stellen hierbei auch eine Entwicklungsanforderung dar. Unter den je gegebenen strukturellen Spielräumen an der Schule muss ein vor allem praktikables Konzept der Förderung entwickelt und verankert werden. Die Organisation entsprechender Entwicklungen, die zielorientierte Leitung und Steuerung, der Umfang und die Ausrichtung der Angebote müssen hierauf abgestimmt werden und das Förderprofil der Schule etablieren. Die Organisationskultur sollte den notwendigen Rahmen für professionsinterne und multiprofessionelle Kooperation ausdrücken und durch klare Strukturen, Vereinbarungen, Konzeptklärungen sowie verbindliche Regeln als Grundlage für die Zusammenarbeit geprägt sein. Diese wichtige Bedingung für die Entwicklungs- und Ausbauqualität von Ganztagsschulen ist auch eine für die Qualität der Entwicklung förderlicher Strukturen für individuelle Förderung. Eine solche Wechselwirkung kann sich allerdings dann – auch das zeigen die Befunde der zugrunde liegenden Studie – hinderlich auswirken, wenn sich die Entwicklungsprozesse zu schnell, zu wenig partizipativ und durch eine Überlagerung vieler unterschiedlicher Anforderungen darstellen, die kaum konzentriert und nachhaltig implementiert werden können, ohne bereits mit neuen konfrontiert zu werden. Sind die Entwicklungsprozesse zu komplex, in den Einzelschritten unabgestimmt und ungleichzeitig erlebt, sind sie zu sehr auf den quantitativen Ausbau der Bildungsangebote ausgerichtet, so erschweren sie die Entwicklung handlungsrelevanter Konzepte der individuellen Förderung. Dieses *Struktur- und Entwicklungsparadox* von Ganztagsschulen sollte durch eine ausgewogene Gestaltung von Steuerung, Konzeptentwicklung und Förderung einer Organisationskultur eingedämmt werden, damit die von den Befragten sehr positiv bewertete potentielle Wirkung ganztägiger Schulformen auf die Erneuerung pädagogischer Handlungsformen und Angebote, auf das Schulklima und den gemeinsamen Gestaltungswillen nicht in das Gegenteil verkehrt wird.

Ein langfristig zu denkender Veränderungsbedarf betrifft die grundlegende Neujustierung der Professionsrollen in Ganztagsschulen: Was kennzeichnet zukünftig die Lehrerrolle, was sollte an beruflicher Identität in Studium und Fortbildung vermittelt werden? Inwiefern gelingt eine Erweiterung der Berufsrollenidentität, um sozialpädagogische Elemente aufzunehmen, die Kooperationsfähigkeit zu erhöhen und sozialräumlich zu agieren? Inwiefern verändern beginnende schulstrukturelle Reformen die Professionalitätsmerkmale von Lehrkräften? Auch die sozialpädagogischen Fachkräfte müssen sich mit ihrer professionellen Identität unter den Rahmenbedingungen von Ganztagsschulen auseinandersetzen. Gegenwärtig zeigen sich auf beiden Seiten unterschiedliche Interventionssituationen und Rollenerwartungen im Kontext der Förderung, die es nicht anzugleichen, aber dennoch professionstheoretisch und praktisch in ihrer Komplementarität zu verorten gilt. Der Bewegung, Veränderung und Erweiterung in den Professionsrollen muss nach Phasen der Vergewisserung, Erneuerung, Neujustierung und Erprobung vor allem eine Form von Klarheit folgen, die Sicherheit und Orientierung bietet: (Sozial-) Pädagogische Rollen in der Ganztagsschule sind mehrdimensional zu denken, innerhalb der Professionen durch Aufgabenausdifferenzierung und multiprofessionell durch gemeinsame Praxis. Hinzu kommt, dass die vielfältigen anderen Akteure in den Ganztagsangeboten mit unterschiedlichsten Qualifikationen hierzu in Beziehung gesetzt werden müssen, damit sie angemessen (wohl eher abgrenzend) in den Überlegungen zu Professionalisierungsbestrebungen berücksichtigt werden.

Schließlich kann individuelle Förderung selbst kein (politischer) *Containerbegriff* bleiben, der unterschiedlichste und nahezu beliebige Konzepte, Handlungsprogramme und normative Orientierungen umfasst. Vielmehr muss dieser Begriff zukünftig empirisch und theoretisch weiter operationalisiert werden, um als professionelles Handlungskonzept fungieren zu können. Nur so kann Förderung letztlich auch Kooperation ermöglichen, denn ohne abgestimmte Konzepte der individuellen Förderung kann sie kaum effektiv realisiert werden und wirken. Das Organisations- und Gestaltungsprinzip Ganztag und das Ziel der Förderung benötigen des Weiteren politische Führung (Ressourcensicherung) und eine pädagogische Klärung (Konzeptschärfung). Dabei sollten die programmatischen Ziele der Schulform Ganztagsschule auf Konsistenz und Machbarkeit geprüft werden, um nicht unrealistischen Zielen zu erliegen und Handlungsunsicherheit bei den Akteuren zu provozieren. Um dies zu vermeiden, sollten lokal verfügbare Beratungseinrichtungen Wissen darüber bereithalten wie erfolgreich gefördert werden kann (Qualifikation und Begleitung). Auch sollte eine gezielte staatliche Unterstützung von Programmevaluation erfolgen, die dieses notwendige Wissen erzeugen kann. Letztlich fehlen gegenwärtig auch Erkenntnisse aus einer nutzerorientierten Perspektive (User Driven Research), denn Forschung sollte mehr darüber wissen, welche Probleme es vor Ort gibt, welche Maßnahmen wie darauf abgestimmt werden können und schließlich eine Problemlösung versprechen.

Anmerkung

1   Für das außerunterrichtliche Personal kann eher von Professionswissensbeständen (Plural!) ausgegangen werden, denn wie bereits erläutert, haben wir es hier mit einer heterogenen Berufsgruppe zu tun, die keine gemeinsam geteilten beruflichen Werte- und Normensysteme und gemeinsame handlungsleitenden Wissensbestände (auch i.S.v. Bezugswissenschaften) aufweisen. Eher noch kommen somit unterschiedliche berufliche Sozialisationsprozesse zum Tragen.

Literatur

Beher, K., Haenisch, H., Hermens, C., Liebig, R., Nordt, G., & Schulz, U. (2005). *Offene Ganztagsschule im Primarbereich. Begleitstudie zu Einführung, Zielsetzungen und Umsetzungsprozessen in Nordrhein-Westfalen.* Weinheim: Juventa.

Beher, K., Haenisch, H., Hermens, C., Prein, G., Nordt, G., & Schulz, U. (2007). *Die offene Ganztagsschule in der Entwicklung. Empirische Ergebnisse aus dem Primarbereich in Nordrhein-Westfalen.* Weinheim: Juventa.

Ehninger, F., & Melzer, W. (2005). Der mögliche Beitrag der Ganztagsschule zur Kompetenzentwicklung von Schülerinnen und Schülern. In A. Spies & G. Stecklina (Hrsg.), *Die Ganztagsschule – Herausforderungen an Schule und Jugendhilfe* (Bd. 1, S. 35–54). Bad Heilbrunn: Klinkhardt.

Hansbauer, P. (2001). Fachlichkeit in den erzieherischen Hilfen – Konzepte, Methoden und Kompetenzen. In V. Birtsch, K. Münstermann, & W. Trede (Hrsg.), *Handbuch Erziehungshilfen. Leitfaden für Ausbildung, Praxis und Forschung* (S. 353–375). Münster: Votum.

Heiner, M. (Hrsg.). (1996). *Qualitätsentwicklung durch Evaluation.* Freiburg i. Br.: Lambertus.

Holtappels, H. G. (2005). Ganztagsschulen entwickeln und gestalten – Zielorientierungen und Gestaltungsansätze. In K. Höhman, H. G. Holtappels, I. Kamski, & T. Schnetzer (Hrsg.), *Entwicklung und Organisation von Ganztagsschulen. Anregungen, Konzepte, Praxisbeispiele* (S. 7–44). Dortmund: IFS-Verlag.

Jerusalem, M. (2005). *Bessere individuelle Förderung durch Ganztagsschulen?* Unveröffentlichtes Vortragsmanuskript.

Mägdefrau, J. (2006). Arbeitsfeldspezifische oder disziplinspezifische Professionalität? Subjektive Theorien über professionelles Handeln von Experten und Expertinnen in Feldern Sozialer Arbeit. In M. Raphold (Hrsg.), *Pädagogische Kompetenz, Identität und Professionalität* (S. 161–186). Baltmannsweiler: Schneider-Verlag.

Maykus, S. (2001). Selbstreflexion und Selbstverortung der modernen Jugendhilfe – mit welchen Anforderungen sind Mitarbeiter der Erziehungshilfen konfrontiert? *Forum Erziehungshilfen, 7*(4), 150–155.

Maykus, S. (2006). Kinder fördern – eine Aufgabe von Schule und außerschulischen Partnern. In K. Burk & H. Deckert-Peaceman (Hrsg.), *Auf dem Weg zur Ganztags-Grundschule* (S. 101–113). Frankfurt a. M.: Grundschulverband.

Mayring, P. (2000). Qualitative Inhaltsanalyse. In U. Flick, E. von Kardoff, & I. Steinke (Hrsg.), *Qualitative Sozialforschung – Ein Handbuch* (S. 468–474). Reinbek: Rowohlt.

Merten, R. (2005). Bildung und soziale Ungleichheiten. Oder: „…die sozialen Bedingungen der Bildung und die Bildungsbedingungen des sozialen Lebens". In A. Spies & G. Stecklina (Hrsg.), *Die Ganztagsschule – Herausforderungen an Schule und Jugendhilfe* (Bd. 1, S. 110–129). Bad Heilbrunn: Klinkhardt.

Müller, B.(1993). *Sozialpädagogisches Können: ein Lehrbuch zur multiperspektivischen Fallarbeit.* Freiburg i. Br.: Lambertus.

Peters, F. (2002). Welche Rolle spielt Fachwissen? In H.-U. Krause & F. Peters, F (Hrsg.), *Grundwissen erzieherische Hilfen. Ausgangsfragen, Schlüsselthemen, Herausforderungen. Basistexte Erziehungshilfen* (S. 126–133). Münster: Votum.

Pfadenhauer, M. (2003). *Professionalität. Eine wissenssoziologische Rekonstruktion institutionalisierter Kompetenzdarstellungskompetenz.* Opladen: Leske und Budrich.

Schroeter, K., & Rosenthal, T. (Hrsg.). (2005). *Soziologie der Pflege. Grundlagen, Wissensbestände und Perspektiven.* Weinheim: Juventa.

Solzbacher, C. (2009). Positionen von Lehrerinnen und Lehrern zur Individuellen Förderung in der Sekundarstufe I – Ergebnisse einer empirischen Untersuchung. In I. Kunze & C. Solzbacher (Hrsg.), *Individuelle Förderung in der Sekundarstufe I und II* (S. 27–42). Baltmannsweiler: Schneider-Verlag.

Spiegel, H. v. (2002). Methodisches Handeln und professionelle Handlungskompetenz im Spannungsfeld von Fallarbeit und Management. In W. Thole (Hrsg.), *Grundriss Soziale Arbeit. Ein einführendes Handbuch* (S. 589–602). Opladen: Leske und Budrich.

Stark, W. (1996). *Empowerment. Neue Handlungsstrategien in der psychosozialen Praxis.* Freiburg i. Br.: Lambertus.

Stichweh, R. (1996). Professionen in einer funktional differenzierten Gesellschaft. In A. Combe & W. Helsper (Hrsg.), *Pädagogische Professionalität* (S. 49–69). Frankfurt a. M.: Suhrkamp.

Stichweh, R. (2005). Wissen und die Professionen in einer Gesellschaft. In T. Klatetzki & V. Tacke (Hrsg.), *Organisation und Profession* (S. 31–44). Wiesbaden: VS Verlag für Sozialwissenschaften.

Tacke, V. (2005). Schulreform als aktive Deprofessionalisierung? Zur Semantik der Lernenden Organisation im Kontext der Erziehung. In T. Klatetzki & V. Tacke (Hrsg.), *Organisation und Profession* (S. 165–198). Wiesbaden: VS Verlag für Sozialwissenschaften.

Winkler, M. (2008). Förderung. In T. Coelen & H.-U. Otto (Hrsg.), *Grundbegriffe Ganztagsbildung* (S. 173–181). Wiesbaden: VS Verlag für Sozialwissenschaften.

10 Zusammenhänge zwischen Schulnoten und problematischem Sozialverhalten in der Ganztagsschule: Entwickeln sich Ganztagsschüler/-innen besser?

Hans Peter Kuhn · Natalie Fischer

Zusammenfassung: In diesem Beitrag wird der Frage nachgegangen, ob und in welchem Ausmaß sich die Teilnahme an Ganztagsangeboten, direkt und indirekt auf die Entwicklung von Schulnoten und problematischem Sozialverhalten bei Schülerinnen und Schülern von der 5. bis zur 9. Klassenstufe auswirkt. Theoretisch wird dabei vor allem Bezug genommen auf die US-amerikanische Forschung zu den positiven Wirkungen der Teilnahme an extracurricularen Aktivitäten bzw. „after-school programs". Hier wurden, wie auch in vorhandenen deutschen Studien zur Ganztagsschule, immer wieder positive Effekte auf das Sozialverhalten nachgewiesen, dagegen ist die Befundlage in Bezug auf Schulleistungen (Schulnoten) eher heterogen. Es wird vermutet, dass die Teilnahme an extracurricularen Aktivitäten sich eventuell indirekt über eine Verbesserung von problematischem Sozialverhalten im Unterricht auf die Entwicklung von Schulnoten auswirkt. Dies wird anhand einer Stichprobe der Studie zur Entwicklung von Ganztagsschulen (StEG) überprüft; diese umfasst insgesamt 6.551 Schülerinnen und Schüler aus 210 Ganztagsschulen, die von der 5. bis zur 9. Klassenstufe insgesamt drei Mal befragt wurden. Die Hypothesen werden auf der Basis von Wachstumskurvenmodellen überprüft. Die Ergebnisse zeigen eine tendenzielle Verschlechterung von Schulnoten und Sozialverhalten von der 5. zur 9. Klassenstufe. Die Teilnahme an Ganztagsangeboten wirkt sich direkt und signifikant positiv nur auf die Entwicklung des problematischen Sozialverhaltens aus. Die Annahme, dass es über die Verbesserung des Sozialverhaltens einen signifikanten indirekten Effekt der Ganztagsteilnahme auf die Notenentwicklung gibt, kann bestätigt werden. Die Resultate werden im Zusammenhang mit dem Ausbau der Ganztagsschulen in Deutschland und mit Hinweis auf die Grenzen der StEG-Studie diskutiert.

Schlüsselwörter: Problematisches Sozialverhalten · Schulnoten · Ganztagsschule · außerunterrichtliche Angebote · Längsschnittstudie

---

© VS Verlag für Sozialwissenschaften 2011

Dr. N. Fischer (✉)
Deutsches Institut für Internationale Pädagogische Forschung (DIPF),
Schloßstraße 29, 60486 Frankfurt a. M., Deutschland
E-Mail: Fischer@dipf.de

Prof. Dr. H. P. Kuhn
Institut für Erziehungswissenschaften, Universität Kassel,
Nora-Platiel-Str. 1, 34109 Kassel, Deutschland
E-Mail: hpkuhn@uni-kassel.de

Correlations between GPA and problem behavior at all-day schools: do all-day students develop better?

Abstract: This paper explores the question, whether and to what extent the participation in extracurricular activities at all-day schools has an impact on students' development of problem behavior and GPA (grade point average) from grade 5 to grade 9. The rationale refers to US studies on the positive effects of participation in extracurricular school activities and after-school programs, respectively. Based on the result that positive effects of extracurricular participation on social behavior are found regularly whereas results concerning school achievement (GPA) are heterogeneous, one can assume that participation has an indirect positive effect on the development of school achievement (GPA) mediated by the improvement of problem behavior. The analyses are based on longitudinal data of the study on the development of all-day schools in Germany (StEG). The sample consists of 6.551 students from 210 all-day schools who participated in the study from grade 5 to grade 9 at three measure times. The hypotheses are tested by using latent growth curve analyses (LGCA). Results show a significant decrease of GPA and a significant increase of problem behavior from grade 5 to grade 9. Participation in extracurricular activities has a direct effect on the improvement of problem behavior, as well as an indirect effect on GPA indicated by the positive covariance between the development of social behavior and GPA. The results are discussed in the light of the development of all-day schools in Germany, considering the limitations of the study (StEG).

Keywords: Problem behavior · Grade point average (GPA) · All-day schools · Extracurricular school activities · Longitudinal study

10.1 Einleitung

Die Förderung des Ausbaus von Ganztagsschulen in Deutschland geht einher mit der Vorstellung, dass hier, über fachliche Kompetenzen hinaus, das soziale Lernen besonders unterstützt wird. Es wird angenommen, dass soziales Lernen insbesondere über „Angebote, die das Leben in Gemeinschaft, respektvollen Umgang miteinander und soziale Kompetenz fördern" (BMBF 2003, S. 6), erfolgt. Die Förderung überfachlicher, so auch sozialer, Kompetenzen ist seit jeher wichtiger Auftrag von Schulen (vgl. z. B. Fend 1977; Gerecht 2010). Die Frage, ob dies in Ganztagsangeboten besonders gelingt, und wie das soziale Lernen schließlich mit der schulischen Performanz zusammenhängt, soll in diesem Beitrag fokussiert werden. Auswirkungen ganztägiger Schulorganisation auf das Sozialverhalten sind vielschichtig. Tatsächlich kann angenommen werden, dass Ganztagsangebote über den Unterricht hinaus einen erweiterten Rahmen zur Förderung der Entwicklung von sozialen Kompetenzen und der Persönlichkeitsentwicklung bieten. Allerdings ergeben sich bei längerer Verweildauer in der Schule nicht nur mehr Möglichkeiten, prosoziales Verhalten und soziale Verantwortungsübernahme einzuüben, sondern auch mehr Gelegenheiten, problematisches Sozialverhalten zu zeigen. In Deutschland liegen bisher nur relativ wenige empirische Befunde zu individuellen Wirkungen des Ganztagsschulbesuchs vor, die häufig aus Querschnitts- oder Einzelfallstudien stammen (vgl. Radisch 2009). Die stärksten Hinweise auf positive Effekte des Ganztagsschulbesuchs ergeben sich dabei mit Blick auf das Sozialverhalten (für einen Überblick vgl. Radisch 2009; Züchner et al. 2010). Befunde in Bezug auf Schulleistungen sind weniger eindeutig, was unter anderem auch darin begründet liegt, dass die meisten Analysen auf Querschnittsdaten beruhen; so können Effekte der Angebotsteilnahme häufig nicht von Selektionseffekten unterschieden werden (vgl. Hertel et al. 2008).

Der vorliegende Beitrag befasst sich in einer längsschnittlichen Perspektive mit den Wirkungen der Teilnahme an Ganztagsangeboten auf die Entwicklung von Schulnoten und problematischem Sozialverhalten sowie den Zusammenhängen zwischen den beiden abhängigen Konstrukten.

Die Datenbasis entstammt der Studie zur Entwicklung von Ganztagsschulen (StEG). Es handelt sich dabei um eine mehrperspektivisch angelegte bundesweite Längsschnittstudie, in der Schulleitungen, Lehrkräfte, pädagogisches Personal, Schülerinnen und Schüler der Jahrgangsstufen 3, 5, 7, 9 und deren Eltern sowie Kooperationspartner der Schulen befragt wurden. Inzwischen liegen die Daten von 371 Schulen zu drei Messzeitpunkten (2005, 2007, 2009) vor. Ausführliche Informationen zu Hintergrund und Design der Studie finden sich in Holtappels et al. (2007) sowie Fischer et al. (2011a). Das Ziel der Studie, die vom Bundesministerium für Bildung und Forschung (BMBF) und dem Europäischen Sozialfonds (ESF) gefördert wird, ist die Beschreibung der Entwicklung der im Rahmen des „Investitionsprogramms Bildung Zukunft und Betreuung" (IZBB) geförderten Ganztagsschulen. Ein Schwerpunkt liegt dabei auf der motivationalen und sozialen Entwicklung von Schülerinnen und Schülern der Sekundarstufe I. Im Unterschied zu den großen Schulleistungsstudien wie PISA oder IGLU werden in StEG keine objektiven Tests zu beispielsweise mathematischen oder sprachlichen Kompetenzen verwendet. Stattdessen werden Schulleistungen über die Noten in den Kernfächern Mathematik, Deutsch und der ersten Fremdsprache erfasst. Auch international wird dieses Kriterium in vielen (meist US-amerikanischen) Studien zur Wirkung außerunterrichtlicher Angebote (extracurricular activities, after-school programs) auf die Entwicklung von Schülerleistungen verwendet, zudem werden häufig verschiedene Konstrukte aus den Bereichen Motivation und Sozialverhalten als abhängige Variablen untersucht (vgl. Eccles und Templeton 2002; Eccles et al. 2003; Feldman und Matjasko 2005).

Im Folgenden werden zunächst die abhängigen Variablen Schulnoten und problematisches Sozialverhalten in der Schule beschrieben und theoretisch eingeordnet. Im Anschluss daran wird der Forschungsstand zu den Wirkungen der Teilnahme an außerunterrichtlichen Angeboten auf Schulnoten und problematisches Sozialverhalten skizziert. Die daraus abgeleitete Fragestellung wird auf Basis der Daten aus der Studie zur Entwicklung von Ganztagsschulen untersucht.

10.2 Konzeptioneller Rahmen und Forschungsstand

10.2.1 Schulnoten als Indikatoren von fachlichen und fächerübergreifenden Kompetenzen

Wie bereits erwähnt, werden in StEG Schulleistungen nicht mit objektiven Tests, sondern über die Schulnoten in den Fächern Mathematik, Deutsch und der ersten Fremdsprache erfasst. Schulnoten haben aufgrund ihres Zustandekommens nur eine begrenzte Aussagekraft in Bezug auf die wahren Kompetenzen sowie die Vergleichbarkeit der Fähigkeiten und Leistungen der Schülerinnen und Schüler (vgl. Ingenkamp 1967; Rakoczy et al. 2008; Hochweber 2010). Dementsprechend stehen Schulnoten und Schulleistungen, die mit standardisierten Leistungstests gemessen wurden, auch nur in einem moderaten Zusammenhang. Lehrkräfte können zwar sehr gut Unterschiede in der Leistungsstärke der Schülerinnen und Schüler ihrer Klasse einschätzen (vgl. Helmke und Schrader 2006), verfügen jedoch nicht über allgemeine Leistungsstandards, die über unterschiedliche Klassen, Schulen oder gar Länder hinweg Gültigkeit hätten. Insofern erhalten Schüler mit identischen Leistungen in unterschiedlichen Klassen oder Schulen unterschiedliche Noten (vgl. Trautwein et al. 2008).

Die Schulleistungen, wie sie z. B. von den Lehrkräften erlebt und bewertet werden, spiegeln sich jedoch ohnehin weniger in objektiven Tests als vielmehr in den Schulnoten wider (vgl. Rakoczy et al. 2008). In das Lehrerurteil fließen zahlreiche Faktoren ein; unterschiedliche Aspekte fachlicher Kompetenz, aber auch fächerübergreifende und soziale Kompetenzen, allgemeine Leistungsfähigkeit, Schulfreude, Lernmotivation, Fachinteresse, Anstrengungsbereitschaft (vgl. Helmke und Weinert 1997; Klieme 2003; Rakoczy et al. 2008; Hochweber 2010). Somit sind Noten als ein Konglomerat von Leistungsdaten und weiteren Schülermerkmalen zu sehen. Da das Potenzial von außerunterrichtlichen Angeboten in der Ganztagsschule sowohl in der Förderung fachlicher Kompetenzen, als auch in der positiven Beeinflussung von fächerübergreifenden und sozialen Kompetenzen liegt, sollten Schulnoten besonders sensitiv bezüglich der Wirkung der Teilnahme an Ganztagsangeboten sein.

In Bezug auf die individuelle *Entwicklung* der Schulnoten zeigen nationale wie internationale Studien, dass diese sich nach dem Übergang in die Sekundarstufe im Durchschnitt kontinuierlich verschlechtern (vgl. Urdan und Midgley 2003; Fischer 2006). Dies betrifft in der Regel den Zeitraum von der 5. bis zur 9./10. Klasse und wird nach dem theoretischen Ansatz des Stage-Environment Fit auf die mangelnde Passung zwischen den psychosozialen Prozessen der Entwicklung in der Pubertät – insbesondere dem steigenden Bedürfnis nach Autonomie und Identitätsbildung – und den schulischen Anforderungen und Bedingungen zurückgeführt (vgl. Eccles und Midgley 1989; Eccles et al. 1993; Wigfield et al. 1996). Auch diese Argumentation legt positive Wirkungen der Ganztagsschule nahe: In den Ganztagsangeboten sollte besonders viel Spielraum gegeben sein, auf diese spezifischen Bedürfnisse einzugehen (vgl. Larson 2000; Fischer et al. 2009a).

10.2.2 Problematisches Sozialverhalten in der Schule

Betrachtet man das soziale Lernen in der Schule unter dem Aspekt der Förderung sozialer Kompetenzen, so eignet sich eine ganze Reihe von Persönlichkeitsmerkmalen, Fähigkeiten und Fertigkeiten als Zielgrößen. Aktuelle Definitionen gehen davon aus, dass soziale Kompetenzen multidimensional zu betrachten sind (vgl. Kanning 2002; Reinders 2008). Dabei wird zwischen kognitiven, emotionalen und Verhaltensaspekten unterschieden. Gerade im Schulkontext sind die Verhaltensaspekte sozialer Kompetenz besonders bedeutsam. Diese beinhalten die Fähigkeit, eigene Intentionen sozial verträglich umzusetzen und beziehen sich besonders auf den Umgang mit Gleichaltrigen (Peers). Nach Mahoney et al. (2003) drücken sich soziale Kompetenzen im Schulalltag durch die Aufrechterhaltung positiver Beziehungen zu Gleichaltrigen, das Ausbleiben von Aggression und Gewalt, sowie durch das Vorhandensein von sozialer Verantwortungsübernahme bzw. prosoziales Verhalten aus.

Analysen aus StEG zeigen, dass sich die Teilnahme an Ganztagsangeboten in der Sekundarstufe I direkt positiv im Sinne des Ausbleibens von abweichendem und antisozialen Verhalten im Schulkontext auswirkt, Wirkungen auf die soziale Verantwortungsübernahme aber über Qualitätsmerkmale der Angebote vermittelt sind (vgl. Fischer et al. 2011b). Daher fokussiert der vorliegende Beitrag abweichendes und antisoziales Verhalten im Schulkontext, das im Folgenden als „problematisches Sozialverhalten" bezeichnet wird. Die entsprechende Skala enthält vor allem solche Verhaltensweisen, die im Unterrichtsalltag virulent werden. Diese, so die Annahme, sollten sich besonders auf die Notenentwicklung auswirken.

Die Annahme, dass sich spezifische Merkmale der Ganztagsangebote auf die Entwicklung des problematischen Sozialverhaltens auswirken können, wird gestützt durch empirische Befunde zu Zusammenhängen von abweichendem (deviantem) Sozialverhalten und Merkmalen von Schule und Unterricht (vgl. Fend 1977; Holtappels 1997; Tillmann et al. 1999). So zeigen Befunde aus der Unterrichtsforschung, dass zum Beispiel geringer Lebensweltbezug, mangelnde Schülerorientierung und wenig Mitbestimmungsmöglichkeiten im Unterricht mit abweichendem Verhalten und verstärktem Schulabsentismus zusammenhängen (vgl. Holtappels 1987; Gerecht 2010). Da in Ganztagsangeboten die Bedingungen für die Realisierung von stärkerem Lebensweltbezug und einer Vielzahl von Mitbestimmungsmöglichkeiten günstiger sind als im Unterricht (vgl. Fischer et al. 2009a), sollten sie das Potenzial haben, sich positiv auf die Entwicklung des problematischen Sozialverhaltens im Schulkontext auszuwirken. Dies wurde im Rahmen von StEG bereits gezeigt (vgl. Fischer et al. 2011b), die Frage ist nun, ob dies mit einer positiveren Entwicklung der Noten assoziiert ist.

10.2.3 Teilnahme an Ganztagsangeboten und Entwicklung von Schulnoten und problematischem Sozialverhalten

Wie bereits erwähnt, geben Ergebnisse älterer Studien zu Effekten ganztägiger Beschulung in Deutschland Anlass zu der Annahme, dass die Ganztagsschule insbesondere das soziale Lernen und weniger fachliche Leistungen fördert. Aber auch im Rahmen des Ganztagsschulausbaus konzipierte kontrollierte Studien zeigen Effekte auf das Sozialverhalten. So beschreiben hessische Lehrkräfte an Ganztagsschulen die Entwicklung ihrer Schülerinnen und Schüler hinsichtlich sozialer Integration und aggressivem Verhalten positiver als Lehrkräfte an Halbtagsschulen (vgl. Steinert et al. 2003). Positive Effekte der Ganztagsschule auf das soziale Lernen berichten auch Eltern und pädagogisches Personal in empirischen Studien (vgl. Börner et al. 2010). In der längsschnittlich angelegten PIN-Studie wird die Entwicklung von Halbtags- und Ganztagsschüler/-innen (n = 380) nach dem Übergang in die Sekundarstufe verglichen (vgl. von Salisch et al. 2010). Insgesamt ergeben sich zwar nur kleine Effekte; es zeigt sich aber, dass sich die Lernenden im Ganztag im Vergleich zu den Halbtagsschüler/-innen im Laufe eines Schuljahres weniger körperlich aggressiv verhalten. In der internationalen Forschung zu den Wirkungen der regelmäßigen Teilnahme an extracurricularen Angeboten wird häufig auf das Ausbleiben problematischen Sozialverhaltens (Aggressivität, Gewalt, Absentismus) fokussiert. Insgesamt scheint es hier besonders für Risikogruppen in Bezug auf das problematische Sozialverhalten günstig, an extracurricularen Aktivitäten teilzunehmen (vgl. Mahoney 2000; Mahoney et al. 2003, 2005). Längsschnittliche Ergebnisse aus StEG zeigen, dass die dauerhafte Teilnahme an Ganztagsangeboten, unabhängig von der Art der Aktivitäten, insbesondere zur Abnahme von problematischem Sozialverhalten, Gewalt und Absentismus im Schulkontext führt (vgl. Fischer et al. 2011b).

International werden auch vielfältige positive Zusammenhänge zwischen der Teilnahme an extracurricularen Aktivitäten und der Schulleistung, gemessen mittels des Notendurchschnitts (GPA=grade point average), berichtet (vgl. Feldman und Matjasko 2005; Durlak et al. 2010; Shernoff 2010). Die Anzahl der entsprechenden Studien, besonders im US-amerikanischen Raum, ist hier mittlerweile so umfangreich, dass häufig Überblicksbeiträge und Meta-Analysen publiziert werden. In diesen Überblicksbeiträgen werden den extracurricularen Aktivitäten zum einen direkte leistungsförderliche Wirkungen zugeschrieben, zum anderen wird aber auch postuliert, dass die Wirkungen auf Fachkompetenzen oder Schulnoten lediglich mediiert über die Verbesserung des Sozialverhaltens oder motivationaler Variablen zustande kommen.

Exemplarisch sei hier ein Überblicksbeitrag von Lauer et al. (2006) genannt: In über 35 Studien zeigten sich insgesamt kleine, aber signifikante positive Effekte auf Lese- und mathematische Kompetenzen (gemessen anhand objektiver Tests). Angesichts der immensen Vielfalt dessen, was an extracurricularen Aktivitäten innerhalb und außerhalb der Schulen angeboten wird, stellt sich die Frage, welche Aktivitäten sich besonders auf die Entwicklung der fachlichen Kompetenzen auswirken. Hier zeigt sich, dass Aktivitäten, die gezielt fachliche wie z. B. mathematische Kompetenzen fördern sollen, zwar etwas größere Effekte haben (vgl. Lauer et al. 2006), sich jedoch auch die Beteiligung an anderen extracurricularen Aktivitäten wie z. B. sportliche, prosoziale, künstlerische Aktivitäten durchaus positiv auf die Entwicklung der Fachkompetenzen auswirkt. In Bezug auf Noten werden ebenfalls positive Effekte der Teilnahme an extracurricularen Aktivitäten gefunden, und dies auch unabhängig davon, an welchen Aktivitäten die Schülerinnen und Schüler teilnehmen (vgl. Eccles und Barber 1999; Gerstenblith et al. 2005).

Der Frage, wodurch diese Wirkungen auf Schulnoten zustande kommen, wird in letzter Zeit zunehmend empirisch nachgegangen. Zunächst wurde vielfach (meist ohne empirische Überprüfung) davon ausgegangen, dass die Teilnahme an außerunterrichtlichen Angeboten die Verbundenheit der Jugendlichen mit ihrer Schule (school commitment) stärkt, und sich darüber indirekt positiv auf Schulleistungen bzw. Schulnoten (auch Bildungsaspirationen, schulische Motivation, etc.) auswirkt (vgl. Marsh 1992; Eccles et al. 2003). Inzwischen legen eine Vielzahl empirischer Ergebnisse nahe, dass Wirkungen auf Schulnoten, motivationale Merkmale und Sozialverhalten der Schülerinnen und Schüler durch Merkmale der Prozessqualität der Angebote vermittelt werden (vgl. Durlak et al. 2010; Shernoff 2010). Dabei sind zentrale Merkmale der Prozessqualität das Erleben von Herausforderung, Interesse und Freude, sowie Wichtigkeit der Aktivität auf Seiten der Schülerinnen und Schüler (vgl. Shernoff 2010), oder auch das Erleben positiver sozialer Beziehungen zu den erwachsenen Betreuungspersonen, die auf Vertrauen und Unterstützung beruhen (vgl. Eccles und Templeton 2002; Birmingham et al. 2005; Mahoney et al. 2005; Huang et al. 2007; Miller und Truong 2009). Die Ergebnisse aus StEG zeigen immer wieder, dass in Bezug auf motivationale Variablen, Schulfreude und Notenentwicklung die Prozess- und Beziehungsqualität in den Angeboten wichtige Erklärungsvariablen sind (vgl. Fischer et al. 2009b; Fischer et al. 2011c; Kuhn und Fischer 2011).

Die Daten aus StEG zeigen aber auch, dass insbesondere in der Sekundarstufe I Ganztagsangebote häufig nur sporadisch genutzt werden (vgl. StEG-Konsortium 2010). Gerade in Bezug auf die Entwicklung der Noten spielt jedoch die Intensität der Teilnahme (in Tagen pro Woche) eine wichtige Rolle (vgl. Fischer et al. 2009b; Kuhn und Fischer 2011). Auch international wird zunehmend die zeitliche Ausgestaltung der Teilnahme als Voraussetzung positiver Effekte außerschulischer Angebote gesehen. Fiester et al. (2005) unterscheiden vier Indikatoren, wenn es darum geht, die Teilnahme an extracurricularen Angeboten bzw. Out-of-School-Time Programmen (OST) zu erfassen. Die generelle Teilnahme (absolute attendance) erfasst, ob ein Schüler/eine Schülerin teilnimmt oder nicht (ja/nein), die Intensität der Teilnahme (intensity), wie stark der zeitliche Umfang der Teilnahme ist (z. B. Stunden pro Tag oder Tage pro Woche), die Breite der Teilnahme (breadth), an wievielen unterschiedlichen Angeboten die Schüler/-innen teilnehmen. Als einflussreichster Faktor hinsichtlich positiver Wirkungen auf die Schülerentwicklung erweist sich jedoch die Dauer der Teilnahme (duration): Eine dauerhafte, kontinuierliche Teilnahme (zumeist gemessen in Jahren) an extracurricularen Angeboten ist damit in Bezug auf positive Wirkungen besonders erfolgversprechend (vgl. z. B. Vandell et al. 2007). In den meisten Untersuchungen wird lediglich die generelle Teilnahme an extracurricularen Angeboten erfasst und in Beziehung zu einer Vielzahl kognitiver und nonkognitiver Outcomes der Schülerinnen und Schüler gesetzt.

Zief et al. (2006) fanden in einer Reanalyse von quasi-experimentellen Studien zu fünf verschiedenen Programmen keine Effekte auf Leistungen in objektiven Tests. Zur Erklärung fokussieren auch sie mangelnde Teilnahmedauer und -intensität. Aufgrund ihrer Ergebnisse gehen sie davon aus, dass extracurriculare Aktivitäten fachliche Kompetenzen, gemessen mit standardisierten Tests, an sich *nicht* verbessern. Dennoch konnten positive Wirkungen auf Schulnoten gefunden werden. Dies legt eine Mediationshypothese nahe. Nachdem sich in ihrer Reanalyse keine Effekte auf die Verbundenheit mit der Schule, auf Absentismus, oder Fernsehkonsum gezeigt haben, nehmen die Autoren an, dass positive Effekte auf die Schulnoten vor allem durch eine Förderung erwünschten Sozialverhaltens bedingt sind (vgl. Zief et al. 2006)[1]. Im vorliegenden Beitrag soll anhand der StEG-Daten überprüft werden, ob sich die Teilnahme an Ganztagsangeboten tatsächlich *indirekt* über eine Verbesserung des Sozialverhaltens im Schulkontext (im Sinne des Ausbleibens problematischen Sozialverhaltens) auf die Entwicklung der Schulnoten auswirkt.

10.3 Fragestellung und Hypothesen

Ausgehend von vorliegenden Befunden aus der Studie zur Entwicklung von Ganztagsschulen, die die Bedeutung der Angebotsteilnahme für das Sozialverhalten und die Notenentwicklung verdeutlichen (vgl. Fischer et al. 2009b; Fischer et al. 2011b; Kuhn und Fischer 2011), wird hier erstmals die Frage nach Zusammenhängen zwischen der Entwicklung der Schulnoten, der Entwicklung des problematischen Sozialverhaltens und der dauerhaften Teilnahme an Ganztagsangeboten fokussiert. Dabei wird u. a. angenommen, dass sich die Teilnahme an Ganztagsangeboten positiv (im Sinne einer Abnahme) auf die Entwicklung problematischen Sozialverhaltens auswirkt, und eine positive Entwicklung des Sozialverhaltens wiederum mit einer positiven Entwicklung der Schulnoten korrespondiert. Ausgangspunkt sind Annahmen zur Entwicklung von Schulnoten und problematischem Sozialverhalten der befragten Schülerinnen und Schüler von der 5. bis zur 9. Klassenstufe sowie zur Bedeutung des Ganztagsschulbesuchs bzw. der Nutzung von Ganztagsangeboten für diese Entwicklung. Folgende Hypothesen werden überprüft:

1. Die aus den Schulnoten in den drei Kernfächern Deutsch, Mathematik und erste Fremdsprache gebildete Durchschnittsnote verschlechtert sich durchschnittlich bei den Schülerinnen und Schülern von der 5. bis zur 9. Klassenstufe. Das problematische Sozialverhalten nimmt bei den Schülerinnen und Schülern von der 5. bis zur 9. Klassenstufe zu. Die Entwicklungsverläufe sind kontinuierlich (linear).
2. Die Teilnahme an Ganztagsangeboten wirkt sich förderlich (protektiv) auf die Entwicklung von Schulnoten und problematischem Sozialverhalten aus, d. h., die Prozesse der Verschlechterung der Schulnoten und des Anstiegs von problematischem Sozialverhalten werden durch die Teilnahme abgeschwächt.
3. Die Teilnahme an Ganztagsangeboten wirkt sich über die positive Entwicklung des Sozialverhaltens auch *indirekt* förderlich auf die Entwicklung der Schulnoten von der 5. bis zur 9. Klassenstufe aus.

10.4 Methode

10.4.1 Stichprobe

Den folgenden Auswertungen liegt die Stichprobe der Längsschnittkohorte von StEG zugrunde. Einbezogen wurden hier nur diejenigen Schülerinnen und Schüler, die sich in der ersten Erhebungswelle im Jahre 2005 in der 5., in der zweiten Erhebungswelle im Jahre 2007 in der 7. und in der dritten Erhebungswelle im Jahre 2009 in der 9. Klassenstufe befanden. Schülerinnen und Schüler, die in diesem Zeitraum sitzengeblieben sind oder eine Klassenstufe übersprungen haben, befinden sich *nicht* in dieser Stichprobe, da davon ausgegangen werden kann, dass solche „Diskontinuitäten" in der Schullaufbahn vor allem die Vergleichbarkeit der Entwicklung der Schulnoten einschränken. In die Stichprobe aufgenommen wurden alle Schülerinnen und Schüler, die im Verlauf der Studie mindestens einmal an der Befragung teilgenommen haben. Evtl. fehlende Informationen aus einem der drei Befragungszeitpunkte (unit nonresponse) wurden mit Hilfe eines Maximum-Likelihood-Schätzers modellbasiert geschätzt. Den folgenden Analysen liegt damit eine Stichprobe von 6.551 Schülerinnen und Schülern in 210 Schulen zugrunde, wobei von insgesamt 4.185 Schülerinnen und Schülern Informationen zu allen 3 Messzeitpunkten vorliegen. Von den Schülerinnen und Schülern dieser Stichprobe (n=4.185) sind 51,8 % männlich, 25,1 % haben einen Migrationshintergrund, der durchschnittliche Wert für den sozioökonomischen Hintergrund der Herkunftsfamilie (HISEI) beträgt 46,6 Punkte auf einer Skala von 16 bis 90 Punkten. Von den Schülerinnen und Schülern befinden sich 50,0 % an einer offenen und 50,0 % an einer gebundenen oder teilgebundenen

Ganztagsschule, 25,6 % der befragten Schülerschaft besuchen ein Gymnasium, 25,8 % befinden sich in einer Schule in den Neuen Bundesländern.

10.4.2 Abhängige Variablen – Durchschnittsnote und problematisches Sozialverhalten

In Anlehnung an Studien aus dem englischsprachigen Raum werden die Noten in den drei Kernfächern Mathematik, Deutsch und erste Fremdsprache zu einer durchschnittlichen Gesamtnote (GPA) zusammengefasst. Deskriptive Kennwerte weisen auf eine Verschlechterung der Durchschnittsnote über die Zeit hin (1. Welle: $M=2.71$, $SD=0.72$; 2. Welle: $M=2.97$, $SD=0.72$; 3. Welle: $M=3.04$, $SD=0.76$). Die Reliabilitäten der Notenskalen sind zufriedenstellend ($\alpha > .69$).

Zum problematischen Sozialverhalten beantworteten die Schülerinnen und Schüler die folgende Frage: „Wie oft hast du selbst an deiner Schule oder auf dem Schulweg in den letzten 12 Monaten Folgendes gemacht?". Folgende Items waren vorgegeben:

1. Ich habe andere gehänselt oder mich über sie lustig gemacht.
2. Ich habe bei Klassenarbeiten erheblich gemogelt.
3. Ich habe den Unterricht erheblich gestört.
4. Ich habe einen Lehrer oder eine Lehrerin geärgert oder provoziert.

Der Antwortmodus war jeweils fünffach abgestuft von nie (1) bis fast täglich (5). Die deskriptiven Kennwerte verweisen auf einen Anstieg des problematischen Sozialverhaltens über die Zeit (1. Welle: $M=1.41$, $SD=0.77$; 2. Welle: $M=1.61$, $SD=0.85$; 3. Welle: $M=1.86$, $SD=0.97$). Die Reliabilitäten der Skalen für problematisches Sozialverhalten sind zufriedenstellend bis gut ($\alpha > .78$).

Um sicher zu stellen, dass die Maße für Schulnoten und problematisches Sozialverhalten über alle 3 Messzeitpunkte hinweg vergleichbar sind, wurden Analysen zur Überprüfung der Messinvarianz (vgl. Widaman und Reise 1997) durchgeführt. Alle Skalen erfüllen zumindest die Voraussetzungen für den Grad der schwachen faktoriellen Invarianz; d. h. sowohl Faktorstruktur als auch Faktorladungen bleiben über die Zeit konstant.

10.4.3 Unabhängige Variablen

10.4.3.1 Dauerhafte Teilnahme an Ganztagsangeboten

Basierend auf Erkenntnissen aus früheren Analysen (vgl. Fischer et al. 2011a) wurde eine Dummy-Variable (0=Nein, 1=Ja) gebildet, die die dauerhafte Teilnahme an den Ganztagsangeboten erfasst. Sie misst, ob ein Schüler bzw. eine Schülerin zu mindestens zwei Messzeitpunkten am Ganztagsbetrieb teilgenommen hat. Die Analysen beinhalten 3.047 Schülerinnen und Schüler, die dauerhaft an Ganztagsangeboten teilnehmen (46,5 %), und 3.504 Schülerinnen und Schüler, die nicht dauerhaft an Ganztagsangeboten teilnehmen (53,5 %).

10.4.3.2 Kontrollvariablen

In alle Analysen zu den Wirkungen der Teilnahme an Ganztagsangeboten werden folgende sechs relevanten Kontrollvariablen einbezogen: Geschlecht der Schülerinnen und Schüler (0=Mädchen; 1=Junge), Migrationshintergrund (0=ohne Migrationshintergrund; 1=mit Migrationshintergrund), sozioökonomischer Hintergrund der Herkunftsfamilie (Höchster Index des beruflichen Status in der Familie=HISEI), besuchte Schulform (0=Nicht-Gymnasium; 1=Gymnasium), Organisationsform der besuchten Ganztagsschule (0=teilgebunden/gebunden; 1=offen), und regionale Zugehörigkeit (0=Alte Bundesländer; 1=Neue Bundesländer).

10.4.4 Auswertungsmethoden – Vorgehensweise

Zur Überprüfung der Hypothesen werden latente Wachstumskurvenmodelle (LGCM) berechnet (vgl. Bollen und Curran 2006; Duncan et al. 2006). Mit diesem Verfahren lassen sich die individuellen Entwicklungsverläufe der Durchschnittsnote und des problematischen Sozialverhaltens modellieren, sowie die Einflüsse von anderen Variablen wie z. B. Teilnahme an Ganztagsangeboten sowohl auf das Ausgangsniveau (Intercept) in der 5. Klassenstufe, als auch auf die Veränderungsrate (Slope) von der 5. zur 9. Klassenstufe hinsichtlich der beiden abhängigen Variablen berechnen. Die Berechnungen erfolgen mit der Software Mplus (Version 6.1). Die Clusterung der Daten nach Schulen wird bei der Berechnung der Standardfehler berücksichtigt (Type=Complex). Bei der Schätzung der fehlenden Werte wird mit Hilfe der Funktion „auxiliary (m)" berücksichtigt, dass Schüler, die im Verlauf ihrer Schulzeit (vor der Jahrgangsstufe 5) schon einmal sitzen geblieben sind, häufiger fehlende Werte aufweisen (vgl. Furthmüller et al. 2011).

Zunächst werden in einem ersten Schritt zwei latente lineare Wachstumskurvenmodelle für die Entwicklung der Schulnoten und die Entwicklung des problematischen Sozialverhaltens ohne Einbezug von Kovariaten berechnet. Damit sollen die Linearität, die Stärke und die interindividuellen Unterschiede im Abfall der Schulnoten bzw. im Anstieg des problematischen Sozialverhaltens über die 3 Messzeitpunkte überprüft werden. Im zweiten Schritt werden anhand eines Modells mit zwei latenten Wachstumskurven für die Durchschnittsnote und das problematische Sozialverhalten die Einflüsse der Teilnahme an Ganztagsangeboten sowie der Kontrollvariablen auf das Ausgangsniveau (Intercept) und die Veränderungsrate (Slope) der beiden latenten Wachstumskurven berechnet. Im dritten Schritt wird die Hypothese zum indirekten Effekt der Teilnahme an Ganztagsangeboten auf die Entwicklung der Schulnoten überprüft. Abbildung 1 stellt das Modell mit zwei Wachstumskurven zum Einfluss der Teilnahme an Ganztagsangeboten schematisch dar.

10.5 Ergebnisse

10.5.1 Entwicklung von Durchschnittsnote und problematischem Sozialverhalten – Wachstumskurvenmodelle ohne Einbezug von Kovariaten

Abbildung 2 und 3 zeigen die Ergebnisse der linearen Wachstumskurvenmodelle ohne Einbezug von Kovariaten. Es zeigt sich, dass sich die Durchschnittsnote von der 5. zur 9.

10 Zusammenhänge zwischen Schulnoten und problematischem ...   153

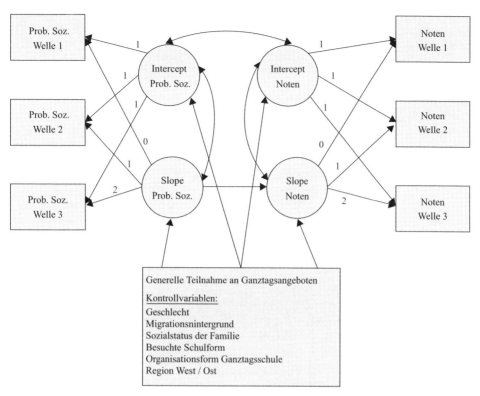

Abb. 1: Latentes lineares 2-Faktor-Wachstumskurvenmodell mit 2 Wachstumskurven zur Entwicklung der Durchschnittsnote (Noten) und des problematischen Sozialverhaltens (Prob. Soz.), unter Einbezug von Kovariaten

Klassenstufe verschlechtert (Anstieg), dabei beträgt die durchschnittliche Veränderungsrate von einem zum nächsten Messzeitpunkt 0,168 (Mittelwert des Slope: B=0,168). Das heißt, die Durchschnittsnote verschlechtert sich über die drei Messzeitpunkte insgesamt um etwa eine Drittel Note (0,168×2=0,326) auf der Notenskala, diese Entwicklung ist statistisch signifikant (s. Abb. 2).

Das problematische Sozialverhalten steigt von der 5. zur 9. Klassenstufe signifikant an, die durchschnittliche Veränderungsrate von einem zum nächsten Messzeitpunkt beträgt 0,228 Punktwerte auf der Skala (Mittelwert des Slope: B=0,228, s. Abb. 3).

Darüber hinaus zeigen die Wachstumskurvenmodelle, dass sich sowohl die Ausgangswerte (Intercept) der Schülerinnen und Schüler als auch die Veränderungsraten (Slope) interindividuell signifikant unterscheiden (Varianzen von Intercept und Slope, s. Abb. 2 und 3). Es gibt also bedeutsame Unterschiede zwischen den Schülerinnen und Schülern, sowohl was die Durchschnittsnoten und das problematische Sozialverhalten zu Beginn des Untersuchungszeitraums in der 5. Klassenstufe, als auch was die Verschlechterung von der 5. zur 9. Klassenstufe angeht.

Abbildung 2 ist darüber hinaus zu entnehmen, dass die Veränderung der Durchschnittsnote nicht ganz linear verläuft. Die Verschlechterung von der 5. zur 7. Klassenstufe verläuft etwas steiler als die Verschlechterung der 7. zur 9. Klassenstufe, dies zeigt der

Abb. 2: Latentes lineares 2-Faktor-Wachstumskurvenmodell zur Entwicklung der Durchschnittsnote (Mathematik, Deutsch, 1. Fremdsprache) von der 5. zur 9. Klassenstufe (2005–2009), ohne Einbezug von Kovariaten, unstandardisierte Werte

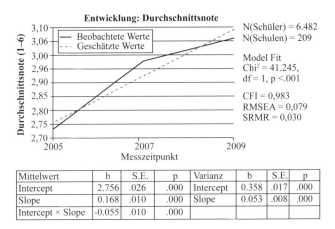

Abb. 3: Latentes lineares 2-Faktor-Wachstumskurvenmodell zur Entwicklung des problematischen Sozialverhaltens von der 5. zur 9. Klassenstufe (2005–2009), ohne Einbezug von Kovariaten, unstandardisierte Werte

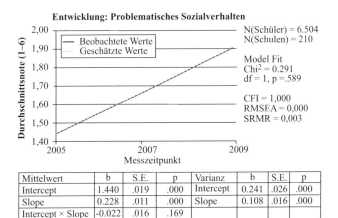

„Knick" im Entwicklungsverlauf im Jahre 2007. Die Gütekriterien für das Modell mit linearem Wachstum liegen jedoch in einem akzeptablen Bereich (s. Abb. 2). Darüber hinaus zeigen weitere Analysen, dass dieses Modell linearen Wachstums in jedem Fall deutlich besser ist als das Intercept-Only-Modell (vgl. Geiser 2010)[2], bei dem die Annahme geprüft wird, dass keine Veränderung über die Zeit stattfindet. Das Intercept-Only-Modell weist deutlich schlechtere Fit-Werte auf (Chi^2=425.972, df=4, p<0,001; CFI=0,823; RMSEA=0,128; SRMR=0,115). Der Anstieg des problematischen Sozialverhaltens verläuft dagegen vollkommen linear, was sich auch im perfekten Fit des Modells zeigt (s. Abb. 3).

Insgesamt rechtfertigen die in Abb. 2 und 3 dargestellten Ergebnisse sowohl die Modelle linearen Wachstums als auch die weitere Untersuchung der Einflüsse von Kovariaten auf Ausgangswert und Entwicklung von Durchschnittsnote und problematischem Sozialverhalten.

10.5.2 Einflüsse der Teilnahme an Ganztagsangeboten auf die Entwicklung von Durchschnittsnote und problematischem Sozialverhalten

In Tab. 1 sind die Ergebnisse zu den direkten und indirekten Einflüssen der Teilnahme an Ganztagsangeboten auf die Entwicklung der Durchschnittsnote und des problematischen Sozialverhaltens von der 5. bis zur 9. Klasse dargestellt. Das Modell weist gute Fit-Werte auf (s. Tab. 1). Die Dummy-Variable „Teilnahme an Ganztagsangeboten" zeigt zunächst einen signifikanten negativen Zusammenhang mit dem Ausgangswert (Intercept) der Durchschnittsnote in der 5. Klassenstufe ($\beta = -0{,}08^{**}$). D. h. Schülerinnen und Schüler, die an Ganztagsangeboten teilgenommen haben, hatten in der 5. Klassenstufe etwas bessere Noten als Schülerinnen und Schüler, die nicht teilgenommen haben. In Bezug auf den Veränderungswert (Slope) der Durchschnittsnote zeigt sich jedoch *kein* signifikanter Effekt der „Teilnahme an Ganztagsangeboten", d. h. die Schülerinnen und Schüler, die an Ganztagsangeboten teilgenommen haben, verbesserten sich in Bezug auf ihre Noten von der 5. bis zur 9. Klassenstufe nicht, haben sich aber auch nicht schlechter entwickelt als die Schülerinnen und Schüler, die nicht an Ganztagsangeboten teilnahmen.

Beim problematischen Sozialverhalten zeigen sich keine Unterschiede zwischen Schülerinnen und Schülern, die an Ganztagsangeboten teilnehmen und Schülerinnen und Schülern, die nicht teilnehmen, hinsichtlich des Ausgangswertes (Intercept) in der 5. Klasse. Jedoch entwickeln sich im Untersuchungszeitraum über vier Jahre die Teilnehmer/-innen signifikant besser als die Nicht-Teilnehmer/-innen (Slope: $\beta = -0{,}07^{*}$). Insgesamt konnte die Hypothese zu den Einflüssen der Teilnahme an Ganztagsangeboten auf die *Entwicklung* der beiden abhängigen Konstrukte also nur für das problematische Sozialverhalten bestätigt werden.

Die Ergebnisse der Analysen für die Kontrollvariablen zeigen in Bezug auf den Ausgangswert (Intercept) der Durchschnittsnote, dass Schülerinnen und Schüler, die männlich sind, einen Migrationshintergrund haben, aus Familien mit niedrigerem Sozialstatus kommen, eine niedrigere Schulform als das Gymnasium besuchen und in den alten Bundesländern zur Schule gehen, in der 5. Klassenstufe schlechtere Durchschnittsnoten aufweisen. Die *Entwicklung* der Durchschnittsnoten verläuft jedoch in diesen Gruppen unterschiedlich: Schülerinnen und Schüler, die einen Migrationshintergrund haben, entwickeln sich – bei gleichzeitig schlechteren Ausgangsnoten – etwas besser als Schülerinnen und Schüler ohne Migrationshintergrund ($\beta = -0{,}09^{**}$). Die Schülerschaft in den neuen Bundesländern entwickelt sich – bei gleichzeitig besseren Ausgangsnoten – etwas schlechter im Vergleich zur Schülerschaft in den alten Bundesländern ($\beta = -0{,}11^{**}$). Dabei kann es sich bei Letzteren um Effekte der „Regression zur Mitte" handeln, ein Effekt, der sich häufig auch in der negativen Korrelation zwischen Intercept und Slope zeigt: Je schlechter der Ausgangswert, desto besser die Entwicklung bzw. je besser der Ausgangswert, desto schlechter die Entwicklung der abhängigen Variable – in diesem Fall die Durchschnittsnote. In Bezug auf das problematische Sozialverhalten weisen Jungen, sowie Schülerinnen und Schüler mit Migrationshintergrund, aus Familien mit niedrigerem Sozialstatus, sowie in niedrigeren Schulformen als dem Gymnasium insgesamt höhere Ausgangswerte in der 5. Klasse auf. Während sich die Jungen im Untersuchungszeitraum tendenziell auch etwas schlechter entwickeln (Slope: $\beta = -0{,}08^{**}$), findet sich bei Schülerinnen und Schülern aus niedrigeren sozialen Schichten und niedrigeren Schulformen der umgekehrte Effekt: Diese entwickeln sich von der 5. bis zur 9. Klassenstufe

– bei insgesamt schlechteren Ausgangswerten – etwas besser als Schüler aus höheren Schichten und Gymnasien. Das Modell kann zwischen 4 und 23 % der Varianz in den abhängigen Variablen, d. h., im Intercept und Slope von Durchschnittsnote und problematischem Sozialverhalten erklären, wobei die Varianzaufklärung bei den Ausgangswerten (Intercept) jeweils deutlich höher ist als bei den Veränderungswerten (Slope).

Der positive Zusammenhang zwischen den Intercepts der beiden abhängigen Konstrukte verweist darauf, dass Schülerinnen und Schüler mit problematischem Sozialverhalten in der 5. Klasse auch schlechtere Durchschnittsnoten haben und vice versa ($\beta=-0{,}30^{**}$, s. Tab. 1). Die Entwicklung (Slopes) der beiden abhängigen Konstrukte wurde gemäß Hypothese 3 als gerichteter Zusammenhang modelliert, die Ergebnisse zeigen zunächst: Eine positive Entwicklung des Sozialverhaltens wirkt sich positiv auf die Entwicklung der Noten aus ($\beta=-0{,}23^{**}$, s. Tab. 1). Die Hypothese zum indirekten Einfluss der Teilnahme an Ganztagsangeboten auf die Entwicklung der Noten konnte ebenfalls bestätigt werden. Danach wirkt sich die Teilnahme an Ganztagsangeboten positiv auf die Entwicklung des Sozialverhaltens und darüber vermittelt positiv auf die Entwicklung der Noten aus ($\beta=-0{,}02^*$, s. Tab. 1).

Tab. 1: Entwicklung von problematischem Sozialverhalten und Durchschnittsnote von der 5. bis zur 9. Klassenstufe: Konditionales lineares 2-Faktor-Wachstumskurvenmodell (LGCM) mit 2 Wachstumskurven unter Einbezug der Generellen Teilnahme an Ganztagsangeboten sowie Kontrollvariablen als Kovariaten (standardisierte Werte). (Quelle: StEG 2005–2009, Schülerbefragung (Sek. I), Längsschnittkohorte, Längsschnitt)

Prädiktoren	problematisches Sozialverhalten		Durchschnittsnote	
	Intercept	Slope	Intercept	Slope
	Beta	Beta	Beta	Beta
Generelle Teilnahme	0,05	−0,07*	−0,08**	0,06
Offene Ganztagsschule	−0,02	−0,03	−0,03	0,03
Geschlecht: Männlich	0,25**	0,08**	0,10**	0,03
Migrationshintergrund	0,11**	−0,05	0,10**	−0,09**
SES (HISEI)	−0,13**	0,09**	−0,20**	0,00
Schulform: Gymnasium	−0,20**	0,06*	−0,23**	0,05
Neue Bundesländer	0,00	0,08**	−0,25**	0,11**
R^2	0,16**	0,04**	0,23**	0,09**

Intercept Prob.Soz. ↔ Intercept Durchschnittsnote Beta=0,30, p=0,000

Slope Prob.Soz. → Slope Durchschnittsnote Beta=0,23, p=0.000

Ind. Effekt.: TN → Slope Prob.Soz. → Slope Durchschnittsnote: Beta=−0.02, p=0.043

Modellgüte: X^2=113.415, df=21, p<0,001; CFI=0,980; RMSEA=0,026; SRMR=0,011

n (Schüler)=6.551; n (Schulen)=210 *=p<0,05; **=p<0,01

10.6 Zusammenfassung und Diskussion

In diesem Beitrag wird der Frage nachgegangen, ob und in welchem Ausmaß sich die Teilnahme an Ganztagsangeboten, direkt und indirekt auf die Entwicklung von Schulnoten und problematischem Sozialverhalten von der 5. bis zur 9. Klassenstufe auswirkt. Zusammenfassend lässt sich festhalten, dass hinsichtlich der Schulnoten in der 5. Klassenstufe tendenziell die besseren Schülerinnen und Schüler etwas häufiger an Ganztagsangeboten teilnehmen, in Bezug auf die *Entwicklung* der Schulnoten von der 5. zur 9. Klassenstufe dagegen keine Effekte der dauerhaften Teilnahme gefunden werden können. Dies bedeutet einerseits, dass die Ganztagsangebote auch die „besseren Leistungsgruppen" in der Schülerschaft erreichen. Andererseits zeigt das aber auch, dass evtl. solche Ganztagsangebote fehlen, oder aber nicht in ausreichendem Maße von den Schülerinnen und Schülern wahrgenommen werden, die im Leistungsbereich stärker kompensatorisch wirken können. Dass kein Effekt der dauerhaften Teilnahme gefunden wurde, kann aber auch damit zusammenhängen, dass die Entwicklung der Schulnoten über den gesamten Zeitraum von 4 Jahren auf der individuellen Ebene der Schülerinnen und Schüler nicht unbedingt linear, sondern durchaus auch diskontinuierlich verlaufen kann. In StEG wurden die Schulnoten im Abstand von jeweils 2 Jahren erfragt. Hier wären kürzere Zeiträume der Erfassung von Schulnoten (etwa im Abstand von einem Schulhalbjahr) notwendig, um Effekte der Ganztagsteilnahme zu erfassen. Zudem wäre zu erwarten, dass die Teilnahme an spezifischen Ganztagsangeboten, die auf die Förderung kognitiver Fähigkeiten ausgerichtet sind, auch zu positiven Ergebnissen hinsichtlich der Notenentwicklung führen kann.

In Bezug auf problematisches Sozialverhalten ergibt sich ein signifikanter Effekt auf die *Entwicklung* von der 5. bis zur 9. Klassenstufe. Unerwünschtes Sozialverhalten entwickelt sich positiver (im Sinne einer geringeren Zunahme) bei den Schülerinnen und Schülern, die zu mindestens zwei von drei Messzeitpunkten der Studie zur Entwicklung von Ganztagsschulen angaben, an Ganztagsangeboten teilzunehmen. Die vorgelegten Analysen zeigen, dass die gefundenen Effekte im Sinne einer Minderung problematischen Sozialverhaltens auch unabhängig von ethnischer oder sozialer Herkunft auftreten. Einschränkend muss angemerkt werden, dass hier das selbstberichtete problematische Sozialverhalten betrachtet wurde. Diesbezüglich stellen sich die Schülerinnen und Schüler im Durchschnitt sehr positiv dar. Allerdings ist die Varianz der individuellen Verläufe statistisch signifikant, was die Untersuchung und Identifikation von bedeutsamen Einflussfaktoren rechtfertigt. Die hier untersuchten Verhaltensweisen beziehen sich auch ausschließlich auf den Schulkontext, mit den vorliegenden Daten kann nicht geklärt werden wie sich das Verhalten außerhalb der Schule entwickelt.

Zief et al. (2006) gehen davon aus, dass sich extracurriculare Aktivitäten direkt, aber auch indirekt vor allem über eine Verbesserung des Sozialverhaltens auf die Noten auswirken. In unserer Untersuchung wurde diese Hypothese geprüft und konnte teilweise bestätigt werden. Demnach wirkt sich die Teilnahme an Ganztagsangeboten zwar nicht direkt, aber indirekt vermittelt über die Entwicklung des Sozialverhaltens auf die Entwicklung der Schulnoten über vier Jahre aus. Schülerinnen und Schüler, die an Ganztagsangeboten teilnehmen, entwickeln sich von der 5. zur 9. Klassenstufe im Durchschnitt etwas positiver, im Sinne des Ausbleibens problematischen Sozialverhaltens, und diese positive

Entwicklung ist wiederum assoziiert mit einer positiveren Entwicklung der Schulnoten. Dabei muss bedacht werden, dass „positive Entwicklung" hier nicht bedeutet, dass Noten und Sozialverhalten sich verbessern. Die durchschnittliche Entwicklung von der 5. zur 9. Klassenstufe insgesamt deutet auf eine leichte Verschlechterung der Durchschnittsnote (etwa ein Drittel auf der Notenskala) und einen leichten Anstieg des problematischen Sozialverhaltens hin. Der positive Effekt der Teilnahme besteht darin, diese Entwicklungen tendenziell abzumildern, d. h. eine stärker protektive Funktion zu erfüllen.

Der relativ starke Einfluss der Entwicklung des Sozialverhaltens auf die Entwicklung der Noten ist für sich ein interessanter Befund und könnte auch ein Hinweis darauf sein, dass Lehrkräfte das Sozialverhalten der Schülerinnen und Schüler in Schule und Unterricht in ihre Beurteilung mit einbeziehen. Daher sind Wirkungen der Ganztagsteilnahme auf das Sozialverhalten durchaus relevant für eine erfolgreiche Schullaufbahn. Der Förderung und Vermittlung von Handlungskompetenzen bzw. Schlüsselqualifikationen in der Ganztagsschule wird insgesamt ein besonderer Stellenwert zugewiesen (vgl. auch BMBF 2003). Diese Kompetenzen sollten über viele Situationen und Kontexte hinweg einsetzbar sein und dazu beitragen, erworbene Kenntnisse erfolgreich zu nutzen (vgl. Weinert 2001). Auch soziale Kompetenzen sind solche Schlüsselqualifikationen (vgl. Klieme et al. 2001). Dabei werden soziale Kompetenzen – neben den Schulnoten – vor allem beim Übergang in das Berufsleben salient. Die vorliegenden Befunde geben Hinweise, dass Ganztagsschule hier einen Beitrag leisten kann.

Einschränkend muss festgestellt werden, dass die Effektstärken insgesamt sehr niedrig ausfallen. Da die Teilnahme jedoch nur sehr generell und nicht bezogen auf spezifische Angebote, wie z. B. Förderangebote oder Angebote für soziales Lernen, erfasst wurde, ist bereits bedeutsam, dass sich solche Effekte überhaupt zeigen. Was die Ergebnisse zudem stark macht, ist die Tatsache, dass diese sich im längsschnittlichen Entwicklungsverlauf zeigen, und dass sie streng kontrolliert sind auf Merkmale der sozialen und regionalen Herkunft, Geschlecht, Migrationshintergrund und besuchte Schulform.

Insgesamt stützen die vorliegenden Befunde die Annahme, dass sich die (dauerhafte) Teilnahme an außerunterrichtlichen Angeboten in deutschen Ganztagsschulen positiv auf das Sozialverhalten (im Sinne des Ausbleibens problematischen Verhaltens im Schulkontext) auswirken kann. Dadurch kann auch die Notenentwicklung günstig beeinflusst werden. Andere Befunde aus StEG weisen dabei auf die Bedeutung der Angebotsqualität und der Teilnahmeintensität hin (vgl. Fischer et al. 2011b; Kuhn und Fischer 2011).

Zukünftig wäre in kontrollierten Interventionsstudien zu überprüfen wie sich die individuelle Teilnahme an Angeboten, die kognitive und/oder soziale Kompetenzen gezielt ansprechen sollen, im Vergleich zum Besuch von Angeboten mit anderen Zielsetzungen auswirkt. Zudem steht noch aus, ganztagsschulspezifische Schulmerkmale und Schulentwicklungsmaßnahmen im Zusammenhang mit Ergebnisvariablen zu untersuchen. Alleine die Unterscheidung in gebundene und offene Ganztagsschulen erbrachte im vorliegenden Beitrag keine signifikanten Befunde.

Anmerkungen

1 In dem oben erwähnten Überblicksbeitrag von Lauer et al. (2006) zur Angebotsteilnahme finden sich jedoch auch Wirkungen auf Leistungen in standardisierten Tests.
2 Bei dieser Modellspezifikation werden Varianz, Mittelwert und Kovarianz des linearen Slope-Faktors auf Null gesetzt, so dass nur noch der Intercept-Faktor im Modell verbleibt.

Literatur

Birmingham, J., Pechman, E. M., Russell, C. A., & Mielke, M. (2005). *Shared features of high-performing after-school programs: a follow-up to the TASC evaluation*. Austin: The After-School Corporation and Southwest Educational Development Laboratory.
Bollen, K. A., & Curran, P. J. (2006). *Latent curve models: a structural equation perspective*. New York: Wiley.
Börner, N., Beher, K., Düx, W., & Züchner, I. (2010). Lernen und Fördern aus Sicht der Eltern. In: Wissenschaftlicher Kooperationsverbund (Hrsg.), *Lernen und Fördern in der offenen Ganztagsschule* (S. 143–225). Weinheim.
Bundesministerium für Bildung und Forschung (BMBF). (2003). *Ganztagsschulen. Zeit für mehr. Investitionsprogramm „Zukunft Bildung und Betreuung"*. Bonn: BMBF.
Duncan, T. E., Duncan, S. C., & Strycker, L. A. (2006). *An introduction to latent variable growth curve modeling: concepts, issues and applications*. Mahwah: Lawrence Erlbaum Associates.
Durlak, J. A., Weissberg, R. P., & Pachan, M. (2010). A meta-analysis of after-school programs that seek to promote personal and social skills in children and adolescents. *American Journal of Community Psychology, 45*, 294–309.
Eccles, J. S., & Barber, B. L. (1999). Student council, volunteering, basketball, or marching band: what kind of extracurricular involvement matters? *Journal of Adolescent Research, 14*, 10–43.
Eccles, J. S., & Midgley, C. (1989). Stage/environment fit: developmentally appropriate classrooms for young adolescents. In R. E. Ames & C. Ames (Hrsg.), *R. o. M. a. E.* (Bd. 3, S. 139–186). New York: Academic Press.
Eccles, J. S., & Templeton, J. (2002). Extracurricular and other after-school activities for youth. *Review of Education, 26*, 113–180.
Eccles, J. S., Midgley, C., Buchanan, C. M., Wigfield, A., Reuman, D., Flanagan, C., & MacIver, D. (1993). Development during adolescence: the impact of stage/environment fit on young adolescents' experiences in schools and families. *American Psychologist, 48*, 90–101.
Eccles, J. S., Barber, B. L., Stone, M., & Hunt, J. (2003). Extracurricular activities and adolescent development. *Journal of Social Issues, 59*, 865–889.
Feldman, A. F., & Matjasko, J. L. (2005). The role of school based extracurricular activities in adolescent development: a comprehensive review and future directions. *Review of Educational Research, 75*, 159–210.
Fend, H. (1977). *Schulklima: Soziale Einflussprozesse in der Schule*. Weinheim: Beltz.
Fiester, L. M., Simpkins, S. D., & Bouffard, S. M. (2005). Present and accounted for: measuring attendance in out-of-school-time programs. *New Directions for Youth Development, 105*, 91–107.
Fischer, N. (2006). *Motivationsförderung in der Schule. Konzeption und Evaluation einer Fortbildungsmaßnahme für Mathematiklehrkräfte*. Hamburg: Dr. Kovac.

Fischer, N., Kuhn, H. P., & Klieme, E. (2009a). Was kann die Ganztagsschule leisten? Wirkungen ganztägiger Beschulung auf die Entwicklung von Lernmotivation und schulischer Performanz nach dem Übergang in die Sekundarstufe. In L. Stecher, C. Allemann-Ghionda, W. Helsper, & E. Klieme (Hrsg.), *Ganztägige Bildung und Betreuung* (54. Beiheft der Zeitschrift für Pädagogik, S. 143–167). Weinheim: Beltz.

Fischer, N., Radisch, F., & Stecher, L. (2009b). Halb- und Ganztagsbetrieb. In S. Blömeke, T. Bohl, L. Haag, G. Lang-Wojtasik, & W. Sacher (Hrsg.), *Handbuch Schule* (S. 343–350). Bad Heilbrunn: Klinkhardt, UTB.

Fischer, N., Holtappels, H. G., Klieme, E., Rauschenbach, T., & Züchner, I. (Hrsg.). (2011a). *Ganztagsschule: Entwicklung, Qualität, Wirkungen. Längsschnittliche Befunde der Studie zur Entwicklung von Ganztagsschulen (StEG)* Weinheim: Juventa.

Fischer, N., Kuhn, H. P., & Züchner, I. (2011b). Entwicklung von Sozialverhalten in der Ganztagsschule. Wirkungen der Ganztagsteilnahme und der Angebotsqualität. In N. Fischer, H. G. Holtappels, E. Klieme, T. Rauschenbach, & I. Züchner (Hrsg.), *Ganztagsschule: Entwicklung, Qualität, Wirkungen. Längsschnittliche Befunde der Studie zur Entwicklung von Ganztagsschulen (StEG)* (S. 246–266). Weinheim: Juventa.

Fischer, N., Brümmer, F., & Kuhn, H. P. (2011c). Entwicklung von Wohlbefinden und motivationalen Orientierungen in der Ganztagsschule. Zusammenhänge mit der Prozess- und Beziehungsqualität in den Angeboten. In N. Fischer, H. G. Holtappels, E. Klieme, T. Rauschenbach, & I. Züchner (Hrsg.), *Ganztagsschule: Entwicklung, Qualität, Wirkungen. Längsschnittliche Befunde der Studie zur Entwicklung von Ganztagsschulen (StEG)* (S. 227–245). Weinheim: Juventa.

Furthmüller, P., Neumann, D., Quellenberg, H., Steiner, C., & Züchner, I. (2011). Die Studie zur Entwicklung von Ganztagsschulen. Beschreibung des Designs und Entwicklung der Stichprobe. In N. Fischer, H. G. Holtappels, E. Klieme, T. Rauschenbach, & I. Züchner (Hrsg.), *Ganztagsschule: Entwicklung, Qualität, Wirkungen. Längsschnittliche Befunde der Studie zur Entwicklung von Ganztagsschulen (StEG)* (S. 30–56). Weinheim: Juventa.

Geiser, C. (2010). *Datenanalyse mit Mplus: Eine anwendungsorientierte Einführung*. Wiesbaden: VS Verlag für Sozialwissenschaften.

Gerecht, M. (2010). *Schul- und Unterrichtsqualität und ihre erzieherischen Wirkungen. Eine Sekundäranalyse auf der Basis der Pädagogischen EntwicklungsBilanzen. Empirische Erziehungswissenschaft* (Bd. 27). Münster: Waxmann.

Gerstenblith, S. A., Soule, D. A., Gottfredson, D. C., Lu, S., Kellstrom, M. A., Womer, S. C., & Bryner, S. L. (2005). After-school programs, antisocial behavior, and positive youth development: an exploration of the relationship between program implementation and changes in youth behavior. In J. L. Mahoney, R. W. Larson, & J. S. Eccles (Hrsg.), *Organized activities as contexts of development. Extracurricular activities, after-school and community programs* (S. 457–477). New Jersey: Lawrence Erlbaum Associates.

Helmke, A., & Schrader, F.-W. (2006). Determinanten der Schulleistung. In D. H. Rost (Hrsg.), *Handwörterbuch Pädagogische Psychologie* (S. 83–94). Weinheim: Beltz.

Helmke, A., & Weinert, F. E. (1997). Bedingungsfaktoren schulischer Leistungen. In F. E. Weinert (Hrsg.), *Enzyklopädie der Psychologie, Band 3 (Psychologie der Schule und des Unterrichts)* (S. 71–176). Göttingen: Hogrefe.

Hertel, S., Klieme, E., Radisch, F., & Steinert, B. (2008). Nachmittagsangebote im Sekundarbereich und ihre Nutzung durch die Schülerinnen und Schüler. In M. Prenzel, C. Artelt, J. Baumert, W. Blum, M. Hammann, E. Klieme, & R. Pekrun (Hrsg.), *PISA 2006 in Deutschland. Die Kompetenzen der Jugendlichen im dritten Ländervergleich* (S. 297–318). Münster: Waxmann.

Hochweber, J. (2010). *Was erfassen Mathematiknoten? Korrelate von Mathematik-Zeugniszensuren auf Schüler- und Schulklassenebene in Primar- und Sekundarstufe*. Münster: Waxmann.

Holtappels, H. G. (1987). *Schulprobleme und abweichendes Verhalten aus der Schülerperspektive*. Bochum: Schallwig.

Holtappels, H. G. (1997). Sozialwissenschaftliche Theorien und Konzepte schulischer Gewaltforschung. In H. G. Holtappels, W. Heitmeyer, W. Melzer, & K.-J. Tillmann (Hrsg.), *Forschung über Gewalt an Schulen* (S. 27–43). Weinheim: Juventa.

Holtappels, H. G., Klieme, E., Rauschenbach, T., & Stecher, L. (Hrsg.). (2007). *Ganztagsschule in Deutschland. Ergebnisse der Ausgangserhebung der „Studie zur Entwicklung von Ganztagsschulen" (StEG)*. Weinheim: Juventa.

Huang, D., Coordt, A., La Torre, D., Leon, S., Miyoshi, J., Perez, P., & Peterson, C. (2007). *The afterschool hours: examining the relationship between afterschool staff-based social capital and student engagement in LA's BEST*. Los Angeles: CRESST/University of California.

Ingenkamp, K. (1967). *Schulleistungen – damals und heute: Meinungen und Untersuchungen zur Veränderung des Leistungsniveaus unserer Schuljugend*. Weinheim: Beltz.

Kanning, U. P. (2002). Soziale Kompetenz - Definition, Strukturen und Prozesse. *Zeitschrift für Psychologie, 210*(4), 154–163.

Klieme, E. (2003). Benotungsmaßstäbe an Schulen: Pädagogische Praxis und institutionelle Bedingungen. Eine empirische Analyse auf der Basis der PISA-Studie. In H. Döbert, B. von Kopp, R. Martini, & M. Weiß (Hrsg.), *Bildung vor neuen Herausforderungen: Historische Bezüge, rechtliche Aspekte, Steuerungsfragen, internationale Perspektiven* (S. 195–210). Neuwied: Luchterhand.

Klieme, E., Artelt, C., & Stanat, P. (2001). Fächerübergreifende Kompetenzen: Konzepte und Indikatoren. In F. E. Weinert (Hrsg.), *Leistungsmessungen in Schulen* (S. 203–218). Weinheim: Beltz.

Kuhn, H. P., & Fischer, N. (2011). Entwicklung der Schulnoten in der Ganztagsschule. Einflüsse der Ganztagsteilnahme und der Angebotsqualität. In N. Fischer, H. G. Holtappels, E. Klieme, T. Rauschenbach, & I. Züchner (Hrsg.), *Ganztagsschule: Entwicklung, Qualität, Wirkungen. Längsschnittliche Befunde der Studie zur Entwicklung von Ganztagsschulen (StEG)* (S. 207–226). Weinheim: Juventa.

Larson, R. W. (2000). Toward a psychology of positive youth development. *American Psychologist, 55*, 170–183.

Lauer, P. A., Akiba, M., Wilkerson, S. B., Agthorp, H. S., Snow, D., & Martin-Glenn, M. L. (2006). Out-of-school-time programs: a meta-analysis of effects for at-risk students. *Review of Educational Research, 76*, 275–313.

Mahoney, J. L. (2000). School extracurricular activity participation as a moderator in the development of antisocial patterns. *Child Development, 71*, 502–516.

Mahoney, J. L., Cairns, B. D., & Farmer, T. W. (2003). Promoting interpersonal competence and educational success through extracurricular activity participation. *Journal of Educational Psychology, 95*(2), 409–418.

Mahoney, J. L., Larson, R. W., & Eccles, J. S. (Hrsg.). (2005). *Organized activities as contexts of development. Extracurricular activities, after-school and community programs*. New Jersey: Lawrence Erlbaum Associates.

Marsh, H. W. (1992). Extracurricular activities: beneficial extension of the traditional curriculum or subversion of academic goals? *Journal of Educational Psychology, 84*, 553–562.

Miller, B., & Truong, K. A. (2009). The role of afterschool and summer in achievement. The untapped power of afterschool and summer to advance student achievement. In L. Stecher, C. Allemann-Ghionda, W. Helsper, & E. Klieme (Hrsg.), *Ganztägige Bildung und Betreuung* (54. Beiheft der Zeitschrift für Pädagogik, S. 124–142). Weinheim: Beltz.

Radisch, F. (2009). *Ganztägige Schulorganisation. Ein Beitrag zur theoretischen Einordnung von Erwartungen und zur empirischen Prüfung von Zusammenhängen*. Dissertationsschrift. Weinheim: Juventa.

Rakoczy, K., Klieme, E., Bürgermeister, A., & Harks, B. (2008). The interplay between student evaluation and instruction. Grading and feedback in mathematics classrooms. *Journal of Psychology, 216*, 111–124.

Reinders, H. (2008). Erfassung sozialer und selbstregulatorischer Kompetenzen bei Kindern und Jugendlichen. In N. Jude, J. Hartig, & E. Klieme (Hrsg.), *Kompetenzerfassung in pädagogischen Handlungsfeldern. Theorien, Konzepte und Methoden* (S. 27–45). Bonn: Bundesministerium für Bildung und Forschung.

Salisch, M. v., Kanevski, R., Phillip, M., Schmalfeld, A., & Sacher, A. (2010). *Welche Auswirkungen hat die Ganztagsschulbetreuung auf die Einbindung von Jugendlichen in Peernetzwerke und Freundschaften auf die Entwicklung sozialer und emotionaler Kompetenzen? Abschlussbericht.* Lüneburg.

Shernoff, D. J. (2010). Engagement in after-school programs as a predictor of social competence and academic performance. *American Journal of Community Psychology, 45*, 325–337.

StEG-Konsortium. (2010). *Ganztagsschule: Entwicklung und Wirkung. Ergebnisse der Studie zur Entwicklung von Ganztagsschulen 2005–2010.* Frankfurt a. M.: DIPF.

Steinert, B., Schweizer, K., & Klieme, E. (2003). Ganztagsbetreuung und Schulqualität aus Sicht von Lehrkräften. In E. J. Brunner, P. Noack, G. Scholz, & I. Scholl (Hrsg.), *Diagnose und Intervention in schulischen Handlungsfeldern* (S. 73–87). Münster: Waxmann.

Tillmann, K.-J., Holler-Nowitzki, B., Holtappels, H. G., Meier, U., & Popp, U. (1999). *Schülergewalt als Schulproblem. Verursachende Bedingungen, Erscheinungsformen und pädagogische Handlungsperspektiven.* Weinheim: Juventa.

Trautwein, U., Lüdtke, O., Becker, M., Neumann, M., & Nagy, G. (2008). Die Sekundarstufe I im Spiegel der empirischen Bildungsforschung: Schulleistungsentwicklung, Kompetenzniveaus und die Aussagekraft von Schulnoten. In E. Schlemmer & H. Gerstberger (Hrsg.), *Ausbildungsfähigkeit im Spannungsfeld zwischen Wissenschaft, Politik und Praxis* (S. 91–107). Wiesbaden: VS Verlag für Sozialwissenschaften.

Urdan, T. M., & Midgley, C. (2003). Changes in the perceived classroom goal structure and pattern of adaptive learning during early adolescence. *Contemporary Educational Psychology, 28*, 524–551.

Vandell, D., Reisner, E., & Pierce, K. (2007). *Outcomes linked to highquality afterschool programs: longitudinal findings from the study of promising after school programs.* Washington, DC: Policy Studies Associates Inc. http://www.gse.uci.edu/docs/PASP%20Final%20Report.pdf.

Weinert, F. E. (Hrsg.). (2001). *Leistungsmessungen in Schulen.* Weinheim: Beltz.

Widaman, K. F., & Reise, S. P. (1997). Exploring the measurement invariance of psychological instruments: applications in the substance use domain. In K. J. Bryant, M. Windle, & S. G. West (Hrsg.), *The science of prevention: methodological advances from alcohol and substance abuse research* (S. 281–324). Washington, DC: American Psychological Association.

Wigfield, A., Eccles, J. S., & Pintrich, P. R. (1996). Development between the ages of 11 and 25. In D. C. Berliner & R. C. Calfee (Hrsg.), *Handbook of educational psychology* (S. 148–185). New York: Simon & Schuster, Macmillan.

Zief, S. G., Lauver, S., & Maynard, R. A. (2006). Impacts of after-school programs on students outcomes: a systematic review for the Campbell Collaboration. *Campbell Systematic Reviews, 3*.

Züchner, I., Fischer, N., & Klieme, E. (2010). *Pädagogische Wirkungen von Ganztagsschulen. Expertise für den Expertenrat „Herkunft und Bildungserfolg" des Ministeriums für Kultus, Jugend und Sport des Landes Baden-Württemberg.* Frankfurt a. M.: DIPF.

11 Ganztagsschulbesuch und Integration von Kindern mit Migrationshintergrund im Primarbereich: Erste Näherungen an empirische Befunde einer vergleichenden Untersuchung

Heinz Reinders · Ingrid Gogolin · Anne Gresser · Simone Schnurr · Jule Böhmer · Nina Bremm

Zusammenfassung: Der Beitrag berichtet erste Befunde einer Studie bei Ganztags- und Halbtagsschülern in Bayern und Hamburg. Im Mittelpunkt steht die Frage, inwieweit Ganztagsschulen eine bessere soziale Integration von Migrantenkindern und eine günstigere Entwicklung der Sprachkompetenz im Deutschen ermöglichen als Halbtagsschulen. Basierend auf einem Modell der Schuleffektivität werden neben dem Schultyp auch Faktoren der ethnischen Komposition der Schülerschaft und des Förderangebots der Schulen als mögliche erklärende Variablen in Mehrebenenanalysen herangezogen. Der Längsschnitt mit Messzeitpunkten in der ersten und zweiten Klasse umfasst insgesamt 775 Schüler an 29 Schulen. Die Ergebnisse deuten darauf, dass nicht der besuchte Schultyp, sondern die Zusammensetzung der Schülerschaft Varianz bei den abhängigen Variablen erklärt. Zugleich zeigt sich die begrenzte Aussagekraft von formalen Merkmalen der Unterscheidung zwischen Ganz- und Halbtagsschulen.

© VS Verlag für Sozialwissenschaften 2011

Prof. Dr. H. Reinders (✉)
Empirische Bildungsforschung, Am Hubland, Universität Würzburg, 97074 Würzburg, Deutschland
E-Mail: Heinz.Reinders@uni-wuerzburg.de

Prof. Dr. I. Gogolin
Institut für Interkulturelle und International Vergleichende, Erziehungswissenschaft,
Universität Hamburg, Von Melle Park 8, 20146 Hamburg, Deutschland
E-Mail: Gogolin@uni-hamburg.de

Dipl.-Soz. A. Gresser · Dr. S. Schnurr · N. Bremm, M.A.
Empirische Bildungsforschung, Campus Hubland-Nord, Universität Würzburg,
Oswald-Külpe-Weg 86, 97074 Würzburg, Deutschland
E-Mail: Anne.Gresser@uni-wuerzburg.de

Dr. S. Schnurr
E-Mail: Simone.Schnurr@uni-wuerzburg.de

N. Bremm, M.A.
E-Mail: Nina.Bremm@uni-wuerzburg.de

J. Böhmer
Fakultät für Erziehungswissenschaft, Alsterterrasse 1, Universität Hamburg,
20354 Hamburg, Deutschland
E-Mail: Jule.Boehmer@uni-hamburg.de

Schlüsselwörter: Integration · Sprachkompetenz Deutsch · Ganztagsschule

Full-time schooling and integration of migrant students in primary schools: first approximations to empirical results of a comparative research project

Abstract: The paper presents first results of a longitudinal study conducted at full-time and part-time schools in Hamburg and Bavaria. The major interest of this research is whether or not full-time schools provide better opportunities for the social integration of students and the development of language competence in German. According to a model of school effectiveness, ethnic composition of students and support programs for intercultural learning and acquisition of German are used as predictors to explain differences between students in the domains of social integration and language competence. Multi-level analyses with 775 students at 29 schools were conducted and results indicate that composition of students partly explains differences in the dependent variables. At the same time the severe limitations of the analyses of formal features that differentiate between full-time and part-time schooling become obvious.

Keywords: Integration · Language competence in German · Full-time schooling

11.1 Einleitung

Der Beitrag berichtet Ergebnisse des Projekts „Ganztagsschule und Integration von Migranten" und konzentriert sich auf eine Teilstudie, die an Primarschulen in Bayern und Hamburg durchgeführt wurde. Im Mittelpunkt stehen dabei Aspekte der sozialen und der sprachlichen, als Subdimension der kulturellen Integration (vgl. Esser 2006), die im Vergleich von Ganztags- zu Halbtagsschulen betrachtet werden.

Bereits in der Grundschule sind Kinder mit Migrationshintergrund systematisch im Hinblick auf ihre *akademische Leistungsentwicklung* benachteiligt (vgl. zusf. Ramirez-Rodriguez und Dohmen 2010). Gerade im Bereich der schulischen Leistungsentwicklung zeigt sich, dass neben dem Bildungsstand der Eltern die Familiensprache von Grundschülern den wichtigsten Prädiktor für eine zunehmende Leistungsschere am Ende der Primarstufe darstellt (vgl. Krüsken 2007, S. 45) und hier auch den Schriftspracherwerb betrifft (vgl. Zöller und Roos 2009). Die ungleiche Beteiligung von Migrantenkindern an höheren Bildungswegen ist durch diverse Studien hinlänglich belegt (vgl. Stanat 2011), wenngleich einfache Ursachenzuschreibungen über die Dichotomisierung von Herkunft oder Sprachgebrauch in der Familie nicht erklärungskräftig sind. Sowohl die Herkunftsgruppe als auch das in der Herkunftsfamilie vorhandene bildungsrelevante Kapital sind zusätzliche Quellen der Varianzaufklärung (vgl. Stanat 2011).

Für die *soziale Integration* von Migrantenkindern wird regelmäßig die strukturelle Diskriminierung ins Feld geführt, wonach diese Gruppe durch Lehrerzuschreibungen und dem Selektionsmechanismus von Schule systematisch benachteiligt werden (vgl. zuletzt Gomolla 2010). Im akademischen Bereich sind allerdings Lehrervorurteile hinsichtlich ihrer Wirkung auf soziale Selektion und Übertrittsempfehlungen kritisch zu betrachten (vgl. Lehmann und Peek 1997; Kristen 2006). Im sozialen Bereich zeigen diverse Studien wiederholt auf, dass das Erleben von Diskriminierung und Ausgrenzung aufgrund von Herkunft psycho-soziale Belastungen mit sich bringt, die zum einen den Rückzug auf die Herkunftskultur begünstigen können und zum anderen akademische Performanz einschränken (vgl. Plummer und Graziano 1987; Rowley et al. 2008). Auf der anderen Seite legen die Studien von Rosenfield et al. (1981), Hamm et al. (2005) sowie Feddes (2007) nahe, dass ethnisch heterogene Klassen die Entstehung von interethnischen Freundschaften und in der Folge die Entwicklung interkultureller Kompetenzen begünstigen, also herkunftsbedingte Diskriminierung mindern.

Vor dem Hintergrund der beiden skizzierten Situationen formuliert das Projekt „Ganztagsschule und Integration von Migranten" zwei Forschungsfragen:

1. Ermöglicht die Ganztagsschule eine bessere Förderung sprachlicher Kompetenzen in der Schulsprache Deutsch?
2. Trägt die Ganztagsschule durch die Förderung interkulturellen Austauschs dazu bei, die soziale Integration von Migrantenkindern zu begünstigen?

Die Beantwortung beider Fragestellungen geschieht vor dem Hintergrund einer knappen Skizze des Forschungsstands zu Wirkungen von Ganztagsschule sowie eines modifizierten theoretischen Modells der Schuleffektivität (vgl. Ditton 2000). Im Anschluss wird das Design des Projekts vorgestellt, und erste längsschnittliche Befunde aus der Primarstufen-Studie werden präsentiert.

11.2 Aussagen zur Wirkung von Ganztagsschulen

Wie bereits eingangs benannt, wird mit der Ausweitung des Ganztagsschul-Angebots u.a. die Erwartung verbunden, Leistungsdifferenzen zu beheben und interkulturelle Fähigkeiten zu vermitteln (vgl. Wissenschaftlicher Beirat für Familienfragen 2006). Inwieweit dies durch Ganztags- im Vergleich zu Halbtagsschulen besser gelingt, ist aufgrund bisheriger Forschung in Deutschland nach wie vor ungeklärt. Gemessen an den ersten Forschungsübersichten (vgl. Radisch und Klieme 2004) hat sich bislang an diesem Kenntnisstand einiges geändert (vgl. Radisch et al. 2008a; Fischer et. al 2009). So wird empirisch begründet die Vermutung aufgestellt, dass Ganztagsschulen vor allem leistungsschwächeren Schülern nützlich sind, Ganztagsangebote im Zusammenhang mit dem Leseverständnis stehen, der Lernmotivation förderlich sind und neben einem subjektiven Lernnutzen für Schüler auch graduelle Veränderungen in den Schulnoten mit sich bringen (vgl. Holtappels et al. 2007; Radisch et al. 2008b; Fischer et al. 2010). Auch scheinen ausgewählte Dimensionen der pädagogischen Qualität unterrichtsnaher Angebote im Zusammenhang mit dem sozialen und Lernnutzen zu stehen (vgl. Stecher et al. 2007; Radisch et al. 2008a). Allerdings fehlt diesen Befunden der direkte Vergleich mit Halbtagsschulen (vgl. Merkens 2010). Die von Schüpbach (2010) in der Schweiz durchgeführte Längsschnittstudie zum Vergleich von Tagesschulkindern mit einer halbtags beschulten Kontrollgruppe bietet keine Hinweise, dass im Verlauf der ersten beiden Grundschuljahre ein stärkerer Zuwachs der sprachlichen und mathematischen Kompetenzen der Tagesschulkinder zu verzeichnen sei. Ähnlich fallen auch die Befunde des Projekts „Ganztagsorganisation im Grundschulbereich" aus, in dem Kinder aus Halbtags- und Ganztagsgrundschulen hinsichtlich ihrer sprachlichen Kompetenzen im Deutschen verglichen wurden. Auch hier schnitten ganztägig beschulte Kinder nicht besser ab als solche an Halbtagsschulen (vgl. Merkens und Schründer-Lenzen 2010).

Eine globale Wirkung von Ganztagsschulen ist angesichts der Bandbreite an sozialen Einzugsgebieten, Organisationsformen, anhand der Nutzungsintensität und Qualität sowie Ausrichtung pädagogischer Profile nicht erwartbar (vgl. Holtappels 2006; Holtappels et al. 2007). Hinzu kommt, dass die breitflächige Implementierung von Ganztagsangeboten vor allem das offene Modell mit sich bringt und Veränderungen von Zeitstrukturen, Kooperationsformen und pädagogischen Angeboten nur zögerlich stattfinden (vgl. Stecher in Druck).

Gleichwohl ist bereits die einfache Gegenüberstellung von Ganztags- und Halbtagsschulen ein wesentlicher erster Analyseschritt. Erstens sind solche direkten Vergleiche, zumal im Längsschnitt, in Deutschland noch nicht vorhanden. Zweitens ermöglicht der direkte Vergleich Aussagen über mögliche Unterschiede zwischen beiden Schulformen und – darauf aufbauend – drittens die Möglichkeit, sukzessive differenzierende Merkmale einzuführen. Zur Identifikation dieser differenzierenden Merkmale wird in unserer Untersuchung das modifizierte Modell der Schuleffektivität nach Ditton (2000) herangezogen.

11.3 Theoretisches Rahmenmodell

In Anlehnung an Konzepte der Schuleffektivitätsforschung (vgl. Scheerens 2001) wird auch für die Betrachtung von Ganztagsschulen ein Rahmenmodell herangezogen, welches mit Input, Prozess und Output die Prozessdimension und mit der Differenzierung nach Kontext-, Schul- und Klassenebene die Strukturdimension berücksichtigt. Dieser Ansatz unterscheidet auf der Strukturebene zwischen distalen und proximalen Merkmalen schulischer Sozialisation. Diese Differenzierung ist notwendig, weil Metaanalysen den relativ geringeren Einfluss distaler im Vergleich zu proximalen Faktoren auf den Schulerfolg Heranwachsender nachweisen (vgl. Purkey und Smith 1983; Wang et al. 1993).

Wenngleich Effekte distaler Faktoren wie Merkmale der Schulqualität theoretisch (vgl. Pekrun 2002) und empirisch bezüglich der Schülermerkmale geringer ausfallen als die Effekte proximaler Unterrichtsbedingungen, so legen die Untersuchungen von Stringfield (1994) sowie die Befunde aus der „Studie zur Entwicklung von Ganztagsschulen" (StEG) (vgl. Holtappels et al. 2007) nahe, dass schulorganisatorische Aspekte die Qualität der Unterrichtsorganisation und damit mittelbar Effekte auf Schülerseite mit bestimmen (vgl. Holtappels und Heerdegen 2005). Hinweise auf einen mittelbaren Einfluss der Schulebene finden sich bei Höhmann et al. (2005), wonach gebundene im Vergleich zu offenen Ganztagsschulen über andere Lernkulturen verfügen.

Für diesen Beitrag wurde eine Auswahl von Teilbereichen des Schuleffektivitätsmodells getroffen; die Auswertungen konzentrieren sich auf den Vergleich von Ganztags- und Halbtagsschulen hinsichtlich der Komposition der Schülerschaft einerseits und des pädagogischen Profils der Schulen andererseits als erklärende Variablen. Als abhängige Variablen werden die Lesekompetenz sowie die interkulturellen Kontakte der Kinder betrachtet. Diese Beschränkung führt dazu, dass im Wesentlichen Inputbedingungen und Schulmerkmale auf der Prozessdimension zur Erklärung möglicher Unterschiede zwischen Schulen herangezogen werden. Es handelt sich also stärker um distale Merkmale, die zur Gruppierung der Schulen im Sinne eines schulfairen Vergleichs genutzt werden (vgl. Arnold 1999).

11.3.1 Annahmen zur sozialen Integration durch Ganztagsschulen

Für den Bereich der *sozialen Integration,* in dem interkulturelle Kontakte genauer betrachtet werden sollen, gibt es bisher keinen gesicherten Forschungsstand für die Wirkung der Ganztagsschule. Ergebnisse aus den USA zeigen, dass extracurriculare Aktivitäten – im Sinne erweiterter schulischer Angebote – in ethnisch heterogenen Gruppen zu geringerer ethnischer Freundschaftssegregation führen (vgl. Moody 2001). Dies liefert erste Hinweise, dass die Ganztagsschule in Deutschland aufgrund ihres erweiterten Freizeitangebotes außerhalb des Unterrichts zu mehr Gelegenheiten führen könnte, soziale und interkulturelle Kontakte zu entwickeln und zu intensivieren als die Halbtagsschulen.

H_1: Deshalb sollte der Anstieg der Kontakthäufigkeit vom ersten zum zweiten Messzeitpunkt an Ganztags- im Vergleich zu Halbtagsschulen höher sein.

Abgesehen von einer möglichen Wirkung der Ganztagsschule, besteht eine schulische Förderungsmöglichkeit interkultureller Kontakte zwischen Kindern in Angeboten zum interkulturellen und sozialen Lernen. Bei einem umfangreichen, implementierten Angebot an interkulturellen und sozialen Lernmöglichkeiten in Schulen kann angenommen werden, dass die Schüler mehr Chancen haben, Wissen und Kompetenzen im Umgang mit Menschen unterschiedlicher kultureller Herkunft zu erlangen und in Bezug auf ihre soziale Umwelt umzusetzen. In Schulen, die interkulturelles und soziales Lernen als Ziel in ihr Schulprogramm mit aufnehmen, sollten bessere Bedingungen für ein Schulklima bestehen, das interkulturelle Kontakte begünstigt (vgl. Schofield 1995; Patchen 1982).

H_2: Dementsprechend sollte bei einer höheren Anzahl an Förderangeboten auch die Veränderung der von den Kindern berichteten interkulturellen Kontakte vom ersten zum zweiten Messzeitpunkt stärker sein.

Ein wichtiger Faktor der Kontextebene für interkulturelle Kontakte, der ebenfalls in die Analysen mit aufgenommen wird, ist der Anteil an Kindern mit Migrationshintergrund an den Schulen, da erst das Vorhandensein verschiedener Gruppen unterschiedlicher nationaler Herkunft interkulturelle Kontakte in Schulen möglich macht (vgl. Hallinan und Smith 1985; Hamm et al. 2005; Feddes 2007).

H_3: Daher wird erwartet, dass mit steigendem Migrationsanteil an Schulen auch die Veränderung der interkulturellen Kontakte zum zweiten Messzeitpunkt höher sein wird.

11.3.2 Annahmen zur Entwicklung sprachlicher Fähigkeiten in der Schulsprache Deutsch durch Ganztagsschulen

Bezüglich der sprachlichen Fähigkeiten im Deutschen bei Kindern mit Migrationshintergrund, hier betrachtet im Ausschnitt der Lesefähigkeit, gibt es bisher wenige Studien zur Wirkung der Ganztagsschule (vgl. Merkens 2010).

Es kann jedoch vermutet werden, dass aufgrund des verlängerten Zeitrahmens, der an Ganztagsschulen zur Verfügung steht, nicht nur mehr Möglichkeiten der individuellen Förderung der Schülerinnen und Schüler bestehen (vgl. Ditton 2000; Holtappels 2006; Edelstein 2009), sondern auch mehr Sprachkontakt- und Übungsmöglichkeiten.

H_4: Es wird daher vermutet, dass Ganztagsschüler beim Lesen im Deutschen bessere Leistungen erzielen als Schüler an Halbtagsschulen.

H_5: Aufgrund von Kompositionseffekten (vgl. Waterman und Baumert 2006) ist davon auszugehen, dass ein hoher Anteil von Kindern mit Migrationshintergrund innerhalb einer Schule zu schlechteren Leseleistungen aller Schüler führt.

H_6: Wenngleich eindeutige Forschungsbefunde hierzu nicht vorliegen, ist des Weiteren anzunehmen, dass ein zusätzliches gezieltes Sprachförderangebot in der Schule zu verbesserten Leistungen der Schülerinnen und Schüler in der Unterrichtssprache führt (vgl. Limbird und Stanat 2006; Holtappels et al. 2010).

11.4 Stichprobe, Erhebungsmethode und Erhebungsinstrumente

11.4.1 Stichprobe

Es handelt sich um eine Längsschnittstudie mit Messzeitpunkten in der ersten und ein Jahr später in der zweiten Jahrgangsstufe an Halbtags- und Ganztagsschulen in Bayern und Hamburg. Die Schulen wurden gemäß ihrem Migrationsanteil vorab ausgewählt und nach Bereitschaft zur Teilnahme auf Schul- und Schülerebene in die Studie aufgenommen.

Insgesamt wurden zu beiden Messzeitpunkten 755 Kinder befragt, von denen etwas weniger als die Hälfte bayerische Grundschulen besuchen (47,0 %). Trotz annähernd gleicher Schulzahl bei Halbtags- und Ganztagsschulen umfasst die Stichprobe mit 40,8 % etwas weniger Ganztagsschüler (vgl. Tab. 1).

Tab. 1: Verteilung der Stichprobe nach Schultyp und Bundesland

			Bundesland		Gesamt
			Hamburg	Bayern	
Schultyp	Halbtagsschule	Anzahl	211	236	447
		% der Gesamtzahl	27,9 %	31,3 %	59,2 %
	Ganztagsschule	Anzahl	189	119	308
		% der Gesamtzahl	25,0 %	15,8 %	40,8 %
Gesamt		Anzahl	400	355	755
		% der Gesamtzahl	53,0 %	47,0 %	100,0 %

Die Verteilungsdifferenz von Schultyp zu Bundesland ($\lambda^2=14{,}68$; $df=1$; $p<0.001$) resultiert im Wesentlichen aus der geringeren Verfügbarkeit von Ganztagsschulen in Bayern (15,8 % der Gesamtstichprobe). Die Verteilung von Mädchen und Jungen auf die beiden Schulvarianten zeigt hingegen keine signifikanten Verteilungsabweichungen an ($\lambda^2=0{,}27$; $df=1$; n.s.). Auch bezüglich der Migrationskonstellation zeigen sich keine statistisch bedeutsamen Verschiebungen zwischen Ganztags- und Halbtagsschulen ($\lambda^2=1{,}20$; $df=2$; n.s.). Ungefähr ein Drittel der Kinder in der Stichprobe haben keinen Elternteil mit Migrationshintergrund (35,3 %), während etwa ein Fünftel der Kinder einen Elternteil (22,1 %) mit Migrationserfahrung besitzen. Etwas weniger als die Hälfte der Kinder haben zwei Elternteile mit Migrationshintergrund (42,6 %)[1]. Die wichtigsten Herkunftsländer und -regionen der Kinder mit Migrationshintergrund sind die Türkei (32,1 %), die GUS-Staaten (13,4 %) und die Staaten des ehemaligen Jugoslawien (8,9 %).

11.4.2 Erhebungsmethode

11.4.2.1 Erfassung der Maße sozialer Integration

Um ausreichend große Stichproben realisieren zu können, wurde ein standardisiertes Erhebungsverfahren eingesetzt, das sich zur Durchführung im Klassenverband eignet (vgl. van Deth et al. 2007; vgl. Abb. 1). Den Kindern wurden Antwortbögen vorgelegt, in denen sich ein symbolischer Anker für die Fragereihenfolge (1; „Schwimmer-Frage"), ein Bild für die inhaltliche Assoziation (2; „Wie häufig isst du Eis") sowie Icons für das Antwortformat (3; Sehr häufig, häufig, selten, nie) befinden.

Eine Interviewerin hat – unterstützt durch die Projektion der jeweils gültigen Frage per Overhead-Projektor – den Fragetext langsam, gut verständlich und wiederholt vorgelesen. Zwei weitere Interviewerinnen haben die Kinder bei der Handhabung der Antwortbögen unterstützt. Die Durchführung dieser Befragung nahm etwa eine Schulstunde in Anspruch.

11.4.2.2 Erfassung der sprachlichen Kompetenzen

Mit dem Instrument „Würzburger Leiseleseprobe" (im Folgenden WLLP) (vgl. Küspert und Schneider 1998) wurde in Hamburg und Bayern die Dekodiergeschwindigkeit (=Lesegeschwindigkeit) der Schülerinnen und Schüler in der ersten und zweiten Klasse getestet. Das Instrument bietet laut Selbstbeschreibung ein zuverlässiges Maß für die

Abb. 1: Beispiel für die Präsentation von Fragebogen-Items in der Primarstufe

Erfassung der Leseleistung in der deutschen Sprache für Schülerinnen und Schüler der ersten bis vierten Klasse.

11.4.3 Erhebungsinstrumente

Nachfolgend werden jene Variablen beschrieben, die in die Analysen aufgenommen werden. Als unabhängige Variablen werden der Schultyp, der Anteil der Migranten in der jeweiligen Schule sowie das Vorhandensein spezifischer pädagogischer Angebote in die Auswertungen einbezogen. Als abhängige Variablen werden interkulturelle Kontakthäufigkeit für den Bereich der sozialen Integration und der Wortverständnistest für den Bereich der Sprachkompetenz genutzt. Die Daten der unabhängigen Variablen stammen vom ersten Messzeitpunkt. Die abhängigen Variablen wurden im Längsschnitt erhoben.

11.4.3.1 Unabhängige Variablen

Der *Schultyp* ist unterteilt in Halbtags- und Ganztagsschulen. Die Kategorie Ganztagsschulen umfasst offene, teilgebundene und vollgebundene Organisationsformen. Die Stichprobe beinhaltet 15 Ganztags- und 14 Halbtagsschulen. Aus Tab. 1 lässt sich die individuelle Verteilung der Schüler nach Schultyp und Bundesland entnehmen.

Der *Migrantenanteil der Schulen* wird über die Anzahl der Schüler mit Migrationshintergrund erfasst und anhand der Gesamtstichprobenverteilung in drei gleich große Gruppen unterteilt. In der ersten Gruppe ($n=10$ Schulen) befinden sich Schulen mit einem Migrationsanteil geringer als 59,4 %, die zweite Gruppe ($n=8$ Schulen) wird durch Schulen mit einem Anteil zwischen 59,4 % und 71,3 % repräsentiert und die dritte Gruppe ($n=11$ Schulen) umfasst Schulen mit einem Migrantenanteil über 71,3 %. Wie in Tab. 2 dargestellt, sind Schulen der ersten Gruppe leicht in Bayern und Schulen der zweiten und dritten Gruppe leicht in Hamburg überrepräsentiert ($\chi^2=33,37$; $df=2$; $p<0.001$).

Ganztagsschulen sind in der zweiten Gruppe prozentual stärker vertreten, während Halbtagsschulen in der ersten Gruppe im Vergleich zu Ganztagsschulen höhere Anteile

Tab. 2: Verteilung der Stichprobe nach Bundesland und Migrationsanteil an Schulen

			Migrationsanteil der Schulen			Gesamt
			Unter 59,4 %	59,4 % –71,3 %	Über 71,3 %	
Bundesland	Hamburg	Anzahl	83	156	161	400
		% der Gesamtzahl	11,0 %	20,7 %	21,3 %	53,0 %
	Bayern	Anzahl	141	96	118	355
		% der Gesamtzahl	18,7 %	12,7 %	15,6 %	47,0 %
Gesamt		Anzahl	224	252	279	755
		% der Gesamtzahl	29,7 %	33,4 %	37,0 %	100,0 %

Tab. 3: Prozentsatz von Schülern in Schulen mit zusätzlichen Förderangeboten

	Interkulturelles Lernen (%)	Soziales Lernen (%)	Sprachförderung Deutsch (%)	Alle Angebote (%)
Kein Angebot	65,0	44,6	43,4	79,2
Angebot	35,0	55,4	56,6	20,8

aufweisen ($\lambda^2=13{,}75$; $df=2$; $p<0.01$). Für die Analysen werden zwei Dummy-Variablen für die drei Gruppen erstellt, wobei die erste Gruppe als Referenzkategorie dient.

Das *pädagogische Profil der Schulen* wurde über die Itemliste aus StEG (vgl. Holtappels et al. 2007) erfasst. Für die vorliegenden Analysen sind Förderangebote im Bereich des interkulturellen und des sozialen Lernens sowie die Sprachförderung in Deutsch relevant. In Tab. 3 sind die Prozentsätze an Schülern dargestellt, in deren Schulen die Förderangebote zur Verfügung stehen.

Ganztags- und Halbtagsschulen unterscheiden sich in den Angeboten zum interkulturellen Lernen nicht ($\lambda^2=0{,}08$; $df=1$; n.s.). An Ganztagsschulen sind jedoch häufiger Angebote des sozialen Lernens ($\lambda^2=9{,}39$; $df=1$; $p=0.001$) sowie der Sprachförderung im Deutschen ($\lambda^2=12{,}93$; $df=3$; $p<0.001$) zu finden.

11.4.3.2 Kontrollvariablen

Da der Migrationsanteil an den Schulen nicht unabhängig vom *Bundesland* variiert (s. o.), wird diese Variable als Kontrollvariable in die Analysen mit einbezogen. Ferner wird auf Grund der Unterschiede im sprachlichen Kompetenzbereich für das *Geschlecht* und den *Migrationshintergrund* der Kinder kontrolliert (vgl. Hannover 2011; Stanat 2011). Nach der hier verwendeten Definition liegt ein Migrationshintergrund vor, wenn mindestens ein Elternteil nicht in Deutschland geboren wurde (vgl. Hoffmeyer-Zlotnik und Warner 2010).

11.4.3.3 Abhängige Variablen zur sozialen Integration

Zur Erfassung der sozialen Integration im Sinne des interkulturellen Austausches wird die Skala zur interkulturellen Kontakthäufigkeit genutzt, die zu beiden Messzeitpunkten erhoben wurde und ein vierstufiges Antwortformat aufweist (1=nie, 2=selten, 3=häufig, 4=sehr häufig). Ein Beispielitem lautet: „Wie häufig spielst du mit Kindern, die aus einem anderen Land kommen?". Die Variable bezieht sich auf die Kontakte zwischen Kindern unterschiedlicher nationaler Herkunft unabhängig vom schulischen Kontext. Das Konstrukt weist zu beiden Messzeitpunkten zufriedenstellende Reliabilitäten auf ($\alpha_{MZP\,1}=0{,}73$; $\alpha_{MZP\,2}=0{,}66$), ist zwischen den Messzeitpunkten mit R=0,34 (p<0,05) korreliert und unterscheidet sich in der Messqualität nicht zwischen Kindern mit und ohne Migrationshintergrund.

11.4.3.4 Abhängige Variablen zur Sprachentwicklung

Der *Summenscore der WLLP* bildet die abhängige Variable für die Einschätzung der Lesegeschwindigkeit der Schülerinnen und Schüler. Der Summenscore wird auf Grundlage aller richtigen Antworten berechnet. Für falsche, doppelte und ausgelassene Antworten werden keine Punkte vergeben. In der vorliegenden Stichprobe wurde aus zwei Gründen darauf verzichtet, Rohwerte in die Normwerte der WLLP Normstichprobe zu transformieren: Erstens waren die teilnehmenden Schülerinnen und Schüler zum ersten Messzeitpunkt vier Monate jünger als von den Entwicklern vorgesehen; zweitens gehen die Normwerte auf eine Normstichprobe zurück, die nur monolingual-deutsche Schülerinnen und Schüler enthält. Die GIM-Primarstichprobe enthält hingegen Schülerinnen und Schüler mit Migrationshintergrund.

11.5 Ergebnisse

11.5.1 Analysemethode

Da die Daten der Schüler innerhalb von Schulen erhoben wurden und somit die Werte der Kinder in den Schulen voneinander abhängige Beobachtungen darstellen, kann es zu systematischen Verzerrungen der Standardfehler kommen, falls die hierarchische Datenstruktur nicht berücksichtigt wird (vgl. Ditton 1998; Hox 2002). Aus diesem Grund werden die Analysen mittels hierarchisch linearer Regressionsmodelle in HLM 6.0 durchgeführt (vgl. Raudenbush und Bryk 2002).

Um den Einfluss des Schultyps, des Migrationsanteils und der Förderstruktur in der Schule im Bereich des interkulturellen und sozialen Lernens auf die Veränderung der interkulturellen Kontakthäufigkeiten vom ersten zum zweiten Messzeitpunkt zu untersuchen, werden die Hypothesen in einem schrittweisen Vorgehen getestet.

11.5.2 Ergebnisse zur sozialer Integration

Zunächst wird die Intraklassen-Korrelation für die Schulebene geschätzt, um zu bestimmen, wie viel Varianz der abhängigen Variable auf Unterschiede zwischen den Schulen zurückzuführen ist. Die Intraklassenkorrelation für interkulturelle Kontakthäufigkeit zwischen den Schulen beträgt ICC=0,174, so dass 17,4 % der Gesamtvarianz der interkulturellen Kontakthäufigkeit auf Ebene der Schule lokalisiert ist. Dies bekräftigt die Notwendigkeit von Mehrebenenanalysen.

In ein erstes Modell werden auf Individualebene die Kontrollvariablen Geschlecht, Migrationshintergrund und interkulturelle Kontakthäufigkeit zum ersten Messzeitpunkt aufgenommen. Die interkulturelle Kontakthäufigkeit zum ersten Messzeitpunkt ist ein signifikanter Prädiktor für den zweiten Messzeitpunkt (b=0,24). Hierdurch können die Regressionskoeffizienten der unabhängigen Variablen als Effekte auf die Veränderung der interkulturellen Kontakte über die beiden Beobachtungszeitpunkte interpretiert werden. Das Geschlecht des Kindes ist ebenfalls ein signifikanter, wenngleich schwacher Prädiktor (b=−0,09). Mädchen zeigen einen höheren Anstieg der interkulturellen Kon-

Tab. 4: Mehrebenen-Regressionsmodelle für die abhängige Variable interkulturelle Kontakthäufigkeit zu Messzeitpunkt 2

Variablen	Modell 1	Modell 2	Modell 3	Modell 4
Schulebene				
Bundesland		$-0.18**$	$-0.18**$	$-0.16**$
Schultyp		0.02	0.00	0.04
Migrationsanteil – D1				*0.13**
Migrationsanteil – D2				*0.20***
Interkulturelle/soziale Förderangebote – D1			-0.06	
Interkulturelle/soziale Förderangebote – D2			0.04	
U_0	*0.05*	*0.03*	*0.04*	*0.02*
Individualebene				
Geschlecht	$-0.09*$	-0.08	-0.08	$-0.09*$
Migrationshintergrund	0.07	0.08	0.07	0.06
Interkulturelle Kontakte – MZP 1	*0.24****	*0.23****	*0.23****	*0.22****
R	*0.45*	*0.45*	*0.45*	*0.46*
R^2	*0.159*	*0.180*	*0.178*	*0.206*

Standardisierte Regressionskoeffizienten; Individualebene 1 (N = 632): Geschlecht: 0– weiblich, 1– männlich; Migrationshintergrund: 0– nein, 1– ja; interkulturelle Kontakthäufigkeit (1– nie, 4– sehr häufig); *Schulebene (N = 29):* Bundesland: 0– Hamburg, 1– Bayern; Schultyp: 0– HTS, 1– GTS; Migrationsanteil: Dummies mit Referenzkategorie Gruppe 1; Förderangebote zum interkulturellen und sozialen Lernen: Dummies mit Referenzkategorie kein Förderangebot

takthäufigkeit vom ersten zum zweiten Messzeitpunkt als Jungen. Durch dieses Modell wird 15,9 % der Gesamtvarianz der abhängigen Variable aufgeklärt (vgl. Tab. 4).

Im zweiten Modell wird auf Schulebene die Kontrollvariable Bundesland und der Schultyp zum ersten Modell hinzugefügt, um den möglichen Einfluss der Ganztagsschule auf interkulturelle Kontakte einzuschätzen.

Der Schultyp (b=0,02) steht in keinem signifikanten Zusammenhang mit der Veränderung in den interkulturellen Kontakten, während dies für das Bundesland (b=−0,18) der Fall ist. In Hamburg ist die Veränderung in der interkulturellen Kontakthäufigkeit größer als in Bayern. Weiterhin ist in diesem Modell das Geschlecht (b =−0,08), ebenso wie der Migrationshintergrund der Kinder (b=0,08), kein signifikanter Prädiktor mehr. Insgesamt erklärt das zweite Modell 18,0 % der Gesamtvarianz der interkulturellen Kontakte zum zweiten Erhebungszeitpunkt.

In einem weiteren Schritt wird das vorherige Modell mit Bundesland und Schultyp als unabhängigen Variablen auf Schulebene zusätzlich durch die zwei Dummy-Variablen zur Anzahl interkultureller und sozialer Förderangebote ergänzt. Hierdurch soll untersucht werden, ob das implementierte Förderangebot in der Schule, unter Kontrolle des besuchten Schultyps, einen Einfluss auf die Veränderung in den interkulturellen Kontakten der Kinder hat. Auch in diesem Modell stellen sowohl der Schultyp (b=0,00) als auch die Anzahl der Förderangebote (b=−0,06 für interkulturelle Förderung resp. b=0,04 für soziale Förderangebote) keine signifikanten Prädiktoren für eine Varianzaufklärung in der Veränderung der interkulturellen Kontakte der Schüler dar. Daher erklärt dieses dritte Modell mit 17,8 % nicht mehr Varianz als das vorherige Modell. Einzig der signifikante Zusammenhang mit der Kontrollvariable Bundesland (b=−0,18) bleibt bestehen.

In einem vierten Modell werden, statt des Förderangebots, die Dummy-Variablen zum Migrationsanteil an den Schulen in die Analyse mit aufgenommen. Wie in Modell 3 zeigt sich für die Kontrollvariable Bundesland ein signifikantes Ergebnis (b=−0,16), während der Regressionskoeffizient des Schultyps wiederum nicht signifikant wird (b=0,04). Zusätzlich wird der Koeffizient für das Geschlecht des Kindes, wie in Modell 1, wieder signifikant (b=−0,09). Zudem resultiert die Modellveränderung durch Aufnahme des Migrationsanteils der Schulen in signifikanten Regressionskoeffizienten für beide Dummy-Variablen. Der erste Dummy zeigt einen höheren Anstieg in den interkulturellen Kontakten in Schulen mit einem Migrationsanteil zwischen 59,4 und 71,3 % im Vergleich zu Schulen mit einem geringeren Migrantenanteil (b=0,13). Der Regressionskoeffizient der zweiten Dummy-Variable gibt an, dass die interkulturellen Kontakte in Schulen mit einem Anteil von über 71,3 % Migrantenkindern einer stärkeren Veränderung unterliegen als in Schulen mit einem vergleichsweise niedrigen Anteil von unter 59,4 % (b=0,20). Ab einem Migrantenanteil über etwa 60 % führt jeder weitere Zuwachs an Kindern mit Migrationshintergrund an Schulen zu einer stärkeren Veränderung in den interkulturellen Kontakten. Die Aufnahme des Migrationsanteils in das Modell führt zu einer Zunahme in der Varianzaufklärung gegenüber allen anderen Modellen und weist einen Wert von 20,6 % auf.

Zur Veranschaulichung sind die Mittelwerte und Standardabweichungen der interkulturellen Kontakte zu beiden Messzeitpunkten für alle unabhängigen Variablen in Tab. 5 aufgeführt.

Die Ergebnisse bestätigen ausschließlich Hypothese 3, während die Hypothesen 1 und 2 verworfen werden müssen. Die durchgeführten Analysen lassen vermuten, dass Veränderungen in der interkulturellen Kontakthäufigkeit bei Schülern mit und ohne Migrationshintergrund nicht durch den Besuch einer Ganztagsschule oder ein Förderangebot im Bereich sozialen und interkulturellen Lernens beeinflusst werden. Stattdessen scheinen die Opportunitätsstrukturen auf Schulebene (vgl. Hallinan und Smith 1985) – in Form eines hohen Migrationsanteils an den Schulen – eine Wirkung auf die Entwicklung interkultureller Kontakte zu haben.

11.5.3 Ergebnisse zum Spracherwerb

Die Schätzung der Intraklassen-Korrelation für die Schulebene bei der Lesekompetenz ergibt einen ICC=0,112. Somit sind 11,2 % der Varianz bei den Leseleistungen auf der Ebene der Einzelschule angesiedelt und eine mehrebenenanalytische Betrachtung ist angezeigt.

Im ersten Modell wurden auf der Individualebene die Kontrollvariablen Geschlecht und Migrationshintergrund aufgenommen. Weder Geschlecht (b=−0,08) noch Migra-

Tab. 5: Mittelwerte und Standardabweichungen für interkulturelle Kontakthäufigkeit zum 1. und 2. Messzeitpunkt nach Geschlecht, Migrationshintergrund, Bundesland, Schultyp, Migrationsanteil und Förderumfang

	Interkulturelle Kontakthäufigkeit – MZP 1		Interkulturelle Kontakthäufigkeit – MZP 2	
Weiblich	2.93	(0.79)	2.93	(0.72)
Männlich	2.69	(0.78)	2.74	(0.78)
Kein Migrationshintergrund	2.51	(0.87)	2.66	(0.79)
Migrationshintergrund	2.97	(0.83)	2.93	(0.72)
Hamburg	2.99	(0.82)	2.99	(0.69)
Bayern	2.66	(0.88)	2.71	(0.78)
Ganztagsschule	2.84	(0.83)	2.91	(0.73)
Halbtagsschule	2.79	(0.89)	2.78	(0.77)
Migrationsanteil 1 (weniger als 59,4 % Migranten in Schulklassen)	2.52	(0.86)	2.53	(0.80)
Migrationsanteil 2 (zwischen 59,4 % und 71,3 % Migranten in Schulklassen)	2.79	(0.89)	2.93	(0.73)
Migrationsanteil 3 (mehr als 71,3 % Migranten in Schulklasse)	3.11	(0.76)	3.00	(0.66)
Interkulturelles/Soziales Lernen: keine Förderung	2.85	(0.89)	2.85	(0.73)
Interkulturelles/Soziales Lernen: Förderung in einem Bereich	2.70	(0.85)	2.68	(0.79)
Interkulturelles/Soziales Lernen: Förderung in beiden Bereichen	2.81	(0.87)	2.88	(0.77)

Standardabweichung in Klammern; N=755; Antwortformat für interkulturelle Kontakthäufigkeit von 1=nie bis 4=sehr häufig

tionshintergrund (b=−0,08) erweisen sich jedoch als signifikante Prädiktoren für die Leseleistungen in der WLLP (vgl. Tab. 6). In den folgenden Modellen werden neben der Kontrollvariable Bundesland zusätzliche erklärende Variablen in die Modelle aufgenommen, um die Gruppendifferenzen auf der Schulebene aufzuklären. Im zweiten Modell wird die Variable Schultyp hinzugefügt. Dieses Vorgehen dient dazu, den Effekt des Ganztagsschulbesuchs auf die Leseleistungen der Zweitklässler zu schätzen. Modell 2 zeigt, dass der Schultyp nicht als signifikanter Prädiktor für die Leseleistung dient (b=−0,00). Die Variable Geschlecht wird in Modell 2 jedoch auf der Individualebene signifikant: Mädchen erzielen bessere Leseleistungen als Jungen (b=−0,08). Die Varianzaufklärung steigt auf 7,5 % – eine Veränderung, die im Wesentlichen auf den Einfluss des Bundeslandes (b=0,26) zurückzuführen ist.

In Modell 3 wird untersucht, ob sich die implementierte Förderung des Deutschen an einer Schule, unter Berücksichtigung der Schultypen, auf die Leseleistungen von Schülerinnen und Schülern auswirkt. Daher wird neben den Variablen Bundesland (b=0,25) und Schultyp (b=−0,00) zusätzlich die Variable Sprachförderung im Deutschen in das

Tab. 6: Mehrebenen-Regressionsmodelle für die abhängige Variable WLLP-Score zu Messzeitpunkt 2

Variablen	Modell 1	Modell 2	Modell 3	Modell 4
Schulebene				
Bundesland		*0.26****	*0.25****	*0.25****
Schultyp		0.00	0.00	0.02
Migrationsanteil – D1				0.02
Migrationsanteil – D2				*0.13**
Sprachförderung			0.03	
U0	*49.38*	*19.10*	*19.94*	*8.77*
Individualebene				
Geschlecht	0.08	*0.08**	*0.08**	*0.08**
Migrationshintergrund	0.08	0.09	0.09	0.07
R	*396.66*	*397.87*	*397.95*	*399.94*
R^2	*0.010*	*0.075*	*0.073*	*0.093*

Standardisierte Regressionskoeffizienten; Individualebene 1 (N = 632): Geschlecht: 0– weiblich, 1– männlich; Migrationshintergrund: 0– nein, 1– ja; WLLP – Summenscore; *Schulebene (N = 29):* Bundesland: 0– Hamburg, 1– Bayern; Schultyp: 0– HTS, 1– GTS; Migrationsanteil: Dummies mit Referenzkategorie Gruppe 1; Sprachförderung: 0– kein Angebot, 1– Angebot

Modell aufgenommen. Es zeigt sich, dass nur das Geschlecht und das Bundesland signifikante Prädiktoren sind. Ein an einer Schule implementiertes Sprachförderprogramm steht in keinem signifikanten Zusammenhang mit höheren WLLP-Scores (b=0,03). Die Varianzaufklärung stagniert bei 7,3 %.

Abschließend wird in Modell 4 untersucht, ob sich Effekte des Migrantenanteils in einer Schule auf die individuelle Leseleistung der Schülerinnen und Schüler beobachten lassen. Dazu werden zu den Variablen Bundesland und Schultyp zwei Dummy-Variablen zum Migrationsanteil auf Schulebene in das Modell aufgenommen. Wie in Modell 2 und 3 zeigt sich zwischen der Kontrollvariablen Bundesland und dem WLLP-Score ein signifikanter Zusammenhang (b=0,25). Der Regressionskoeffizient der Variable Schultyp ist auch in diesem Modell nicht signifikant (b=−0,02). Der Regressionskoeffizient der ersten Dummy-Variablen (b=0,02) ist im Gegensatz zur zweiten Dummy-Variablen (b=−0,13) nicht signifikant. Dies bedeutet, dass ein signifikanter Zusammenhang zwischen einem hohen Migrantenanteil (71,3 % und höher) auf Schulebene und der Steigerung des WLLP-Scores, den die Schülerinnen und Schüler erreichen, besteht. Auf der Individualebene bleibt das Geschlecht ein signifikanter Prädiktor (b=−0,08). Der Migrationshintergrund (b=−0,07) auf Individualebene ist hingegen auch in Modell 4 nicht signifikant. Die Varianzaufklärung steigt leicht auf 9,3 %.

In Tab. 7 sind die Mittelwerte und Standardabweichungen für den WLLP-Summenscore zu beiden Messzeitpunkten für alle unabhängigen Variablen aufgeführt.

Tab. 7: Mittelwerte und Standardabweichungen des WLLP-Summenscores zum 1. und 2. Messzeitpunkt nach Geschlecht, Migrationshintergrund, Bundesland, Schultyp, Migrationsanteil und Förderumfang

	WLLP- Summenscore – MZP 1		WLLP- Summenscore – MZP 2	
Weiblich	26.88	(17.41)	62.56	(21.86)
Männlich	27.02	(19.90)	60.99	(21.00)
Kein Migrationshintergrund	29.82	(16.46)	65.45	(21.26)
Migrationshintergrund	25.34	(17.34)	59.80	(21.30)
Hamburg	22.17	(17.00)	56.30	(22.47)
Bayern	32.31	(15.69)	67.98	(18.38)
Ganztagsschule	25.78	(16.14)	60.43	(21.62)
Halbtagsschule	27.80	(17.82)	62.72	(21.29)
Migrationsanteil 1 (weniger als 59,4 % Migranten in Schulklassen)	32.70	(17.04)	67.35	(19.42)
Migrationsanteil 2 (zwischen 59,4 % und 71,3 % Migranten in Schulklassen)	26.04	(17.27)	61.94	(21.94)
Migrationanteil 3 (mehr als 71,3 % Migranten in Schulklasse)	22.72	(15.72)	57.18	(21.53)
keine Förderung	25.84	(18.17)	60.37	(22.32)
Sprachförderung	29.43	(16.97)	65.73	(19.57)

Standardabweichung in Klammern; N (MZP1) = 726; N (MZP2) = 751

Zusammenfassend lässt sich nach der Auswertung der WLLP-Daten aus der GIM- Grundschulstichprobe berichten, dass sich die Leseleistungen von Ganz- und Halbtagsschülern nicht signifikant unterscheiden. Auch ein an der Schule implementiertes spezifisches Sprachförderangebot im Deutschen wirkt sich nicht auf die Leseleistungen von Schülerinnen und Schülern aus. Hingegen spielt die Klassenkomposition eine Rolle.

Die Ergebnisse der Modelle bestätigen ausschließlich Hypothese 5. Die Hypothesen 4 und 6 (Verlängerung der Sprachkontaktzeit; zusätzliches Sprachförderangebot) müssen verworfen werden. Die Zusammensetzung der Schülerschaft hinsichtlich des Migrationshintergrundes scheint ab der Überschreitung eines Anteils von etwa 70 % einen Effekt auf die Veränderungen der Leseleistungen der Schülerinnen und Schüler zu haben.

11.6 Diskussion

Die breitenwirksame Einführung von Ganztagsschulen ist mit den Erwartungen einer allgemeinen Verbesserung von Schülerleistungen, der optimierten Förderung leistungsschwacher Schüler, einer intensivierten sozialen Integration von Migranten und einer besseren Vereinbarkeit von Familie und Beruf verknüpft (vgl. Stecher in Druck). Solche

Erwartungen sind angesichts der Komplexität des Geschehens, das durch eine Schulreform in Gang gesetzt wird, vergleichsweise hoch gesetzt. In der Bildungsforschung zeigt sich wiederholt, dass (bildungs-)politische Erwartungen, bildungspraktische Realität und die Möglichkeiten der Bildungsforschung auf unterschiedlicher Logik fußen (vgl. Reinders et al. 2011a). Von der Letzteren wird – im Nachgang zur Einführung von Ganztagsschulen – erwartet, dass Effekte des Ganztagsschulbesuchs nachgewiesen werden sowie Bedingungen einer „erfolgreichen" Implementation des organisatorischen Konzepts und der inhaltlichen Gestaltung von Ganztagsschulen identifiziert werden können. Diese Rolle wirft nicht nur kritische Fragen zur Funktion von Forschung als Politikberatung auf (vgl. Kielmansegg 2011), sondern bringt auch erhebliche theoretische und methodische Probleme für die Forschung selbst mit sich. So setzt der Nachweis von Effekten durch Ganztags- im Vergleich zu Halbtagsschulen nicht nur voraus, Einflüsse der Schule im Vergleich zu solchen von Herkunftsfamilie und Peer-Group klar differenzieren zu können, sondern auch, dass schulfaire Vergleiche vorgenommen werden können (vgl. Arnold 1999), die überhaupt erst Rückschlüsse auf mögliche Effekte der Ganztagsschule zulassen. Die vorgelegten Ergebnisse der GIM-Studie eignen sich in besonderer Weise dazu, die Grenzen von Bildungsforschung auf beiden Ebenen zu veranschaulichen.

Deutlich überspitzt formuliert, könnte eine Schlussfolgerung aus den Befunden lauten, dass der Besuch einer Ganztags- im Vergleich zur Halbtagsschule keine Vorteile für das soziale Miteinander von Kindern mit und ohne Migrationshintergrund mit sich bringt, und dass auch die Entwicklung der Lesekompetenz vom besuchten Schultypus gänzlich unberührt ist. Selbst die von den Schulleitungen zu Protokoll gegebenen Förderangebote im interkulturellen und sozialen Bereich sowie zur Sprachförderung im Deutschen sind nicht dazu geeignet, Differenzen zwischen Schulen zu erklären. Vielmehr, so lässt sich überpointieren, bringt ein hoher Migrantenanteil an Schulen zwar eine Steigerung interethnischer Kontakte mit sich, aber zugleich eine tendenziell schlechtere Entwicklung der Leseleistung – und die Beschulung im Ganz- oder Halbtag ändert hieran nichts. Aber sind die oben vorgestellten Ergebnisse in diesem Sinne interpretierbar; trifft eine solche Deutung zu?

11.6.1 Theoretische Begrenzungen

Immerhin 42 % der Schulen in Deutschland weisen Merkmale einer Ganztagsbeschulung auf (vgl. Stecher in Druck). Der in unserer Untersuchung vorgenommene Vergleich von Primarschulen mit und ohne Ganztagsbetrieb bezieht sich auf das Vorhandensein der entsprechenden formalen Merkmale, die zwischen beiden Formen differenzieren. Wir haben also danach gefragt, ob ein Ganztagsbetrieb und spezifische Förderangebote *vorhanden* sind. Dies aber sagt nichts über deren pädagogische Qualität oder über die Intensität der Nutzung durch die Kinder aus. Solche distalen Faktoren sind – wie hinlänglich bekannt – deutlich weniger erklärungsträchtig als Aspekte der pädagogischen Qualität oder der konkreten Interaktion zwischen Lehrkräften, Förderkräften, Schülerinnen und Schülern (vgl. zusf. Ditton und Müller 2011). Die Ausblendung von Prozessmerkmalen des schulischen Alltags begünstigt ein Forschungsergebnis, in dem sich keine Unterschiede zwischen Ganztags- und Halbtagsschulen zeigen. Hinzu kommt, dass in Modellen der Schuleffektivität, wie sie der Studie zu Grunde gelegt sind, der Schüler quasi eine black box darstellt, dessen individuelle Lernvoraussetzungen nachrangig sind. Dass die Beachtung individueller Brechungen schulischer Angebote jedoch relevant sind, zeigen nicht nur die StEG-Befunde zum subjektiven Lernnutzen von Ganztagsschulen, sondern auch allgemein Ergebnisse der Lehr-Lernforschung (vgl. bspw. Krajewski et al. 2008).

Die in diesem Beitrag formulierten Hypothesen sind deshalb nicht naiv; sie sind logisch abgeleitet aus dem untersuchungsleitenden Modell. In ihrer Falsifikation zeigt sich erstmalig für den Vergleich von Ganztags- und Halbtagsschulen, dass proximale und individuelle Faktoren viel stärker berücksichtigt werden müssen als das Modell unterstellt.

11.6.2 Methodische Begrenzungen

Nach Geboten der „traditionellen" Lehr-Lernforschung bedürfte der Nachweis der Wirksamkeit einer pädagogischen Maßnahme den Vergleich zwischen einer Treatment- und einer Kontrollgruppe mit randomisierter Zuordnung von Personen zu beiden Gruppen. Lässt sich in einem solchen Design experimentell aufzeigen, dass ein höherer Lernerfolg bei der Treatment-Gruppe vorliegt, gilt dies als Nachweis für einen kausalen Effekt. Feldforschung kann einen solchen intern validen Nachweis naturgemäß nicht erbringen. Sie muss sich vielmehr alternativer Designs, etwa dem schulfairen Vergleich (vgl. Arnold 1999) oder der Parallelisierung natürlicher Gruppenzuordnungen (z. B. mittels „Propensity Score Matching"; vgl. Baumert et al. 2009) bedienen, um sich einem Kausalschluss anzunähern. Die natürlichen Bedingungen im Forschungsfeld bestimmen die Erkenntnismöglichkeiten, und nicht umgekehrt die Erkenntnisziele die Untersuchungsbedingungen.

Aus der GIM-Studie lassen sich Folgen dieser Begrenzungen deutlich ablesen. Zwar handelt es sich um die erste Studie zum direkten Vergleich von Ganztags- und Halbtagsschulen in den Bereichen sozialer Integration und der Sprachentwicklung im Deutschen. Die Gewinnung der Datengrundlage ist aber trotz intensiven Screenings einzubeziehender Schulen auf deren Bereitschaft zur Teilnahme, und darüber hinaus auf die Teilnahmebereitschaft der Schülerschaft angewiesen. Selektionseffekte sind daher unvermeidlich. Zudem besitzen bundeslandspezifische Unterschiede offenbar eine verzerrende Rolle. Der signifikante Einfluss des Bundeslandes in den vorgestellten Modellen kann als Proxy-Variable für regionale Unterschiede in diesen und weiteren Bereichen interpretiert werden. Unsere bisherigen vertieften Auswertungen unter Einbeziehung qualitativer Informationen deuten auf Unterschiede der „Schulkultur" in beiden Bundesländern, insbesondere in Bezug auf die Gestaltung der Schuleingangsphase.

Solchen Verzerrungen ließen sich zumindest partiell dadurch entgegenwirken, dass ein Vergleich von Schulen vorgenommen wird, die mindestens eine ähnliche ethnische bzw. soziale Komposition der Schülerschaft aufweisen und deren Schülerschaft ähnliche kognitive Eingangsvoraussetzungen besitzt. Unsere Analysen zeigen, dass gerade die Kontrolle von Kompositionseffekten (hier bezogen auf den Migrationsanteil) unerlässlich für die angemessene Interpretation von Ergebnissen ist.

11.6.3 Schlussfolgerungen aus den Befunden

Demnach lässt der bis hierhin dargestellte empirische Vergleich von Ganztags- und Halbtagsschulen weder die Aussage zu, Ganztagsschulen hätten einen oder hätten keinen kausalen Effekt auf soziale Integration und Sprachentwicklung im Deutschen. Vielmehr zeigen unsere Befunde, dass ein globaler Vergleich von Ganztags- und Halbtagsschulen nicht hinreicht, den potentiellen besonderen Wirkungen von Ganztagsschulen auf die Spur zu kommen. Auch die Frage, ob Förderangebote vorhanden sind oder nicht, trägt nicht ausreichend dazu bei, vielleicht vorhandene förderliche Merkmale von Ganztagsangeboten zu identifizieren.

Nun sind die Daten des GIM-Projekts mit den oben vorgestellten Resultaten keineswegs ausgereizt. Für weitere Analysen stehen folgende Schritte an, die sich mit den erhobenen Daten bewerkstelligen lassen:

1. Einbezug von qualitativ bei Schulleitungen und Lehrkräften erhobenen Informationen zu Fragen des Schulprofils und Besonderheiten des Ganztagsangebots (N=189 Interviews); Verknüpfung dieser Interviews mit den Fragebogen-Daten.
2. Berücksichtigung der Informationen zum familialen Hintergrund der Schülerinnen und Schüler, wie sie aus den Elternfragebögen vorliegen, insbesondere zu Ausstattungen mit sozialem, ökonomischem und kulturellem Kapital (vgl. Watermann und Baumert 2006).
3. Analyse der Nutzungshäufigkeit und -intensität von Ganztagsangeboten durch die Schülerinnen und Schüler und des wahrgenommenen Nutzens dieser Angebote (vgl. Holtappels et al. 2007).
4. Kontrolle für individuelle, lernrelevante Merkmale wie Motivation und kognitive Grundfertigkeiten, wie sie mittels CFT und KFT in der Primar- und Sekundarstudie von GIM erfasst wurden.
5. Differenzierung verschiedener Gruppen nach Herkunftsland und Region des Schulbesuchs.

In Ausschnitten liegen Befunden zu diesen fünf Bereichen bereits vor (vgl. Reinders et al. 2011b); sie werden auf Grund der Vielfältigkeit der vorhandenen Daten sukzessive weiter angereichert.

Anmerkung

1 Die Herkunft der Kinder wurde über das Herkunftsland von Vater und Mutter erfasst. Hierbei wurden die Angaben aus den Elternfragebogen denen aus dem Schülerfragebogen vorgezogen, soweit Informationen der Eltern vorlagen. Es sind für alle 755 untersuchten Kinder Herkunftsangaben vorhanden.

Literatur

Arnold, K.-H. (1999). *Fairneß bei Schulsystemvergleichen.* Münster: Waxmann.
Baumert, J., Becke, M., Neumann, M., & Nikolova, R. (2009). Frühübergang in ein grundständiges Gymnasium – Übergang in ein privilegiertes Entwicklungsmilieu? Ein Vergleich von Regressionsanalyse und Propensity Score Matching. *Zeitschrift für Erziehungswissenschaft ZfE, 12*(2), 189–215.

Ditton, H. (1998). *Mehrebenenanalyse. Grundlagen und Anwendung des Hierarchisch Linearen Modells*. Weinheim: Juventa.
Ditton, H. (2000). Qualitätskontrolle und Qualitätssicherung in Schule und Unterricht. Ein Überblick zum Stand der empirischen Forschung. *Zeitschrift für Pädagogik ZfPäd, 41. Beiheft, 46*, 43–92.
Ditton, H., Müller A. (2011). Schulqualität. In H. Reinders, H. Ditton, C. Gräsel & B. Gniewosz (Hrsg.), *Empirische Bildungsforschung. Gegenstandsbereiche* (S. 99–112). Wiesbaden: VS Verlag für Sozialwissenschaften.
Edelstein, W. (2009). Ganztagsschule. Ein entwicklungspädagogischer Systemwechsel? In A. Henschel (Hrsg.), *Jugendhilfe und Schule. Handbuch für eine gelingende Kooperation* (S. 83–93). Wiesbaden: VS Verlag für Sozialwissenschaften.
Esser, H. (2006). *Sprache und Integration. Die sozialen Bedingungen und Folgen des Spracherwerbs von Migranten*. Frankfurt a. M.: Campus Verlag.
Feddes, A. R. (2007). *Group membership matters? Effects of direct and extended cross-ethnic friendship on minority and majority children's intergroup attitudes*. Dissertation thesis. Jena.
Fischer, N., Kuhn, H. P., & Klieme, E. (2009). Was kann die Ganztagsschule leisten? Wirkungen ganztägiger Beschulung auf die Entwicklung von Lernmotivation und schulischer Performanz nach dem Übergang in die Sekundarstufe. In L. Stecher, C. Allemann-Ghionda, W. Helsper, & E. Klieme (Hrsg.), *Ganztägige Bildung und Betreuung*, 54. Beiheft der Zeitschrift für Pädagogik (S. 143–167). Weinheim: Juventa.
Fischer, N., Brümmer, F., Kuhn, H. P., & Züchner, I. (2010). Ganztagsbetreuung: Individuelle Wirkungen des Ganztagsschulbesuchs in der Sekundarstufe. Erkenntnisse aus der Studie zur Entwicklung von Ganztagsschulen (StEG). *Schulverwaltung Hessen/Rheinland-Pfalz, 15*(2), 41–42.
Gomolla, M. (2010). Institutionelle Diskriminierung. Neue Zugänge zu einem alten Problem. In U. Hormel & A. Scherr (Hrsg.), *Diskriminierung. Grundlagen und Forschungsergebnisse* (S. 61–93). Wiesbaden: VS Verlag für Sozialwissenschaften.
Hallinan, M. T., & Smith, S. S. (1985). The effects of classroom racial composition on students' interracial friendliness. *Social Psychology Quartlery, 48*(1), 3–16.
Hamm, J. V., Brown, B. B. & Heck, D. J. (2005). Bridging the ethnic divide: Student and school characteristics in African-American, Asian-descent, Latino, and white adolescents' cross-ethnic friend nominations. *Journal of Research on Adolescence, 15*, 21–46.
Hannover, B. (2011). Geschlecht und soziale Ungleichheit. In H. Reinders, H. Ditton, C. Gräsel, & B. Gniewosz (Hrsg.), *Empirische Bildungsforschung. Gegenstandsbereiche* (S. 169–180). Wiesbaden: VS Verlag für Sozialwissenschaften.
Hoffmeyer-Zlotnik, J. H. P., & Warner, U. (2010). *Measuring ethnicity in cross-national comparative survey research*. Bonn: Gesis.
Höhmann, K., Holtappels, H.-G., & Schnetzer, T. (2005). Ganztagsschule in verschiedenen Organisationsformen. Forschungsergebnisse einer bundesweiten Schulleitungsbefragung. In S. Appel, H. Ludwig, U. Rother, & G. Rutz (Hrsg.), *Jahrbuch Ganztagsschule 2006* (S. 169–186). Schwalbach: Wochenschau Verlag.
Holtappels, H.-G. (2006). Stichwort: Ganztagsschule. *Zeitschrift für Erziehungswissenschaft ZfE, 9*(1), 5–29.
Holtappels, H.-G., & Heerdegen, M. (2005). Schülerleistungen in unterschiedlichen Lernumwelten im Vergleich zweier Grundschulmodelle in Bremen. In W. Bos, E.-M. Lankes, M. Prenzel, K. Schwippert, R. Valtin, & G. Walther (Hrsg.), *IGLU. Vertiefende Analysen zu Leseverständnis, Rahmenbedingungen und Zusatzstudien* (S. 361–397). Münster: Waxmann.
Holtappels, H.-G., Klieme, E., Rauschenbach, T., & Stecher, L (Hrsg.) (2007). *Ganztagsschule in Deutschland. Ergebnisse der Ausgangserhebung der „Studie zur Entwicklung von Ganztagsschulen" (StEG)*. Weinheim: Juventa.

Holtappels, H. G., Radisch, F., & Rollett, W. (2010). Bildungsangebot und Schülerkompetenzen in Ganztagsgrundschulen. In W. Bos, S. Hornberg, K.-H. Arnold, G. Faust, L. Fried, E.-M. Lankes, K. Schwippert, I. Tarelli, & R. Valtin (Hrsg.), *IGLU 2006* (Bd. 3, S. 165–198). Münster: Waxmann.

Hox, J. J. (2002). *Multilevel analysis. Techniques and applications.* Mahwah: Hogrefe & Huber.

Kielmansegg, P. G. von. (2011). Zurückhaltung bei der Ethik. *Süddeutsche Zeitung,* No. 28 vom 04.02.2011.

Krajewski, K., Schneider, W., & Nieding, G. (2008). Zur Bedeutung von Arbeitsgedächtnis, Intelligenz, phonologischer Bewusstheit und früher Mengen-Zahlen-Kompetenz beim Übergang vom Kindergarten in die Grundschule. *Psychologie in Erziehung und Unterricht PEU, 55*(2), 100–113.

Kristen, C. (2006). Ethnische Diskriminierung in der Grundschule. Die Vergabe von Noten und Bildungsempfehlungen. *Kölner Zeitschrift für Soziologie und Sozialpsychologie KZfSS, 58*(1), 79–97.

Krüsken, J. (2007). Entwicklung von Schülerleistungen und Zensuren in der Grundschule. In H. Ditton (Hrsg.), *Kompetenzaufbau und Laufbahnen im Schulsystem* (S. 41–62). Münster: Waxmann.

Küspert, P., & Schneider, W. (1998). *Würzburger Leise-Leseprobe.* Göttingen: Hogrefe, Verlag für Psychologie.

Lehmann, R. H., & Peek, R. (1997). *Aspekte der Lernausgangslage von Schülerinnen und Schülern der fünften Klassen an Hamburger Schulen.* Hamburg.

Limbird, C., & Stanat, P. (2006). Sprachförderung bei Schülerinnen und Schülern mit Migrationshintergrund: Ansätze und ihre Wirksamkeit. In J. Baumert, P. Stanat, & R. Watermann (Hrsg.), *Herkunftsbedingte Disparitäten im Bildungssystem* (S. 257–308). Wiesbaden: VS Verlag für Sozialwissenschaften.

Merkens, H. (2010). Erfolg und Misserfolg von Kindern mit Migrationshintergrund beim Spracherwerb in der Grundschule. In J. R. Hagedorn, V. Schurt, C. Steber, & W. Waburg (Hrsg.), *Ethnizität, Geschlecht, Familie und Schule. Heterogenität als erziehungs- wissenschaftliche Herausforderung* (S. 33–54). Wiesbaden: VS Verlag für Sozialwissenschaften.

Merkens, H., & Schründer-Lenzen, A. (2010). *Lernförderung unter den Bedingungen des Ganztags im Grundschulbereich.* Münster: Waxmann.

Moody, J. (2001). Race, school integration, and friendship segregation in America. *American Journal of Sociology AJS, 107*(3), 679–716.

Patchen, M. (1982). *Black-white contact in schools.* West Lafayette: Purdue University Press.

Pekrun, R. (2002). Psychologische Bildungsforschung. In R. Tippelt (Hrsg.), *Handbuch Bildungsforschung* (S. 61–80). Opladen: Leske & Budrich.

Plummer, D. L., & Graziano, W. G. (1987). Impact of grade retention on the social development of elementary school children. *Developmental Psychology, 23*(2), 267–275.

Purkey, S. C., & Smith, M. S. (1983). Effective schools. A review. *The Elementary School Journal ESJ, 4*(4), 427–453.

Radisch, F., & Klieme, E. (2004). Wirkungen ganztägiger Schulorganisation. Bilanz und Perspektiven der Forschung. *Die Deutsche Schule DDS, 96*(2), 153–169.

Radisch, F., Fischer, N., Stecher, L., & Klieme, E. (2008a). Qualität von unterrichtsnahen Angeboten an Ganztagsschulen. In H.-U. Otto & T. Coelen (Hrsg.), *Grundbegriffe der Ganztagsbildung* (S. 910–917). Wiesbaden: VS Verlag für Sozialwissenschaften.

Radisch, F., Stecher, L., Fischer, N., & Klieme, E. (2008b). Was wissen wir über die Kompetenzentwicklung in Ganztagsschulen? In M. Harring, C. Rohlfs, & C. Palentien (Hrsg.), *Kompetenz-Bildung. Soziale, emotionale und kommunikative Kompetenzen von Kindern und Jugendlichen* (S. 275–288). Wiesbaden: VS Verlag für Sozialwissenschaften.

Ramirez-Rodriguez, R., & Dohmen, D. (2010). Ethnisierung von geringer Bildung. In G. Quenzel & K. Hurrelmann (Hrsg.), *Bildungsverlierer. Neue Ungleichheiten* (S. 289–312). Wiesbaden: VS Verlag für Sozialwissenschaften.

Raudenbush, S. W., & Bryk, A. S. (2002). *Hierarchical linear models: Applications and data analysis methods.* Newbury Park: Sage.

Reinders, H., Ditton, H., & Gräsel, C. (2011a). Praxisbezug Empirischer Bildungsforschung. In H. Reinders, H. Ditton, C. Gräsel, & B. Gniewosz (Hrsg.), *Empirische Bildungsforschung. Gegenstandsbereiche* (S. 221–233). Wiesbaden: VS Verlag für Sozialwissenschaften.

Reinders, H., Gogolin, I., Deth, J. W. van, Böhmer, J., Bremm, N., Gresser, A., & Schnurr S. (2011b). *Ganztagsschule und Integration von Migranten. Abschlussbericht an das BMBF. Schriftenreihe Empirische Bildungsforschung* (Bd. 15). Würzburg: Universität Würzburg.

Rosenfield, D., Sheeban, D. S., Marcus, M. M., & Stephan, W. G. (1981). Classroom Structure and Prejudice in Desegregated Schools. *Journal of Educational Psychology, 73*(1), 17–26.

Rowley, S. J., Burchinal, M. R., Roberts, J. E., & Zeisel, S. A. (2008). Racial identity, social context, and race-related social cognition in African Americans during middle childhood. *Developmental Psychology, 44*(6), 1537–1546.

Scheerens, J. (2001). School effectiveness research. In N. J. Smelser & P. B. Baltes (Hrsg.), *International Encyclopedia of Social and Behavioral Sciences* (S. 13567–13572). Oxford: Elsevier.

Schofield, A. (1995). Improving intergroup relations among students. In J. A. Banks, & C. A. M. Banks (Hrsg.), *Handbook of Research on Multicultural Education* (S. 635–646). New York: Macmillan.

Schüpbach, M. (2010). *Ganztägige Bildung und Betreuung im Primarschulalter. Qualität und Wirksamkeit verschiedener Schulformen im Vergleich.* Wiesbaden: VS Verlag für Sozialwissenschaften.

Stanat, P. (2011). Migration und soziale Ungleichheit. In H. Reinders, H. Ditton, C. Gräsel, & B. Gniewosz (Hrsg.), *Empirische Bildungsforschung. Gegenstandsbereiche* (S. 181–192). Wiesbaden: VS Verlag für Sozialwissenschaften.

Stecher, L. (in Druck). All-day school – quo vadis? Some remarks on the development of all-day schools in Germany. *Zeitschrift für Erziehungswissenschaft ZfE, 13,* 37–49.

Stecher, L., Radisch, F., Fischer, N., & Klieme, E. (2007). Bildungsqualität außerunterrichtlicher Angebote in der Ganztagsschule. *Zeitschrift für Soziologie der Erziehung und Sozialisation ZSE, 27*(4), 346–366.

Stringfield, S. (1994). A model of elementary school effects. In D. Reynolds (Hrsg.), *Advances in school effectiveness research and practice* (S. 153–187). Oxford: Pergamon.

van Deth, J. W., Abendschön, S., Rathke, J., & Vollmar, M. (2007). *Kinder und Politik. Politische Einstellungen von jungen Kindern im ersten Grundschuljahr.* Wiesbaden: VS Verlag für Sozialwissenschaften.

Wang, M., Haertel, G., & Walberg, H. (1993). Toward a knowledge base for school learning. *Review of Educational Research RER, 63*(3), 249–294.

Watermann, R., & Baumert, J. (2006). Entwicklung eines Strukturmodells zum Zusammenhang zwischen sozialer Herkunft und fachlichen und überfachlichen Kompetenzen. In J. Baumert, P. Stanat, & R. Watermann (Hrsg.), *Herkunftsbedingte Disparitäten im Bildungssystem* (S. 61–94). Wiesbaden: VS Verlag für Sozialwissenschaften.

Wissenschaftlicher Beirat für Familienfragen. (2006). *Ganztagsschule – eine Chance für Familien.* Wiesbaden: VS Verlag für Sozialwissenschaften.

Zöller, I., & Roos, J. (2009). Einfluss individueller Merkmale und familiärer Faktoren auf den Schriftspracherwerb. In J. Roos, & H. Schöler (Hrsg.), *Entwicklung des Schriftspracherwerbs in der Grundschule. Längsschnittanalyse zweier Kohorten über die Grundschulzeit* (S. 47–108). Wiesbaden: VS Verlag für Sozialwissenschaften.

12 Wer nutzt Ganztagsangebote und warum?

Christine Steiner · Natalie Fischer

Zusammenfassung: Mit dem Ausbau von Ganztagsschulen ist eine Reihe von bildungspolitischen Erwartungen verknüpft. Dazu zählt insbesondere auch die Hoffnung, die Schülerinnen und Schüler in ihrer individuellen Entwicklung zu unterstützen. Bisher vorliegende Befunde weisen darauf hin, dass dies durchaus gelingt, allerdings nur unter bestimmten Bedingungen. Dazu zählt etwa die regelmäßige und intensive Inanspruchnahme von Ganztagsangeboten. Aber gerade von Letzterem kann momentan nicht umstandslos ausgegangen werden. Die Inanspruchnahme von Ganztagsangeboten ist nicht zuletzt aufgrund der bestehenden Gestaltungs- und Entscheidungsmöglichkeiten kein selbstverständlicher Bestandteil der Schulbiografie eines Kindes. Aus diesem Grund wird im vorliegenden Beitrag der Frage nachgegangen, welche Bedingungen zu einer Verstetigung der Teilnahme am schulischen Ganztagsangebot beitragen.

Schlüsselwörter: Ganztagsschule · Außerunterrichtliche Angebote · Entscheidungsfindung · Familie · Individuelle Erfahrung · Sekundarstufe I · Schullaufbahn

Who is using the all-day activities, and why?

Abstract: A number of educational and political expectations have been linked with the expansion of the all-day schools. Counted among these, the hope that the students will be supported in their individual development is of particular interest. Available research results show that this support can definitely succeed, though only under certain conditions. Among other things, there must be a continuous and intensive utilisation of the all-day activities. But meeting precisely this condition is a problem at the moment. The utilisation of all-day activities is no ordinary component of the school history, not least because of the existing limits on the possibilities for creativity and decision-making. For this reason, the present report will pursue the question as to which conditions contribute to a continuous and consistent participation in a school's all-day activities.

Keywords: All-day school · Extracurricular activities · Decision making · Family · Individual experience · Secondary school level I · School history

---

© VS Verlag für Sozialwissenschaften 2011

Dr. C. Steiner (✉)
Deutsches Jugendinstitut (DJI), Nockherstraße 2, 81541 München, Deutschland
E-Mail: Steiner@dji.de

Dr. N. Fischer (✉)
Deutsches Institut für Internationale Pädagogische Forschung (DIPF),
Schloßstraße 29, 60486 Frankfurt a. M., Deutschland
E-Mail: Fischer@dipf.de

12.1 Einleitung

Mit der Ganztagsschule wird vor allem die Hoffnung verbunden, alle Schülerinnen und Schüler möglichst individuell fördern und unterstützen zu können und damit zum Abbau herkunftsbedingter Bildungsdisparitäten beizutragen. Dass Letztere in der Bundesrepublik im beträchtlichen Maße bestehen, bezweifelt nach der PISA-Studie des Jahres 2000 kaum einer mehr. Nicht zuletzt geht der jüngste Ausbau der Ganztagsschulen auch auf den durch PISA ausgelösten bildungspolitischen Schock zurück (vgl. Tillmann et al. 2008, S. 383 ff.; Stecher et al. 2009, S. 8). Programmatisch setzt die Ganztagsschule nicht auf mehr Schule, sondern auf mehr und auch andere Formen von Bildung (vgl. Rauschenbach 2007, S. 6). Sie steht damit im Kontext eines veränderten Verständnisses der Entwicklungs- und Bildungsfähigkeit von Kindern und Jugendlichen, das nicht nur eine positive Entwicklung grundsätzlich und jederzeit für möglich hält, sondern vor allem auf die förderlichen Potenziale des sozialräumlichen Kontextes setzt (vgl. Lerner 2005, S. 9).

Betrachtet man die vorliegenden Befunde zur Wirkung des „Kontextes Ganztagsschule" auf die individuelle Entwicklung von Schülerinnen und Schülern, dann zeichnet sich jedoch ein eher disparates Bild ab. Für den deutschsprachigen Raum kamen vorliegende Untersuchungen bisher zu dem Ergebnis, dass zwischen Halb- und Ganztagsschülerinnen und -schülern im Hinblick auf die Schulleistungen, das Sozialverhalten und die Persönlichkeitsentwicklung kaum Unterschiede bestehen (vgl. zusammenfassend Holtappels et al. 2007, S. 42 f.). Am ehesten ließen sich noch positive Effekte in Bezug auf die soziale Integration der Schülerinnen und Schüler sowie auf das Schulklima feststellen (vgl. ebd.). Dies steht im deutlichen Kontrast zu den Erfahrungen in anderen Ländern, insbesondere in den USA. Hier zeigten sich in Untersuchungen zur Teilnahme an organisierten extracurricularen Aktivitäten durchaus positive Wirkungen, angefangen von der Entwicklung des Sozialverhaltens über den schulischen Erfolg (vgl. im Überblick Feldman und Matjasko 2005) bis zur Herausbildung weiterreichender Bildungsaspirationen und besserer Berufschancen (vgl. Villarruel et al. 2005, S. 111 f.). Die bisher vorliegenden Befunde des Projektes „Studie zur Entwicklung von Ganztagsschulen" (StEG) zeigen nun, dass die Inanspruchnahme ganztägiger Angebote durchaus mit förderlichen individuellen Wirkungen einhergeht, diese allerdings von der pädagogischen Qualität der Angebote sowie der Dauer und der Intensität der Inanspruchnahme abhängen (vgl. Fischer et al. 2009, 2010).

Jedoch kann in der gegenwärtigen bundesrepublikanischen Ganztagsschullandschaft weder von einer entsprechenden Qualität ganztägiger Angebote noch von einer regelmäßigen Teilnahme umstandslos ausgegangen werden (vgl. StEG-Konsortium 2010, S. 16). So nahmen beispielsweise in der Sekundarstufe I nur 12 % aller Schülerinnen und Schüler der in StEG untersuchten Ganztagsschulen über zwei Jahre dauerhaft an mindestens drei Tagen in der Woche am Ganztagsangebot teil (vgl. Fischer et al. 2010, S. 38). Dies lenkt die Aufmerksamkeit auf die Frage, unter welchen Vorrausetzungen solche förderlichen Bedingungen zustande kommen. Dem wird im vorliegenden Beitrag nachgegangen. Der Fokus liegt dabei auf der Kontinuität der Inanspruchnahme der Angebote, weil die Schulen, insbesondere jedoch Eltern und Schülerinnen und Schüler hier vergleichsweise große Handlungs- bzw. Entscheidungsspielräume haben (ausführlich dazu im Abschn. 12.2.1).

Die Gestaltung dieser Spielräume ist aber – folgt man dem Konzept der Lebensverlaufsforschung – nicht nur aus den aktuellen Interessenlagen der beteiligten Akteure, sondern auch aus den Bedingungen, Entscheidungen und Erfahrungen vorangegangener Lebensabschnitte zu verstehen (vgl. Mayer 1990, S. 11). Dies kann auch für die fortgesetzte Ganztagsteilnahme angenommen werden.

12.2 Vorliegende Befunde und theoretische Perspektiven

12.2.1 Ganztagsgestaltung und Ganztagsinanspruchnahme

Spiel- und Freizeitmöglichkeiten, Angebote zur Lernunterstützung oder zur sozialen, kulturellen und politischen Bildung sind in der Bundesrepublik zwar traditionell eher außerhalb von Unterricht und Schule angesiedelt, allerdings verzichten auch Nicht-Ganztagsschulen kaum auf zusätzliche, über den Unterricht hinausgehende Angebote (vgl. Tücke 2005, S. 248 f.). Trotz dieser großen Verbreitung ist über diese schulischen Aktivitäten vergleichsweise wenig bekannt. Man weiß, dass sie zumeist auf das freiwillige Engagement von Lehrkräften zurückgehen und ein durchaus beachtliches inhaltliches Spektrum aufweisen können. Neben praktisch an allen Schulen zu findenden Freizeitangeboten wie Festen und Klassenfahrten sind an Schulen auch Sportkurse, bildungsorientierte Angebote oder sozialpädagogische Unterstützungsleistungen zu finden (vgl. Krüger und Kötters 2000). Allerdings bestehen sowohl zwischen den einzelnen Schulformen als auch zwischen den Schulen einer Schulform große Unterschiede im Angebotsumfang (vgl. ebd.; Mack et al. 2003, S. 161 ff.). Im Zuge der gestiegenen Aufmerksamkeit für den Kompetenzerwerb außerhalb des schulischen Unterrichtes werden vor allem diese schulformspezifischen Unterschiede, insbesondere das im Vergleich zu den Gymnasien und Realschulen geringe Angebot an Hauptschulen, kritisch gesehen. Befürchtet wird, dass bestehende Ungleichheiten dadurch eher verstärkt als abgeschwächt werden, und zwar insbesondere dann, wenn die dort erworbenen Kompetenzen zunehmend im Unterricht vorausgesetzt werden (vgl. Solga und Dombrowski 2009, S. 36).

Dies ist gerade auch mit Blick auf ganztagsschulische Angebote ein ernst zu nehmender Einwand. Zum einen, weil ein möglichst breites Angebotsspektrum zwar als wünschenswert gilt, aber in den Ganztagsschulen nur bedingt realisiert ist (vgl. Holtappels 2007, S. 186). Zum anderen bleibt das *Prinzip der freiwilligen Teilnahme* an Ganztagschulen in vergleichsweise großem Umfang bestehen. So wird im Bildungsbericht des Jahres 2008 darauf hingewiesen, dass – bei großen regionalen und schulstufenspezifischen Unterschieden – in der Bundesrepublik das offene Organisationsmodell der Ganztagsschule überwiegt. In diesem Modell können Kinder und Eltern in jedem Schul(halb)jahr über die Teilnahme am Ganztagsbetrieb entscheiden (vgl. Autorengruppe Bildungsberichterstattung 2008, S. 72). Hinzu kommen Wahlmöglichkeiten auf der Ebene der einzelnen Angebote.

Aufgrund dieser Wahlmöglichkeiten wurde in den vergangenen Jahren der Frage nach möglichen sozial selektiven Formen der Inanspruchnahme an den offen organisierten Ganztagsschulen intensiv nachgegangen (vgl. u. a. Beher et al. 2007; Beher und Prein 2007; Züchner et al. 2007; Prein et al. 2009; Steiner 2009). Die vorliegenden Analysen zeigen, dass an offenen Ganztagsschulen durchaus (wenngleich moderate) Herkunftseffekte zu verzeichnen sind. Sie treten zudem vor allem im Primarbereich auf. Für die Schülerinnen und Schüler der Sekundarstufen I wurden bereits auf der Basis der StEG-Ausgangserhebungen weniger selektive Effekte der sozialen Herkunft als ein deutlicher Einfluss des Alters sichtbar. Mit zunehmendem Alter wird die Teilnahme am Ganztagsangebot der Schule auch unter Berücksichtigung relevanter anderer Einflüsse unwahrscheinlicher (vgl. Prein et al. 2009, S. 95; Steiner 2009, S. 96, 99). Auch längsschnittliche Analysen weisen darauf hin, dass die Ganztagsteilnahme kein selbstverständlicher Bestandteil des schulischen Alltags einer Schülerin bzw. eines Schülers ist (vgl. Fischer et al. 2010, S. 38). Dies korrespondiert durchaus mit Befunden zur Nutzung außerunterrichtlicher Angebote an Nicht-Ganztagsschulen. Sie zeigen, dass schulische Freizeitangebote eher von jüngeren Schülerinnen und Schülern genutzt werden, aber auch, dass sie insbesondere Kinder aus sozial weniger privilegierten Familien erreichen (vgl. Krüger und Kötters 2000, S. 130 f.).

Damit wird die Aufmerksamkeit vor allem auf die *altersbezogene* Gestaltung von Ganztagsangeboten gelenkt. In den StEG-Ausgangserhebungen wurde deutlich, dass nicht an jeder Schule für Schülerinnen und Schüler aller Jahrgangsstufen die Möglichkeit bestand, überhaupt Angebote wahrnehmen zu können. Der Anteil von Schulen, die ab Jahrgangsstufe 7 überhaupt kein Angebot für die jeweilige Klassenstufe hatten, stieg von rd. 11 % in der Jahrgangsstufe 7 auf gut 32 % in der Jahrgangsstufe 10 (vgl. Holtappels 2007, S. 189). Als Begründung wird u. a. auf den mit zunehmendem Alter der Kinder abnehmenden Betreuungsbedarf der Eltern verwiesen (vgl. ebd.). Eine solche Kopplung an die Bedarfe von Eltern würde jedoch im deutlichen Kontrast zum programmatischen Anspruch der Ganztagsschule stehen, eine Schule für alle Schülerinnen und Schüler zu sein. Als weitere mögliche Ursache gilt der gerade für die neuen Ganztagsschulen zu diesem Zeitpunkt noch andauernde Implementierungs- und Etablierungsprozess des Ganztagsangebotes (vgl. ebd.). So hat zumindest ein Teil der Schulen den Aufbau des Ganztagsbetriebes schrittweise, mit den jüngeren Jahrgangsstufen beginnend, vorgenommen. Gleichwohl bleibt festzuhalten, dass Diskontinuitätsmomente in der Teilnahme einer Schülerin bzw. eines Schülers auch vom zur Verfügung stehenden schulischen Angebot ausgehen können.

Ganztagsschulen sollen nicht nur ihre Schülerinnen und Schüler besser fördern und unterstützen, sondern auch deren Eltern die Vereinbarkeit von Familie und Berufstätigkeit erleichtern. Alle bisher vorliegenden Befunde lassen klar erkennen, dass sie dazu einen wichtigen Beitrag leisten, insbesondere, aber nicht nur, für Eltern mit Kindern im Grundschulalter (vgl. Züchner 2007). Erwartungsgemäß nimmt der Betreuungsbedarf der Eltern mit zunehmenden Alter des Kindes ab (vgl. Züchner 2007, S. 317); zugleich werden die Handlungs- bzw. die Entscheidungsspielräume der Schülerinnen und Schüler größer (vgl. Arnoldt und Stecher 2007, S. 43). Eine solche Verschiebung der Entscheidungsmacht zu Gunsten der Kinder bzw. Jugendlichen ist ein typisches Moment des Aufwachsens (vgl. dazu Quellenberg 2010, S. 145 f.). Gerade biografisch relevante Entscheidungen bzw. die Kinder betreffende Entscheidungen werden eher selten ad hoc und (inzwischen) kaum durch einen erwachsenen „Entscheider" getroffen (vgl. dazu auch Steiner 2005; Wiedenhorn 2011). Dies in Rechnung stellend lässt sich in Bezug auf die Inanspruchnahme von Ganztagsangeboten vermuten, dass bei jüngeren Schülerinnen und Schülern die Position der Eltern nicht nur stärker ins Gewicht fällt, sondern aufgrund des Eigeninteresses im Hinblick auf die Vereinbarkeit von Beruf und Familie ein verstetigender Impuls auf die Teilnahme des Kindes am Ganztag ausgeht.

Umgekehrt sollten mit zunehmendem Alter der Kinder deren Einschätzungen und Erfahrungen für die Teilnahme- und/oder Kurswahlentscheidungen relevanter werden. Erstaunlicherweise liegen vergleichsweise wenige Informationen zu den Einschätzungen und zur Akzeptanz der Schülerinnen und Schüler vor (vgl. Arnoldt und Stecher 2007, S. 42 f.). Die wenigen Befunde deuten darauf hin, dass die Resonanz ganztätiger Angebote insgesamt positiv ist, aber gerade in den Begründungen für die Nichtteilnahme vor allem auch Kritik an der Altersangemessenheit der Angebote zum Ausdruck kommt (vgl. ebd. S. 44). Insofern ist davon auszugehen, dass auch von der inhaltlichen Gestaltung der Angebote ein Diskontinuitätsrisiko ausgeht. Anderseits lässt sich vermuten, dass ein interessantes und die Schülerinnen und Schüler anregendes Angebot die regelmäßige Teilnahme von Kindern befördert. Dafür spricht, dass die Teilnahme zwar mit dem Alter abnimmt, jedoch ein deutlicher Einfluss der vorgängigen Ganztagsinanspruchnahme auf spätere Teilnahmeentscheidungen nachweisbar ist (vgl. Steiner i. E.). Interessanterweise zeigen die Befunde von Arnoldt und Stecher, dass Kinder, wenn sie allein entscheiden, andere Kurse präferieren als Kinder, die die Entscheidung gemeinsam mit Eltern und/ oder Lehrkräften gefällt haben. Während im letzten Fall eher lernunterstützende Angebote „gewählt" wurden, nahmen „Selbstwähler" eher Arbeitsgemeinschaften und fächerübergreifende Kurse in Anspruch (vgl. Arnoldt und Stecher 2007).

Zusammengenommen lassen die eben vorgestellten Befunde und Überlegungen vermuten, dass Diskontinuitäten in der Teilnahme am Ganztag nicht zuletzt von der Gestaltung der Ganztagsangebote ausgehen und sich vor allem auf spätere Abschnitte der schulischen Laufbahn konzentrieren. Diese resultieren zu diesem Zeitpunkt stärker aus den erfahrungsbasierten Einschätzungen und Erwartungen der Schülerinnen und Schüler, die sich allerdings nur dann in Entscheidungen umsetzten, wenn entsprechende Spielräume bestehen. Dies ist in der Regel an offenen Ganztagsschulen der Fall oder an Schulen, die ihre Organisationsform entsprechend ändern[1]. Solche Wechsel sind durchaus möglich, werden sogar als schulisches Steuerungselement für den Fall einer Überbeanspruchung oder auch einer allzu disparaten Inanspruchnahme von Ganztagsangeboten angesehen (vgl. Appel 2004, S. 110 f.).

12.2.2 Zur theoretischen Konzipierung von Entscheidungen im Schulsystem

Wenn von der Handlungsrelevanz, von Erfahrungen, Interessen und Erwartungen, die Rede ist, sind entscheidungstheoretische Konzepte aufgerufen. Entscheidungstheorien bzw. Theorien der rationalen Wahl haben seit geraumer Zeit Einzug in die sozial- und erziehungswissenschaftliche Bildungsforschung gehalten. Dabei wird in der eher soziologisch orientierten Forschung mehr oder minder explizit auf das von Boudon (1974) entwickelte Modell rationaler Bildungswahlen zurückgegriffen (vgl. dazu ausführlich Kristen 1999). In der eher entwicklungspsychologisch orientierten Forschung werden vor allem Wert-Erwartungs-Modelle in Ansatz gebracht (vgl. im Überblick Maaz et al. 2006, S. 310 ff.).

Beiden Konzeptfamilien ist die Annahme gemein, dass Bildungsentscheidungen als Ergebnis einer individuellen Kosten-Nutzen-Abwägung angesehen werden können (vgl. Maaz et al. 2006). Zentrales Ziel soziologischer Konzepte ist die Aufklärung klassenspezifischer Unterschiede in der Bildungsbeteiligung und im Bildungserfolg. Entwicklungspsychologische Konzepte sind in diesem Zusammenhang stärker auf Persönlichkeitseigenschaften fokussiert. So gehen Wert-Erwartungs-Modelle davon aus, dass sowohl die Erfolgserwartung als auch der subjektive Wert einer zur Wahl stehenden Bildungsoption oder Aufgabe das Leistungshandeln aber auch das Resultat beeinflussen (vgl. Fischer et al. 2007, S. 262). Im Rahmen von StEG haben Fischer et al. das von Eccles und Mitarbeitern entwickelte (erweiterte) Wert-Erwartungs-Modell für den spezifischen Kontext von Ganztagsschulen adaptiert (vgl. ebd.).

Berücksichtigung findet im Rahmen dieser Modelle auch die soziale Herkunft, die Einstellungen relevanter anderer Sozialisationsagenten sowie vor allem auch vorgängige Erfahrungen und Bewertungen des Entscheidenden selbst. In diesem Punkt weisen sie durchaus Ähnlichkeiten mit dem soziologischen Konzept des Lebenslaufes auf. Demnach können Ereignisse, Übergänge oder auch Lebensphasen nicht isoliert voneinander betrachtet werden. So sind Entscheidungen im Zusammenhang mit den Erfahrungen und Entscheidungen vorangegangener Lebensabschnitte zu sehen (vgl. Mayer 1990, S. 11). Auf Ähnlichkeiten von soziologischen und psychologischen Konzepten machen auch Maaz et al. aufmerksam (vgl. 2006). Sie liegen aufgrund des gemeinsamen theoretischen Kerns beider entscheidungstheoretischen Konzeptfamilien nahe. Maaz et al. regen daher an, soziologische und psychologische Modelle miteinander zu kombinieren, und so die Wert-Erwartungsmodelle im Hinblick auf Bildungsentscheidungen zu spezifizieren, die soziologische Modelle wiederum um Merkmale „der Persönlichkeit, die die Entscheidung trifft" (2006, S. 314) zu ergänzen (vgl. ebd., S. 314 f.).

Dies ist insofern nicht ganz unproblematisch, als der Akteur, wie ihn die soziologischen Entscheidungskonzepte voraussetzen, ein recht erwachsener Akteur ist, d. h. es wird vorausgesetzt, dass ihm entsprechende Handlungsmittel (materielle Ressourcen, Wissen, Fähigkeiten etc.) zur Verfügung stehen. Im Fall von Kindern und Jugendlichen entsteht dadurch in theoretischer Hinsicht eine gewisse Spannung, weil damit vorausgesetzt ist, was erst im Rahmen von familiären und außerfamiliären Sozialisationsprozessen erworben wird. Damit wird die Frage virulent, wer eigentlich entscheidet. Maaz et al. lösen das Problem in Bezug auf das Wert-Erwartungs-Modell durch Adaptionen auf der Basis empirisch bekannter Sachverhalte. So wird bspw. mit der empirisch bekannten Dominanz der Elternentscheidung im Hinblick auf die weitere Schullaufbahn im Anschluss an die Grundschule eine Modellanpassung dergestalt vorgenommen, dass vor allem die Eltern betreffende Aspekte integriert, die weniger offensichtlichen, aber empirisch durchaus vorhandenen Entscheidungsmöglichkeiten von Kindern jedoch nicht mehr berücksichtigt werden (vgl. Maaz et al. 2006, S. 312). Im Vorschlag von Fischer et al. wird angesichts der empirisch nachgewiesenen Handlungsmöglichkeiten in erster Linie vom Schüler als Handlungsträger ausgegangen (vgl. 2007, S. 262 f.). Die Eltern werden über familiale Merkmale und über die Überzeugungen von Sozialisationsagenten zwar durchaus einbezogen, problematisch bleibt jedoch, auch aus Sicht der Autoren, dass zumindest ein Teil der Schülerinnen und Schüler nicht vollkommen entscheidungsfrei war (vgl. ebd.,

S. 266). Zudem können Schülerinnen und Schüler, die nicht entscheiden konnten, weder theoretisch berücksichtigt noch in die empirische Analyse einbezogen werden.

Angesichts der im vorstehenden Abschnitt vorgestellten Befunde spricht jedoch vieles dafür, die unterschiedlichen Entscheidungsformen als Ausdruck familialer Praxis zu werten und systematisch in den Blick zu nehmen. Teilweise erinnern die Entscheidungsformen an Erziehungsstile, die zwar nicht nur, aber doch wesentlich durch die familiäre Praxis des Gewährens von Handlungsautonomie geprägt sind (vgl. Drinck 2008, S. 117). Mit Blick auf das längsschnittlich ausgerichtete Lebensverlaufskonzept wären die unterschiedlichen Entscheidungsformen dann eine Bedingung, die die weiteren Entscheidungen im Lebensverlauf prägt. Eine Reduktion um theoretische Aspekte oder empirische Gruppen ist damit nicht (mehr) notwendig.

Auf die im Rahmen dieses Beitrages interessierende Frage, welche Bedingungen eine regelmäßige Inanspruchnahme an Ganztagsangeboten wahrscheinlich werden lassen, können, mit Blick auf die eben knapp dargestellten Ansätze und Konzepte, folgende Vermutungen formuliert werden:

1. Auf der Basis des Lebensverlaufskonzeptes und des modifizierten Wert-Erwartungsmodells von Fischer et al. (2007) kann davon ausgegangen werden, dass positive Erfahrungen der Schülerinnen und Schüler mit Ganztagsangeboten die Entscheidung für eine weitere Teilnahme positiv beeinflussen.
2. Gemeinsam mit Eltern, Lehrern oder Freunden getroffene Entscheidungen erhöhen die Wahrscheinlichkeit für eine weitere Inanspruchnahme von Ganztagsangeboten.
3. Wird die Entscheidung autonom getroffen, dann erleben die Kinder und Jugendlichen die Ganztagsangebote positiver.

12.3 Datengrundlage und methodisches Vorgehen

Empirische Basis diese Beitrages sind die Daten der „Studie zur Entwicklung von Ganztagschulen" (StEG), die 2005, 2007 und 2009 in 14 Bundesländern an (eingangs) 371 Ganztagsschulen der Primarstufe und der Sekundarstufe I erhoben wurden. In diesem Beitrag werden die Schülerinnen und Schüler der Sekundarstufe I näher betrachtet, die im Rahmen des Projektes von der Klassenstufe 5 bis zur Klassenstufe 9 begleitet werden konnten. Es handelt sich um 6.853 Schülerinnen und Schüler an insgesamt 210 Schulen (darunter 48,2 % Mädchen und 25,5 % Kinder mit Migrationshintergrund).

Angesichts der im Abschnitt 12.2.1 vorgestellten Forschungsbefunde wird in einem ersten Schritt den Änderungen in den schulischen Rahmenbedingungen nachgegangen. Auf der Basis der Angaben der Schulleitungen der Sekundarstufenschulen, die zu jedem Zeitpunkt an der Befragung teilgenommen haben (n=234), wird geprüft, ob weiterhin altersspezifische Lücken im Angebot bestehen und in welchem Umfang es zu Änderungen der Verbindlichkeitsregel an den Schulen gekommen ist. Wie dargelegt, kann beides vom einzelnen Schüler allenfalls mittelbar beeinflusst werden. Es kann (und soll) aber durchaus seine Möglichkeiten verändern, Ganztagsangebote zu nutzen. Im Anschluss daran werden zum einen die Entscheidungsspielräume, die die Kinder und Jugendlichen haben, zum anderen ihre Erfahrungen mit Ganztagsangeboten vorgestellt.

Tab. 1 Zur Verfügung stehende Fallzahlen. (Quelle: StEG-Sekundarstufenschülerbefragung 2005– (zentrale Längsschnittkohorte))

Jahr	Schüler/-innen an offenen GTS	Ganztagschüler/-innen an offenen GTS	Schüler/-innen an offenen GTS mit Teilnahme in 2005 bzw. 2007
2005	2.592	1.355	
2007	2.351	973	1.021
2009	2.327	750	853

Im letzten Schritt wird mittels logistischer Mehrebenen-Modelle der Frage nach dem Einfluss der (Mit-)Entscheidungsmöglichkeiten und der vorgängigen Erfahrungen auf die weitere Teilnahmeentscheidung nachgegangen. Als abhängige Variable wird dabei der Teilnahmestatus der Schülerinnen und Schüler zugrunde gelegt, die im Jahr 2007 bzw. 2009 eine offene Ganztagsschule besuchten.

Diese Schülerinnen und Schüler mussten zudem in der jeweiligen Vorgängerbefragung Teilnehmerin bzw. Teilnehmer an Ganztagsangeboten gewesen sein. Tabelle 1 informiert über die unter Berücksichtigung dieser Einschränkungen zur Verfügung stehenden Fallzahlen.

Als unabhängige Variable werden neben den klassischen sozialen Merkmalen zur Erklärung von sozial ungleicher Bildungsteilhabe vor allem bestehende Entscheidungsspielräume sowie vorgängige Erfahrungen berücksichtigt. Basis für die Abbildung von Entscheidungsspielräumen sind die Angaben der Schülerinnen und Schüler auf die Frage, wer über die Teilnahme entschieden hat: sie selbst und/oder ihre Eltern, Lehrer oder Freunde. Gleichwohl sei an dieser Stelle angemerkt, dass die familiäre Entscheidungspraxis sowohl in zeitlicher als auch in sozialer Hinsicht auf der Basis der StEG-Daten nur unzureichend abgebildet werden kann. Wünschenswert wären gerade im Hinblick auf die entwicklungsbezogenen Aspekte möglichst lückenlose Informationen (siehe dazu im folgenden Abschnitt). Zur Abbildung von Erfahrungen mit dem Ganztag wird die Skala zur wahrgenommenen Angebotsqualität aus Sicht der Schülerinnen und Schüler genutzt. Auf der Basis von 12 Items erfasst sie, inwieweit in den Angeboten die Interessen sowie die Autonomiebedürfnisse und Kompetenzen der Schülerinnen und Schüler angesprochen werden (zur ausführlichen Beschreibung der Skala vgl. Quellenberg 2009)[2].

12.4 Befunde

12.4.1 Das schulische Ganztagsangebot – ein Angebot für Schülerinnen und Schüler jeden Alters?

Ob eine Schülerin oder ein Schüler Ganztagsteilnehmerin bzw. Ganztagsteilnehmer ist, wird im Rahmen von StEG nur für den jeweiligen Erhebungszeitpunkt ermittelt. Über die Zeit zwischen den Befragungen liegen keine bzw. keine durchgängigen Informationen vor. Wenn von regelmäßiger Teilnahme die Rede ist, ist damit gemeint, dass eine Schülerin bzw. ein Schüler zu jedem Befragungszeitpunkt Ganztagsangebote in Anspruch

12 Wer nutzt Ganztagsangebote und warum?

Abb. 1: Teilnahme am Ganztag in der Sekundarstufe I (Quelle: StEG-Sekundarstufenschülerbefragung 2005–2009 (zentrale Längsschnittkohorte))

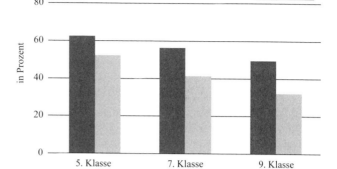

Abb. 2: Anteil von Schulen ohne Angebot für die Klassenstufen 5, 7 und 9 (Quelle: StEG Schulleitungsbefragungen 2005–2009 (Schulen der Sekundarstufe I, Schulpanel), Angaben für das Jahr 2005 zitiert nach Holtappels 2007, S. 189)

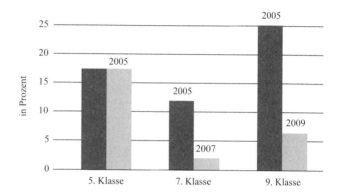

nahm. Allerdings illustrieren bereits diese Angaben deutlich einen abnehmenden Trend der Inanspruchnahme (Abb. 1).

Der Anteil dauerhafter Teilnehmerinnen und Teilnehmer, d. h. von Kindern, die zu jedem Zeitpunkt Ganztagsschülerin bzw. Ganztagsschüler waren, lag an offenen Schulen bei lediglich rund 14 %.

Damit bestätigt sich auch in längsschnittlicher Betrachtung der bereits in der Ausgangserhebung erkennbare Alterseffekt in der Teilnahme. Ganztagsangebote scheinen demnach in der Tat eine Domäne jüngerer Schülerinnen und Schüler zu sein. Die Daten der Ausgangserhebung zeigten jedoch auch, dass nicht jede Schülerin und nicht jeder Schüler überhaupt die Chance auf Teilnahme hatte. In der Abb. 2 sind die Angaben aus dem Jahr 2005 noch einmal verzeichnet. Demnach gab es an rund 16 % der Schulen (noch) kein Angebot für die Klassenstufe 5. Das betraf damit auch einen Teil der Angehörigen der Längsschnittkohorte. Für die damalige Klassenstufe 7 gab es an rund 11 %, für die Klassenstufe 9 an rund einem Fünftel (22,7 %) der Schulen kein Angebot. Im Jahr 2007, als die Schülerinnen und Schüler die 7. Klasse erreichten, hatte sich der Anteil der Schulen ohne Angebot für diese Jahrgangsstufe jedoch auf rund 2 % abgebaut, im Jahr 2009 hatte sich der Anteil von Schulen ohne Angebot für die Klassenstufe 9 von rund 23 auf 6 % reduziert. Insofern bestand zumindest für die über vier Jahre begleiteten Schüle-

Tab. 2: Verhältnis von Angebot und Nachfrage nach Ganztagsplätzen an offenen GTS. (Quelle: StEG Schulleitungsbefragungen 2005–2009 (Schulen der Sekundarstufe I, Schulpanel))

	2005	2007	2009
Flexibles Angebot	71,4	68,8	71,4
Mehr Nachfrage als Plätze im Angebot	13,2	7,5	9,5
Mehr Plätze im Angebot als Nachfrage	15,4	23,8	19,0
N	91	80	84

rinnen und Schüler ein vergleichsweise geringes Risiko, aufgrund eines nicht vorhandenen schulischen Angebotes nicht an Angeboten partizipieren zu können.

Unterstrichen wird dies durch die Angaben der Schulleitungen zur Anmeldesituation an ihren Schulen. In Tab. 2 sind die Angaben für offene Ganztagsschulen verzeichnet, da es hier aufgrund der zumeist schuljahresgebundenen Anmeldung auch zu einer Knappheit des Angebotes kommen kann. Auch dies kann zu einer Diskontinuität in der Teilnahme führen. Wie den Angaben der Tab. 2 zu entnehmen ist, kann dies durchaus der Fall sein. Allerdings reagiert die überwiegende Zahl der Schulen flexibel auf die Nachfrage seitens der Eltern und der Kinder. Im Zeitverlauf vergrößert sich zudem der Anteil der Schulen, deren Schulleitung angab, dass das Angebot an Ganztagsplätzen sogar die entsprechenden Wünsche von Kindern und Eltern übersteigt.

Auch die Angaben zur Organisationsformänderung sprechen für „mehr Kontinuität" in der Teilnahme. Insgesamt kam es in einem durchaus beträchtlichen Maß zu Änderungen des Verbindlichkeitsgrades. Fast die Hälfte der Schulen (45 %) hatte im Untersuchungszeitraum die Organisationsform verändert. Und obwohl solche Wechsel sowohl in Richtung der offenen als auch in Richtung der gebundenen Form führen, bleibt letztlich ein etwas größerer Umfang an vollgebundenen Schulen. So waren im Jahr 2005 rund 22 % der Schulen vollgebundene Ganztagsschulen, im Jahr 2007 und 2009 lag deren Anteil dann bei 27 %. Für die Perspektive der Schülerinnen und Schüler bedeutet dies, dass zumindest ein Teil der Kinder zwischen dem Besuch der 5. und der 9. Jahrgangsstufe allein dadurch stärker in den Ganztagsbetrieb eingebunden war, weil ihre Schule auf mehr Verbindlichkeit setzte.

Insgesamt sprechen die Befunde dafür, dass Schulen nicht einer impliziten Betreuungslogik folgen, d. h. sich de facto auf Angebote für Jüngere konzentrieren. Sie zeigen vielmehr, dass Ganztagsschulen dem Anspruch, eine Schule für alle Schülerinnen und Schüler sein zu wollen, durchaus Rechnung tragen. Zumindest was die faktische Möglichkeit der Teilnahme angeht. Über die Qualität und die Vielfalt der Angebote ist damit noch nichts gesagt. Die Schülerinnen und Schüler der hier betrachteten Längsschnittkohorte hatten damit, anders als die Jahrgänge zuvor, zumindest weitgehend die Gelegenheit, sich vergleichsweise dauerhaft am Ganztag zu beteiligen.

12.4.2 Familiäre Entscheidungsprozesse

Dass sie dies nicht tun, muss also auf andere Ursachen zurückgehen. Im Abschn. 12.2 wurde an verschiedener Stelle auf den schwindenden Elterneinfluss als möglicher Grund aufmerksam gemacht. So nimmt nicht nur mit zunehmendem Alter der Kinder der Betreuungsbedarf der Eltern ab, es dürfte auch zum innerfamiliären Erziehungsselbstverständ-

Tab. 3: Entscheidung über die Teilnahme am schulischen Ganztagsbetrieb (offene GTS). (Q StEG-Sekundarstufenschülerbefragung 2005–2009, (zentrale Längsschnittkohorte))

	2005	2007	2009
Allein entschieden	42,6	64,6	67,7
Mit anderen gemeinsam entschieden	39,4	26,2	19,8
Andere haben entschieden	18,0	9,2	12,5
N	1277	902	617

nis zählen, älteren Kindern sukzessive mehr Handlungs- und Entscheidungsspielräume zu gewähren. Damit wären es die Schülerinnen und Schüler, die sich letztlich gegen das Ganztagsangebot entscheiden.

Die Angaben der Tab. 3 lassen zunächst einmal erkennen, dass der Anteil von Kindern, die bereits in der Klasse 5 angaben, völlig allein darüber entschieden zu haben, ob sie Ganztagsangebote nutzen, mit gut 40 % recht hoch ausfällt. Das entspricht auch den Ergebnissen von Arnoldt und Stecher (2007). In der Klasse 7 ist der Anteil der „Selbstwähler" dann deutlich gestiegen, und zwar auf nun rund 65 %. Auf diesem Niveau verbleibt er dann. Der Zuwachs zwischen der 7. und der 9. Klasse ist im Vergleich zum Unterschied zwischen der 5. und 7. Klasse nur marginal. Entsprechend rückläufig ist der Umfang der beiden anderen Gruppen, d. h. der Gruppe derjenigen, die gemeinsam mit anderen, in der Regel den Eltern, entscheiden und der Gruppe von Kindern bzw. Jugendlichen ohne Mitsprachemöglichkeit. Allerdings erreichen beide Gruppen zusammen noch in der 9. Klasse einen Anteil von gut 30 %, d. h. auch mit 15 Jahren entscheidet fast ein Drittel der Jugendlichen nicht autonom.

In Abschn. 12.2.2 wurde die Vermutung geäußert, dass dieses, auch in zeitlicher Hinsicht unterschiedliche Ausmaß an (Mit-)Entscheidungsmöglichkeiten Ausdruck unterschiedlicher familiären Praktiken der Entscheidungsfindung ist. Solche soziale Praktiken können auf der Basis der im Rahmen von StEG erhobenen Daten nicht unmittelbar abgebildet werden. Es steht aber eine Reihe von Indikatoren zur sozialen Lage zur Verfügung, die – sollte es sich um soziale Praktiken handeln – einen differenzierenden Einfluss auf die Verteilung der genannten Entscheidungsgruppen haben müssten.

In Tab. 4 sind die Ergebnisse von drei multinominalen logistischen Mehrebenen-Regressionen verzeichnet, mit denen der Einfluss der einzelnen Merkmale auf die Zugehörigkeit zu einer der drei Entscheidungsgruppen überprüft wurde. Als Referenzgruppe dienten dabei die Kinder bzw. Jugendlichen, die gemeinsam mit anderen über die Teilnahme am Ganztag entschieden haben.

Für das Jahr 2005, d. h. zum Zeitpunkt als die Kinder die 5. Klasse besuchten, ist zu erkennen, dass im Vergleich zur Referenzgruppe, ein Kind eher dann keinerlei Mitentscheidungsspielraum hatte, wenn es sich um einen Jungen handelte, der Schüler oder die Schülerin aus sozial weniger privilegierten Familien stammte und nicht in der klassischen Kernfamilie aufwuchs. Demgegenüber zeigten sich zwischen den Schülerinnen und Schülern, die gemeinsam mit den Eltern entschieden, und denen, die allein die Entscheidung trafen, praktisch keine Unterschiede. Mit einer Ausnahme: „Gemeinschaftsentscheidungen" waren eher für Familien charakteristisch, die in den alten Bundesländern leben. Insofern ist die Zugehörigkeit zu einer Entscheidungsgruppe ganz offenkundig sozial präformiert, und zwar im Hinblick auf die typischen, im Rahmen der Diskussion über

Tab. 4: Entscheidung über die Teilnahme am schulischen Ganztagsbetrieb (offene GTS im Jahr 2005, 2007, 2009, nur Teilnehmende) (Multinominale Mehrebenen-Logit-Modelle). (Quelle: StEG-Sekundarstufenschülerbefragung 2005–2009, (zentrale Längsschnittkohorte): Referenzkategorie (0) = Gemeinschaftsentscheidung, 1: keine Entscheidungsmöglichkeiten, 2: autonome Entscheidung des Kindes, (z) = Variable zentriert (grandmean), Mathematiknote und Erwerbsstatus des jeweiligen Befragungsjahres, alle anderen Angaben stammen aus der Erstbefragung, signifikante Werte mindestens auf dem 0,05-Niveau sind *kursiv* hervorgehoben)

	2005 Koeffizient/S.E:		2007 Koeffizient/S.E:		2009 Koeffizient/S.E:	
	0/1	0/2	0/1	0/2	0/1	0/2
Individualebene						
Junge	*0,38/0,19*	0,22/0,15	*0,99/0,35*	−0,22/0,15	*1,45/0,35*	*0,54/0,23*
Migrationshintergrund	−0,27/0,27	−0,27/0,22	−*0,92/0,47*	−0,27/0,25	0,45/0,46	0,38/0,41
Mathematiknote (z)	0,16/0,11	−0,04/0,07	*0,54/0,23*	−0,00/0,10	*0,45/0,20*	0,03/0,14
Unterstes HISEI-Quartil	*0,67/0,23*	0,13/0,19	*0,81/0,37*	−0,22/0,19	0,22/0,35	−0,39/0,27
Eltern beide erwerbstätig	0,32/0,24	0,06/0,16	0,42/0,38	0,32/0,21	0,72/0,45	*0,66/0,27*
Kernfamilie	−*0,87/0,24*	−0,37/0,21	−0,63/0,43	−0,12/0,28	−*1,22/0,61*	−*0,90/0,40*
Kontextebene						
Ostdeutsches Bundesland	−0,37/0,34	−*0,51/0,21*	−*0,91/0,45*	−0,35/0,19	−0,73/0,40	0,69/0,65
Konstante	−*1,15/0,44*	0,16/0,30	−*2,71/0,87*	*1,27/0,43*	−*2,35/0,86*	0,26/0,36
N (Schüler)	866	866	584	584	423	423
N (Schulen)	96	96	77	77	71	71

die sozial ungleiche Teilhabe thematisierten Faktoren soziale Herkunft, Geschlecht und regionale Zugehörigkeit. Insbesondere die beiden letztgenannten Faktoren können dabei als Hinweis für unterschiedliche alltagskulturelle Praktiken in den Familien gelten. So weisen beispielsweise die Befunde von Seiffge-Krenke und von Irmer (2004) auf deutliche geschlechtsspezifische Formen der Gewährung von Autonomie hin. Demnach gestehen die Eltern, insbesondere jedoch die Väter vor allem ihren Töchtern mit zunehmendem Lebensalter mehr Eigenständigkeit zu (vgl. S. 152).

Für die entsprechenden Angaben des Jahres 2007 sind zum Gutteil die gleichen Einflüsse zu verzeichnen. Hinzu kommt ein Effekt der Schulleistung: Je schlechter die Schulleistung, hier die Mathematiknote, umso wahrscheinlicher ist, dass das Kind nicht selbst über die Teilnahme am Ganztag entschieden hat. Hier spiegelt sich der erzieherische Einfluss der Eltern wider, welche die Ganztagsangebote als Möglichkeit zur Leistungsverbesserung sehen. Darüber hinaus gehören Kinder mit Migrationshintergrund im Jahr 2007 eher nicht zur Gruppe der Kinder ohne Entscheidungsmöglichkeit. Der Regionaleffekt weist im Jahr 2007 darauf hin, dass im Vergleich zur Referenzgruppe die Nichtbeteiligung eher für Kinder aus den alten Bundesländern von Belang ist.

Tab. 5: Entscheidung über die Teilnahme und Angebotsqualität (offene GTS). (Quelle: StEG-Sekundarstufenschülerbefragung 2005–2009, (zentrale Längsschnittkohorte alle Jahre p < 0,00, $\text{eta}^2_{2005} = 0{,}012$; $\text{eta}^2_{2007} = 0{,}038$; $\text{eta}^2_{2009} = 0{,}028$))

	2005 MW/SD	2007 MW/SD	2009 MW/SD
Allein entschieden	3,00/0,61	2,82/0,55	2,76/0,59
Mit anderen gemeinsam	3,04/0,56	2,97/0,50	2,72/0,55
Andere haben entschieden	2,85/0,64	2,46/0,64	2,44/0,70
Gesamt	2,99/0,60	2,80/0,56	2,71/0,60
N	1194	840	617

Insgesamt verstetigt sich jedoch der Eindruck, dass Unterschiede in erster Linie zwischen Gruppen der Kinder mit und denen ohne Entscheidungsspielräume bestehen. Die Angaben des Jahres 2009 verweisen jedoch durchaus auf gruppenspezifische Unterschiede. Demnach stammen 15-jährige ohne und mit maximalen Entscheidungsmöglichkeiten eher nicht aus Elternhäusern mit typischer Familienform (Kernfamilie). Anders formuliert: Jugendliche aus Kernfamilien entscheiden eher mit ihren Eltern gemeinsam. Gleiches gilt für Mädchen bzw. junge Frauen. Jugendliche, die allein über die Teilnahme am Ganztag entscheiden, stammen zudem häufig aus Elternhäusern, in denen beide Eltern erwerbstätig sind. Dies überrascht insofern als in der Literatur vor allem auf den engen Zusammenhang zwischen dem Lebensalter der Kinder und dem erwerbsbedingten Betreuungsbedarf aufmerksam gemacht wird.

Festzuhalten bleibt an dieser Stelle, dass über den gesamten Zeitraum der Einfluss herkunftsspezifischer Merkmale erkennbar ist. Sowohl der Geschlechtseffekt als auch der Effekt der Schulleistungen lassen sich durchaus als Ausdruck familiärer Entscheidungspraktiken verstehen. Die Frage ist nun, ob sich das unterschiedliche Ausmaß von Selbst- und Fremdbestimmtheit auf die weitere Teilnahme auswirkt.

12.4.3 Gemeinsame Entscheidung + gute Erfahrungen = weitere Teilnahme?

Auf alle Fälle differenziert das Ausmaß an Entscheidungsautonomie das Erleben der Ganztagsangebote. So geht aus den in Tab. 5 verzeichneten Angaben zunächst einmal hervor, dass die Schülerinnen und Schüler in der Tendenz der Auffassung sind, dass ihre Interessen und Bedürfnisse in den Angeboten durchaus Berücksichtigung finden. Zu erkennen ist jedoch auch, dass diese Auffassung mit zunehmendem Alter abnimmt. Zugleich zeigt sich zu jedem Befragungszeitpunkt, dass Schülerinnen und Schüler, die über Entscheidungsspielräume verfügen, die schulischen Ganztagsangebote positiver einschätzen als Kinder bzw. Jugendliche, die an der Entscheidungsfindung nicht beteiligt waren. Dabei spielt es keine Rolle, ob Kinder und Jugendliche völlig eigenständig über die Teilnahme entscheiden können oder ob sie gemeinsam mit Eltern, Lehrkräften oder Peers getroffen wurde.

In der Tab. 6 sind nun die Ergebnisse der Überprüfung des möglichen Einflusses von Entscheidungsspielraum und individueller Erfahrung auf die weitere Teilnahme der Schülerin bzw. des Schülers an ganztägigen schulischen Angeboten verzeichnet. Einbezogen wurden nur die Schülerinnen und Schüler, die 2007 oder 2009 eine offene Ganz-

Tab. 6: Entscheidung über die Teilnahme an Ganztagsangeboten an offenen GTS. (Quelle: StEG-Sekundarstufenschülerbefragung 2005–2009, (zentrale Längsschnittkohorte): (z) = Variable zentriert (grandmean), Mathematiknote und Erwerbsstatus des jeweiligen Befragungsjahres, alle anderen Angaben stammen aus der Erstbefragung, signifikante Werte mindestens auf dem 0,05-Niveau sind *kursiv* hervorgehoben.)

	2007		2009	
	Beta/S. E.	p	Beta/S. E.	P
Individualebene				
Entscheidung Allein (R.)				
Gemeinsam	*0,61/0,19*	0,00	0,10/0,25	0,67
Andere	0,22/0,21	0,33	*0,92/0,47*	0,05
Angebotsqualität (z)	0,26/0,15	0,09	0,20/0,19	0,30
Junge	0,02/0,20	0,85	−0,01/0,25	0,95
Migrationshintergrund	0,17/0,25	0,49	0,07/0,29	0,82
Mathematiknote (z)	*−0,25/0,10*	0,02	*−0,25/0,12*	0,03
Unterstes HISEI-Quartil	0,11/0,22	0,60	−0,14/0,24	0,56
Beide Eltern erwerbstätig	*0,43/0,19*	0,03	0,18/0,24	0,46
Kernfamilie	0,17/0,22	0,43	0,15/0,28	0,53
Kontextebene				
Gymnasium	−0,29/0,31	0,16	−0,36/0,33	0,28
Schule in 2005/2007 in gebundener Form	0,12/0,48	0,80	0,17/0,34	0,63
Ostdeutschland	0,47/0,30	0,40	0,31/0,32	0,33
Konstante	−0,58/0,42	0,17	−0,33/0,55	0,54
N (Schüler)	627		419	
N (Schulen)	76		68	

tagsschule besuchten, da nur sie grundsätzlich über die Teilnahme entscheiden konnten. Gemeinsam war den Schülerinnen und Schülern auch, dass sie zum Zeitpunkt der Vorgängerbefragung Angebote in Anspruch nahmen.

Aus den verzeichneten Angaben für das Jahr 2007 kann man ablesen, dass sowohl die Art der Entscheidungsfindung des Jahres 2005 als auch – wenngleich mit Einschränkungen – die Erfahrung, die die Kinder in dieser Zeit in den Ganztagsangebote machten, die weitere Beteiligung beeinflussten. Es bestätigt sich die Vermutung, dass vor allem die gemeinsam mit anderen getroffene Entscheidung positiven Einfluss auf die Ganztagsteilnahme hat. Im Grunde trifft dies auch die wahrgenommene Angebotsqualität zu. Wie aus der Tabelle ersichtlich verfehlt jedoch der Prädiktor das Signifikanzkriterium, wenn auch mit p<0,1 nur knapp. Aus diesem Grunde wird hier auf die mögliche förderliche

Wirkung der Angebotsqualität aufmerksam gemacht. Weiterhin zeigt sich, dass Kinder aus Familien, in denen beide Eltern einer Erwerbstätigkeit nachgehen, eine größere Teilnahmewahrscheinlichkeit haben. Zu erkennen ist aber auch, dass leistungsschwächere Schülerinnen und Schüler eher nicht an Angeboten teilnehmen. Dies zeigt sich auch in den Angaben für die Teilnahme im Jahr 2009. Hier hat lediglich ein Faktor einen kontinuitätsstiftenden Einfluss: Kinder, bei denen andere im Jahr 2007 die Entscheidung über die Teilnahme trafen, hatten eine höhere Wahrscheinlichkeit, auch im Jahr 2009 Ganztagsangebote offener Schulen in Anspruch zu nehmen.

Zusammengenommen sprechen die Befunde dafür, dass die elterliche Unterstützung, aber auch die elterliche Kontrolle bzw. die Kontrolle von Lehrkräften und Peers im Hinblick auf die Entscheidung über die Inanspruchnahme ein die Kontinuität der Teilnahme befördernder Faktor ist. Demgegenüber geht von der wahrgenommenen Angebotsqualität nur in sehr eingeschränktem Maß ein Einfluss auf die weitere Teilnahme aus. Dies kann möglicherweise darauf zurückzuführen sein, dass die zeitliche Distanz zwischen den Erfahrungen des Jahres 2005 und der Teilnahme im Jahr 2007 doch recht groß ist. Allerdings kann man die Befunde durchaus auch dahingehend interpretieren, dass es an den Schulen an altersgerechten Angeboten fehlt. Bedenklich ist, dass leistungsschwächere Schülerinnen und Schüler seltener Angebote besuchen. Dies ist sicherlich nicht im Sinne des kompensatorischen Selbstverständnisses vieler Ganztagsschulen.

12.5 Fazit

Wenn die Qualität der Ganztagsangebote und die Dauer und Intensität der Angebotsnutzung eine für Schülerinnen und Schüler förderliche Wirkung haben, dann ist sowohl von Interesse wie schulische Ganztagsangebote gestaltet sein sollten, damit sie Kinder und Jugendliche so gut wie möglich unterstützen, als auch unter welchen Bedingungen sich die Teilnahme von Schülerinnen und Schülern verstetigen lässt. Letzterem wurde in diesem Beitrag nachgegangen.

Aufgrund der verschiedenen Organisationsformen, die dazu über die Zeit variieren können, sowie unterschiedlich verbindlicher Kurse bzw. Einzelangebote, ist die Dauerhaftigkeit und Intensität der Teilnahme generell nicht einfach darzustellen. Faktisch zeigt sich jedoch, dass vor allem die Schülerinnen und Schüler, deren Schulen Wahlmöglichkeiten eröffnen, eher aus dem Ganztag aussteigen. Im Beitrag interessierte jedoch nicht, warum sie nicht mehr teilnehmen, sondern unter welchen Bedingungen sie weiterhin Ganztagsangebote wahrnehmen.

Angesicht des Standes der empirischen Forschung und in Auseinandersetzung mit theoretischen Konzepten zu Wahlentscheidungen wurde argumentiert, dass sowohl die Entscheidungspraxis in den Familien als auch die Erfahrungen mit dem schulischen Angebot die weiteren Entscheidungen über die Inanspruchnahme prägen. Gezeigt werden konnte nicht nur, dass es unterschiedliche familiale Entscheidungspraktiken gibt, sondern auch, dass sie sich auf die Wahrnehmung der Angebotsqualität ebenso auswirken wie auf die Teilnahmeentscheidungen. Letztgenanntes verdeutlicht, dass die elterliche Unterstützung, aber auch die elterliche Kontrolle bzw. die Kontrolle von Lehrkräften und Peers ein wichtiger Kontinuität stiftender Faktor ist. Dies trifft auf die Angebotsqualität sicher nicht in gleichem Maß zu. Die Befunde lassen zumindest erkennen, dass ein schülergerechtes Angebot durchaus und insbesondere für jüngere Schülerinnen und Schüler ein förderlicher Faktor für den weiteren Besuch des Ganztages zu sein scheint. Bedenklich ist jedoch, dass leistungsschwächere Schülerinnen und Schüler eher nicht zu den dauerhaften Ganztagsnutzern gehören. Dies ist sicherlich nicht im Sinne des kompensatorischen Selbstverständnisses vieler Ganztagsschulen. Will man diesem Umstand nun mittels gebundener Ganztagsschulen Rechnung tragen, ist zu beachten, dass Schülerinnen und Schüler die Angebote insbesondere dann positiv bewerten, wenn sie an der Entscheidung für die Teilnahme beteiligt sind (vgl. auch Brümmer et al. i. E.). Die gebundene Ganztagschule schränkt diesen Entscheidungsspielraum natürlicherweise ein. Die Beurteilung der Angebotsqualität ist aber für Wirkungen auf Lernergebnisse durchaus relevant (vgl. z. B. Fischer et al. 2009). Daraus folgt, dass Schulen mit einer verbindlich bzw. verbindlicher geregelten Teilnahme am Ganztag (Schulen mit vollgebundener bzw. teilgebundener Organisationsform) besonders gefordert sind, ihre Schülerschaft von der Ausgestaltung der Angebote zu überzeugen. Gleichzeitig werfen die Befunde Fragen auf, denen im Rahmen dieses Beitrages nicht nachgegangen werden konnte. So spielen sicherlich sowohl die Art des schulischen Angebots als auch individuelle Nutzungsmuster schulischer aber auch außerschulischer Nachmittagsangebote eine Rolle für die Entscheidung über die Teilnahme am Ganztag. Hier können Bezüge mit der nach Leistungsstand der Schülerinnen und Schüler unterschiedlichen Inanspruchnahme der Ganztagsangebote vermutet werden. Diese Zusammenhänge aufzuklären, ist eine spannende Aufgabe für zukünftige Analysen.

Anmerkungen

1 Empirisch zeigt sich, dass auch an vollgebundenen Ganztagsschulen nicht alle Schülerinnen und Schüler am Angebot teilnehmen (vgl. Fischer et al. 2010, S. 38). Sofern die Bedingung einer weitgehenden Verbindlichkeit an den Schulen jedoch Gültigkeit hat, spricht dies eher für ein abweichendes Verhalten der Schülerinnen und Schüler, dessen Ursachen gesondert geklärt werden müssen.
2 Beispielitem: „Bei uns Schülern wird oft Begeisterung und Interesse für Neues geweckt."; 1: stimmt gar nicht, 2: stimmt eher nicht, 3: stimmt eher, 4: stimmt genau; Cronbachs alpha für die Gesamtpopulation 2005: 0,88, 2007: 0,89. 2009: 0,90.

Literatur

Appel, S. (2004). *Handbuch Ganztagsschule. Praxis, Konzepte, Handreichungen.* Schwalbach/Ts.: Wochenschau.
Arnoldt, B., & Stecher, L. (2007). Ganztagsschule aus der Sicht von Schülerinnen und Schülern. Entwicklung von Ganztagsschulen (3. Folge). *Pädagogik, 59*(3), 42–45.
Autorengruppe Bildungsberichterstattung. (Hrsg.). (2008). *Bildung in Deutschland 2008.Ein indikatorengestützter Bericht mit einer Analyse zu den Übergängen im Anschluss an den Sekundarbereich I.* Bielefeld: Bertelsmann.
Beher, K., & Prein, G. (2007). Wie offen ist die Ganztagsschule? *DJI Bulletin, 78*(1), 15–16.

Beher, K., Haenisch, H., Hermens, C., Nordt, G., Prein, G., & Schulz, U. (2007). *Die offene Ganztagsschule in der Entwicklung. Empirische Befunde zum Primarbereich in Nordrhein-Westfalen*. Weinheim: Juventa.
Boudon, R. (1974). *Education, opportunity and social inequality. Changing prospects in western society*. New York: Wiley.
Brümmer, F., Rollett, W., & Fischer, N. (i. E.). Qualität der Ganztagsangebote aus Schülersicht. Zusammenhänge mit Angebots- und Schulmerkmalen. In N. Fischer, H. G. Holtappels, E. Klieme, T. Rauschenbach, L. Stecher, & I. Züchner, I (Hrsg.), *Ganztagsschule: Entwicklung, Qualität, Wirkungen. Längsschnittergebnisse der Studie zur Entwicklung von Ganztagsschulen*. Weinheim: Juventa.
Drinck, B. (2008). Erziehung. In W. Hörner, B. Drinck, & S. Jobst (Hrsg.), *Bildung, Erziehung, Sozialisation. Grundbegriffe der Erziehungswissenschaft* (S. 114–135). Opladen: Budrich.
Feldman, A., & Matjasko, J. (2005). The role of school-based extracurricular activities in adolescent development: A comprehensive review and future directions. *Review of Educational Research, 75*, 159–211.
Fischer, N., Radisch, F., & Stecher, L. (2007). Wer nutzt Ganztagsangebote. Ein Erklärungsmodell auf der Basis individueller und institutioneller Merkmale. In H. G. Holtappels, E. Klieme, T. Rauschenbach, & L. Stecher (Hrsg.), *Ganztagsschule in Deutschland. Ergebnisse der Ausgangserhebung der „Studie zur Entwicklung von Ganztagsschulen" (StEG)* (S. 261–282). Weinheim: Juventa.
Fischer, N., Kuhn, H. P., & Klieme, E. (2009). Was kann die Ganztagsschule leisten? Wirkungen ganztägiger Beschulung auf die Entwicklung von Lernmotivation und schulischer Performanz nach dem Übergang in die Sekundarstufe. In L. Stecher, C. Allemann-Ghionda, W. Helsper, & E. Klieme (Hrsg.), *Ganztägige Bildung und Betreuung* (Zeitschrift für Pädagogik ZfPäd: 54.Beiheft, S. 143–167). Weinheim: Beltz.
Fischer, N., Brümmer, F., Kuhn, H. P., & Züchner, I. (2010). „Ganztagsbetreuung: Individuelle Wirkungen des Ganztagsschulbesuches in der Sekundarstufe" Erkenntnisse aus der Studie zur Entwicklung von Ganztagsschule (StEG). *Schulverwaltung Hessen/Rheinland-Pfalz, 15*(2), 38–39.
Holtappels, H. G. (2007). Angebotsstruktur, Schülerteilnahme und Ausbaugrad ganztägiger Schulen. In H. G. Holtappels, E. Klieme, T. Rauschenbach, & L. Stecher (Hrsg.), *Ganztagsschule in Deutschland. Ergebnisse der Ausgangserhebung der „Studie zur Entwicklung von Ganztagsschulen" (StEG)* (S. 186–206). Weinheim: Juventa.
Holtappels, H. G., Klieme, E., Radisch, F., Rauschenbach, T., & Stecher, L. (2007). Forschungsstand zum ganztägigen Lernen und Fragestellungen von StEG. In H. G. Holtappels, E. Klieme, T. Rauschenbach, & L. Stecher (Hrsg.), *Ganztagsschule in Deutschland. Ergebnisse der Ausgangserhebung der „Studie zur Entwicklung von Ganztagsschulen" (StEG)* (S. 37–50). Weinheim: Juventa.
Kristen, C. (1999). *Bildungsentscheidungen und Bildungsungleichheit. Ein Überblick über den Forschungsstand*. (Arbeitspapier Nr. 5, Mannheimer Zentrum für Europäische Sozialforschung). Mannheim.
Krüger, H.-H., & Kötters, C. (2000). Schule und jugendliches Freizeitverhalten. In H.-H. Krüger, G. Grundmann, & C. Kötters (Hrsg.), *Jugendliche Lebenswelten und Schulentwicklung* (S. 111–147). Opladen: Leske & Budrich.
Lerner, R. M. (2005). Forword: promoting positive youth development through community an after-school programs. In J. L. Mahoney, R. Larson, & J. S. Eccles (Hrsg.), *Organized activities as contexts of development: extracurricular activities, after-school, and community programs* (S. 9–13). Mahwah: Lawrence Erlbaum.
Maaz, K., Hausen, C., McElvany, N., & Baumert, J. (2006). Stichwort: Übergänge im Bildungssystem. Theoretische Konzepte und ihre Anwendung in der empirischen Forschung beim Übergang in die Sekundarstufe. *Zeitschrift für Erziehungswissenschaft ZFE, 9*(3), 299–327.

Mack, W., Raab, E., & Rademacker, H. (2003). *Schule, Stadtteil, Lebenswelt*. Opladen: Leske & Budrich.

Mayer, K.-U. (1990). Lebensläufe und sozialer Wandel. Anmerkungen zu einem Forschungsprogramm. In K.-U. Mayer (Hrsg.), *Lebensläufe und sozialer Wandel* (Kölner Zeitschrift für Soziologie und Sozialpsychologie KZfSS: Sonderheft 31, S. 7–21). Opladen: Westdeutscher.

Prein, G., Züchner, I., & Rauschenbach, T. (2009). Eine Schule für alle? Analysen zur Selektivität von offenen Ganztagsschulen. In F. Prüß, S. Kortas, & M. Schöpa (Hrsg.), *Die Ganztagsschule: von der Theorie zur Praxis; Anforderungen und Perspektiven für Erziehungswissenschaft und Schulentwicklung* (S. 81–99). Weinheim: Juventa.

Quellenberg, H. (2009). *Studie zur Entwicklung von Ganztagsschulen (StEG) – ausgewählte Hintergrundvariablen, Skalen und Indices der ersten Erhebungswelle*. (Mat. z. Bildungsforschung, Bd. 24) Frankfurt a. M.: Gesellschaft zur Förderung Pädagogischer Forschung e. V. (GFPF).

Quellenberg, H. (2010). Partizipation von Kindern in Familie und Schule. Eine Realanalyse des DJI-Kinderpanels. In T. Betz, W. Gaiser, & L. Pluto (Hrsg.), *Partizipation von Kindern und Jugendlichen. Forschungsergebnisse, Bewertungen, Handlungsmöglichkeiten* (S. 137–154). Schwalbach/Ts.: Wochenschau.

Rauschenbach, T. (2007). Deutschland auf dem Weg zur Ganztagsschule. *DJI Bulletin, 78*(1), 6–8.

Seiffge-Krenke, I., & Irmer, J. von. (2004). Wie erleben Väter die Familienbeziehungen während der turbulenten Zeit der Adoleszenz ihrer Kinder? *Zeitschrift für Familienforschung, 15*(2), 144–155.

Solga, H., & Dombrowski, R. (2009). *Soziale Ungleichheiten in schulischer und außerschulischer Bildung. Stand der Forschung und Forschungsbedarf* (Arbeitspapier 171). Düsseldorf: Hans-Böckler-Stiftung.

Stecher, L., Allemann-Ghionda, C., Helsper, W., & Klieme, E. (2009). Ganztägige Bildung und Betreuung. Einleitung. In L. Stecher, C. Allemann-Ghionda, W. Helsper, & E. Klieme (Hrsg.), *Ganztägige Bildung und Betreuung* (Zeitschrift für Pädagogik ZfPäd: 54. Beiheft, S. 7–16). Weinheim: Beltz.

Steiner, C. (2005). *Bildungsentscheidungen als sozialer Prozess. Eine Untersuchung in ostdeutschen Familien*. Wiesbaden: VS Verlag für Sozialwissenschaften.

Steiner, C. (2009). Mehr Chancen durch die Ganztagsschule? In L. Stecher, C. Allemann-Ghionda, W. Helsper, & E. Klieme (Hrsg.), *Ganztägige Bildung und Betreuung* (Zeitschrift für Pädagogik ZfPäd: 54. Beiheft, S. 81–105). Weinheim: Beltz.

Steiner, C. (i. E.). Teilnahme am Ganztagsbetrieb. Zeitliche Entwicklung und mögliche selektive Effekte. In N. Fischer, H. G. Holtappels, E. Klieme, T. Rauschenbach, L. Stecher, & I. Züchner (Hrsg.), *Ganztagsschule: Entwicklung, Qualität, Wirkungen. Längsschnittergebnisse der Studie zur Entwicklung von Ganztagsschulen*. Weinheim: Juventa.

StEG-Konsortium. (2010). *Ganztagsschule: Entwicklung und Wirkung.Ergebnisse der Studie zur Entwicklung von Ganztagsschulen 2005–2010*. Frankfurt a. M.

Tillmann, K.-J., Dedering, K., Kneuper, D., Kulmann, C., & Nessel, I. (2008). *PISA als bildungspolitisches Ereignis. Fallstudien in vier Bundesländern* (S. 7–17). Wiesbaden: VS Verlag für Sozialwissenschaften.

Tücke, M. (2005). *Psychologie in der Schule, Psychologie für die Schule: eine themenzentrierte Einführung in die pädagogische Psychologie für (zukünftige) Lehrer*. Münster: Lit.

Villarruel, F. A., Montero-Sieburth, M., Dunbar, C., & Outley, C. W. (2005). Dorothy, there is no yellow brickroad: the paradox of community youth development approaches for latino and African American Urban youth. In J. L. Mahoney, R. Larson, R., & J. S. Eccles (Hrsg.), *Organized activities as contexts of development: extracurricular activities, after-school, and community programs* (S. 111–130). Mahwah: Lawrence Erlbaum.

Wiedenhorn, T. (2011). *Die Bildungsentscheidung aus Schüler-, Eltern- und Lehrersicht*. Wiesbaden: VS Verlag für Sozialwissenschaften.

Züchner, I. (2007). Ganztagsschule und Familie. In H. G. Holtappels, H.-G., E. Klieme, T. Rauschenbach, & L. Stecher (Hrsg.), *Ganztagsschule in Deutschland. Ergebnisse der Ausgangserhebung der „Studie zur Entwicklung von Ganztagsschulen" (StEG)* (S. 314–333). Weinheim: Juventa.

Züchner, I., Arnoldt, B., & Vossler, A. (2007). Kinder und Jugendliche in Ganztagsangeboten. In H. G. Holtappels, E. Klieme, T. Rauschenbach, & L. Stecher (Hrsg.), *Ganztagsschule in Deutschland. Ergebnisse der Ausgangserhebung der „Studie zur Entwicklung von Ganztagsschulen" (StEG)* (S. 106–122). Weinheim: Juventa.

13 Familien als Akteure der Ganztagsschule
Zusammenhänge und Passungsverhältnisse

Sabine Andresen · Martina Richter · Hans-Uwe Otto

Zusammenfassung: Mit der Einführung von Ganztagsschulen ist die Etablierung eines veränderten Verhältnisses von Familie und öffentlicher Erziehung, Bildung sowie Betreuung beabsichtigt. Im Rahmen des Bielefelder Forschungsprojekts zu „Familien als Akteure in der Ganztagsschule" wurde dieses Verhältnis aus der Perspektive von Kindern, Eltern bzw. Müttern und Professionellen empirisch rekonstruiert, um darüber systematische Aussagen zur Passung von Familie und Schule zu formulieren. Die gegenwärtige spezifische politische Aufmerksamkeit für familiales Handeln sowie die erhöhten Anforderungen an die Bildungsbiografie sind dabei im Kontext veränderter Wohlfahrtsstaatlichkeit zu analysieren. Der Beitrag geht auf ausgewählte Forschungsbefunde ein und diskutiert sie hinsichtlich der Frage nach Passungs- und Anerkennungsverhältnissen. Der Ausbau von Ganztagsschulen ist insgesamt nicht nur als bildungspolitische Maßnahme zu begreifen, sondern berührt insbesondere auch familien- und arbeitsmarktpolitische Zusammenhänge, die es gilt, weiterführend zu analysieren.

Schlüsselwörter: Kinder · Eltern/Mütter · Professionelle · Ganztagsschule · Passung · Politik

Families as actors in all-day schools – Relations and cultural fit

Abstract: With the implementation of all-day schools a modified relation between family and public education is intended. The Bielefeld research project "Families as Actors in All-day

---

© VS Verlag für Sozialwissenschaften 2011

Dr. M. Richter (✉)
Institut für Soziale Arbeit, Bildungs- und Sportwissenschaften, Arbeitsbereich Soziale Arbeit,
Universität Vechta Niedersachsen, Driverstraße 22,
49377 Vechta, Deutschland
E-Mail: Martina.Richter@uni-vechta.de

Prof. Dr. S. Andresen
Fachbereich Erziehungswissenschaften, Institut für Sozialpädagogik und Erwachsenenbildung,
Johann Wolfgang Goethe-Universität Frankfurt a. M., Robert-Mayer-Str. 1,
60054 Frankfurt a. M., Deutschland
E-Mail: S.Andresen@em.uni-frankfurt.de

Prof. Dr. Dr. h.c. mult. H.-U. Otto
AG 8 Soziale Arbeit, Bielefeld Center for Education and Capability Research, Universität Bielefeld,
Universitätsstr. 25, 33501 Bielefeld, Deutschland
E-Mail: hansuwe.otto@uni-bielefeld.de

schools" empirically reconstructed that relation from the perspective of children, parents or mothers, and professionals in order to make statements referring to the cultural fit of family and school. The current specific political attention on familial action and the increased requirement on the educational biography are to be analysed in the context of a modified welfarism. The article presents selected research findings and discusses them referring to the question of cultural fit and recognition. Overall the expansion of all-day schools is not just an educational policy measure but also refers to family and labour market policy which needs to be further analysed.

Keywords: Children · Parents/mothers · Professionals · All-day schools · Cultural fit · Policy

13.1 Einleitung

Mit der Etablierung der Ganztagsgrundschule in Deutschland wird eine „Neuvermessung des gesamten Systems öffentlicher Bildung, Betreuung und Erziehung" (BMFSFJ 2005, S. 490) erforderlich. Veränderte öffentliche Erwartungen und Ansprüche an Schule, an außerschulische Kooperationspartner und Familien entstehen und evozieren Fragen nach dem elterlichen und institutionellen Bildungs- und Erziehungsauftrag sowie einer Verhandlung über das Verhältnis der Akteure zueinander.

Durch die Frage nach dem Verhältnis von öffentlicher Erziehung, Bildung und Betreuung rücken insbesondere Familien, also Mütter, Väter und Kinder, als Bildungsakteure in den Fokus von aktuellen Fach- und politischen Diskursen. Es werden der Anspruch und auch die Notwendigkeit formuliert, dass Ganztagsschulen sich den Familien stärker öffnen und diese als „unverzichtbare Expertinnen" in die Schulorganisation integrieren sollen. Insbesondere diese stärkere Orientierung an Einstellungen, Wünschen und auch der Akzeptanz der Eltern und damit an nicht-professionellen Akteuren von Erziehung und Bildung ist als ein neueres Phänomen zu begreifen, zu dem bislang kaum systematische Analysen vorliegen (vgl. Allemann-Ghionda 2009).

Im Rahmen des Bielefelder Forschungsprojekts zu „Familien als Akteure in der Ganztagsgrundschule" wurde dieses Forschungsdesiderat bearbeitet.[1]

In qualitativen Fallstudien wurde analysiert wie Eltern und Kinder das ganztägige Bildungssetting erleben und – im Weiteren – wie dieses wechselseitig mit Lehr- sowie weiteren pädagogischen Fachkräften konstruiert und gestaltet wird. Dabei standen die Untersuchung elterlicher und kindlicher Erwartungen und Ansprüche an die Ganztagsschule sowie ihre Umgangsweisen, aber auch die professionellen Einstellungen und Haltungen zu Familie und Ganztagsschule im Fokus. Somit wurden die verschiedenen beteiligten Akteursperspektiven zunächst rekonstruiert und in einem zweiten Schritt zueinander in Beziehung gesetzt, um darüber systematisiert Aussagen über das Passungsverhältnis machen sowie die Anschlussfähigkeit von Familien und Ganztagsgrundschulen reflektieren zu können.

Die oben angesprochene Neuvermessung basiert auf einer spezifischen politischen Aufmerksamkeit für familiäres Handeln und ist auch international zu beobachten. Aus diesem Grund befasst sich der nächste Abschnitt (2) mit dem Verhältnis von Familien- und Bildungspolitik, quasi als „Hintergrund" professioneller und familiärer Akteure. Welche Rolle der Familie angesichts umstrukturierter Wohlfahrtsstaaten und hoher Anforderungen an individuelle Bildungsbiographien zugeschrieben wird und wie die einzelnen Akteure damit umgehen, war für das Forschungsprojekt eine leitende Fragestellung. Zur Sprache kommen hier auch Ideale und Bilder etwa von der „guten Mutter" oder „guter Kindheit", die vielfach handlungsleitend sind und eine starke ausgrenzende Wirkung haben können, wenn ihnen nicht entsprochen wird. Daran anschließend geht es im dritten Abschnitt um die anhand unserer Befunde rekonstruierten Passungen zwischen den Akteuren aus Familie und Ganztagsgrundschule (3).

13.2 Zusammenhänge zwischen Familien- und Bildungspolitik

Die systematische Ausweitung des Ganztagsschulangebots in Deutschland ist mehr als eine bildungspolitische Maßnahme. Zwar setzte das Investitionsprogramm „Zukunft, Bildung und Betreuung" des Bundes nach dem so genannten „PISA Schock" ein und zielte auf eine effektivere Beschulung des unteren Viertels der Schülerinnen und Schüler an deutschen Schulen. Aber von vornherein sollte auch die Vereinbarkeit von Familie und Beruf durch die allmähliche Umwandlung der Halbtagsschule in ganztägige Angebote möglich gemacht werden. Damit tangiert der Ausbau der Ganztagsschulen von der Grundschule bis in die Sekundarstufen familien- und arbeitsmarktpolitische Bedingungen und reagiert auch auf veränderte Modelle der Arbeitsteilung in Familien, auf die zunehmende Erwerbsbeteiligung der Frauen, auf Änderungen im Scheidungsrecht, auf unsichere Altersbezüge.

Diese Phänomene haben, ebenso wie der demographische Wandel und prekäre Lebenslagen von Familien, weltweit zu einer intensiven Auseinandersetzung mit dem Potenzial familienpolitischer Maßnahmen geführt. Die skandinavischen Länder in ihrer vorbildhaften Förderung der Kompetenzen von Jugendlichen zeichnen sich – auch wenn das selten in die deutsche PISA- und Ganztagsschuldebatte eingebracht wurde – durch eine offensive Familienpolitik aus (vgl. Ellingsaeter 2007). Auch Deutschland kennt explizite familienpolitische Aufgaben – etwa Mutterschutzregelungen, Ehegattensplitting oder Elterngeld – und implizit auf Familien wirkende politische Strategien, wozu der Ausbau der Ganztagsschulen gezählt werden kann.

Um Bedeutung und Wirkung der Ganztagsschulreform ermessen zu können, müssen das Verhältnis von Ganztagsschulreform und Familienpolitik, ebenso wie das von Ganztagsschule und Familie, in den internationalen Kontext gestellt werden. Globale Entwicklungen des Wandels von Familien und wachsende soziale Herausforderungen für Familien diskutierend, bezeichnet die New Yorker Familien- und Kindheitsforscherin Sheila Kamerman Familienpolitik als globales Konzept: „The key criterion is the presence of a child and the willingness (and capacity) for the society to invest in children. There is no country that does not recognize the centrality of the family in both short and long term societal developments – and as part of economic as well as social development. Families fulfill an essential societal role in reproduction, in socialization, in early education, in the promotion of good health, in preparing the next generation for adulthood. But families are changing – in composition and in structure – with woman taking on new tasks in addition to their traditional caring roles" (Kamerman 2010, S. 432).

Für internationale Vergleichsstudien werden derzeit insbesondere die Situation junger Familien mit Kindern unter drei Jahren und die hierauf zielende Familienpolitik herangezogen. Dabei erfolgt eine Ordnung familienpolitischer Programme meist anhand der Theorie Esping-Andersens (vgl. 1990) „three worlds of welfare capitalism". Das Ausmaß familienpolitischer Zugriffe im liberalen, konservativen und im sozialdemokratischen Wohlfahrtsstaat unterscheidet sich bei Esping-Andersen maßgeblich auch durch das Ausmaß aktiver Familienpolitik. Um wohlfahrtsstaatliche Veränderungen und bildungspolitische Maßnahmen in ihrer Bedeutung für die Akteure ermessen zu können, sollten aus unserer Sicht direkte familienpolitische Maßnahmen wie in Deutschland das Elterngeld oder der Ausbau von Kinderbetreuungsplätzen stärker als bisher im Sinne einer längsschnittlichen Perspektive im Zusammenwirken etwa mit den Bildungsanforderungen an Kindergärten, den Übergängen zwischen den Systemen sowie mit dem Ausbau von Ganztagsschulen untersucht werden. Wie Familienpolitik für Familien mit Unter-Dreijährigen wirkt, wie sie weitergeführt wird und mit welchen Folgen für Kinder im Kindergarten- und schließlich Schulalter, ist eine der künftigen zentralen Fragen der Forschung. Diese Anforderung lässt sich auch anhand der Befunde des Bielefelder Forschungsprojektes „Familien als Akteure der Ganztagsschule" belegen. Ausgehend von unseren zentralen Befunden zur Passung formulieren wir hier eingangs folgende Hypothesen: *Erstens* wird es zunehmend bedeutsam sein, ob eine Vernetzung zwischen den Institutionen des Aufwachsens gelingt und von welcher Qualität diese sein wird; *zweitens* könnte das Zusammenwirken der unterschiedlichen Professionellen ein hoher Zufriedenheits- und Vertrauensindikator für Kinder und Eltern sein; und *drittens* könnte über eine systematische und systemübergreifende Verzahnung von Familien-, Schul- und Sozialpolitik ein, individuell Bildungsbiografien stärkender, sozialer Rahmen geschaffen werden.

Neben dieser politischen Verschränkung zeigt sich auch die Wirksamkeit von idealen Vorstellungen über Familie, Mutterschaft, Erziehung usw. Auch darauf sind wir in unseren qualitativen Daten wiederholt gestoßen, weshalb die Grundproblematik an dieser Stelle thematisiert werden soll. Das neue Buch der französischen Philosophin Elisabeth Badinter, „Der Konflikt. Die Frau und die Mutter" (2010) löste nach dem Erscheinen – ähnlich wie in den 80er Jahren ihre Monographie „Die Mutterliebe" (1981) – heftige Kontroversen aus. Mit „Der Konflikt" schärft Badinter den Blick für das moralische Diktat des Bildes einer perfekten Mutter. Sie analysiert wie die „naturalistische Offensive" in den letzten Jahren wieder dazu beigetragen hat von den Müttern alles zu verlangen und, um in der Logik Badinters zu bleiben, die Bedürfnisse der Frau hinter die der Mutter zu stellen. Hinter dem Topos der „naturalistischen Offensive" verbirgt sich bei Badinter eine Melange aus Bindungstheorie, neuer Ökologie bzw. altem Naturrecht und konservativem Feminismus. Durch die Wirtschaftskrise verstärkt, die insbesondere schlecht qualifizierte Frauen aus der Erwerbsarbeit schleudere, trage dieser Diskurs dem Bild der aufopferungswilligen Mutter Rechnung.

Diese Diagnose wirft ein anderes Schlaglicht auf nationale Familienpolitiken und explizit oder implizit wirksamen Anforderungen an Eltern, insbesondere an Mütter. Zunächst vermag Badinters Einschätzung nur bedingt überzeugen, weil die kontinuierliche Entwicklung der Ganztagsschulen in Deutschland ebenso wie der allmähliche Ausbau von Krippenplätzen dazu beitragen, dass Frauen mit kleinen Kindern und Grundschulkindern gleichzeitig mehr und anderes sein können als Mütter. Bei genauerer Betrachtung wird jedoch sichtbar, dass es nach wie vor meist die Mütter sind, die den Hauptanteil der Kindererziehung leisten und auch maßgeblich die schulische Arbeit zumindest der

Grundschulkinder unterstützen. Ziel des Forschungsprojektes war es, „Eltern" zu interviewen, aber angesprochen gefühlt haben sich in der Regel die Mütter. Welche echten Entscheidungs- und Handlungsoptionen demnach aus dem Ausbau von Betreuungs- und Ganztagsschulplätzen tatsächlich resultieren, für die sich einzelne Mütter und Väter – und Kinder – mit guten Gründen entscheiden, bedarf einer genaueren Analyse. Diese wird wiederum im internationalen Vergleich vermutlich recht unterschiedlich ausfallen, zieht man etwa den bei Badinter angelegten Vergleich zwischen Deutschland und Frankreich heran.[2]

Daran zeigt sich erneut, dass Familien in den Blick zu nehmen, bedeutet, sie stets in den nationalen Kontexten, den sozial-, familien-, arbeitsmarktpolitischen Rahmenbedingungen und den gewährten Freiheiten einzelner Familienmitglieder zu sehen und mit anderen nationalen Kontexten vergleichen zu müssen.

Wir möchten dieses Vorgehen als Kartographie – Mapping Families[3] – bezeichnen, durch die Familien, ihre inneren Dynamiken und äußeren Vernetzungen etwa in das Betreuung- und Bildungssystem oder auch das Pflegesystem, in Nachbarschaft und Kommune, in den Arbeitsmarkt oder in das System von Parteien und Verbänden erfasst werden. Auf diesem Wege sind die Sichtweisen der Akteure, ihre Konzepte und Praktiken, ihre Aspirationen, aber auch Schuldgefühle einer Analyse zugänglich.

Badinters Rekonstruktion führt vor Augen, dass vor dem Hintergrund zumindest formal gewährter Freiheiten Familienleben ein Aushandlungsprozess ist, in dem widerstreitende Interessen verhandelt und nach Möglichkeit in einer Balance gehalten werden müssen. Wessen Interessen wann und warum mehr Gewicht und Durchsetzungskraft haben, hängt im hohen Maße von den vorherrschenden Geschlechterverhältnissen ab und diese sind stets verschränkt mit den sozialen Lagen. Aber auch generationale Machtverhältnisse zwischen Kindern und Erwachsenen ebenso wie Machtgefälle zwischen Familien und pädagogischen Institutionen spielen eine erhebliche Rolle. Geschlecht, Herkunft und Macht sind demnach Koordinaten einer international orientierten Familienkartographie. In den Blick kommen so jene Schnittstellen, die für das Aufwachsen von Kindern besonders relevant sind, nämlich Schnittstellen zwischen Familie und Institutionen, zwischen Vorstellungen „guter Fürsorge" und „guter Erziehung" der erwachsenen Akteure, aber auch Schnittstellen zwischen Familien und öffentlichen Institutionen sowie dezidierten Marktinteressen.

Markt und Politik haben Familien im besonderen Maße im Blick, und es ist auffällig, dass sich vor allem um sie herum modernisierungs- und kulturkritische Verfallsgeschichten ranken. Empirisch kann von einem Verfall der Familie und des Familienlebens keine Rede sein: Noch nie waren Erziehungs- und Bildungsaspiration von Eltern, vor allem von gut qualifizierten Müttern, so hoch, noch nie die Bereitschaft, sich an den Bedürfnissen und dem Wohlbefinden von Kindern zu orientieren, so ausgeprägt (vgl. Andresen 2007). Einerseits birgt dies die Gefahr in sich, dass es Eltern schwer fällt Konflikte mit ihren Kindern auszuhalten und auszufechten, was sich bereits im frühen Kindesalter zeigt, wie die Frankfurter Kindergartenstudie von Marianne Leuzinger-Bohleber (vgl. 2009) darlegt. Andererseits rangieren Mutter und Vater bei den Kindern im Grundschulalter ganz weit vorn. Fragt man Kinder nach ihren Vorbildern, so nennen sie ihre Mütter oder Väter, und das Verhältnis zu den Eltern trägt erheblich zum subjektiven Wohlbefinden aus Sicht der Kinder bei (vgl. Hurrelmann und Andresen 2010). In der Familienforschung sollte demnach kritische Distanz zur populistischen Verfallsgeschichte von Familie und Erziehung Maßstab sein, ohne jedoch einem harmonisierenden Bild der heutigen Familie das Wort zu reden. Allein die empirischen Befunde, an welchen Orten Kinder Missachtung, Vernachlässigung und Gewalt erfahren, rücken die Tyrannei der Intimität, die Ohnmacht im Privaten der Familie in den Fokus (vgl. Garbarino und Bradshaw 2002).

Das gegenwärtige Interesse für das Aufwachsen von Kindern im Kontext öffentlicher und privater Verantwortung richtet sich – neben der Diskussion um geschlechtlich codierte Zeit- und Betreuungsregime – vornehmlich auch auf eine empirische Inblicknahme der differenten Bildungsorte von Kindern unter einer bildungsmilieutheoretischen Forschungsperspektive. Zu nennen ist in diesem Zusammenhang die bemerkenswerte Untersuchung der US-amerikanischen Familienforscherin Annette Lareau (2003). Lareau analysiert in ihrer ethnographischen Studie „Unequal Childhoods" bürgerliche Familien, Arbeiterfamilien und Familien in Armut. Sie legt eine klassenspezifische Differenzierung der Familien, ihrer Alltagspraxen, Erfahrungen und Erwartungen vor und kommt zu einer Unterscheidung in „sense of entitlement" und „sens of constraints". Eltern der Mittelschicht organisieren ihren Umgang mit Institutionen und Professionellen im Sinne eines Anspruchs oder einer Berechtigung auf Unterstützung und Gewährung ihrer jeweiligen Anliegen, dem zumeist entsprochen wird. Hingegen erfahren working class families sowie Familien in Armut das Schulsystem insgesamt und die dort tätigen Professionellen in einem hohen Maße als bedrohlich und die an sie explizit gestellten Erwartungen und die implizit an sie gerichteten, spürbaren Anforderungen einer ‚guten Erziehung' als Zwang. Von besonderer Brisanz ist in diesem Zusammenhang das Phänomen der sozialen Beschämung, mit dem soziale Ungleichheit im Umgang mit Institutionen verstärkt wird (vgl. Neckel 1991, 2008). Lareau verdeutlicht damit in ihrer Studie die klassenspezifisch geprägten Haltungen und Praktiken und zeigt die unterschiedlichen Interaktionsformen zwischen Familien und Schulen auf, die nicht zuletzt den Zugang zu Bildungsinstitutionen eher ermöglichen oder verschließen können.

Hierin liegt eine zentrales Motiv unserer Forschungen über Familien als Akteure in der Ganztagsschule: Die wirkmächtige Verschränkung bildungsrelevanter Ungleichheitsmomente mit den Anschlussmöglichkeiten an schulische Anforderungen und den Anerkennungshierarchien familiärer Ressourcen stellt eine Herausforderung für das Gelingen individueller Bildungsbiografien dar. Wie Eltern der Schule begegnen hängt mit sozial bedingten Einstellungen und konkreten Möglichkeiten und biografischen Erfahrungen zusammen. Insbesondere die negativen Erfahrungen oder beschränkte Teilnahmemöglichkeiten z. B. durch Arbeitszeiten oder lange Fahrzeiten der Eltern werden – das zeigen Lareaus Befunde deutlich – durch die Professionellen häufig verstärkt. Wenn Schule und Familie als differente Bildungs- und Erziehungsorte wechselseitig anerkannt werden sollen, dann stellt das besondere Anforderungen an die Professionellen. Zu fragen ist, wie sie den unterschiedlichen elterlichen Erwartungen an Schule, den jeweiligen Verantwortungskonzepten, den realen familiären Möglichkeiten und Beschränkungen in der Ganztagsschule begegnen und welche eigenen Bilder von „guter Familie" und „guter Erziehung" unreflektiert wirksam werden. Vor diesem Hintergrund hat sich das Projekt in einer zweiten Phase mit den Familienbildern der Professionellen und den Vorstellungen familiärer Verantwortung unterschiedlicher Familien befasst und damit an die internationale Forschung zu den Wirkungen der „senses of responsibility" (vgl. Vincent und Ball 2006) angeschlossen.

13.3 Familien als Akteure: Rekonstruktion von Passungsverhältnissen

Mit dem Eintritt in die Grundschule sind Eltern und Kinder prinzipiell mit hohen Anforderungen konfrontiert. Sowohl Grundschule als auch Familie sind als wesentliche Komponenten kindlicher Lebenswelt zu begreifen und haben einen erheblichen Einfluss auf den Kinderalltag. Bisherige empirische Befunde aus der Grundschulforschung zur Beziehung von Familie und Schule deuten insbesondere auch auf das Konfliktpotenzial hin, das zwischen diesen beiden Instanzen bestehen kann. Angenommen wird hierbei, dass unterschiedliche Positionen zu Erziehung und Bildung von Kindern zum Teil nur schwer miteinander zu vereinbarende gegenseitige Erwartungen und Anforderungen der Akteure produzieren können (vgl. Fölling-Albers und Heinzel 2007).

Vor allem in der Grundschulzeit kann die Kommunikation zwischen Eltern und Lehrkräften als ein komplexes Spiel aus Kooperation und Konkurrenz interpretiert werden. Die Interaktionen im Elternhaus sowie zwischen diesem und der Grundschule erzeugen nahezu unvermeidlich Interpretationsunterschiede. Es entstehen verschiedene Wirklichkeiten, die in den jeweiligen Situationsdefinitionen reproduziert, ausgetauscht und ausgehandelt werden (können). Rituale in Familie und Schule sowie im Wechselspiel von Familie und Schule (Elternabende, Elternsprechtage, schulische Feiern usw.) kommen dabei besonders häufig als soziale Inszenierungen zur Differenzbearbeitung zur Geltung (vgl. Fölling-Albers und Heinzel 2007, S. 309). Anzunehmen ist, dass sich das Verhältnis zwischen Schule und Familie über die jeweils vorherrschenden auch bildungsmilieuspezifischen Regeln und Orientierungen in beiden Kontexten strukturiert (vgl. Lareau 2003; Vincent und Ball 2006; Fölling-Albers und Heinzel 2007, S. 309). Oder mit anderen Worten: Das Verhältnis strukturiert sich über die Passung beider Orte zueinander (vgl. Bourdieu und Passeron 1973; Helsper und Hummrich 2008).

Grundsätzlich ist davon auszugehen, dass Schule und Familie „als im Kern unterschiedliche und nicht ersetzbare Bildungsbereiche begriffen" (Helsper und Hummrich 2008, S. 372) werden können. Sie sind als konträr strukturierte soziale Räume zu fassen, die in einem spannungsreichen Verhältnis zueinander positioniert sind. Schule ist im Kern um die Vermittlung fachspezifischer Inhalte in stärker rollenförmig-universalistischen und spezifisch-distanzförmigen Beziehungslogiken zentriert. Im Vergleich dazu sind Familien durch intime, hoch emotionale und partikularistische Beziehungsverhältnisse und Nähe geprägt. Bisherige empirische Befunde, vor allem aus der Schulforschung, legen die Annahme nahe, dass potenzielle Problem- und Konfliktzonen sowie Enttäuschungs- und Überforderungsrisiken dann entstehen können, wenn Familien von der Institution Schule im Kern Familiäres erhoffen oder aber Schulen sich als im Kern familienanalog entwerfen (vgl. Helsper und Hummrich 2008, S. 372; Kolbe et al. 2009). Zugleich deutet einiges darauf hin, dass ein breiter Überlappungsbereich besteht, „in dem sich je nach spezifischen Passungen von Familie und Schule unterschiedliche Justierungen von Erziehungs-, Förderungs-, Stützungs- oder Bildungszuständigkeiten ergeben können, ohne dass dies notwendigerweise in übergriffsartige Interpenetrationen münden muss" (Helsper und Hummrich 2008, S. 372).

Von wesentlicher Bedeutung ist in diesem Zusammenhang allerdings auch, dass sich die elterlichen Bildungsaspirationen im Zuge der Bildungsexpansion, verknüpft mit dem sozialen Status der Familie, d. h. mit den elterlichen Bildungsabschlüssen und je nach „Bildungsnähe bzw. -distanz" des Familienmilieus, insgesamt deutlich erhöht haben (vgl. Busse und Helsper 2004; Grundmann et al. 2007; Ecarius und Wahl 2009). Schule hat für die Zukunftsoptionen und die soziale Platzierung des Kindes (bis auf wenige Kinder aus ökonomisch besonders kapitalstarken Familien) eine zentrale Bedeutung erhalten, da in der Regel Familien die Zukunftschancen ihrer Kinder nur über deren Schulerfolg sicherstellen können. Dies verstärkt die Einflussmöglichkeiten und die Machtpositionierung der Schule gegenüber Familien (vgl. Helsper und Hummrich 2008, S. 371). Tyrell spricht hier bereits 1987 von einer Tendenz der „Überanpassung der Familie an die Schule", da zum einen „die *Leistungen* der Familien für das Umweltsystem der Schule nach Art und Umfang erheblich komplexer sein [dürften] als der in umgekehrter Richtung der Familie zufließende Leistungsoutput der Schule" (S. 109, Herv. i. O.); die Familie wirkt insofern als Unterstützungssystem für die Schule. Zum anderen formuliert Tyrell die These, dass Familien sich *„intern* ,zu sehr' auf die Schule eingelassen haben" (1987, S. 109, Herv. i. O.), da diese oftmals auch im familialen Alltag höchste Priorität genieße.

Aus der Sicht der Eltern werden höhere Bildungsabschlüsse für das eigene Kind zunehmend relevanter, und damit nehmen auch die Anforderungen an Eltern zu, in die schulische Bildung ihrer Kinder zu investieren. Angesichts dessen besteht damit einerseits die Gefahr, dass sich die Familie zu stark an der Schule orientiert, was die emotionalen Familienbeziehungen belasten kann. Andererseits kann am anderen Pol das Problem entstehen, dass Eltern eine zunehmende Indifferenz gegenüber der Schule entwickeln, was Bildungsambitionen von Kindern blockieren kann.

Generell ist davon auszugehen, dass dem Kind als „Mittler" oder „Bindeglied" zwischen Schule und Elternhaus im Kontext von Überlegungen zum Passungsverhältnis implizit eine zentrale Bedeutung zukommt, die bisher jedoch wenig systematisch analysiert und expliziert wurde. Unterschieden werden kann zwischen einer Perspektive, die die Erwachsenen auf Kinder und Kindheit einnehmen und einer Kinderperspektive, die das Kind selbst empirisch in den Blick nimmt und es als Akteur im Gefüge aus Professionellen und Eltern zu Wort kommen lässt (vgl. Andresen und Hurrelmann 2007). In unsere Untersuchung wurden beide Perspektiven integriert und mit Blick auf die Passung analysiert.

Insgesamt ist festzustellen, dass mit Blick auf eine Verhältnisbestimmung von Eltern, Schule und Kind insbesondere die Bedeutung von Passungs- und auch Anerkennungsproblemen vermehrt in den Vordergrund rückt und künftig weiter Gegenstand von Forschungen sein müsste. Das Verhältnis bzw. die Anschlussfähigkeit von Familienhabitus, Kapitalformen und milieuspezifischen Bildungsstrategien einerseits sowie schulischem Habitus bzw. Bildungshabitus und schulischen Leistungsanforderungen andererseits wird aktuell in verschiedenen, auch internationalen Studien, verstärkt analysiert (vgl. z. B. Lareau 2003; Büchner und Brake 2006; Vincent und Ball 2006; Betz 2008; Jünger 2008; Ecarius und Wahl 2009). Die Einführung der Ganztagsschule in Deutschland ist ebenfalls in diese Problematik von Passung und Anerkennung unter sich ändernden Verhältnissen von öffentlicher und privater sowie geschlechterkonnotierter Verantwortung für das Aufwachsen bzw. für die Fürsorge von Kindern zu stellen. Dies zusammen bildet den Hintergrund der Diskussion unserer Befunde.

Im Bielefelder Forschungsprojekt zu „Familien als Akteure in der Ganztagsschule" wurden in qualitativen Fallstudien die Perspektive von Eltern bzw. Müttern, Kindern und Professionellen rekonstruiert, und zwar auf der Basis von insgesamt 64 Interviews mit Eltern bzw. Müttern, 24 Interviews mit Professionellen und ca. 320 Stunden Beobachtung.[4]

Im Folgenden kommt meist die Perspektive der Mütter zur Sprache, weil mehrheitlich Mütter zu einem Interview bereit waren, worin sich, wie oben thematisiert, die verteilten familiären Zuständigkeiten spiegeln. Dass vor allem Mütter als „Managerinnen des Alltags" (Ludwig et al. 2002) große Anstrengungen mit Blick auf Zeit, Energie, Finanzen und emotionale Unterstützung unternehmen, um die intellektuelle, körperliche und soziale Entwicklung ihrer Kinder zu fördern, zeigt auch die Londoner Studie von Vincent und Ball (vgl. 2006). Sie macht deutlich, dass Mütter zudem den außerschulischen Zeiten ihrer Kinder große Aufmerksamkeit entgegenbringen und diese durch zumeist von Erwachsenen angeleitete Angebote organisieren (z. B. Musik, Fremdsprachenunterricht, Sport). Vincent und Ball heben hervor, dass vor allem Mütter aus einem mittleren Bildungsmilieu tätig werden und bestrebt sind, durch Akkumulation kulturellen Kapitals während außerschulischer Zeiten dem Kind eine besondere Förderung zukommen zu lassen. Vor allem kapitalstärkere Eltern entdecken Freizeitangebote als Gestaltungs- und Förderungsmöglichkeiten für ihre Kinder und als Ressource für die Unterstützung des kindlichen Schulerfolgs.

Im Hinblick auf die mit dem Begriff der Passung verbundenen Aspekte sozialer Differenz lassen sich auf der Grundlage unserer empirischen Untersuchung fünf Dimensionen generieren, die als wichtige Bezugspunkte in den Umgangsweisen und der Gestaltung ganztägiger Bildungssettings hervortreten. Entlang dieser Dimensionen gestalten sich in Ganztagsgrundschulen Aushandlungsprozesse, die eine kommunikative Verständigung unter den beteiligten Akteuren erforderlich machen. Dabei handelt es sich um die folgenden fünf Dimensionen:

1. Vermittlung sozialen Wissens und Könnens als Ressource,
2. Die Kategorie Zeit und Umgang mit frei verfügbarer Zeit,
3. Kontrolle und Regulierung,
4. Kindliche Individualität und kindliches Wohlbefinden sowie
5. Familie als Adressatin der Professionellen.

Im Folgenden werden wir auf die beiden ersten Dimensionen näher eingehen, weil hier die Verschränkungen von Schule und Familie ebenso wie von Familien- und Bildungspolitik besonders markant sind.

Auf der Grundlage der Bielefelder Studie lässt sich erkennen, dass Eltern bzw. Mütter über die Bedeutung eines so genannten Grund- oder Basiswissens wie Rechnen, Schreiben und Lesen hinaus zumeist ein besonderes Augenmerk auf die Vermittlung eines *sozialen, informellen Wissens und Könnens* richten, das durch Erziehung entsteht und nicht im Unterricht gelehrt werden kann. Dieses Wissen und Können eignen sich die Kinder an. Sie erwerben es durch eigene Erfahrungen und spielend durch eigene Experimente. Es wird als eigenes Verhältnis zur Umwelt *gelebt*, nicht als formell gelerntes (fremdes) Wissen gekannt (vgl. Gorz 2001, 2004). Mütter, deren Kinder am Ganztag teilnehmen, heben die Vermittlung von Werten und Normen, sozialen Kompetenzen sowie eines sozialen Miteinanders beispielsweise in der Klassengemeinschaft in bemerkenswerter Deutlichkeit hervor. In den Vordergrund rückt damit die Vermittlung eines *sozialen, informellen Wissens und Könnens* an Kinder, welches offensichtlich als Voraussetzung für eine erfolgreiche Bildungsbiografie angenommen wird. In der mütterlichen Bedeutungswahrnehmung scheinen also neben der Weitergabe eines „reinen" formellen (Fach-)Wissens insbesondere Inhalte durchaus im Sinne von „kulturellem Kapital" wichtig, und sie formulieren dies als Auftrag an die Ganztagsschule.

Die Vermittlung und Förderung sozialer Kompetenzen durch die Ganztagsgrundschule macht für Eltern einen deutlichen Vorteil dieses Formats gegenüber Halbtagsschulen aus, und die Annahme, dass Schul- bzw. Fachwissen wichtig, aber zugleich auch unzureichend für eine nachhaltig erfolgreiche Schullaufbahn sein könnte, erhöht zeitgleich die mütterlichen Erwartungen an ganztägige Settings und deren Angebote. Die Realisierung dieses Anspruchs wird dabei insbesondere in den möglichst vielfältigen, altersadäquaten und attraktiven Angeboten der Ganztagsgrundschule für Kinder gesehen. Ressourcenstärkere Eltern entscheiden sich – insbesondere, wenn sie mit den Angeboten unzufrieden sind – für zusätzliche, außerschulische Freizeitprogrammpunkte und versuchen darüber die Aneignung eines *sozialen, informellen Wissens und Könnens* sicherzustellen, während ressourcenschwächere Eltern eher auf die Zuständigkeit der Schule für ihre Kinder setzen und in den Zeiten außerhalb von Schule tendenziell keine bzw. weniger Angebote planen. Letztere verstehen Zeiten außerhalb von Schule als Phasen der Erholung vom Lernen, da Schule und Vermittlung von Inhalten – im Vergleich zu ressourcenstärkeren Eltern – als größere Herausforderung wahrgenommen wird. Dieses Verständnis führt dazu, dass außerschulische Zeit für das Spiel mit Gleichaltrigen vorgesehen ist und weniger für organisierte Aktivitäten. Eltern schulbildungsnäherer Milieus verbinden Lernen und Bildung eher zu einem Möglichkeitsraum, der Kindern eröffnet und aus diesem Grund auch außerhalb der Schule in der Freizeit fortgeführt werden sollte.

Insgesamt zeigt sich in den Analysen damit eine mütterliche Sensibilität für ein *soziales, informelles Wissen und Können* ihrer Kinder, dessen Vermittlung offensichtlich als relevant für den Bildungserfolg angenommen und prinzipiell erst einmal in der Ganztagsgrundschule verortet und von dieser erwartet wird. Eine Ausdifferenzierung deutet sich dahingehend an, inwieweit die Vermittlung von informellem Wissen außerhalb von Schule fortgeführt wird, was tendenziell eher bei schulbildungsnäheren Familien zum Ausdruck kommt. Schulbildungsfernere Familienmilieus verorten die Kompetenz für diese Wissensvermittlung eher in der Ganztagsgrundschule.

Auch aus der Sicht der Professionellen erfährt *soziales, informelles Wissen und Können* prinzipiell eine Aufwertung. So wird z. B. von ihnen ebenfalls die Weitergabe von Werten, sozialen Kompetenzen oder auch Konfliktlösungskompetenzen an Kinder als wesentlich begriffen. Es wird als Auftrag der Ganztagsschule verstanden, Kindern einen sozialen und rücksichtsvollen Umgang miteinander zu vermitteln sowie die Herstellung von Gemeinschaft der Kinder untereinander zu fördern. Die Entscheidung für die Teilnahme an einer AG und das kontinuierliche Dabeibleiben wird als Möglichkeit gesehen, mit Kindern Durchhaltevermögen einzuüben. Auffallend ist in diesem Zusammenhang, dass vor allem die pädagogischen Fachkräfte dieses Wissen gegenüber einer Vermittlung von formalem, schulischem Wissen akzentuieren. Letzteres wird eher von Lehrkräften in seiner Bedeutung bestärkt, während die Vermittlung von *sozialem, informellem Wissen und Können* oftmals bei anderen Fachkräften oder aber den Eltern angesiedelt oder auch an diese delegiert wird. Lehrkräfte sehen sich in erster Linie als „Wissensvermittler". Mit Blick auf die Herausforderungen einer ganztägig organisierten Schule erleben sie nun nicht selten Irritationen hinsichtlich ihrer beruflichen Identität und befürchten, Aufgaben übernehmen zu müssen, die als „sozialarbeiterisch" kategorisiert werden können.

Insgesamt wird die Debatte um eine Wertevermittlung und Vermittlung sozialer Kompetenzen von Professionellen dahingehend verhandelt, dass Eltern ihren Erziehungsaufgaben zu wenig oder unzureichend nachkommen, zumindest aber nicht in dem Ausmaß wie dies Professionelle erwarten. Das familiale Setting wird in dieser Perspektive im Vergleich zum institutionellen Setting als defizitär konnotiert.

Im Hinblick auf die Dimension *soziales, informelles Wissen* ist deutlich zu machen, dass sie auch als ungleichheitsrelevante Dimension zu markieren ist, da dieses Wissen bei Schuleintritt in unterschiedlicher Weise aufgrund von familialen Ressourcen und Anerkennungsmustern vorhanden ist und damit nicht bei allen Kindern vorausgesetzt werden kann (vgl. Grundmann et al. 2007). Bislang zeigt sich jedoch, dass Schule dieses Wissen zumeist zur Voraussetzung macht und sie die Vermittlung weniger als eigene Aufgabe anerkennt, sodass hier Bildungsungleichheit perpetuiert wird (vgl. Ecarius und Wahl 2009).

An die Dimension der Vermittlung von und Zuständigkeit für *soziales, informelles Wissen und Können* schließt die zweite passungsrelevante Dimension an, auf die wir hier näher eingehen: Die Kategorie *Zeit und Umgang mit frei verfügbarer Zeit*. Die Professionellen werten im Kontext der Ganztagsgrundschule freie Zeiten in ihrer Relevanz auf, und die Frage der pädagogisch sinnvollen Gestaltung sowie die damit verbundenen normativen Implikationen rücken in den Blick. Gemeint sind hier mit freier Zeit die Phasen im Schulalltag, die Kindern nahezu frei zur Verfügung stehen (sollten) wie z. B. Pausen, Rückzugs- und Entspannungsphasen und Zeiten für freies Spiel. Insgesamt zeigt sich in diesem Zusammenhang ein Changieren der Professionellen zwischen einer Sensibilität für kindliche Bedürfnisse und Interessen mit Blick auf die Gestaltung freier Zeiten einerseits, einer Bestimmung und Strukturierung dieser Zeiten durch professionelle (Erwachsenen-) Sichtweisen andererseits. Letzteres deutet tendenziell auf eine Skepsis von Professionellen hin, Kindern den Umgang mit freier Zeit zu eröffnen bzw. sie systematisch teilhaben zu lassen. Damit könnte auch zugleich die Sorge der Professionellen zum Ausdruck kommen, Zeiten der Kinder in der Ganztagsschule nicht vollends ausschöpfen zu können und für die kindliche Entwicklung ungenutzt verstreichen zu lassen.

Die Verlängerung des Schultags in ganztägigen Settings bedeutet insbesondere für Professionelle auch ein „Mehr" an Zeit. Diese Zeit soll sinnvoll genutzt werden. Insgesamt herrscht unter den Lehr- und Fachkräften eine tendenzielle Skepsis gegenüber freier Zeit und ihrer Gestaltung durch die Kinder selbst. Die Tendenz von Professionellen, Einfluss nehmen zu wollen, bezieht sich dabei auch auf die Wahl der Angebote, da Kinder hier aus der professionellen Perspektive zur „richtigen" Wahl ermuntert werden müssen. Aus den World Vision Kinderstudien von 2007 und 2010 (vgl. Hurrelmann und Andresen 2007, 2010) hingegen lässt sich schließen, wie wichtig selbstbestimmte Zeit für das Wohlbefinden von Kindern genau in dieser Altersgruppe ist. Neben Beziehungen zu Erwachsenen ebenso wie zu Gleichaltrigen sind ihnen die Verfügbarkeit *von* Zeit und die damit verbundene Gestaltung des Alltags sowie die eigene Verfügbarkeit *über* Zeit wichtig.

Die Frage nach selbstbestimmter Zeit war für die qualitativen Interviews der World Vision Studie 2010 ein besonders wichtiger inhaltlicher Ankerpunkt, an dem sich auch Aussagen zum Wohlbefinden machen ließen. Deutlich wurde dabei, wie Kinder zwischen sechs und elf Jahren ihre Zeitphasen wahrnehmen und einteilen. Die Schule beansprucht die meiste Zeit. Demgegenüber kosten etwa Pflichten im Haushalt wenig Zeit. Zeit mit der Familie, feste Freizeitaktivitäten, frei verfügbare Zeit ebenso wie Medienzeit halten sich bei der Mehrheit der Kinder etwa die Waage. Allerdings war es für einzelne Kinder wichtig, dass die Medienzeit frei verfügbare Zeit ist (vgl. Schröder et al. 2010). Hier zeigt sich demnach eine deutliche Diskrepanz zwischen Ansprüchen der Lehrkräfte und dem Wohlbefinden der Kinder. Beides ist im Rahmen ganztägiger Settings in eine Balance zu bringen.

Mit dem Beispiel frei verfügbarer Zeit an dieser Stelle zu enden, scheint sinnvoll, weil sich daran nachweisen lässt, dass die beteiligten Erwachsenen in der Ganztagsgrundschule durchaus darin einig sind, dass Kinder eine „gute Zeit" in der Schule verbringen können, ihre individuelle Bildungsbiografie gefördert und ihr Wohlbefinden nicht hartnäckig beeinträchtigt werden. Auch Kinder können diesen Zielen vermutlich weitgehend zustimmen. Wie all das in der Ganztagsschule und im Zusammenspiel von Schule und Familie erreicht werden kann, darüber gehen die Meinungen durchaus auseinander. Dass Eltern aufgrund ihrer ganz anders gelagerten Beziehung zu ihrem Kind andere Verantwortungen und auch Erwartungen haben als Professionelle, liegt auf der Hand. Ebenso unstrittig sollte es ein, dass von Professionellen Fachwissen und vor allem Reflexionswissen und -bereitschaft eingefordert werden kann. Letzteres ist insbesondere dann nötig, wenn eine fehlende Passung zwischen Habitus und Milieuvorstellungen zwischen Professionellen und Eltern, aber auch zwischen den verschiedenen Professionsgruppen Barrieren zu erzeugen droht.

Im Zuge unserer Forschungen hat sich gezeigt, dass die Befunde zu Passungsverhältnissen erstens über die eigentliche Schulentwicklung hinaus zu diskutieren sind – deshalb verorten wir sie im Dreieck von Schul-, Familien- und Kindheitsforschung –, zweitens eine Kartographie des Familialen im Kontext gegenwärtiger wohlfahrtsstaatlicher Transformationsprozesse zu entwickeln ist und dass wir drittens den internationalen Austausch und auch Vergleich benötigen, auch um die Nuancen in Erziehungs-, Betreuungs- und Bildungsprozessen in den Blick nehmen zu können und nicht nur das vermeintlich Augenfällige zu sehen und so dem Klischee zu verfallen.

Anmerkungen

1   Das Projekt wurde vom Bundesministerium für Bildung und Forschung (BMBF) gefördert und lief insgesamt bis 2010. Im ersten Teilprojekt von 2007 bis 2009 wurden in acht Schulen mehrwöchige teilnehmende Beobachtungen und situative Interviews mit Kindern durchgeführt sowie Interviews mit Professionellen und Interviews mit Eltern. Die Auswertung erfolgte nach der „Dokumentarischen Methode" (Bohnsack et al. 2007). Im zweiten Teil fanden die Erhebungen in zwei Bundesländern statt, es wurden Familieninterviews durchgeführt und Gruppendiskussionen mit Professionellen in Ganztagsgrundschulen. Projektleitung: Sabine Andresen, Martina Richter und Hans-Uwe Otto; Wissenschaftliche MitarbeiterInnen: Lena Blomenkamp, Constanze Lerch, Daniela Kloss, Nicole Koch, Anke Meyer, Anne-Dorothee Wolf und Kathrin Wrobel; Studentische Hilfskräfte: Julia Abraham, Maike Lippelt, Lina Lösche und Florian Rühle.

2   Bei Esping-Andersen werden beide Länder dem konservativen Wohlfahrtsregime zugeschrieben. Aber insbesondere in der historischen Forschung sind erhebliche Unterschiede z.B. im Mutterbild oder auch in der Vorstellung „guter Kindheit" aufgezeigt worden.

3   Titel der internationalen Tagung „Mapping Families: Praktiken und Konzepte von Kindern, Eltern und Professionellen in Ganztagsschulen", Bielefeld, 18–20. November 2010, durchgeführt von Sabine Andresen und Martina Richter, gefördert vom BMBF.

4   Durchgeführt wurden im Rahmen der ersten Forschungsphase des Projektes (1) Teilnehmende Beobachtungen im Schulalltag und bei besonderen Schulereignissen, wie bspw. Schulfesten, (2) ethnographische Interviews mit Kindern und (3) offene, leitfadengestützte Interviews mit Eltern (und hier insbesondere mit Müttern) sowie mit Professionellen. Die Datenerhebung erfolgte in den vier Bundesländern Bremen, Niedersachsen, Nordrhein-Westfalen und Thüringen; hierbei wurden sowohl offene als auch gebundene Modelle der Ganztagsgrundschule in den Blick genommen. Während in offenen Modellen die Teilnahme am Nachmittag freiwillig ist und die Eltern in jedem Schuljahr neu entscheiden können, ob ihr Kind am Nachmittagsangebot teilnimmt, besteht in gebundenen Modellen eine verbindliche Teilnahme an den Nachmittagsangeboten. Die Auswahl der einzelnen Ganztagsgrundschulen erfolgte unter Einbeziehung der Sozialstruktur des Einzugsgebietes und des pädagogischen Gesamtkonzeptes der Schule. Ausgewählt wurden sozialstrukturell differente Einzugsgebiete, um darüber eine möglichst heterogene Elternschaft zu erreichen. Erhoben wurden die Daten in jeweils zwei Ganztagsgrundschulen pro Bundesland und hier jeweils in der dritten Klasse. Die Kinder sind dann i. d. R. acht bzw. neun Jahre alt. Die Auswahl der Eltern und der Professionellen ergab sich über die ausgewählten dritten Klassen in den Ganztagsgrundschulen.

Literatur

Allemann-Ghionda, C. (2009). Ganztagsschule im europäischen Vergleich. Zeitpolitiken modernisieren – durch Vergleich Standards setzen? In L. Stecher, & C. Allemann-Ghionda (Hrsg.), *Zeitschrift für Pädagogik. Ganztägige Bildung und Betreuung* (Zeitschrift für Pädagogik: Beiheft 54, S. 190–208). Weinheim: Beltz.

Andresen, S. (2007). Vom Missbrauch der Erziehung. In M. Brumlik (Hrsg.), *Vom Missbrauch der Disziplin. Antworten der Wissenschaft auf Bernhard Bueb* (S. 76–99). Weinheim: Beltz.

Andresen, S., & Hurrelmann, K. (2007). Was bedeutet es, ein Kind zu sein? – die World Vision Kinderstudie als Beitrag zur Kinder- und Kindheitsforschung. In K. Hurrelmann & S. Andresen (Hrsg.), *Kinder in Deutschland 2007. 1. World Vision Kinderstudie* (S. 35–64). Frankfurt a. M.: Fischer.

Badinter, E. (1981). *Die Mutterliebe. Geschichte eines Gefühls vom 17. Jahrhundert bis heute*. München: Piper.
Badinter, E. (2010). *Der Konflikt. Die Frau und die Mutter* (1. Aufl.). München: Beck.
Betz, T. (2008). *Ungleiche Kindheiten. Theoretische und empirische Analysen zur Sozialberichterstattung über Kinder*. Weinheim: Juventa.
Bohnsack, R., Nentwig-Gesemann, I. & Nohl, A.-M. (2007). *Die dokumentarische Methode und ihre Forschungspraxis: Grundlagen qualitativer Sozialforschung*. Wiesbaden: VS Verlag für Sozialwissenschaften.
Bourdieu, P., & Passeron, J.-C. (1973). *Grundlagen einer Theorie der symbolischen Gewalt. Kulturelle Reproduktion und soziale Reproduktion*. Frankfurt a. M.: Suhrkamp.
Büchner, P., & Brake, A. (2006). *Bildungsort Familie*. Wiesbaden: VS Verlag für Sozialwissenschaften.
Bundesministerium für Familie, Senioren, Frauen und Jugend (BMFSFJ). (2005). *Zwölfter Kinder- und Jugendbericht. Bericht über die Lebenssituation junger Menschen und die Leistungen der Kinder- und Jugendhilfe in Deutschland: Bildung, Betreuung und Erziehung vor und neben der Schule*. Berlin: BMFSFJ.
Busse, S., & Helsper, W. (2004). *Schule und Familie*. Wiesbaden: VS Verlag für Sozialwissenschaften.
Ecarius, J., & Wahl, K. (2009). Bildungsbedeutsamkeit von Familie und Schule. Familienhabitus, Bildungsstandards und soziale Reproduktion – Überlegungen im Anschluss an Pierre Bourdieu. In J. Ecarius, C. Groppe, & H. Malmede (Hrsg.), *Familie und öffentliche Erziehung. Theoretische Konzeptionen, historische und aktuelle Analysen* (S. 13–33). Wiesbaden: VS Verlag für Sozialwissenschaften.
Ellingsaeter, A. (2007). Familienpolitische Reformen in Skandinavien – Gleichberechtigung der Geschlechter und Wahlfreiheit der Eltern. *Wsi Mitteilungen.Monatsschrift des wirtschafts- und sozialwissenschaftlichen Instituts in der Hans-Böckler-Stifung, 60*(10), 546–554.
Esping-Andersen, G. (1990). *The three worlds of welfare capitalism*. Princeton.: Princeton University Press.
Fölling-Albers, M., & Heinzel, F. (2007). Familie und Grundschule. In J. Ecarius (Hrsg.), *Handbuch Familie* (S. 300–320). Wiesbaden: VS Verlag für Sozialwissenschaften.
Garbarino, J., & Bradshaw, C. P. (2002). Gewalt gegen Kinder. In W. Heitmeyer & J. Hagen (Hrsg.), *Internationales Handbuch der Gewaltforschung* (S. 899–920). Wiesbaden: VS Verlag für Sozialwissenschaften.
Gorz, A. (2001). Welches Wissen? Welche Gesellschaft? Textbeitrag zum Kongress »Gut zu Wissen« der Heinrich-Böll-Stiftung, 5, Berlin. http://www.wissensgesellschaft.org/themen/orientierung/welchegesellschaft.pdf. Zugegriffen: 12. Jan. 2011.
Gorz, A. (2004). *Wissen, Wert und Kapital. Zur Kritik der Wissenökonomie*. Zürich: Rotpunktverlag.
Grundmann, M., Bittlingmayer, U. H., Dravenau, D., & Groh-Samberg, O. (2007). Bildung als Privileg und Fluch – zum Zusammenhang von lebensweltlichen und institutionellen Bildungsprozessen. In R. Becker & W. Lauterbach (Hrsg.), *Bildung als Privileg* (S. 47–74). Wiesbaden: VS Verlag für Sozialwissenschaften.
Helsper, W., & Hummrich, M. (2008). Familie. In T. Coelen & H.-U. Otto (Hrsg.), *Grundbegriffe Ganztagsbildung. Das Handbuch* (S. 371–382). Wiesbaden: VS Verlag für Sozialwissenschaften.
Hurrelmann, K., & Andresen, S. (Hrsg.). (2007). *Kinder in Deutschland 2007: 1. World-Vision-Kinderstudie*. Frankfurt a. M.: Fischer.
Hurrelmann, K., & Andresen, S. (Hrsg.). (2010). *Kinder in Deutschland 2007: 2. World-Vision-Kinderstudie*. Frankfurt a. M.: Fischer.
Jünger, R. (2008). *Bildung für alle? Die schulischen Logiken von ressourcenprivilegierten und -nichtprivilegierten Kindern als Ursache der bestehenden Bildungsungleichheit*. Wiesbaden: VS Verlag für Sozialwissenschaften.

Kamerman, S. B. (2010). Child, family, and state: the relationship between family policy and social protection policy. In S. B. Kamerman, S. Phipps, & A. Ben-Arieh (Hrsg.), *From child welfare to child well-being. An international perspective on knowledge in the service of policy making* (S. 429–437). Dordrecht: Springer.

Kolbe, F.-U., Reh, S., Idel, T.-S., Fritzsche, B., & Rabenstein, K. (2009). *Ganztagsschule als symbolische Konstruktion. Fallanalysen zu Legitimationsdiskursen in schultheoretischer Perspektive.* Wiesbaden: VS Verlag für Sozialwissenschaften.

Lareau, A. (2003). *Unequal childhoods. class, race, and family life.* Berkely: University of California Press.

Leuzinger-Bohleber, M. (2009). *Frühe Kindheit als Schicksal? Trauma, Embodiment, soziale Desintegration. Psychoanalytische Perspektiven. Mit kinderanalytischen Fallberichten von Angelika Wolff und Rose Ahlheim* (1. Aufl.). Stuttgart: Kohlhammer.

Ludwig, I., Schlevogt, V., Klammer, U., & Gerhard, U. (2002). *Managerinnen des Alltags. Strategien erwerbstätiger Mütter in Ost- und Westdeutschland.* Berlin: Ed. Sigma.

Neckel, S. (1991). *Status und Scham. Zur symbolischen Reproduktion sozialer Ungleichheit.* Frankfurt a. M.: Campus.

Neckel, S. (2008). Die Macht der Stigmatisierung. Status und Scham. In DIE ARMUTSKONFERENZ. Österreichisches Netzwerk gegen Armut und soziale Ausgrenzung. St. Virgil (Salzburg), 22–25. http://neu.armutskonferenz.at/images/Dokumentationen/ak7-low.pdf. Zugegriffen: 9. Jan. 2011.

Schröder, D., Picot, S., & Andresen, S. (2010). Die qualitative Studie. 12 Portraits von Kinderpersönlichkeiten. In K. Hurrelmann & S. Andresen (Hrsg.), *Kinder in Deutschland 2010. 2. World Vision Kinderstudie* (S. 223–240). Frankfurt a. M.: Fischer.

Tyrell, H. (1987). Die „Anpassung" der Familie an die Schule. In J. Oelkers & H.-E. Tenorth (Hrsg.), *Pädagogik, Erziehungswissenschaft und Systemtheorie* (S. 102–124). Weinheim: Beltz.

Vincent, C., & Ball, S. J. (2006). *Childcare, choice and class practice. middle-class parents and their children.* London: Routledge.

14 Ganztagsschule und ihre Auswirkungen auf Familien

Nicole Börner

Zusammenfassung: Auf der Grundlage der Studie zur wissenschaftlichen Begleitung der offenen Ganztagsschule im Primarbereich in Nordrhein-Westfalen werden in dem vorliegenden Beitrag die Auswirkungen der Ganztagsschule auf Familien untersucht. Die zugrunde liegenden Daten wurden aus qualitativen Interviews mit Eltern und einer standardisierten Elternbefragung gewonnen. Hierbei zeigt sich, dass Eltern vor allem im Hinblick auf die Vereinbarkeit von Familie und Beruf profitieren. Darüber hinaus kann die Ganztagsschule mit Angeboten wie der Hausaufgabenbetreuung und weiteren Freizeit- und Förderaktivitäten zu einer großen Entlastung von Familien beitragen. Mittels linearer Mehrebenenregressionsmodelle wurde festgestellt, dass allerdings nicht alle Eltern gleichermaßen von der offenen Ganztagsschule profitieren. So beobachten im Bereich Familie und Beziehungen vor allem solche Familien positive Veränderungen, die häufig als sozial benachteiligt gelten. Weitere Entwicklungsbedarfe deckt die Studie im Kontext von Familie und Ganztagsschule vor allem im Bereich der Hausaufgabenbetreuung auf.

Schlagwörter: Ganztagsschule · Familie · Auswirkungen

All-day school and the influences it has on families

Abstract: Based on the study about scientific support for open all-day schools in primary education in North Rhine-Westphalia, this paper deals with the influences which all-day schools have on families. The underlying data was gathered from qualitative interviews with parents and from a standardized parent survey. Here the result was that parents especially benefit with regard to compatibility of family and career. And with homework done under supervision and other extracurricular activities all-day schools can also be a big relief for families. But linear multilevel regression models revealed that not all parents equally benefit from open all-day schools. Especially families who often are believed to be underprivileged experience positive changes regarding family and relations. The study covered further developments in the context of family and all-day school especially with regard to homework done under supervision.

Keywords: All-day school · Family · Effects

© VS Verlag für Sozialwissenschaften 2011

Dipl.-Päd. N. Börner (✉)
Fakultät 12, Forschungsverbund DJI/TU Dortmund,
Technische Universität Dortmund, Vogelpothsweg 78, 44227 Dortmund, Deutschland
E-Mail: nboerner@fk12.tu-dortmund.de

14.1 Einleitung

Während die allermeisten Länder eine lange Tradition ganztägiger Schulorganisation aufweisen – wenn auch mit unterschiedlichen Modellen der Zeitorganisation, Gestaltung und Verbreitung (vgl. Allemann-Ghionda 2009, S. 196; Coelen 2009, S. 47) – hat die Debatte um Ganztagsschulen in Deutschland erst im Nachklang der Ergebnisse der ersten PISA-Studie und mithilfe des Investitionsprogramms „Zukunft Bildung und Betreuung" der Bundesregierung an Schubkraft gewonnen (vgl. z. B. Kuhlmann und Tillmann 2009, 32 ff.). Die Palette unterschiedlicher Erwartungen und Hoffnungen, die sich auf den Ausbau von Ganztagsschulen richten, lassen teilweise die Vermutung aufkommen, als wäre sie ein Allheilmittel für eine Vielzahl gesellschaftlicher Herausforderungen. Neben bildungs- und sozialpolitischen Begründungsmustern – wie dem Streben nach einer Leistungssteigerung der Schüler/innen, verbesserten Möglichkeiten zur Förderung von Begabungen und der Schaffung von Chancengleichheit (vgl. Wissenschaftlicher Beirat für Familienfragen 2006a) – spielt in Deutschland auch eine Reihe familienpolitischer Zielformulierungen eine Rolle. Die Ganztagsschule wird dabei in erster Linie als wesentlicher Faktor für eine verbesserte Vereinbarkeit von Familie und Beruf postuliert.

Weitere Erwartungen fokussieren eine Neuausrichtung des Verhältnisses von Familie und Schule, die mit einer stärkeren Zusammenarbeit von Elternhaus und Schule, z. B. in Form einer Erziehungs- und Bildungspartnerschaft, einhergeht (vgl. Wissenschaftlicher Beirat für Familienfragen 2006a; Züchner 2007, S. 314 f.). Mit dem Diskurs um die hohe Bildungsbedeutsamkeit der Familie (vgl. u. a. Wissenschaftlicher Beirat für Familienfragen 2002; Büchner und Brake 2006; Rauschenbach 2009), bei gleichzeitiger Feststellung einer „zunehmend defizitären Familienerziehung" (Fritzsche und Rabenstein 2009, S. 185) sowie der These von der „Erosion des Familialen" (Richter 2010, S. 28) sollen Ganztagsschulen Familien darüber hinaus in ihrer Erziehungs- und Bildungsarbeit unterstützen und zu einer Kompensation familiärer Defizite beitragen (vgl. Fritzsche und Rabenstein 2009; Reh 2009). Zugleich kann die Ganztagsschule, so eine weitere Leitvorstellung des Wissenschaftlichen Beirats für Familienfragen, „für Familienmitglieder Leistungen erbringen, die zu einer Verbesserung ihres Zusammenlebens beitragen" (2006b, S. 15 f.). Solche Leistungen sollen Familien entlasten, z. B. wenn es um die tägliche Mittagsversorgung oder die Hausaufgabenbetreuung geht (vgl. Züchner 2007, S. 314).

Von der Ganztagsschule werden viele positive Auswirkungen erwartet. Dennoch standen ihr insbesondere in der Anfangszeit auch Kritiker gegenüber. Diese befürchteten negative Auswirkungen vor allem im Hinblick auf das Zusammenleben in den Familien sowie eine Beschneidung elterlicher Erziehungsrechte, was letztlich in eine Auflösung familialer Strukturen und Beziehungen münden könnte. Dieser Diskurs und die damit einhergehende ablehnende Haltung gegenüber der Ganztagsschule spiegelt ein in Deutschland lange verbreitetes, traditionelles, christlich geprägtes Familienbild wider (vgl. Kuhlmann und Tillmann 2009, S. 24 ff.; Züchner 2009, S. 266).

Angesichts der vielfältigen Ziele und Befürchtungen, die mit der Ganztagsschule verbunden sind, stellt sich die Frage, welche Effekte diese auf die Familie hat. Bislang liegen zu dieser Thematik jedoch nur wenige empirische Arbeiten vor. In Deutschland hat vor allem die bundesweite Studie zur Entwicklung von Ganztagsschulen (StEG) familienbezogene Auswirkungen der Ganztagsschule untersucht. Über den gesamten Untersuchungszeitraum hinweg stellt StEG als zentrales Ergebnis eine insgesamt „positive Tendenz für Familien" fest (StEG-Konsortium 2010, S. 21). Zentrale Einflüsse werden im Einzelnen für die Vereinbarkeit von Familie und Beruf sowie die Entlastung der Eltern bei den Hausaufgaben dokumentiert. Auf internationaler Ebene liegen kaum empirische Untersuchungen über Vor- und Nachteile von Ganztagsschulen auf Familien vor (vgl. Allemann-Ghionda 2009, S. 193).

Die bislang eher lückenhafte empirische Beleuchtung ganztagsschulbedingter Veränderungen in Familien wurde zum Anlass genommen, diese Frage auch in der nordrhein-westfälischen Begleitstudie zum Ausbau der offenen Ganztagsschule im Primarbereich aufzugreifen. Auf dieser Grundlage untersucht der vorliegende Beitrag, welche Auswirkungen auf die Familie Eltern selbst beobachten und welche Faktoren die Wirksamkeit der Ganztagsschule beeinflussen.

14.2 Methode

Die empirische Grundlage dieses Beitrags ist die Studie zur wissenschaftlichen Begleitung der offenen Ganztagsschule (OGS) im Primarbereich in Nordrhein-Westfalen. Die wissenschaftliche Begleitung besteht aus drei Teilstudien, die zeitlich und inhaltlich aneinander anschließen: Pilotstudie (2003–2005), Hauptstudie (2005–2007) und Vertiefungsstudie (2007–2009). Die vorliegenden Analysen basieren auf den Untersuchungen der Haupt- und Vertiefungsstudie im Schwerpunkt „Eltern". Hierzu werden die Daten aus zwei empirischen Zugängen, 1) qualitativen Gruppeninterviews mit Eltern und 2) einem schriftlichen Elternsurvey, herangezogen und zueinander in Beziehung gesetzt.

14.2.1 Qualitative Gruppeninterviews mit Eltern

In der Vertiefungsphase bestand ein Erhebungsstrang in der Durchführung leitfadengestützter qualitativer Gruppeninterviews (vgl. Flick 2007, S. 249 f.). Die Entwicklung der Leitfragen orientierte sich an den Ergebnissen der Hauptstudie und den daraus resultierenden Forschungsfragen sowie dem aktuellen Fachdiskurs. Das Material wurde in Anlehnung an Verfahren des thematischen Codierens computergestützt ausgewertet (vgl. Kuckartz 2007).

Die Zusammenstellung des Samples erfolgte zunächst auf Schulebene. Hierzu wurden wiederum auf der Grundlage der Hauptstudie sowie durch Expertenempfehlungen sogenannte Best-Practice-Schulen ausgewählt. Die Interviews richteten sich sowohl an Eltern, die ihr Kind im offenen Ganztag angemeldet haben („Ganztags-Eltern") als auch an solche, die dieses Angebot nicht in Anspruch nehmen („Nicht-Ganztags-Eltern"). Die Zusammenstellung der Interviewgruppen erfolgte seitens der Schulleitungen unter der Vorgabe, möglichst Eltern einzuladen, die sich u. a. im Hinblick auf das Geschlecht, die soziale und kulturelle Herkunft, die Familienform (z. B. allein erziehend) oder den Förderbedarf der Kinder unterscheiden. Die Erhebungen fanden zwischen November 2007 und Juni 2008 statt. An jedem Interview haben drei bis sechs Elternteile teilgenommen, Ganztags- und Nicht-Ganztags-Eltern wurden in separaten Interviews befragt. Insgesamt wurden 33 Gruppeninterviews an 22 offenen Ganztagsschulen durchgeführt, davon 22

Interviews mit Ganztags-Eltern und 11 Interviews mit Nicht-Ganztags-Eltern. Zusammengenommen wurden 140 Mütter und Väter befragt, wobei Mütter stärker repräsentiert waren als Väter.

14.2.2 Schriftlicher Elternsurvey

In den Jahren 2005 und 2008 wurde jeweils ein schriftlicher Elternsurvey durchgeführt. Der Elternsurvey ist als teilreplikative Studie angelegt, so dass ausgewählte Fragestellungen – unter anderem jene zum Themenbereich Auswirkungen der Ganztagsteilnahme auf die Familie – auch im Zeitvergleich betrachtet werden können.

14.2.2.1 Auswahlverfahren und Fragebogenrücklauf

Das Auswahlverfahren basiert auf einer Klumpenstichprobe, bei der nicht direkt Eltern, sondern zunächst die Schulen im Rahmen einer nach Anfangskohorten proportional geschichteten Zufallsstichprobe ausgewählt wurden[1]. Anders als in der Hauptstudie wurden in der Vertiefungsstudie auch Förderschulen berücksichtigt. Eine Gemeinsamkeit beider Erhebungswellen ist, dass sie sich gleichermaßen an Ganztags-Eltern und Nicht-Ganztags-Eltern richteten. Dazu wurden in den Schulen alle Ganztags-Eltern und jeweils ein „Zug" der Nicht-Ganztags-Eltern (Klasse 1a, 2a, 3a, 4a) befragt. Der Survey konnte so im Jahr 2005 an 62 und im Jahr 2008 an 72 offenen Ganztagsschulen realisiert werden. Der Rücklauf ist dabei mit 35 % im Jahr 2008 etwas geringer ausgefallen als noch 2005 (rund 42 %).

14.2.2.2 Zusammensetzung der Stichprobe

Werden die Angaben der Eltern zu der Beantwortung der Frage herangezogen, ob ihr Kind am offenen Ganztag teilnimmt oder nicht, dann setzt sich die Stichprobe in beiden Erhebungswellen zu gut 60 % aus Nicht-Ganztags-Eltern und zu rund 40 % aus Ganztags-Eltern zusammen. Die Fragebögen wurden zum größten Teil, d. h. jeweils zu mehr als 85 %, von Müttern ausgefüllt. Darüber hinaus gibt Tab. 1 einen Überblick über die Zusammensetzung der Stichprobe im Hinblick auf den sozioökonomischen Hintergrund der Eltern und den Anteil von Familien mit Migrationshintergrund[2]. Dabei zeigt sich, dass die Zusammensetzung der Stichprobe insgesamt annähernd stabil geblieben ist.

14.3 Ergebnisse

14.3.1 Familienbezogene Auswirkungen der Ganztagsschule aus der Sicht von Eltern im Lichte qualitativer Interviews

In der qualitativen Teilstudie wurden die Eltern offen dazu befragt, welche Auswirkungen der OGS-Teilnahme sie beobachten. Neben vielfältigen Veränderungen, die sie bei ihren Kindern wahrnehmen, beschreiben sie anhand von Beispielen, welche Effekte die Teilnahme des Kindes am Ganztag auf sie selbst bzw. auf die gesamte Familie hat. Aus dem Material lassen sich zwei zentrale Veränderungsdimensionen rekonstruieren, und zwar

Tab. 1: Zusammensetzung der Stichprobe nach familiärem Sozialstatus und Migrationshintergrund 2005 und 2008 (in %). (Quelle: Elternbefragung 2005, 2008)

	2005	2008
Sozioökonomischer Hintergrund		
Niedriger Sozialstatus	25,1	27,1
Mittlerer Sozialstatus	39,8	44,8
Hoher Sozialstatus	35,1	28,1
Migrationshintergrund		
Kein Migrationshintergrund	70,5	71,3
Ein Elternteil Migrationshintergrund	10,3	11,6
Beide Elternteile Migrationshintergrund[a]	19,1	17,1

[a] Hier sind auch Alleinerziehende mit Migrationshintergrund einbezogen

zum einen eine bessere Vereinbarkeit von Familie und Beruf und zum anderen die Entlastung der Eltern bzw. der Familien in unterschiedlichen Bereichen des Familienalltags.

14.3.1.1 Vereinbarkeit von Familie und Beruf

Eltern sehen durch den Ganztag die Möglichkeit, überhaupt berufstätig sein oder gar einer Vollzeitbeschäftigung nachgehen zu können. Für diese Eltern stellt die OGS den Zeitrahmen für eine Erwerbstätigkeit – vor allem der Mütter – bereit. Die Verlässlichkeit der Betreuung ist dabei eine Grundvoraussetzung, die es Eltern ermöglicht, den zeitlichen Anforderungen des Arbeitsmarktes gerecht zu werden und/oder ihre eigenen beruflichen Ambitionen zu verwirklichen. Sie wissen ihr Kind während ihrer Arbeitszeit gut versorgt und können ihre Aufmerksamkeit vollständig auf die Arbeit richten. Eine Mutter beschreibt dies so: *„Ja, und einfach, dass man bis 16 Uhr auch voll arbeiten kann. Man muss nicht den Kopf haben: Ruf ich jetzt an oder// Es geht immer. Es wäre auch gar nicht möglich anders. Und ohne Arbeit kann ich mir das auch nicht vorstellen. Ich kann auch nicht irgendwie halbtags arbeiten oder so. Das wäre bei meinem Arbeitgeber sowieso nicht zu machen. Aber ich kann es mir auch nicht vorstellen, nur bis halb zwölf oder zwölf zu arbeiten und dann nur zu Hause."* (*Mutter, O18-E.27*) Die hohe Relevanz ganztägiger Erziehungs-, Bildungs- und Betreuungssettings für eine gelingende Vereinbarkeit von Familie und Beruf wird durch den Blick auf die Anmeldegründe für die OGS unterstrichen: Sowohl in der qualitativen als auch in der quantitativen Studie nimmt das Motiv, dass Mütter oder Väter berufstätig sein können, eine exponierte Stellung ein.

14.3.1.2 Entlastung von Eltern und Familien

Eltern schreiben der OGS in mehrfacher Hinsicht eine Entlastungsfunktion für den Familienalltag zu. Diese Entlastung wirkt sich vor allem auf die Zeitorganisation von Familien, das Familienklima sowie den Erwartungsdruck, unter dem Eltern stehen, aus.

Der Faktor *Zeit,* d. h. die zeitliche Entlastung, die mit dem Besuch der Ganztagsschule einhergeht, stellt für Eltern einen wichtigen Gewinn für sich selbst und ihre Familie dar. Wesentliche Elemente, die hierzu beitragen, sind die Hausaufgabenbetreuung sowie die Freizeit- und Förderangebote. Die Hausaufgabenbetreuung wurde in der OGS in NRW flächendeckend eingeführt (vgl. u. a. Schröer 2010, S. 40), was zu einer Verlagerung von Verantwortlichkeiten von der Familie hin zur Schule führt. Die OGS übernimmt mit der Hausaufgabenbetreuung eine Aufgabe, die traditionell auf Seiten der Eltern verankert ist. Dabei ist sie oft mit einer nicht unerheblichen Investition von Zeit verbunden („*Der sitzt also manchmal den ganzen Nachmittag und braucht meine intensive Betreuung.*" *Mutter, N5-D.22*). Dadurch dass die Begleitung der Hausaufgaben in der OGS in der Schule stattfindet, werden in Familien Zeitfenster frei, die sie nun selbst gestalten können („*Die kommen nach Haus hin, da kann man wirklich sagen, Schule ist vorbei. Jetzt ist Freizeit.*" *Mutter, O6-C.34*).

Auch die Freizeit- und Förderangebote entlasten Eltern, indem sie Aufgaben und Aktivitäten übernehmen, die sonst am Nachmittag innerhalb der Familienzeit angefallen sind. Eltern und Familien profitieren so vor allem, weil nicht noch nach der Schule zusätzliche Lern- und Freizeitorte (z. B. Musikschule, Sportverein) aufgesucht werden müssen. Neben den Zeiten, die direkt auf die Teilnahme an solchen Aktivitäten entfallen, werden weitere Zeitfenster durch die nun nicht mehr oder zumindest weniger entstehenden Wegezeiten (Bring- und Abholzeiten) frei („*Es ist halt nicht wie sonst. Ich kannte das sonst früher so, […] dass wenn ich von der Arbeit kam, dann ging das Gerenne halt los. Hausaufgaben machen und dann zum Ballett. Zum Sport dahin, zum Schwimmen hierhin. Das war halt alles stressiger, weil man wirklich von A nach B musste, ständig. […] Man hat dieses Gerenne nicht.*" *Mutter, O18-E.61*). Zusammenfassend kann festgehalten werden, dass Eltern durch die OGS persönlich entlastet werden, weil sie weniger ihrer eigenen freien Zeit in schul- und freizeitbezogene Aktivitäten investieren. Gleichzeitig beobachten sie eine Entzerrung des Familienalltags, aus der sich neue Möglichkeiten der (Frei-)Zeitgestaltung ergeben. Eltern und Kinder können mehr Zeit bewusst und in einer besseren Qualität verbringen („*Man kann dann die Freizeit nutzen mit den Kindern gemeinsam dann.*" *Mutter, O15-B.77*)

Die Verlagerung von Verantwortlichkeiten im Kontext der OGS trägt auch zu einer *Aufweichung bestehenden Erwartungsdrucks* auf Eltern bei. Eltern empfinden sich selbst als weniger „gestresst" und entdecken für sich neue Handlungsspielräume. Dies mündet teilweise sogar in einen Wandel des Verständnisses von Eltern über ihre eigene Rolle. Das Rollenverständnis, das sie ohne die Entlastung durch den Ganztag von sich haben, lässt sich u. a. rekonstruieren als Bildungsbegleiter oder auch Freizeitgestalter. Eine Mutter spitzt dies dahingehend zu, dass sie sich selbst als „Aufgabenerfüllerin" wahrnimmt. Sie beschreibt damit einen Mangel eigener Gestaltungsmöglichkeiten bei einem Überhang zu erfüllenden Pflichten und betont so noch einmal den Druck, der auf ihr lastet. Durch die OGS und ihre Angebote wird Eltern ermöglicht, diese Rolle zu verlassen, hin zu einer stärkeren Selbstbestimmung und aktiven Gestaltung ihrer Elternrolle („*Man hat dann wirklich Zeit für sich, man muss nicht nur erfüllen, ein Aufgabenerfüller […].*" *Mutter, O15-B.77*).

Das *Familienklima* stellt den dritten wichtigen Bereich dar, in dem Eltern und Familien von der OGS profitieren. Eine zentrale Stellung nimmt dabei erneut die Hausaufgabenbetreuung ein. Viele Eltern berichten, dass die Hausaufgaben in der Familie häufig mit Konflikten verbunden sind, die alle Beteiligten belasten. Durch das Angebot der Hausaufgabenbetreuung in der OGS haben schulbezogene Aufgaben einen geringeren Stellenwert im Familienalltag. Der Wegfall dieser Aufgabe hat zur Folge, dass Eltern und Kinder weniger streiten und sich dadurch die Beziehung zwischen beiden verbessern kann (*„Mit Hausaufgaben hat's immer Streit gegeben. Seitdem er hier in der OGS ist oder im Hort ist, haben wir das grundsätzlich nicht mehr. Es ist ruhiger, zufriedener alles zu Hause."* Mutter, O6-C.12). Eltern berichten außerdem davon, dass in der Familie insgesamt mehr Ruhe und Entspannung einkehrt und sich das Familienklima so nachhaltig verbessert. Auch die Tatsache, dass die Kinder sich bereits in der Ganztagsschule „austoben" können und so einen Ausgleich zum Unterricht haben, kann zu mehr Ruhe und Entspannung in der Familie führen. Eltern nehmen ihre Kinder am Nachmittag als zufriedener, ausgeglichener und auch glücklicher wahr und verbinden dies mit positiven Veränderungen bezüglich des Familienklimas (*„Also, die sind ausgeglichen, die sind glücklich, es ist zu Hause nicht mehr so viel Zank und Streit. Es ist angenehm."* Mutter, O6-A.65). Nicht zuletzt schreiben einige Eltern der erzieherischen Funktion des Ganztags eine Entlastung der Familie zu. Beispielhaft berichten Eltern u. a., dass Kinder durch den Ganztag insgesamt mehr Sinn für Ordnung entwickeln oder bei den Mahlzeiten weniger Konflikte auftreten.

Eine Betrachtung der einzelnen ganztagsbedingten Veränderungen innerhalb von Familien macht ein komplexes Gefüge aus Bedingungsfaktoren und Effekten sichtbar (vgl. Abb. 1). Von dem Betreuungsangebot insgesamt profitieren Eltern vor allem in Bezug auf ihre Berufstätigkeit. Unter dem Dach der OGS kristallisieren sich darüber hinaus die Angebotselemente Hausaufgabenbetreuung sowie Freizeit- und Förderangebote als zentrale Einflussfaktoren heraus. Sie beeinflussen die Familie direkt, wirken vor allem entlastend. Die Angebote tragen zu einem Mehr an Familienzeit bei, wirken unterstützend im Hinblick auf eine Verbesserung des Familienklimas und nehmen Eltern nicht zuletzt einen Teil des Erwartungsdrucks, mit dem sie sich konfrontiert sehen. Jenseits dieser direkten Auswirkungen scheint es auch indirekte Effekte bzw. Nebeneffekte zu geben. Basierend auf den Aussagen der Eltern ist anzunehmen, dass die einzelnen Bereiche, in

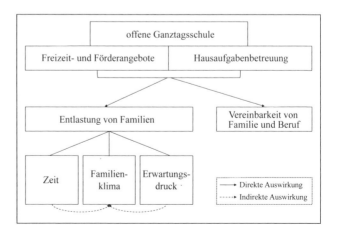

Abb. 1: Auswirkungen der offenen Ganztagsschule auf Familie. (Quelle: Qualitative Gruppeninterviews 2007/2008, eigene Darstellung)

denen Eltern entlastet werden, sich auch wechselseitig beeinflussen. So trägt mehr frei verfügbare Zeit zu einer Entzerrung des Alltags und auf diese Weise ebenso zu einer Verbesserung des Familienklimas bei wie das Empfinden der Eltern, weniger unter Druck zu stehen.

14.3.2 Die Auswirkungen der offenen Ganztagsschule auf Familien aus quantitativer Sicht

Ganztagsschulbedingte Veränderungen in Familien wurden auch in den schriftlichen Elternsurveys 2005 und 2008 beleuchtet. Die befragten Eltern sollten dazu Auskunft geben, welche Auswirkungen die Teilnahme ihres Kindes an der OGS jeweils auf sie selbst und auf ihre/n Partner/in hat. Die einzelnen Items wurden jeweils zu einer binär kodierten Variable zusammengefasst, die angibt, ob ein Effekt für mindestens einen Elternteil in der Familie beobachtet wird. Für das Erhebungsjahr 2008 dokumentiert Abb. 2 vor allem eine arbeitsmarktpolitische Relevanz der OGS für Familien. Mit einem Anteil von 96 % geben fast alle Eltern an, dass mindestens ein Elternteil durch den Besuch der Ganztagsschule die Möglichkeit erhält, berufstätig zu sein oder eine Arbeit aufzunehmen. Zugleich schätzen 81 % der Familien die ganztägigen Erziehungs-, Bildungs- und Betreuungsangebote, weil sie dadurch länger arbeiten gehen können.

Neben der Berufstätigkeit profitieren Familien am meisten von der Hausaufgabenbetreuung. In der quantitativen Befragung bestätigt sich somit ein Befund der qualitativen Analysen: Ein großer Teil der Eltern, beinahe 75 %, fühlt sich bei der Betreuung der Hausaufgaben entlastet. Jenseits dieser drei Bereiche fallen alle anderen Effekte deutlich geringer aus. Interessant ist dennoch, dass sich mit fast 40 % ein nicht unerheblicher Anteil der Befragten durch die OGS bei erzieherischen Problemen unterstützt fühlt. Zusätzlich beschreibt fast ein Drittel der Eltern positive Auswirkungen auf die Eltern-Kind-Beziehung. Die geringsten Effekte werden schließlich im Zusammenhang mit (Aus-)Bildung und Freizeit von Eltern berichtet.

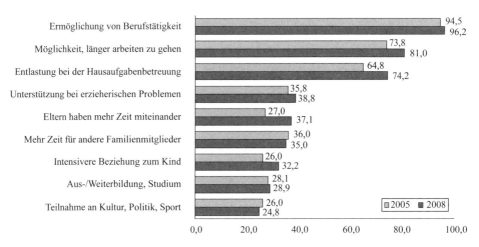

Abb. 2: Auswirkungen der OGS-Teilnahme des Kindes auf Eltern und Familie 2005 und 2008 (in %). (Quelle: Elternbefragung 2005, 2008)

Ein Vergleich der Ergebnisse beider Erhebungswellen zeigt, dass im Jahr 2008 in fast allen Bereichen mehr Eltern positive Effekte des Ganztags auf die Familie wahrnehmen als noch im Jahr 2005. Die größten Veränderungen zeigen sich mit Blick auf die Zeit, die Eltern miteinander verbringen, die Entlastung bei der Hausaufgabenbetreuung sowie die Möglichkeit, länger zu arbeiten. Interessant ist darüber hinaus, dass trotz des bereits im Jahr 2005 sehr hohen Niveaus 2008 noch einmal etwas mehr Eltern im Hinblick auf ihre Berufstätigkeit profitieren.

Abschließend ist festzuhalten, dass die meisten Effekte in beiden Erhebungswellen die Mütter stärker betreffen als Väter, dass aber in der Zeit von 2005 bis 2008 in mehrerlei Hinsicht eine Annäherung zwischen Müttern und Vätern stattgefunden hat. Im Jahr 2008 wurden für Väter vor allem im Hinblick auf die Erwerbstätigkeit, eine Entlastung bei den Hausaufgaben sowie eine intensivere Beziehung zum Kind öfter positive Effekte beschrieben. Ganztagsangebote scheinen demzufolge zunehmend auch eine Entlastung für Väter zu schaffen.

14.3.3 Einflussfaktoren im Zusammenhang familienbezogener Effekte der Ganztagsschule

Die Häufigkeitsverteilung der ganztagsschulbedingten Effekte auf Familien macht eins deutlich: Die Teilnahme eines Kindes am offenen Ganztag wirkt sich auf unterschiedliche Weise und in unterschiedlicher Intensität auf Familien aus. Es wird allerdings auch ersichtlich, dass nicht alle Familien in gleichem Maße von der OGS profitieren. Es stellen sich deshalb zwei Fragen: 1) Welche Familien profitieren in welcher Weise von der OGS? 2) Durch welche Faktoren werden familienbezogene Auswirkungen der OGS beeinflusst?

Zur Beantwortung dieser Fragen wurde in einem ersten Schritt eine Faktorenanalyse durchgeführt. Unter Berücksichtigung der Ursprungsdaten für Mütter und Väter ergab diese für beide Erhebungswellen eine Reduzierung auf drei Faktoren: 1) Familie und Beziehung, 2) Erwerbssituation und 3) Bildung und Freizeit. Das Item „Eltern haben mehr Zeit miteinander" wurde ausgeschlossen. Die Faktoren fassen im Einzelnen die folgenden Merkmale zusammen:

1) Familie und Beziehung

- Intensivere Beziehung zum Kind
- Mehr Zeit für andere Familienmitglieder
- Entlastung bei der Hausaufgabenbetreuung
- Unterstützung bei erzieherischen Problemen

2) Erwerbssituation

- Ermöglichung von Berufstätigkeit
- Möglichkeit, länger arbeiten zu gehen

3) Bildung und Freizeit

- Aus-/Weiterbildung, Studium
- Teilnahme an Kultur, Politik, Sport

Tab. 2: Cronbach's Alpha, Mittelwerte und Standardabweichungen der Skalen Familie und Beziehung, Erwerbssituation sowie Bildung und Freizeit. (Quelle: Elternbefragung 2005, 2008)

	2005			2008		
	Cronbach's Alpha	MW	SD	Cronbach's Alpha	MW	SD
Familie und Beziehung	0,79	0,39	0,34	0,81	0,43	0,32
Erwerbssituation	0,63	0,77	0,29	0,66	0,84	0,26
Bildung und Freizeit	0,73	0,23	0,34	0,84	0,25	0,36

Die Cronbach's Alpha-Werte bestätigen die Stabilität der Skalen (vgl. Tab. 2). Die Skalenmittelwerte unterstreichen noch einmal den Eindruck, den auch bereits die einfache Häufigkeitsverteilung vermittelt. Die OGS hat für Familien am häufigsten Effekte auf den Bereich Erwerbstätigkeit. Seltener werden Auswirkungen auf Familie und Beziehung beschrieben, am geringsten wirkt sich der Besuch der OGS auf die Bildungs- und Freizeitaktivitäten von Eltern aus. Von 2005 auf 2008 sind für alle Skalen etwas höhere Mittelwerte zu verzeichnen, was darauf hinweist, dass insgesamt mehr Familien positive Auswirkungen beobachten.

Es ist anzunehmen, dass die Auswirkungen der OGS durch eine Vielzahl unterschiedlicher Variablen beeinflusst werden. Auf der Ebene der Familie sind neben familialen Hintergrundvariablen wie dem sozioökonomischen Status, dem Migrationshintergrund oder der Kinderzahl auch Merkmale des Schulbesuchs (Klassenstufe, Kontinuität des Ganztagsschulbesuchs) als Einflussfaktoren denkbar. Auf Schulebene können neben dem Strukturmerkmal Schulgröße auch eher qualitative Aspekte wie die Hausaufgabenbetreuung oder gezielte Angebote für Eltern eine Rolle spielen. Da Hausaufgaben häufig zu Streit in der Familie führen und mit der Hausaufgabenbetreuung in der OGS nicht zuletzt auch in dieser Hinsicht Hoffnungen verbunden sind, ist ein Zusammenhang zwischen der Wirksamkeit der Hausaufgabenbetreuung[3] und den Auswirkungen auf Familie zu erwarten. Elternorientierte Beratungsangebote von Schulen[4] werden einbezogen, da sie die direkte Unterstützung von Eltern zum Ziel haben, so dass auch hier ein Zusammenhang zu erwarten ist. Nicht alle der dargestellten Variablen wurden in beiden Erhebungswellen erfasst. Vergleichende Analysen für die zwei Messzeitpunkte sind somit nur eingeschränkt möglich.

In einem ersten Schritt wurden für die drei Skalen je zwei lineare Mehrebenenregressionsmodelle berechnet, um mögliche Entwicklungen im Zeitvergleich aufzeigen zu können. In diese Modelle sind Variablen eingegangen, die in beiden Befragungswellen erhoben wurden. Das gewählte Modell hat sich in der 2008er Welle vor allem für den Bereich Familie und Beziehung als aussagekräftig erwiesen. Die Wahrnehmung entsprechender Auswirkungen durch die Eltern scheint demzufolge stark mit der Kontinuität der Ganztagsteilnahme, der Kinderzahl in der Familie und dem sozioökonomischen Hintergrund der Eltern zu korrespondieren. Das heißt, dass sich der Ganztag bei einer regelmäßigen Teilnahme an fünf Tagen in der Woche stärker auf die Familie und ihre Beziehungen auswirkt. Eltern nehmen außerdem eher familiäre Auswirkungen des Ganztagsbesuchs wahr, wenn mehr als ein Kind unter 18 Jahren in der Familie lebt und wenn der familiäre soziale Status eher niedrig ist. Alle drei Effekte sind hochsignifikant (p<0,001). Im Vergleich zum Jahr 2005 haben sich nur wenige Veränderungen ergeben. So hatte die Kinderzahl in der Familie zu diesem Zeitpunkt noch keine signifikante Bedeutung für Auswirkungen auf Familie und Beziehung. Nicht mehr relevant ist dagegen die Erwerbssituation von Familien.

Für die Erwerbssituation liegen 2008 keine hochsignifikanten Zusammenhänge vor. Interessant ist, dass im Jahr 2005 Alleinerziehende eher angaben, im Hinblick auf ihre Erwerbssituation zu profitieren als Familien mit zwei Elternteilen (p<0,001). Auch dieser Zusammenhang findet sich 2008 nicht mehr in dieser Form. Insgesamt ist es jedoch nicht überraschend, dass für die Erwerbssituation keine systematischen Effekte festgestellt werden, da beinahe alle Eltern mit Kindern im Ganztag in dieser Hinsicht profitieren. Auswirkungen mit Blick auf eine verstärkte Teilnahme an Bildungs- und Freizeitaktivitäten finden sich insbesondere bei Alleinerziehenden (p<0,05) und wenn beide Eltern einen Migrationshintergrund haben (p<0,001). Somit nutzen die durch den Ganztag entstehenden Ressourcen vor allem zwei Gruppen, die häufig als sozial benachteiligt gelten. Die kontinuierliche Teilnahme des Kindes am Ganztag ist insgesamt mit stärkeren Auswirkungen sowohl auf die Erwerbstätigkeit als auch auf die Bildungs- und Freizeitaktivitäten (p<0,05) verknüpft. Eine bedeutsame Varianz auf Schulebene liegt ausschließlich für den Bereich Familie und Beziehung vor, d. h. die jeweilige Ganztagsschule scheint keine Bedeutung für Auswirkungen auf Erwerbstätigkeit sowie Bildung und Freizeit zu haben.

Dieser Befund erklärt auch die Tatsache, dass in den erweiterten Modellen, in denen die oben genannten qualitativen Aspekte der Schule berücksichtigt wurden, weitere Effekte nur für die Auswirkungen auf das Familienleben sichtbar werden. Hier findet sich vor allem für die Wirksamkeit der Hausaufgabenhilfe ein hochsignifikanter Zusammenhang (vgl. Tab. 3). Wenn Eltern die Hausaufgabenbetreuung in der OGS als wirksam erachten, dann geben sie auch eher an, im Bereich Familie und Beziehung von der OGS zu profitieren. Es zeigt sich außerdem, dass dort, wo Eltern von Lehrkräften und weiterem pädagogisch tätigem Personal Hinweise zur Förderung ihrer Kinder erhalten, vermehrt Auswirkungen auf das Familienleben berichtet werden. Bezogen auf das Beratungs- und Unterstützungsangebot, das eine Schule für Eltern bereitstellt, lässt sich entgegen der Erwartungen kein Zusammenhang erkennen. Zuletzt nehmen auch Eltern mit niedrigem Sozialstatus signifikant häufiger positive Auswirkungen im Bereich Familie und Beziehung wahr, als Familien mit mittlerem oder hohem sozialen Status. 4,1 % der Varianz der abhängigen Variablen entfallen auf die Kontextebene, d. h. etwa 4 % der Variabilität in den Antworten ist von den Unterschieden zwischen den Schulen abhängig.

Wenngleich diese Analysen keine Kausalitätsaussagen zulassen, so bestärken sie doch die These, die auch aus der qualitativen Studie abgeleitet werden kann: Die Hausaufgabenbetreuung hat eine grundlegende Bedeutung für Familien. Neben Veränderungen bezüglich der Zeitverwendung trägt sie auch dazu bei, dass Eltern entlastet werden und sich das Familienklima insgesamt entspannt. Unter der Prämisse, dass auch Schulschwierigkeiten zu Spannungen in der Familie führen können, fügt sich der Zusammenhang mit Förderhinweisen seitens der Lehrkräfte und des pädagogischen Personals in dieses Bild ein. Fragen wirft dagegen das Ergebnis auf, dass insbesondere solche Angebote, die Eltern unterstützen sollen, augenscheinlich – auf Basis der vorliegenden Analysen – nicht

Tab. 3: Lineares Mehrebenenregressionsmodell zu Auswirkungen der OGS auf Familie und Beziehung (Erhebung 2008). (Quelle: Elternbefragung 2008)

Parameter	b	s.e.	p
Feste Effekte			
Konstante	−0,126	0,055	*
Beide Elternteile Migrationshintergrund	−0,049	0,031	n.s.
Ganztagsteilnahme an 5 Wochentagen	0,055	0,027	*
Klassenstufe (R: 4. Klasse)			
Klassenstufe 1	−0,028	0,031	n.s.
Klassenstufe 2	−0,014	0,029	n.s.
Klassenstufe 3	−0,053	0,030	n.s.
Ein Kind im Haushalt (R: Mehrere Kinder)	−0,069	0,022	**
Sozialstatus (R: hoch)			
Mittlerer sozialer Status	0,031	0,026	n.s.
Niedriger sozialer Status	0,119	0,033	***
Größe der Kommune (R: Kleinstadt und Kleiner)	−0,045	0,020	*
Größe der Schule	0,000	0,000	*
Alleinerziehend	0,013	0,033	n.s.
Elternteil Akademiker	−0,019	0,025	n.s.
Beide Eltern erwerbstätig	−0,006	0,026	n.s.
Wirksamkeit der Hausaufgabenbetreuung	0,167	0,015	***
Pädagogisches Personal gibt Förderhinweise	0,060	0,024	*
Lehrkräfte geben Förderhinweise	0,076	0,023	**
Elternorientiertes Beratungsangebot der Schule	0,039	0,035	n.s.
Zufällige Effekte	0,060	0,003	***
Kontextebene	0,001	0,001	n.s.
ICC Leermodell	4,1 %		

$n_{Eltern} = 612$; $n_{Schulen} = 67$; ICC des Leermodells: 4,1 %
***p<0,001; **p<0,01; *p<0,05

die gewünschten Wirkungen erzielen. Dieser Befund ist allerdings unter Bezugnahme auf weitere Berechnungen zu relativieren. So zeigen Börner et al. (2010, S. 204), dass ein Zusammenhang zwischen diesem Beratungsangebot auf der einen und dem Empfinden der Eltern, durch die OGS bei erzieherischen Problemen unterstützt zu werden, besteht.

14.4 Diskussion

Die Befunde zeigen, dass mit der Ganztagsschule eine ganze Reihe familienbezogener Effekte ist, die nun noch einmal abschließend betrachtet werden. Stellt man die beobachteten Auswirkungen den in Politik, Wissenschaft und Praxis formulierten Erwartungen gegenüber, dann entsteht auf den ersten Blick ein positives Bild. Vor allem das zentrale familien- und zugleich arbeitsmarktpolitische Ziel der *besseren Vereinbarkeit von Familie und Beruf* scheint weitgehend erreicht zu werden. Die meisten Eltern profitieren durch die OGS im Hinblick auf ihre Berufstätigkeit. Dazu passt auch der Befund, dass Kinder von zwei erwerbstätigen Eltern häufiger am offenen Ganztag teilnehmen (vgl. Börner et al. 2010, S. 184). Werden diese Landesergebnisse zu denen der bundesweiten StEG-Studie in Beziehung gesetzt, zeigen sich große Übereinstimmungen: Auch StEG attestiert der Ganztagsschule vor allem im Primarbereich eine hohe Bedeutung für die Berufstätigkeit. So nehmen bundesweit 80 % der Kinder, deren Mütter vollzeiterwerbstätig sind, am Ganztag teil. Im Vergleich dazu liegt die Quote bei einer nicht-erwerbstätigen Mutter nur bei beinahe 50 % (vgl. StEG-Konsortium 2010, S. 20).

Auch mit Blick auf den *Alltag von Familien* sind verschiedene Effekte festzustellen, die primär eine Entlastung von Familien bedeuten. In der Vergangenheit wurde wiederholt gezeigt, dass Eltern unter einem enormen Erwartungsdruck stehen. Neben Leistungsdruck im Beruf sind sie auch dem Druck einer erfolgreichen Schullaufbahn und Erziehung ihrer Kinder ausgesetzt (vgl. Merkle und Wippermann 2008, S. 32). Erschwerend kommt noch hinzu, dass Erwartungen an Familien, u. a. seitens der Schule, nicht immer eindeutig formuliert sind (vgl. Scholl 2009, S. 73). Verschiedene Studien belegen, dass Eltern viel Zeit und Energie zur Erfüllung dieser Erwartungen investieren. Auf der Suche nach „funktionssicheren Rezepten" für eine erfolgreiche Zukunft und unter dem „Druck, das eigene Kind noch mehr zu fördern" (Merkle und Wippermann 2008, S. 34), ermöglichen sie ihren Kindern vielfältige Freizeit- und Bildungsaktivitäten. Der Besuch von Nachhilfeeinrichtungen, Sportvereinen, Musikunterricht und weiteren Freizeit- und Förderaktivitäten korrespondiert dabei häufig mit enormen Zeitinvestitionen. So geht z. B. aus der Zeitbudgetstudie hervor, dass bis zu 50 % der täglichen Wegezeiten von Frauen mit Kindern unter 18 Jahren für Wege mit Kindern und Jugendlichen entfallen können. Die Rede vom „Taxi Mama" ist hier nicht unbekannt (vgl. Kramer 2009, S. 334). Mit der Bündelung verschiedener Freizeit- und Förderaktivitäten unter einem Dach hat die Ganztagsschule maßgeblichen Anteil daran, dass Eltern etwas von dem bestehenden Druck entlastet werden und zusätzliche zeitliche Ressourcen zur Verfügung haben. Dies wirkt sich wiederum positiv auf die Gestaltungsmöglichkeiten der Familienzeit sowie auf die Beziehungen der einzelnen Familienmitglieder untereinander aus.

Ebenfalls großen Einfluss in diesen Bereichen hat die *Hausaufgabenbetreuung*. Werden zum Vergleich erneut die Ergebnisse aus StEG herangezogen, dann profitieren Eltern an offenen Ganztagsschulen in NRW sogar stärker. Während sich bundesweit gut die Hälfte der Eltern durch die Hausaufgabenbetreuung entlastet fühlt – an offenen seltener als an gebundenen Ganztagsschulen – trifft dies in NRW auf gut drei Viertel der Eltern zu (vgl. StEG-Konsortium 2010, S. 20). Dennoch zeichnen sich vor allem im Hinblick auf die Hausaufgabenbetreuung auch Entwicklungsbedarfe ab. Zwar ist der Anteil derer, die sich von der Hausaufgabenbetreuung entlastet fühlen, als relativ hoch anzusehen. Dennoch nimmt auch gut ein Viertel der befragten Familien, und somit eine nicht unerhebliche Zahl, keine entlastende Wirkung durch dieses Angebot wahr. Zur Erklärung können weitere Befunde der Studie herangezogen werden, die darauf hinweisen, dass die Zeit der Hausaufgabenbetreuung in der Ganztagsschule häufig nicht ausreicht, um alle Aufgaben zu bearbeiten. Ein Drittel der Eltern gibt an, dass ihr Kind oft nicht mit den Hausaufgaben fertig wird. Weiterhin berichten beinahe 50 % der Ganztags-Eltern, ihrem Kind bei der Bearbeitung der Hausaufgaben zu helfen. Infolgedessen ist anzunehmen, dass viele Kinder trotz des ganztägigen Schulbesuchs noch zu Hause Hausaufgaben zu bearbeiten haben.

Dieses Ergebnis stimmt vor allem vor dem Hintergrund bedenklich, dass Kindern unter diesen Bedingungen nur noch wenig Raum für Freizeitaktivitäten bleibt und eine Überforderung der Kinder droht (vgl. Deckert-Peaceman 2007, S. 18). Auch gibt es „keinen einleuchtenden Grund, Schülern mehr Arbeitszeit abzuverlangen als einem durchschnittlichen Arbeitnehmer" (Gängler und Markert 2010, S. 15). Hausaufgaben seien schließlich keine „unbezahlten Überstunden", so Gängler und Markert weiter (2010, S. 15). Eine grundlegende Neuordnung, bis hin zur Abschaffung, der Hausaufgaben in Ganztagsschulen scheint vor diesem Hintergrund und im Zusammenhang mit der Vielzahl der mit Hausaufgaben verbundenen Konflikte zwischen Eltern und Kindern angemessen.

Bilanzierend ist festzuhalten, dass die Befürchtung einer Auflösung familialer Strukturen und Beziehungen durch die Ganztagsschule widerlegt wird. Ganztagsschulen können im Gegenteil ein guter Weg zur Unterstützung von Familien sein. Allerdings belegt die Studie auch, dass ein erweiterter Zeitrahmen nicht automatisch zu einer Entlastung von Eltern und Familien führt. Ein überlegtes Konzept und die Abstimmung auf die Interessen und Bedarfe von Eltern und Kindern sind dazu wichtige Voraussetzungen.

Anmerkungen

1   Genauere Informationen zum Auswahlverfahren finden sich in Beher et al. (2007, S. 124 f.) sowie in Börner et al. (2010, S. 145 f.).

2   Zur Konstruktion des sozioökonomischen Hintergrundes und des Migrationshintergrundes von Familien vgl. Börner et al. (2010, S. 147 f.).

3   Die Wirksamkeit der Hausaufgabenbetreuung wurde durch mehrere Items erfasst, die Effekte der Hausaufgabenbetreuung aus Sicht der Eltern in unterschiedlichen Bereichen beschreiben, z. B. die regelmäßigere Erledigung der Hausaufgaben oder die Verbesserung der Schulleistungen. Diese Items wurden zu dem Index „Wirksamkeit der Hausaufgabenbetreuung" zusammengefasst (vgl. Börner et al. 2010, S. 185).

4   Die Eltern wurden dazu befragt, welche Mitwirkungsmöglichkeiten und Angebote, die sich gezielt an Eltern richten, sie an ihrer Schule kennen. Das breite Spektrum verschiedener Angebotsformen ließ sich in drei Angebotstypen zusammenfassen, darunter der Typus „Beratungs- und Unterstützungsangebote für Eltern". Hierzu zählen u. a. Angebote wie Elternkurse oder Informationsabende zu Entwicklungs- und Erziehungsfragen (vgl. Börner 2010).

Literatur

Allemann-Ghionda, C. (2009). Ganztagsschule im europäischen Vergleich. Zeitpolitiken modernisieren – durch Vergleich Standards setzen? In L. Stecher, C. Allemann-Ghionda, W. Helsper, & E. Klieme (Hrsg.), *Ganztägige Bildung und Betreuung* (Zeitschrift für Pädagogik: Beiheft 54, S. 190–208). Weinheim: Beltz.

Beher, K., Haenisch, H., Hermens, C., Nordt, G., Prein, G., & Schulz, U. (2007). *Die offene Ganztagsschule in der Entwicklung. Empirische Befunde zum Primarbereich in Nordrhein-Westfalen.* Weinheim: Juventa Verlag.

Börner, N. (2010). Mittendrin statt nur dabei – Elternpartizipation in der offenen Ganztagsschule. In Wissenschaftlicher Kooperationsverbund (Hrsg.), Kooperation im Ganztag. Erste Ergebnisse aus der Vertiefungsstudie der wissenschaftlichen Begleitung zur OGS. *Der GanzTag in NRW. Beiträge zur Qualitätsentwicklung* (Bd. 14, S. 6–16). Münster: Serviceagentur „Ganztägig lernen in Nordrhein-Westfalen".

Börner, N., Beher, K., Düx, W., & Züchner, I. (2010). Lernen und Fördern aus Sicht der Eltern. In Wissenschaftlicher Kooperationsverbund (Hrsg.), *Lernen und Fördern in der offenen Ganztagsschule. Vertiefungsstudie zum Primarbereich in Nordrhein-Westfalen* (S. 143–225). Weinheim: Juventa Verlag.

Büchner, P., & Brake, A. (Hrsg.). (2006). *Bildungsort Familie. Transmission von Bildung und Kultur im Alltag von Mehrgenerationenfamilien.* Wiesbaden: VS Verlag für Sozialwissenschaften.

Coelen, T. (2009). Debatten über Schulzeit in europäischen Ländern. In F.-U. Kolbe, S. Reh, B. Fritzsche, T.-S. Idel, & K. Rabenstein (Hrsg.), *Ganztagsschule als symbolische Konstruktion. Fallanalysen zu Legitimationsdiskursen in schultheoretischer Perspektive* (1. Aufl., S. 47–65). Wiesbaden: VS Verlag für Sozialwissenschaften.

Deckert-Peaceman, H. (2007). Haus-Aufgabe in der Schule? Ganztagsschule als Lösung des Hausaufgabenproblems? *Lernende Schule, 39,* 18–19.

Flick, U. (2007). *Qualitative Sozialforschung. Eine Einführung.* Reinbek: Rowohlt-Taschenbuch-Verlag.

Fritzsche, B., & Rabenstein, K. (2009). „Häusliches Elend" und „Familienersatz": Symbolische Konstruktionen in Legitimationsdiskursen von Ganztagsschulen in der Gegenwart. In J. Ecarius, C. Groppe, & H. Malmede (Hrsg.), *Familie und öffentliche Erziehung. Theoretische Konzeptionen, historische und aktuelle Analysen* (S. 183–200). Wiesbaden: VS Verlag für Sozialwissenschaften.

Gängler, J., & Markert T. (2010). Hausaufgaben. Ein Auslaufmodell im Zeitalter der Ganztagsschulen? *Schulmagazin, 3,* 14–17.

Kramer, C. (2009). „Taxi Mama" und noch mehr: Wegezeiten für den Haushalt und Kinderbetreuung. In M. Heitkötter, K. Jurczyk, A. Lange, & U. Meier-Gräwe (Hrsg.), *Zeit für Beziehungen? Zeit und Zeitpolitik für Familien* (S. 319–347). Opladen: Verlag Barbara Budrich.

Kuckartz, U. (2007). *Einführung in die computergestützte Analyse qualitativer Daten.* (2. akt. u. erw. Aufl.). Wiesbaden: VS Verlag für Sozialwissenschaften.

Kuhlmann, C., & Tillmann, K.-L. (2009). Mehr Ganztagsschulen als Konsequenz aus PISA? Bildungspolitische Diskurse und Entwicklungen in den Jahren 2000 bis 2003. In F.-U. Kolbe, S. Reh, B. Fritzsche, T.-S. Idel, & K. Rabenstein (Hrsg.) *Ganztagsschule als symbolische Konstruktion. Fallanalysen zu Legitimationsdiskursen in schultheoretischer Perspektive* (S. 23–45). Wiesbaden: VS Verlag für Sozialwissenschaften.

Merkle, T., & Wippermann, C. (2008). *Eltern unter Druck. Selbstverständnisse, Befindlichkeiten und Bedürfnisse von Eltern in verschiedenen Lebenswelten. Eine sozialwissenschaftliche Untersuchung von Sinus Sociovision im Auftrag der Konrad-Adenauer-Stiftung e. V.* Stuttgart: Lucius & Lucius Verlagsgesellschaft mbH.

Rauschenbach, T. (2009). *Zukunftschance Bildung. Familie, Jugendhilfe und Schule in neuer Allianz.* Weinheim: Juventa.

Reh, S. (2009). „Der aufmerksame Beobachter des modernen großstädtischen Lebens wird zugeben, dass die Familie heute leider nicht mehr den erziehlichen Wert früherer Tage besitzt." Defizitdiagnosen zur Familie als wiederkehrendes Motiv in deutschen reformpädagogischen Schulentwürfen und Schulreformdiskursen im ersten Drittel des 20. Jahrhunderts. In J. Ecarius, C. Groppe, & H. Malmede (Hrsg.), *Familie und öffentliche Erziehung. Theoretische Konzeptionen, historische und aktuelle Analysen* (S. 159–182). Wiesbaden: VS Verlag für Sozialwissenschaften.

Richter, M. (2010). Zur Adressierung von Eltern in Ganztägigen Bildungssettings. In F. Kessl & M. Plößer (Hrsg.), *Differenzierung, Normalisierung, Andersheit. Soziale Arbeit als Arbeit mit den Anderen* (S. 25–33). Wiesbaden: VS Verlag für Sozialwissenschaften.

Scholl, D. (2009). Ansprüche an öffentliche Erziehung: Sind die Zuständigkeiten und Leistungen der Institutionen Familie und Schule austauschbar? In J. Ecarius, C. Groppe, & H. Malmede (Hrsg.), *Familie und öffentliche Erziehung. Theoretische Konzeptionen, historische und aktuelle Analysen* (S. 73–92). Wiesbaden: VS Verlag für Sozialwissenschaften.

Schröer, S. (2010). Bildungsförderung im offenen Ganztag aus Sicht der Leitungskräfte. Ziele – Strukturen – Entwicklungslinien. In Wissenschaftlicher Kooperationsverbund (Hrsg.), *Lernen und Fördern in der offenen Ganztagsschule. Vertiefungsstudie zum Primarbereich in Nordrhein-Westfalen* (S. 11–66). Weinheim: Juventa.

StEG-Konsortium (2010). Ganztagsschule: Entwicklung und Wirkungen. Ergebnisse der Studie zur Entwicklung von Ganztagsschulen 2005–2010. *Studie zur Entwicklung von Ganztagsschulen StEG*. Frankfurt.

Wissenschaftlicher Beirat für Familienfragen. (2002). *Die bildungspolitische Bedeutung der Familie – Folgerungen aus der PISA-Studie*, Berlin. http://www.bmfsfj.de/RedaktionBMFSFJ/Broschuerenstelle/Pdf-Anlagen/PRM-23985-SR-Band-224,property=pdf.pdf. Zugegriffen: 11. Jan. 2011.

Wissenschaftlicher Beirat für Familienfragen. (2006a). *Ganztagsschule. Eine Chance für Familien*. Wiesbaden: VS Verlag für Sozialwissenschaften.

Wissenschaftlicher Beirat für Familienfragen. (2006b). *Ganztagsschule – eine Chance für Familien. Kurzfassung des Gutachtens des Wissenschaftlichen Beirats für Familienfragen beim Bundesministerium für Familie, Senioren, Frauen und Jugend*. Berlin. http://www.bmfsfj.de/RedaktionBMFSFJ/Broschuerenstelle/Pdf-Anlagen/ganztagsschule,property=pdf,bereich=bmfsfj,sprache=de,rwb=true.pdf. Zugegriffen: 17. Aug. 2011.

Züchner, I. (2007). Ganztagsschule und Familie. In H.-G. Holtappels, E. Klieme, T. Rauschenbach, & L. Stecher (Hrsg.), *Ganztagsschule in Deutschland. Ergebnisse der Ausgangserhebung der »Studie zur Entwicklung von Ganztagsschulen« (StEG)* (S. 314–332). Weinheim: Juventa Verlag.

Züchner, I. (2009). Zusammenspiel oder Konkurrenz? Spurensuche zum Zusammenhang von schulischen Ganztagsangeboten und dem Zeitregime von Familien. In L. Stecher, C. Allemann-Ghionda, W. Helsper, & E. Klieme (Hrsg.), *Ganztägige Bildung und Betreuung* (Zeitschrift für Pädagogik: Beiheft 54, S. 266–284). Weinheim: Beltz.

15 Fördert die Ganztagsschule die Entwicklung sozialer und emotionaler Kompetenzen bei Jugendlichen?

Rimma Kanevski · Maria von Salisch

Zusammenfassung: Die Peer- und Freundschaftsbeziehungen von Jugendlichen werden als Quellen sozialer Unterstützung und als Entwicklungskontext für die Ausbildung von sozialen und emotionalen Kompetenzen betrachtet. Im Land Brandenburg wurden 380 Schüler/innen aus 21 Schulklassen aus 7 Ganztags- und Halbtagsschulen mit einem Fragebogen am Anfang und am Ende des siebten Schuljahres untersucht. Erhebung und Analyse von sozialen Kompetenzen erfolgte auf der Grundlage des Modells von Rose-Krasnor und Denham (2009). Während die emotionalen Kompetenzen im Selbstbericht der Jugendlichen erfasst wurden, wurden die sozialen Kompetenzen durch Fremdberichte von Mitschüler/innen und Lehrkräften abgesichert. Während sich die prosoziale Orientierung und die Fähigkeit, soziale Probleme konstruktiv zu lösen, im Verlauf des siebten Schuljahres nicht signifikant veränderten, traten die starken Zeiteffekte bei der sozialen Bewusstheit, der Selbstbewusstheit und der Selbstregulation auf. Ganztagsschüler/innen zeichneten sich durch ein Anwachsen ihrer emotionalen Fremdaufmerksamkeit aus, während diese bei den Halbtagsschüler/innen leicht abfiel. Zugleich ging bei den Jungen aus Ganztagsschulen das körperlich aggressive Verhalten etwas zurück, während es bei ihren Geschlechtsgenossen in den Halbtagsschulen leicht anstieg. Jungen aus Halbtagsschulen waren ebenfalls die einzigen, deren emotionale Selbstaufmerksamkeit über das 7. Schuljahr nicht wesentlich anstieg. Diese Ergebnisse werden vor dem Hintergrund vergleichbarer Befunde diskutiert, auch unter dem Aspekt der veränderten Anforderungen einer zunehmend globalisierten Welt, in die die Jugendlichen hinein wachsen.

Schlüsselwörter: Ganztagsschule · Jugendalter · Peerbeziehungen · Freundschaften · Soziale und emotionale Kompetenzen · Schulentwicklung · Nachmittagsprogramme

---

© VS Verlag für Sozialwissenschaften 2011

Dr. R. Kanevski (✉)
Institut für Psychologie, Leuphana Universität Lüneburg,
Scharnhorststr. 1, 21335 Lüneburg, Deutschland
E-Mail: kanevski@leuphana.de

Prof. Dr. M. von Salisch
Institut für Psychologie, Leuphana Universität Lüneburg,
Scharnhorststr. 1, C.1.016, 21335 Lüneburg, Deutschland
E-Mail: salisch@uni.leuphana.de

Does the all-day school support the development of social and emotional competencies among adolescents?

Abstract: Adolescent relationships to peers and friends are regarded as sources of social support and as a context for the development of social and emotional competencies. In the German land Brandenburg a sample of 380 students from 21 classrooms in 7 schools were questioned by questionnaires at the beginning and at the end of grade 7. The schools were organized in a way that students spent either half the day or the whole day in school. Data collection and analysis were based on the social competence model of Rose-Krasnor und Denham (2009). While the emotional competencies were assessed through adolescents' self reports, social competencies were corroborated by classmates' and teachers' reports. While the prosocial orientation and the ability to solve social problems constructively did not change much during seventh grade, significant time effects were noticed in regard to adolescents' social awareness, their self awareness and their self regulation. Students from all-day schools showed a significant increase in their attention to other peoples' feelings, while this ability declined somewhat among students from half-day schools. In addition, physically aggressive behavior decreased among boys form all-day schools (and increased somewhat among boys from half-day schools). Boys from half-day schools were also the only group whose attention to their own feelings did not increase over the course of seventh grade. These results are in line with those of other studies. They are discussed from the perspective of the changing demands of the increasingly globalized world that the adolescents grow up to.

Keywords: All-day school · Adolescence · Peer relations · Friendship relations · Social skills · Emotional competencies · School development · Afterschool programs

15.1 Nachmittagsprogramme und Ganztagsschule

Die Ganztagsschule enthält ein besonderes Potential für die Entwicklung der sozialen und emotionalen Kompetenzen von Jugendlichen. Diese Aussage leitet sich zunächst aus den historischen Erfahrungen der vornehmlich ganztägig organisierten Reformschulen her (vgl. Ludwig 1993; Kanevski und von Salisch 2011), die in jeweils unterschiedlicher Akzentsetzung die Bedeutung der Schule für die Persönlichkeitsentwicklung der Schüler/innen hervorhoben.

Forschungen aus Nordamerika gingen dagegen eher den Wirkungen und der Qualität der dort schon lange verbreiteten außerunterrichtlichen Angebote zur Förderung von schulischem Engagement und schulischen Leistungen (vgl. z. B. Miller und Truong 2010; Stecher et al. 2007) nach. Dass Engagement und Leistungen in der Schule auch durch sozial-emotionales Lernen gefördert werden können, betonen Buckley und Saarni (2009), wenn sie darauf hinweisen, dass Emotionsregulation angesichts von konzentrationsstörenden Ablenkungen, frustrierenden Misserfolgserlebnissen oder lernhinderlichen Selbstkonzepten zusammen mit Lernfreude und kooperativen Arbeitsbeziehungen zu Gleichaltrigen wichtige Punkte sind, die die Bewältigung schulischer Aufgaben unterstützen.

Dass die ganztägige Beschulung über die Förderung von Schulmotivation und Schulleistungen hinaus antisoziales Verhalten verhindern (vgl. Mahoney 2000) und soziales und emotionales Lernen stimulieren kann, wird von nordamerikanischen Forschungen zu den meist freiwilligen Angeboten am Nachmittag nahe gelegt. Larson und Brown (2007) belegen überzeugend, dass schülerorientiert arbeitende Nachmittagsprogramme für den Erwerb sozialer und emotionaler Kompetenzen von Jugendlichen eine wichtige Rolle spielen können. Genauer gesagt argumentieren sie, dass die Jugendlichen beispielsweise im mehrmonatigen Prozess des „Auf-die-Beine-Stellens" eines Musicals viele Gelegenheiten haben, emotionale Lernerfahrungen zu machen, 1) weil diese Inszenierung (ähnlich wie Projekte in der Arbeitswelt) auf ein Ziel hin orientiert war und somit in ihrem Verlauf erwartungsgemäß Emotionen wie positive Aufgeregtheit (excitement), Frustration, Ärger und Stolz hervorrief; 2) weil das Musiktheaterstück nur in Zusammenarbeit mit den Peers zu inszenieren war und insofern emotionale Gruppendynamiken unter den Jugendlichen, wie etwa Ausschluss oder Bestätigung, zeitweilig eine große Rolle spielten und 3) weil das Leitungsteam dieser Aufführung den offenen und konstruktiven Ausdruck von Gefühlen als Modellpersonen vormachte, und diesen bei den Jugendlichen anleitete und unterstützte.

Aus mehrmaligen qualitativen Interviews mit den gleichen zehn jugendlichen Schauspielern und Regieassistenten beiderlei Geschlechts präsentieren Larson und Brown (2007) eine Fülle von Beispielen, die darauf hinweisen, dass Jugendliche während der Produktion des Musicals Emotionswissen insofern aufgebaut haben, als dass sie gelernt haben, wie unterschiedlich junge Menschen vergleichbare Situationen gefühlsmäßig erleben und wie unterschiedlich sie Emotionen äußern. Dieses sind Aspekte dessen, was wir später *soziale Bewusstheit* nennen werden. Weitere Lernerfahrungen bezogen sich auf typische Auslöser und Folgen von Gefühlsreaktionen bei sich selbst (*Selbstbewusstheit*). Wichtig war für manche Beteiligte, zu erkennen wie bedeutsam die Regulation ihres Ärgers ist, um zu verhindern, dass dieser sich auf bisher Unbeteiligte ausbreitet und Strategien zum Bewältigen dieser (und anderer) Belastungen zu erlernen (*Selbstregulation*).

Schließlich waren auch die Regulation von Stolz („nicht angeben") und die Rückmeldung von Kompetenz und der Gebrauch von Humor zur Motivierung von anderen Teenagern Lektionen, die im Kontext dieses Nachmittagsprogramms gelernt werden konnten. Insgesamt, so schlussfolgern Larson und Brown (2007) aus ihrer Prozess-Forschung, sind die Jugendlichen an ihrer sozial-emotionalen Entwicklung aktiv beteiligt, wobei die größten Lernfortschritte angesichts von „heißen" emotionalen Erfahrungen zu verzeichnen sind, wenn zum einen klare und allen bekannte Regeln des Nachmittagsprogramms vorhanden waren, zum anderen alle Akteure des Programms, ähnlich wie bei der Inszenierung des Musicals, den Jugendlichen unterstützend zur Seite standen (vgl. Larson und Brown 2007). Da diese Befunde zu Inhalten und Wegen des emotionalen Lernens aus einer qualitativen Untersuchung stammen, müssen sie in weiteren Studien in Hinblick auf ihre Generalisierbarkeit und weitere moderierende Faktoren überprüft werden.

Eine quantitative Studie aus den USA konnte Zusammenhänge zwischen Qualitätsmerkmalen der Programme in Hinblick auf das zwischenmenschliche Klima und sozial-emotionale Lernerfolge bei den jugendlichen Teilnehmer/innen feststellen. Wenn Jugendliche aus einkommensschwachen Familien das Klima bei ihren sportlichen Aktivitäten in Sommercamps als jugendgemäß, also als akzeptierend, respektierend und fürsorglich empfanden, dann trug ihre Teilnahme an diesen Sommerprogrammen zu ihrer Selbstwirksamkeit in Hinblick auf ihre affektive Selbstregulation und ihre Empathie bei, die wiederum in positiver Weise mit ihrem prosozialen und in negativer Weise mit ihrem antisozialen Verhalten zusammen hing (vgl. Gano-Overway et al. 2009). Sporttreibende Jugendliche sind außerdem stärker überzeugt als jugendliche Teilnehmer mit anderen Nachmittagsbeschäftigungen, dass ihre Freizeitaktivität zum Erlernen von Emotionsregulierung beiträgt, dort aber auch eher als in anderen Programmen negative Peer-Interaktionen (wie etwa exzessiver Alkoholkonsum) vorherrschen. Andere Programme, wie etwa künstlerische Aktivitäten, ehrenamtliches, soziales Engagement oder die Mitarbeit in der Schülervertretung oder der Schülerzeitung, helfen nach Einschätzung der jeweils beteiligten Jugendlichen besonders beim Erlernen von Selbstbewusstheit oder von zwischenmenschlichen Fähigkeiten (vgl. Hansen et al. 2003).

Dass ein Schulbesuch bis in den Nachmittag den Erwerb sozial-emotionaler Kompetenzen unterstützen kann, belegen auch quantitative Befunde aus Europa. Auswertungen der sorgfältig angelegten educare-Studie aus der Schweiz (vgl. Schüpbach 2010) unterstreichen, dass sich das prosoziale Verhalten und die sozial-emotionalen Verhaltensstärken bei Schulanfänger/innen mit ganztägiger Beschulung (gegenüber zwei anderen Organisationsformen der Primarschule) im Urteil der Eltern im Verlauf besonders positiv entwickelten, auch wenn der Entwicklungsstand zu Schulbeginn und der Einfluss von Strukturmerkmalen der Familie statistisch kontrolliert worden waren. Außerdem bildeten die ganztägig beschulten Schulanfänger/innen (bei Kontrolle der gleichen Variablen) ein positiveres Selbstkonzept in Hinblick auf ihre Peerbeziehungen aus (vgl. Schüpbach 2010). Diese Befunde aus der Schweiz wurden zum Teil durch eine hohe Qualität der pädagogischen Prozesse in der Schule verstärkt, so dass Marianne Schüpbach resümiert: „Eine hohe pädagogische Qualität ist somit besonders in der Tagesschule (=Ganztagsschule) wirksam für eine gute kindliche Entwicklung" (2010, S. 415).

Bei etwas älteren Schüler/innen weisen erste Ergebnisse der Sekundarschulauswertung der deutschen StEG-Studie darauf hin, dass die regelmäßige Teilnahme an Ganztagsangeboten dazu beiträgt, die soziale Verantwortungsübernahme der Schüler/innen zu stärken (vgl. Fischer 2010; Fischer et al. 2010). Auch hier war die Schülerorientierung der Angebote eine wichtige moderierende Variable.

Resümierend lässt sich somit festhalten, dass die Ganztagsschule ein besonderes soziales Potential für die Förderung sozialer und emotionaler Kompetenzen bei den Schüler/innen besitzt. Besonders deutlich entfalteten sich diese Wirkungen der ganztägigen Schulorganisation bisher in pädagogisch angeleiteten Angeboten im Nachmittagsbereich der Schule (vgl. Larson und Brown 2007) bzw. bei einer Schülerorientierung (vgl. Fischer 2010; Schüpbach 2010), die auch auf Aushandlungs- und Unterstützungsprozesse unter den Jugendlichen eingeht.

15.1.1 Peers als „Entwicklungshelfer" im Jugendalter

In Interaktionen unter Jugendlichen, die nicht pädagogisch angeleitet werden, können Teenager ebenfalls soziale und emotionale Kompetenzen erwerben, denn dass Peers als gleichrangige Personen ein ganz spezielles entwicklungsförderliches Umfeld bilden (vgl. Youniss 1982; Krappmann 1994) und besonders wertvolle „Entwicklungshelfer" sind (vgl. Seiffge-Krenke 2009), ist seit längerem bekannt: Weil alle Peers in der Schülerrolle sind und gegenüber der Institution Schule und gegenüber den Lehrern die gleiche Stellung einnehmen, lernen sie eine universalistische Moral kennen.

Dadurch, dass sie auf nahe beieinander liegenden Stufen der kognitiven oder moralischen Entwicklung argumentieren, gelingt es ihnen besonders gut, einander Denkanstöße zu geben, die sie in ihrer Entwicklung vorantreiben. Die Gleichaltrigen bewältigen gleiche normative Lebensereignisse und werden zu etwa gleichen Zeitpunkten mit den gleichen Entwicklungsaufgaben konfrontiert (vgl. von Salisch 2000a), die sich zu einem Teil aus der biologischen Entwicklung (Pubertät), zum anderen Teil aus den gesellschaftlichen Erwartungen und zum dritten auch aus den eigenen Wünschen und Zielen der Jugendlichen ergeben (vgl. Oerter und Montada 2002). Konkret äußern sich diese Entwicklungsaufgaben u. a. in dem Wunsch nach Eigenständigkeit, nach Aufbau von romantischen Beziehungen sowie nach Abgrenzung von Eltern und anderen Erwachsenen. Tiefere und intensivere Beziehungen zu Gleichaltrigen zu entwickeln, stellt dabei eine eigene Entwicklungsaufgabe dar. Zugleich können die meisten der anderen Entwicklungsaufgaben mittels der sozialen Unterstützung von Peers und Freunden einfacher bewältigt werden als ohne (vgl. Seiffge-Krenke 2009). Freundinnen und Freunde stehen sich gegenseitig insbesondere bei den körperlichen Veränderungen der Pubertät, bei der Gewinnung eines romantischen Partners, bei der Ausbildung eines Wertekanons, eines Konzepts der eigenen Geschlechtsrolle und eines realistischen Selbstkonzepts bei (vgl. Youniss und Smollar 1985). Dies gilt umso mehr als Eltern (und viele andere Erwachsene) in vielen Fragen von den Teenagern als Ratgeber abgelehnt werden (vgl. Seiffge-Krenke 2009).

15.1.2 Das Pyramidenmodell sozial-emotionaler Kompetenzen im Jugendalter

Zum Konzept der emotionalen Kompetenz (oder Intelligenz) liegen verschiedene Modellvorstellungen vor, von denen sich manche an der Intelligenzmessung (vgl. Salovey et al. 1993), andere an Kommunikationstheorien (vgl. Halberstadt et al. 2001) und wieder andere an Entwicklungsmodellen (vgl. Saarni 1999) orientieren. Auch wenn sich diese Modelle hinsichtlich ihrer theoretischen Orientierung und anderer Einzelheiten unterscheiden, so besteht doch weitgehend Einigkeit, dass das genaue und korrekte Verständnis von emotionsauslösenden Situationen und Bewertungen, die Bewusstheit über das eigene emotionale Erleben und den eigenen (sprachlichen) Gefühlsausdruck sowie eine angemessene Emotionsregulierung zu den emotionalen Kompetenzen zählen (vgl. zusammenfassend von Salisch 2002).

Das Pyramidenmodell zur *sozialen Kompetenz von Rose-Krasnor und Denham* (2009; vgl Abb. 1) ist ein entwicklungsbezogenes Modell, das davon ausgeht, dass sozial-emotionale Kompetenz im Wesentlichen darin besteht, die eigenen kurz- und langfristigen persönlichen Ziele mit der Einbindung in positiv getönte zwischenmenschliche Beziehungen in Einklang zu bringen. Damit ist die soziale Kompetenz eine Fähigkeit, die in den beiden fundamentalen Bereichen der menschlichen Entwicklung, der Autonomie (im Sinne des Verfolgens eigener Ziele) und der Verbundenheit mit nahen und ferneren Anderen (im Sinne einer Einbindung in zwischenmenschliche Beziehungen) verankert ist und mögliche Spannungen zwischen ihnen immer wieder zu überbrücken sucht. An der Spitze der Pyramide steht die *Wirksamkeit des eigenen Handelns in der sozialen Interaktion und Kommunikation* („effectiveness in social interaction"). Um zufriedenstellende und erfolgreiche soziale Beziehungen in den unterschiedlichen Entwicklungskontexten der Schule, des Elternhauses oder der Peergruppe einzugehen, braucht man zum Teil gleiche,

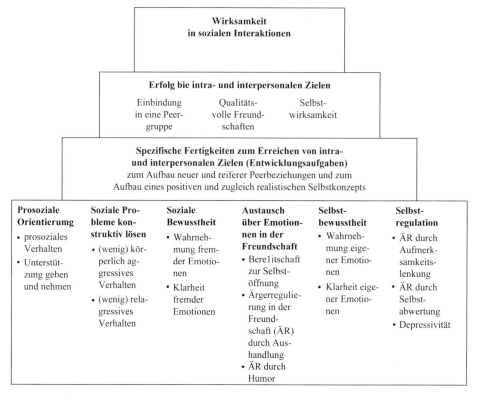

Abb. 1: Modell zur sozialen Kompetenz in Peerbeziehungen im Jugendalter auf der Ebene der einzelnen Variablen. (nach Rose-Krasnor und Denham 2009)

zum Teil aber auch unterschiedliche Fähigkeiten. Daher beschränken wir uns auf jene Fähigkeiten, die im Kontext von Peerbeziehungen und Freundschaften eine Rolle spielen. Für die vorliegende Untersuchung wurde das Pyramidenmodell zur sozialen Kompetenz, das von Rose-Krasnor und Denham (2009) ursprünglich für das Vorschulalter formuliert wurde, auf die sozialen und emotionalen Kompetenzen hin adaptiert, die für die Bewältigung der intrapersonalen und sozialen Entwicklungsaufgaben des Jugendalters günstig sind (vgl. Kanevski und von Salisch 2011).

Auf der zweitobersten Ebene liegt der *Erfolg hinsichtlich der Ziele,* die Menschen sich für sich selbst und für ihre sozialen Beziehungen setzen, also die Einbindung in eine Peergruppe, qualitätsvolle Freundschaften, die im Jugendalter an psychologischer Intimität gewinnen (vgl. Youniss und Smollar 1985) und Selbstwirksamkeit im allgemeinen und in sozialen Beziehungen im Besonderen. Auf der dritten Ebene von oben liegen die *spezifischen Fertigkeiten,* die nötig sind, um die eben genannten Ziele zu erreichen. Vor dem Hintergrund der zwischenmenschlichen Entwicklungsaufgaben des Jugendalters (vgl. Grob und Jaschinski 2003) drehen sich diese Fertigkeiten einerseits um das interpersonale Ziel, neue und reifere Gleichaltrigenbeziehungen aufzubauen (vgl. Flammer und Alsaker 2002), und andererseits um das intrapersonale Ziel, ein positives, zugleich aber realistisches, Selbstkonzept zu entwickeln (vgl. Youniss und Smollar 1985). Beide Ziele hängen in vielfältiger Weise miteinander zusammen. Am Fuß der Pyramide stehen die einzelnen sozialen und emotionalen Fähigkeiten und Fertigkeiten, die gebraucht werden, um diese Ziele zu erreichen und die entsprechenden Entwicklungsaufgaben zu bewältigen. In Anlehnung an Rose-Krasnor und Denham (2009) ist hier die Regulierung der eigenen Emotionen zu nennen, die Selbstbewusstheit, der Austausch über Emotionen in der Freundschaft, die soziale Bewusstheit, die konstruktive Lösung sozialer Probleme sowie eine prosoziale Orientierung.

Das oben beschriebene Modell bildete eine theoretische Grundlage für die Studie „PIN: Peers in Netzwerken", die u. a. die Kompetenzentwicklung Jugendlicher im Zusammenhang mit der Schulorganisationsform untersuchte. Einige ausgewählte Ergebnisse der Studie werden im Folgenden vorgestellt.

15.1.3 Erwartungen

Da im frühen Jugendalter negative Emotionen wie Ärger, Eifersucht oder Ängste verstärkt auftreten (vgl. Larson und Sheeber 2008), aber über die Entwicklung sozial-emotionaler Kompetenzen relativ wenig bekannt ist (als Ausnahmen vgl. Labouvie-Vief et al. 1989; Harris 1992; Silk et al. 2003), konzentrieren wir uns als erstes auf die Frage, wie sich diese Kompetenzen bei den Jungen und Mädchen entwickeln, bevor wir uns dann der Frage nach den Unterschieden zwischen Jugendlichen aus Halbtags- und Ganztagsschulen zuwenden. In Hinblick auf die Entwicklung erwarten wir demnach:

Erwartung 1: einen Zuwachs im Hinblick auf die emotionale Selbstbewusstheit (Aufmerksamkeit auf und Klarheit bei der Benennung eigener Gefühle);
Erwartung 2: einen Zuwachs im Hinblick auf die soziale Bewusstheit (Aufmerksamkeit auf und Klarheit bei der Benennung fremder Gefühle);
Erwartung 3: zugleich erwarten wir parallel einen Rückgang körperlich, aggressiven Verhaltens. Jungen, so wird erwartet, zeigen weniger prosoziales und mehr aggressives Verhalten als Mädchen.
Erwartung 4: Da weibliche Jugendliche ihre Gefühle häufiger sprachbasiert verarbeiten (vgl. Seiffge-Krenke 1995), ist zu erwarten, dass Selbstbewusstheit und soziale Bewusstheit bei ihnen stärker ausgeprägt sind als bei männlichen Jugendlichen.

Angesichts des sozialen Potentials der Ganztagsschule und der eben referierten Forschungsergebnisse zum positiven Einfluss der ganztägigen Beschulung auf das Sozialverhalten (vgl. Fischer 2010; Fischer et al. 2010; Schüpbach 2010), erwarten wir als fünftes, dass Ganztagsschüler/innen über das Schuljahr eine stärkere soziale und Selbst-Bewusstheit im Bereich der Emotionen ausbilden sowie mehr prosoziales und weniger aggressives Verhalten entwickeln als Halbtagsschüler/innen, wobei wie immer Geschlechtsunterschiede zu berücksichtigen sind.

Zusammenfassend hat diese Studie zum Ziel, die Entwicklung verschiedener sozial-emotionaler Kompetenzen bei Jungen und Mädchen im frühen Jugendalter zu untersuchen und den Einfluss der ganztägigen Beschulung auf diese Entwicklungen zu überprüfen.

15.2 Methode der PIN-Studie

15.2.1 Stichprobe und Durchführung

Die Stichprobe der Studie zu „Peers in Netzwerken" (PIN) umfasste 21 Schulklassen aus 7 Oberschulen im Land Brandenburg. Bei der ersten Erhebung im Herbst 2008 konnten $N=427$ Jugendliche (Jungen: 49 %, Mädchen: 51 %) im Klassenverband befragt werden, von denen 222 Jugendliche (oder 52 %) eine Halbtagsschule und 205 (oder 48 %) eine Ganztagsschule besuchten. Neun von zehn Befragten waren 12 bis 13 Jahre alt ($M=12,6$ Jahre, $SD=6$ Jahre). Bei der zweiten Befragung neun Monate später im Juli 2009 waren 47 Jugendliche (11 %) aus dem ursprünglichen Sample ausgeschieden. Damit konnten 89 % des Anfangssamples oder $N=380$ Jugendliche über das gesamte Schuljahr befragt werden. Die häufigsten Ursachen für das Ausscheiden bei der Wiederholungsbefragung waren Schulwechsel oder Krankheit.

In der PIN-Studie wurden Jugendliche aus dem siebten Jahrgang befragt, die im Land Brandenburg die Eingangsstufe der Sekundarschule bildet und Jugendliche umfasst, die sich am Anfang des Jugendalters, also in der frühen Adoleszenz befinden und nach dem Übergang in die neue Schule gefordert sind, neue Beziehungen zu Gleichaltrigen einzugehen. Um die beiden Organisationsformen der Schule möglichst vergleichbar zu machen, wurden jeder Ganztagsschule eine oder zwei Halbtagsschulen zugeordnet, die im Hinblick auf folgende Kriterien parallelisiert worden waren:

- dem nach Aussagen der Schulleitungen relativ niedrigen sozioökonomischen Status der Elternschaft (Arbeitslosigkeit, Hartz IV, viele Alleinerziehende),
- einem geringen Migrantenanteil (6,6 % der Bevölkerung Brandenburgs),
- ihrer Lage in einem urbanen Raum, (d. h. in Orten mit mindestens 10.000 Einwohnern),
- der Abwesenheit einer angeschlossenen Grundschule sowie
- minimale Maßnahmen zur Förderung sozial-emotionaler Kompetenzen.

Die untersuchten Ganztags- und Halbtagsschulen im Land Brandenburg waren als Oberschulen organisiert, ein Schultyp, der in anderen Bundesländern mit der Haupt- oder Realschule vergleichbar ist. Alle Ganztagsschulen waren als gebundene Ganztagsschulen organisiert.

15.2.2 Instrumente

In der PIN-Studie wurden verschiedene Skalen und Instrumente eingesetzt, um die emotionalen und sozialen Kompetenzen der Jugendlichen zu erfassen. In werden die einzelnen Skalen, die in ihrer Reliabilität akzeptabel bis gut waren, kurz erläutert. Aus Platzgründen werden nur jene Skalen vorgestellt, deren Ergebnisse hier berichtet und diskutiert werden. Weitere Einzelheiten finden sich in Kanevski und von Salisch (2011) (Tab. 1).

Tab. 1: Übersicht über die längsschnittlich eingesetzten Instrumente und Skalen zu emotionalen und sozialen Kompetenzen in der PIN-Studie

Skala	Quelle	Anzahl Items und Beispiel-Item	α, t1	α, t2
a) Prosoziale Orientierung				
Prosoziales Verhalten (Fremdbericht der Lehrkräfte)	Pössel et al. (2002)	3 (Wer kann gut in Gruppen arbeiten?)	0,80	0,79
b) Soziale Probleme konstruktiv lösen				
Körperlich aggressives Verhalten (Fremdbericht der Mitschüler)	von Salisch et al. (2007)	1 (Wer aus deiner Klasse haut und schubst andere?)	–	–
KÄRST: körperlich aggressiv (Selbstbericht)	von Salisch und Pfeiffer (1998)	2 (Wenn ich mich über meinen besten Freund ärgere, dann klatsch' ich ihm eine.)	0,87	0,65
c) Soziale Bewusstheit (Selbstbericht)				
Emotionale Fremdaufmerksamkeit	Lischetzke et al. (2001)	6 (Ich denke über die Gefühle anderer Menschen nach.)	0,66	0,67
Klarheit fremder Emotionen	Lischetzke et al. (2001)	4 (Ich habe Schwierigkeiten, den Gefühlen anderer einen Namen zu geben. (u))	0,59	0,77
d) Selbstbewusstheit (Selbstbericht)				
Emotionale Selbstaufmerksamkeit	Lischetzke et al. (2001)	6 (Ich denke über meine Gefühle nach.)	0,85	0,86
Klarheit eigener Emotionen	Lischetzke et al. (2001)	4 (Ich bin mir im Unklaren darüber, was ich fühle. (u))	0,69	0,81
e) Selbstregulation				
KÄRST: Aufmerksamkeitslenkung	von Salisch und Pfeiffer (1998)	2 (Wenn ich mich über meinen besten Freund ärgere, dann versuche ich, an etwas anderes zu denken.)	0,83	0,82
KÄRST: Selbstabwertung	von Salisch und Pfeiffer (1998)	2 (Wenn ich mich über meinen besten Freund ärgere, dann sage ich mir selbst, dass ich mich nicht so wichtig nehmen soll.)	0,83	0,86

Prosoziales und aggressives Verhalten im Fremdurteil: Da Auskünfte über das eigene sozial kompetente Verhalten besonders anfällig für Einflüsse der sozialen Erwünschtheit sind, ist es sinnvoll, vertraute Partner zu bitten, das Sozialverhalten einzuschätzen. Daher wurden zum einen die Mitglieder der Klasse gebeten, bis zu drei Klassenmitglieder zu nominieren, die andere Jugendliche physisch malträtieren (körperlich aggressives Verhalten; vgl. von Salisch et al. 2007). Zum anderen sollten die Lehrkräfte nach parallelen Fragen das prosoziale Verhalten jedes Jugendlichen beurteilen. Alle Fremdurteile wurden gemäß der Empfehlung von Rost (2007) z-standardisiert, um die Jugendlichen klassenübergreifend vergleichen zu können.

Soziale – und Selbstbewusstheit: Lischetzke et al. (2001) trennen zwei Aspekte der emotionalen Aufmerksamkeit, die sich sowohl auf die eigene Person (Selbstbewusstheit) als auch auf fremde Menschen (soziale Bewusstheit) beziehen kann. Die emotionale Selbst- resp. Fremdaufmerksamkeit bezeichnet damit die Aufmerksamkeit auf eigene oder fremde Emotionen und Stimmungen. Unter der Klarheit über eigene bzw. fremde Gefühle lässt sich die Fähigkeit verstehen, bewusst wahrgenommene Emotionen zu kategorisieren und zu benennen. Es geht mithin um zweierlei: Emotionen wahrzunehmen und sie mit Worten belegen zu können. Bei den Aussagen hatten die Jugendlichen die Möglichkeit, die Häufigkeit für die Aussagen anzugeben, die für sie zutrifft (fast nie = 1; manchmal = 2; oft = 3; fast immer = 4).

Strategien der Ärgerregulierung in der Freundschaft: Wie die Jugendlichen mit Ärger in ihren Freundschaften umgehen, wurde mit Hilfe des Fragebogens zu den kindlichen Ärgerregulierungsstrategien (KÄRST, vgl. von Salisch und Pfeiffer 1998) ermittelt. Dazu sollten die Jugendlichen angeben, was sie tun, wenn sie sich über ihren besten Freund oder ihre beste Freundin ihres eigenen Geschlechts ärgern. Dabei gab es verschiedene Strategien, die im Modell der emotionalen und sozialen Kompetenzen (vgl. Abb. 1) an unterschiedlichen Stellen verortet sind. Die Jugendlichen gaben für die verschiedenen Strategien (körperlich aggressives Verhalten, Lenkung der Aufmerksamkeit auf anderes und die Suche nach der Schuld bei der eigenen Person) an, wie häufig (von „fast immer" bis „nie") sie diese bei Ärger in der Freundschaft einsetzten.

15.3 Ergebnisse

Mit den eben beschriebenen Maßen zu den sozialen und emotionalen Kompetenzen wurden multivariate Varianzanalysen mit Messwiederholung (MANOVAs) berechnet, bei denen die Effekte der Entwicklung oder der Zeit (Veränderung vom Anfang zum Ende des siebten Schuljahres), des Geschlechts und der Schulorganisationsform ermittelt wurden. Damit wurde geprüft, ob sich männliche von weiblichen Teenagern, Ganztags- von Halbtagsschuljugendlichen und die Werte der ersten Befragung von denen der zweiten überzufällig unterschieden. Außerdem wurde untersucht, ob eine Interaktion zwischen Zeit, Geschlecht und Schulorganisation bestand. Besonders interessant sind dabei Interaktionseffekte zwischen Zeit und Schulorganisation, weisen diese doch auf eine differentielle Entwicklung bei den beiden Organisationsformen der Schule hin. Insbesondere

Schereneffekte legen nahe, dass sich die Schüler/innen bei einer Organisationsform anders entwickelt haben als bei der anderen und zwar unabhängig von der Ausgangslage, die bei beiden etwa gleich ist.

Da für die multivariate Varianzanalyse die Bedingung einer Normalverteilung der Variablen besteht und dieses Verfahren auf Ausreißer sensitiv reagiert, haben wir in Anlehnung an Field (2005) jene Werte korrigiert, die entweder zwei Standardabweichungen über oder unter dem Mittelwert lagen, indem die außerhalb der Normalverteilung liegenden Werte durch den Mittelwert plus/minus 2 Standardabweichungen ersetzt wurden. In Tab. 2 findet sich eine Übersicht über die Ergebnisse der MANOVAs mit Messwiederholung, die bevorzugt Ergebnisse zum Einfluss der ganztägigen Beschulung enthält. In diesem Aufsatz berichten wir schwerpunktmäßig die signifikanten Ergebnisse zum Einfluss der Schulorganisation, die nach der Fertigkeitsebene im Pyramidenmodell der sozialen Kompetenz geordnet dargestellt werden. Weitere Einzelheiten sind in Tab. 2 sowie in Kanevski und von Salisch (2011) zu finden.

15.3.1 Soziale Bewusstheit

Eine schnelle Entwicklung ließ sich bei der Verbesserung der Ganztagsschüler/innen in ihrer *emotionalen Fremdaufmerksamkeit* nachweisen. Diese waren am Ende der siebten Klasse Halbtagsschüler/innen darin überlegen wie sie ihre Aufmerksamkeit auf fremde Emotionen und Stimmungen zu lenken vermochten. In dem Maße, in dem Jugendliche fremde Emotionen wahrnehmen, differieren sie nach Geschlecht ($F=39,854$; $p=0,000$) und Schulform ($F=7,777$; $p=0,006$). Mädchen und Jugendliche aus Ganztagsschulen bescheinigten sich ein feineres Sensorium dafür, wie andere sich fühlen. Der Vorsprung der Mädchen nahm im Lauf der Zeit ab ($d_{Mä-Ju,t1}=0,60$; $d_{Mä-Ju,t2}=0,38$). Der Schulorganisationseffekt dürfte der signifikanten Schulform x Zeit-Interaktion geschuldet sein ($F=4,505$; $p=0,034$). So waren die Ganztags- den Halbtagsschuljugendlichen zu Beginn der PIN-Studie etwas überlegen, doch dieser Effekt verstärkte sich zum Ende der Studie deutlich ($d_{GTS-HTS,t1}=0,16$; $d_{GTS-HTS,t2}=0,37$), so dass der mittlere Effekt der Schulformorganisation (also das Mittel aus der ersten und zweiten Befragung) sich dadurch erhöht hat (Abb. 2).

Hinsichtlich der Klarheit, mit der sie fremde Emotionen benennen konnten, schätzten sich Mädchen positiver ein als Jungen ($F=12,195$; $p=0,001$). Jugendliche bescheinigten sich am Ende der siebten Jahrgangsstufe eine größeres Verständnis fremder Emotionen als am Anfang des Schuljahres ($F=34,103$; $p=0,000$). Diese Werte finden sich in Tab. 2.

15.3.2 Selbstbewusstheit

Daneben verbesserten sich Jungen aus Ganztagsschulen darin, ihre *eigenen Emotionen aufmerksamer zu verfolgen* und ähnelten damit am Ende der siebten Klasse in dieser Fähigkeit den Mädchen, während sich an Halbtagsschulen die Unterschiede zwischen den Geschlechtern verstärkten: Mädchen schenkten nicht nur Gefühlen anderer Menschen, sondern auch den eigenen Emotionen mehr Aufmerksamkeit ($F=5,649$; $p=0,018$; $d_{Mä-Ju,t1}=0,21$; $d_{Mä-Ju,t2}=0,29$), während sich die Angehörigen aus Ganz- und Halbtagsschulen tendenziell mehr ähnelten als unterschieden. Über die Zeit betrachtet, erhöhte sich die

Tab. 2: Ergebnisse der MANOVAs mit Messwiederholung zu emotionalen und sozialen Kompetenzen sowie Randbedingungen, Effekte von Zeit, Geschlecht und Schulorganisationsform (bei signifikanten F-Werten wurde in Klammern der p-Wert ergänzt)

Variable und Anzahl Befragte	Zwischensubjekt-Effekte					Schulform								Innersubjekt-Effekte						
	Geschlecht					t1			t2			F-Wert Schulform	F-Wert Geschlecht x Schulform	Gesamt t1	Gesamt t2	F-Wert Zeit	F-Wert Zeit x Geschlecht	F-Wert Zeit x Schulform	F-Wert Zeit x Geschlecht x Schulform
(Angaben der Mittelwerte und – in Klammern – Standardabweichungen)	t1		t2		F-Wert	HTS	GTS	HTS	GTS											
	Ju	Mä	Ju	Mä																
a) Prosoziale Orientierung																				
Prosoziales Verhalten (Lehrkrafturteil) N=307	-0,12 (0,77)	0,18 (0,67)	-0,09 (0,75)	0,14 (0,66)	16,671 (0,000)	0,02 (0,74)	0,02 (0,73)	0,02 (0,70)	0,03 (0,74)		0,000	4,534 (0,034)		0,02 (0,74)	0,02 (0,72)	0,000	0,548	0,037	0,209
b) Soziale Probleme konstruktiv lösen																				
Körperlich aggressives Verhalten (Mitschülerurteil) N=379	0,27 (0,97)	-0,41 (0,47)	0,26 (0,94)	-0,37 (0,48)	85,906 (0,000)	-0,07 (0,84)	-0,04 (0,84)	-0,03 (0,86)	-0,06 (0,77)		0,064	0,060		-0,06 (0,84)	-0,05 (0,82)	0,095	0,740	0,839	7,366 (0,007)
KÄRST, körperlich aggressiv N=331	1,52 (0,70)	1,20 (0,47)	1,52 (0,66)	1,19 (0,44)	38,826 (0,000)	1,44 (0,69)	1,27 (0,52)	1,42 (0,64)	1,29 (0,52)		5,666 (0,018)	1,587		1,35 (0,62)	1,36 (0,59)	0,050	0,002	0,200	0,031
c) Soziale Bewusstheit																				
Emotionale Fremdaufmerksamkeit N=380	2,39 (0,61)	2,76 (0,62)	2,36 (0,64)	2,70 (0,63)	39,854 (0,000)	2,52 (0,67)	2,62 (0,61)	2,41 (0,64)	2,65 (0,65)		7,777 (0,006)	0,108		2,57 (0,64)	2,53 (0,66)	1,521	0,202	4,505 (0,034)	0,009

Tab. 2: (Fortsetzung)

Variable und Anzahl Befragte (Angaben der Mittelwerte und – in Klammern – Standardabweichungen)	Zwischensubjekt-Effekte										Innersubjekt-Effekte					
	Geschlecht					Schulform										
	t1		t2		F-Wert	t1		t2		F-Wert Schulform	F-Wert Geschlecht x Schulform	Gesamt t1	Gesamt t2	F-Wert Zeit	F-Wert Zeit x Geschlecht	F-Wert Zeit x Schulform	F-Wert Zeit x Geschlecht x Schulform
	Ju	Mä	Ju	Mä		HTS	GTS	HTS	GTS								
Klarheit fremder Emotionen N=379	2,97 (0,60)	3,11 (0,55)	3,15 (0,56)	3,33 (0,52)	12,195 (0,001)	3,00 (0,66)	3,08 (0,48)	3,23 (0,56)	3,25 (0,52)	0,944	0,450	3,04 (0,58)	3,24 (0,54)	34,103 (0,000)	0,354	0,568	0,298
d) Selbstbewusstheit																	
Emotionale Selbstaufmerksamkeit N=328	2,43 (0,73)	2,58 (0,68)	2,56 (0,83)	2,79 (0,76)	5,649 (0,018)	2,47 (0,74)	2,53 (0,69)	2,58 (0,85)	2,76 (0,75)	1,798	2,621	2,51 (0,72)	2,66 (0,80)	12,222 (0,001)	0,375	0,912	4,020 (0,046)
Klarheit eigener Emotionen N=331	3,19 (0,58)	3,11 (0,59)	3,12 (0,71)	3,07 (0,65)	1,393	3,14 (0,61)	3,17 (0,56)	3,11 (0,72)	3,08 (0,64)	0,007	4,019 (0,046)	3,15 (0,58)	3,10 (0,68)	2,039	0,249	0,435	2,894 (0,09)
e) Selbstregulation																	
KÄRST: Selbstabwertung N=322	2,14 (0,70)	2,30 (0,70)	2,35 (0,72)	2,51 (0,70)	6,281 (0,013)	2,17 (0,73)	2,27 (0,67)	2,38 (0,77)	2,47 (0,66)	1,733	0,416	2,22 (0,70)	2,43 (0,71)	19,575 (0,000)	0,002	0,008	0,000
KÄRST: Aufmerksamkeitslenkung N=327	2,64 (0,82)	2,84 (0,81)	2,80 (0,83)	2,84 (0,81)	2,816	2,63 (0,87)	2,84 (0,76)	2,84 (0,84)	2,80 (0,80)	1,378	0,570	2,74 (0,82)	2,82 (0,82)	2,047	1,683	4,816 (0,029)	0,486

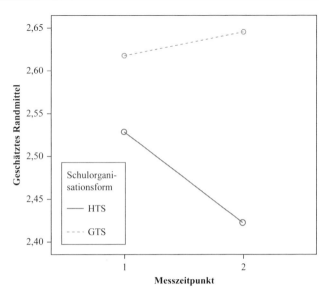

Abb. 2: Randmittel von emotionaler Fremdaufmerksamkeit, Faktoren Zeit und Schulorganisationsform, N=380

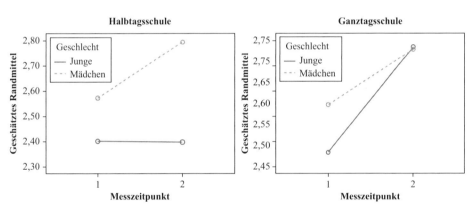

Abb. 3: Randmittel von emotionaler Selbstaufmerksamkeit, Faktoren Zeit, Geschlecht und Schulorganisationsform, N=328

emotionale Selbstaufmerksamkeit ($F=12,222$; $p=0,001$, $d_{t2-t1}=0,20$). Daneben besteht eine Interaktion von Zeit x Geschlecht und Zeit x Schulform ($F=4,020$; $p=0,046$), die in Abb. 3 dargestellt ist. Hier sind es die Unterschiede zwischen den Jungen aus Halb- und Ganztagsschulen, die den Effekt verursachen ($d_{Ju,GTS-Ju,HTS,t1}=0,11$; $d_{Ju,GTS-Ju,HTS,t1}=0,41$): Während sich in Halbtagsschulen der Unterschied zwischen den Geschlechtern vergrößerte, bestand er in den Ganztagsschulen am Ende der siebten Klasse praktisch nicht mehr.

Bei der *Klarheit gegenüber den eigenen Emotionen* veränderte sich wenig: Es ließen sich keine klaren Geschlechtsunterschiede, Schulform-Unterschiede, Zeiteffekte oder Interaktionen mit Zeit, Geschlecht oder Schulform feststellen (vgl. Tab. 2).

15 Fördert die Ganztagsschule die Entwicklung sozialer ...

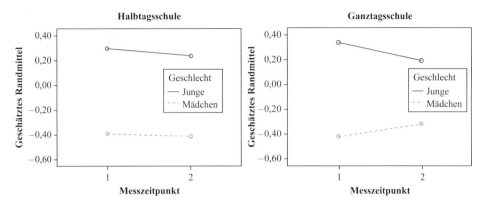

Abb. 4: Randmittel von körperlich aggressivem Verhalten (Mitschülerurteil), Faktoren Zeit, Geschlecht und Schulorganisationsform, N=379

15.3.3 Soziale Probleme konstruktiv lösen

Die Mitschüler beschrieben die Mädchen aus der Klasse als weniger *körperlich aggressiv* als die Jungen ($F=85,906$; $p=0,000$; $d_{\text{Ju-Mä,t1}}=0,94$; $d_{\text{Ju-Mä,t2}}=0,88$). Daneben ergab sich ein Interaktionseffekt von Zeit, Geschlecht und Schulorganisationsform ($F=7,366$; $p=0,007$, vgl. Abb. 4): Jungen aus Halbtagsschulen wurden als etwas aggressiver, jene aus Ganztagsschulen im Verlauf der Studie als weniger aggressiv beschrieben ($d_{\text{Ju,HTS,t2-t1}}=0,11$; $d_{\text{Ju,GTS,t2-t1}}=-0,15$), während die Mädchen in diesem Schultypus aus Sicht der Klassenmitglieder etwas stärker zum Hauen oder Schubsen neigten als die aus Halbtagsschulen ($d_{\text{Mä,GTS,t2-t1}}=0,22$; $d_{\text{Mä,HTS,t2-t1}}=-0,05$).

Wendet man sich dem Selbstbericht zum *körperlich aggressiven Verhalten bei Ärger in der Freundschaft* zu, so finden sich die erwartbaren Geschlechterunterschiede ($F=38,826$; $p=0,000$), nach denen Jungen diese Strategie häufiger als Mädchen wählten ($d_{\text{Ju-Mä,t1}}=0,54$; $d_{\text{Ju-Mä,t2}}=0,60$). Außerdem neigten Jugendliche aus Halbtagsschulen nach eigenen Angaben eher dazu, Konflikte in der Freundschaft handgreiflich auszutragen als ihre Geschlechtsgenossen aus Ganztagsschulen ($F=5,666$; $p=0,018$; $d_{\text{HTS-GTS,t1}}=0,28$; $d_{\text{HTS-GTS,t2}}=0,22$). Diese Ergebnisse finden sich in Tab. 2.

15.3.4 Prosoziales Verhalten

Beim prosozialen Verhalten aus Lehrerwarte ließ sich ein starker Effekt des Geschlechts feststellen ($F=16,671$; $p=0,000$): Mädchen wurden, wie in vielen Studien zuvor, durchgängig als prosozialer beschrieben ($d_{\text{Mä-Ju,t1}}=0,42$; $d_{\text{Mä-Ju,t2}}=0,48$), d. h. sie teilten eher mit anderen, arbeiteten effektiv in Gruppen zusammen und galten als gute Verlierer. Ein reiner Schulform- oder Zeiteffekt ließ sich nicht ausmachen. Bemerkenswert ist eine Interaktion Geschlecht x Schulorganisationsform ($F=4,534$; $p=0,034$) (vgl. Abb. 5), die darauf zurückzuführen ist, dass sich in Halbtagsschulen die Werte der Geschlechter ähnlicher waren als in der Ganztagsschule.

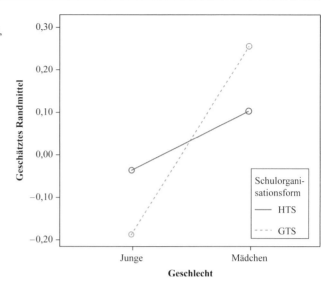

Abb. 5: Randmittel von prosozialem Verhalten (Lehrerurteil), Faktoren Geschlecht und Schulorganisationsform, N=307

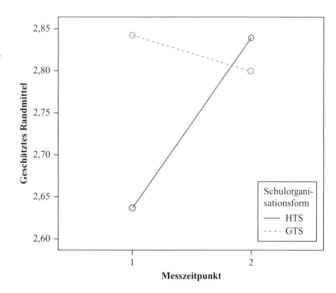

Abb. 6: Randmittel von Ärgerregulierung durch Aufmerksamkeitslenkung, Faktoren Zeit und Schulorganisationsform, N=327

15.3.5 Selbstregulation

Seine Aufmerksamkeit bei Ärger in der Freundschaft auf andere Dinge als den Streit zu richten, veränderte sich über die Zeit in unterschiedlicher Weise für die beiden Schulformen ($F=4,816$; $p=0,029$). Wie Abb. 6 demonstriert, verringerten sich die Unterschiede zwischen Schulorganisationsformen im Laufe des Schuljahres, weil Halbtagsschüler zunehmend dazu neigten, den Konflikt gedanklich auszublenden ($d_{GTS-HTS,t1}=0,25$, $d_{GTSHTS,t2}=-0,05$). Bei dieser Strategie der Ärgerregulierung ließen sich darüber hinaus weder Geschlechts- und Schulform- noch Zeiteffekte finden (vgl. Tab. 2).

Im Hinblick auf die *Selbstabwertung bei Ärger* in der Freundschaft ließen sich neben Geschlechtsunterschieden zugunsten der Mädchen und einer Zunahme über die Zeit, keine Effekte finden, die im Zusammenhang mit der Ganztagsschule stehen.

15.4 Diskussion

Den Hintergrund für die Effekte der Schulorganisation bildet die rasche Entwicklung im frühen Jugendalter vor allem der emotionsbezogenen Kompetenzen. Während sich die prosoziale Orientierung und die Fähigkeit, soziale Probleme konstruktiv zu lösen, im Verlauf des siebten Schuljahres nicht signifikant veränderten, fallen die starken Zeiteffekte bei der sozialen Bewusstheit, der Selbstbewusstheit und der Selbstregulation auf. Im Verlauf des siebten Schuljahres machten die Jugendlichen einen großen Sprung nach vorne, was ihre Selbstbewusstheit und dort speziell die Wahrnehmung ihrer eigenen Gefühle angeht. Konsistent mit unserer ersten Erwartung und mit Theorien zum jugendlichen Egozentrismus (vgl. Elkind 1967, 1978) richteten die 12- bis 14-jährigen Teilnehmer/innen der PIN-Studie ihre Aufmerksamkeit vermehrt nach innen, eben auf ihre sich rasch verändernde körperliche Erscheinung sowie auf ihr eigenes Gefühlsleben, das durch Entwicklungsaufgaben wie Beziehungen zu Peers des anderen Geschlechts aufzunehmen, ebenfalls herausgefordert wird (vgl. Larson und Sheeber 2008). Dass die wachsende Aufmerksamkeit der Teilnehmer/innen der PIN-Studie nicht unbedingt von einem größeren Verständnis der eigenen Gefühlswelt begleitet wird, belegt der Mangel an Zuwachs bei der Klarheit gegenüber den eigenen Emotionen sowie die wachsende Neigung, bei Ärger in der Freundschaft die eigenen Gründe zu hinterfragen und sich insofern selbst abzuwerten (Selbstregulation).

Zugleich wuchs die soziale Bewusstheit: Die Jugendlichen wurden sich im Verlauf des siebten Schuljahres sicherer, dass sie die Emotionen ihrer Mitmenschen verstehen können. Wie in der zweiten Erwartung vorhergesagt, stieg ihre Klarheit, fremde Emotionen benennen zu können. Dies deckt sich mit Forschungsergebnissen, die darauf hinweisen, dass Jugendliche immer treffsicherer darin werden, Emotionen bei anderen korrekt zu erkennen und zu benennen (vgl. z. B. Tonks et al. 2007) und es ihnen immer besser gelingt, individuelle Vorerfahrungen und Persönlichkeit ihrer Mitmenschen bei ihrer Vorhersage von deren emotionalen Erleben einzubeziehen (vgl. Gnepp und Chilamkurti 1988). Außerdem vergrößert sich ihr Emotionsverständnis um komplexe Emotionen wie Eifersucht oder Neid und um ambivalente Gefühlslagen (vgl. Harris 1992). Ihre Aufmerksamkeit gegenüber den Emotionen ihrer Umwelt blieb nach den Ergebnissen der PIN-Studie dagegen in etwa gleich. Erwartung 2 zur sozialen Bewusstheit wird insofern zum Teil bestätigt.

Dass sich beim prosozialen und beim aggressiven Verhalten keine signifikanten Veränderungen über die Zeit feststellen ließen (und Erwartung 3 damit nicht bestätigt wurde) mag daran liegen, dass der Zeitraum von einem Jahr für generelle Entwicklungstrends beim aggressiven Verhalten recht kurz ist (vgl. Cairns et al. 1989; von Salisch und Vogelgesang 2005) und dass diese sozialen Kompetenzen überwiegend als Fremdbericht gemessen wurden und Reputationen bei Beziehungspartnern zur Stabilität neigen (vgl. Cairns et al. 1989).

15.4.1 Erwartbare Geschlechtsunterschiede werden bestätigt

Einen weiteren Hintergrund zu den Effekten der ganztägigen Beschulung bilden die aus der Literatur bekannten Unterschiede zwischen den Geschlechtern. Der allgemeine Trend zu einer wachsenden Aufmerksamkeit und Verbalisierung des Gefühlslebens bestätigte sich bei männlichen und weiblichen Jugendlichen, wenn auch oft auf unterschiedlichem Niveau. Wie in der vierten Erwartung formuliert, waren es die Jugendlichen weiblichen Geschlechts, die in punkto emotionaler Selbst- und Fremdaufmerksamkeit sowie in punkto Verständnis fremder Gefühle nach eigenen Aussagen die Nase vorn hatten. Leider hatten die Mädchen wie in vergangenen Studien auch eine stärkere Neigung zur Selbstabwertung bei Ärger in der Freundschaft (vgl. von Salisch 2000b). Wie in fast allen Untersuchungen zum Sozialverhalten (vgl. Hyde 1984), wurden weibliche Jugendliche von ihren Beziehungspartnern als bedeutend prosozialer und weniger körperlich aggressiv eingeschätzt. Diese Geschlechtsunterschiede spiegelten sich im Selbstbericht der Jugendlichen zu ihrer Regulierung von Ärger in der Freundschaft, gaben doch männliche Jugendliche häufiger an, dass sie den Freund oder die Freundin bei Ärger körperlich aggressiv konfrontieren würden. Dieser Befund deckt sich mit querschnittlichen Befunden aus von Salisch (2000b).

15.4.2 Punktuell stimulierende Auswirkungen der ganztägigen Beschulung

Die auf Grund des sozialen Potentials formulierte fünfte Erwartung, dass die Jugendlichen aus Ganztagsschulen flächendeckend schnellere Fortschritte bei ihren sozialen und emotionalen Kompetenzen machen als die Jugendlichen aus Halbtagsschulen, ließ sich in der PIN-Studie nicht bestätigen. Von den untersuchten Fertigkeiten in fünf Bereichen des Pyramidenmodells der sozialen Kompetenz (vgl. Rose-Krasnor und Denham 2009) zeigten sich vier Interaktionseffekte der Zeit mit der Organisationsform der Schule (Schereneffekte), die nahezu alle darauf hinweisen, dass sich die sozialen und emotionalen Kompetenzen der Jugendlichen in der Ganztagsschule schneller entwickelten als in der Halbtagsschule, manchmal allerdings nur bei einem Geschlecht.

15.4.2.1 Wachsende emotionale Selbst- und Fremdaufmerksamkeit bei Jugendlichen aus Ganztagsschulen

Am deutlichsten war der Schereneffekt bei der emotionalen Fremdaufmerksamkeit ausgeprägt. Demnach erweiterten die Jugendlichen aus Ganztagsschulen nach eigenen Angaben ihre Aufmerksamkeit für die Emotionen ihrer Mitmenschen im Verlauf des siebten Schuljahres, während ihre Altersgenossen aus Halbtagsschulen sie reduzierten. Jugendliche aus Ganztagsschulen gewannen insofern an sozialer Bewusstheit, die eine Vorbedingung für prosoziales Verhalten ist. Denn vor allem, wenn Jugendliche aufmerksam für das Gefühlsleben anderer sind, werden sie willens und fähig, ihnen zu helfen oder mit ihnen zu teilen. Das prosoziale Verhalten dürfte besonders adressatengerecht ausfallen, wenn das emotionale Fremdverständnis wohl ausgebildet ist, die Jugendlichen also zutreffende Vorstellungen über deren Befindlichkeiten hegen. Über das Schuljahr gewannen die Jugendlichen deutlich an Klarheit gegenüber den Emotionen anderer Menschen, allerdings in beiden Schulformen in etwa gleicher Weise.

Anders als in der educare-Studie von Schüpbach (2010) ließen sich keine Interaktionseffekte von Zeit x Schulform für das prosoziale Verhalten ausmachen. Nur ein Interaktionseffekt Schulform x Geschlecht deutet darauf hin, dass Jungen aus Ganztagsschulen in diesen Fragen aus Lehrersicht sogar einen deutlichen Entwicklungsbedarf hatten, lagen sie doch gegenüber ihren Geschlechtsgenossen aus Halbtagsschulen zurück, während die Mädchen aus Ganztagsschulen ihre Geschlechtsgenossinnen aus Halbtagsschulen an Prosozialität übertrafen. Vielleicht gaben diese Wahrnehmungen den Lehrkräften aus Ganztagsschulen Anlass, die emotionale Fremdaufmerksamkeit der Jungen besonders zu fördern. Daher müssen diese Ergebnisse in weiteren Untersuchungen repliziert werden.

Parallel zur emotionalen Fremdaufmerksamkeit ließ sich auch bei der emotionalen Selbstaufmerksamkeit ein Effekt der ganztägigen Beschulung feststellen, hier allerdings nur bei den männlichen Jugendlichen. In einer Dreifach-Interaktion wurde festgestellt, dass nur die Jungen aus Ganztagsschulen übers Jahr aufmerksamer für ihre Emotionen wurden und am Ende das Niveau der Mädchen aus ihrer Schulform erreichten. Die Selbstaufmerksamkeit der Jungen aus Halbtagsschulen veränderte sich kaum über das Jahr und lag auch am Ende noch deutlich unter der ihrer Mitschülerinnen. Mit wachsender Selbstbewusstheit gewannen die Jugendlichen an Möglichkeiten zur Introspektion, zur Klärung eigener Emotionen und Befindlichkeiten, die die Grundlage für ein realistisches Selbstkonzept bilden (aber auch charakteristisch für das Grübeln depressiver Personen sind) (vgl. Seiffge-Krenke 2009).

15.4.2.2 Rückgang körperlich aggressiven Verhaltens bei männlichen Jugendlichen aus Ganztagsschulen

Eine weitere Dreifach-Interaktion spricht für einen Effekt der ganztägigen Beschulung im Bereich der konstruktiven Lösung sozialer Probleme. Die Interaktion von Zeit x Schulform x Geschlecht weist darauf hin, dass das körperlich aggressive Verhalten der Jungen aus Halbtagsschulen im Urteil ihrer Mitschüler im Mittel über das Schuljahr leicht zunahm, während das gleiche sozial wenig verträgliche Verhalten bei Jungen aus Ganztagsschulen leicht abnahm. Die Schulformunterschiede bestätigten sich in gewisser Weise im Selbstbericht der Jugendlichen über ihr aggressives Verhalten im Rahmen ihrer Freundschaften. Befragte man die Jugendlichen selbst zu diesem Punkt, dann berichteten Ganztagsschüler/innen am Anfang und am Ende des Schuljahres seltener als Halbtagsschüler/innen, dass sie bei Ärger in der Freundschaft zuschlagen würden.

Diese Ergebnisse der PIN-Studie lassen auf einen Einfluss der ganztägigen Beschulung schließen, der ähnlich in der StEG-Studie und auch dort vor allem bei den Jungen gefunden wurde (vgl. Fischer 2010; Fischer et al. 2010): Während Jugendliche, die selten oder gar nicht nachmittags in der Schule zu finden waren, ihr aggressives Verhalten gegenüber Mitschülern und ihr Störverhalten im Unterricht über die Zeit erhöhten, gelang es den Jugendlichen, die an mindestens drei Tagen an Nachmittagsangeboten teilnahmen, dieses externalisierende Problemverhalten nicht zu intensivieren. Dabei wurden weitere Faktoren wie Geschlecht, Sozialschicht, Migrationsstatus etc. kontrolliert. Das aggressive und störende Verhalten bei regelmäßigem Besuch der Nachmittagsaktivitäten reduzierte sich bei Jugendlichen aus allen sozialen Schichten, vor allem aber bei den Jungen (vgl. Fischer 2010), die gemeinhin mehr durch diese Art Problemverhalten auffallen (vgl. Hyde 1984). Weil die StEG-Studie keine Halbtagsschulen einbezieht und nur Selbstauskünfte der Jugendlichen über ihr Problemverhalten einholte, sind die Befunde der beiden Studien nicht direkt vergleichbar.

Nicht vorhergesagt war der Anstieg der Aufmerksamkeitslenkung bei Ärger in der Freundschaft bei den Jugendlichen aus Halbtagsschulen, die am Ende nach eigenen Angaben die Jugendlichen aus Ganztagsschulen darin übertrafen. Damit holen die Halbtagsschüler/innen in gewisser Weise auf, denn aus entwicklungspsychologischen Studien ist eine häufigere Wahl der Ablenkung im frühen Jugendalter bekannt (vgl. von Salisch 2000b), die den Jugendlichen die Möglichkeit zu einer „Denkpause" verschafft, bevor sie auf ärgerliche Ereignisse in der Freundschaft reagieren. Weitere Befunde der PIN-Studie zur sozial-emotionalen Entwicklung von Jugendlichen werden in Kanevski und von Salisch (2011) berichtet.

Auch wenn manche Ergebnisse der PIN-Studie von anderen Studien gestützt werden (vgl. Fischer et al. 2010; Schüpbach 2010) und die Befunde nahezu einhellig in die Richtung einer Förderung der sozial-emotionalen Kompetenzen an der Ganztagsschule weisen, so ist doch einschränkend zu bemerken, dass die Effektstärken im Schulformvergleich relativ gering waren. Das mag an „Störvariablen" im Design wie der Existenz einer gymnasialen Oberstufe oder dem eingeschränkten Besuch des Nachmittagsangebots in der Schule liegen (vgl. Stecher et al. 2007), die die Vergleichbarkeit der Ganztagsschulen und Halbtagsschulen beschränkt haben. Kritisch anzumerken ist ferner, dass sich die Wirkungen der ganztägigen Beschulung nur bei manchen sozialen und emotionalen Kompetenzen gezeigt haben und zu großen Teilen auf Selbstberichten der Jugendlichen beruhen, die die bekannten Probleme der Selbstdarstellung aufwerfen, im Bereich des emotionalen Erlebens aber bislang oft unersetzbar sind. Die Ergebnisse müssen in weiteren Studien – auch mit heterogeneren Stichproben – repliziert werden und in längeren Längsschnittstudien in Hinblick auf ihre Nachhaltigkeit geprüft werden.

Fragt man die Siebtklässler/innen selbst, wie eine *peer-freundliche* (Ganztags) Schule zu gestalten sei (vgl. Schmalfeld 2011), nennen sie Aspekte, die starke Übereinstimmung mit den Merkmalen aufweisen, die Forscher wie Miller und Truong (2010) sowie Wentzel et al. (2009) für erfolgreiche (im Sinne von schulmotivations- und leistungssteigernde) Nachmittagsangebote nennen, nämlich unter anderem, die Schaffung einer körperlich und psychologisch sicheren Umgebung, in der die Jugendlichen in ihren Eigenheiten respektiert und nicht bedroht oder gar gemobbt werden sowie die Schülerorientierung der Angebote (vgl. Schmalfeld 2011).

Soziale und emotionale Kompetenzen werden verstärkt in den Gesellschaften des 21. Jahrhunderts gebraucht, in der die Arbeitswelt neben Fachkenntnissen zunehmend auch Fähigkeiten zur sozialen Flexibilität in ganz diversen horizontalen und hierarchischen Beziehungen verlangt. Das mit diesen Kompetenzen verbundene „Verhandlungsgeschick" benötigen künftige Generationen zugleich in einem Privatleben, in dem die Rollenverteilung zwischen Mann und Frau zunehmend flexibler gestaltet wird, in dem die Ehe zugleich de-institutionalisiert und emotional aufgeladen wird, in dem die berufliche Mobilität neue Herausforderungen schafft, in dem die emotionale Bedeutung von Kindern wächst und in dem weite Teile der Gesellschaft eine emotional zugewandte und feinfühlige Erziehung befürwortet (und zum Teil praktiziert) (vgl. Larson et al. 2002). Auf alle diese schon jetzt absehbaren Anforderungen im weiteren Lebensverlauf gilt es die Jugendlichen vorzubereiten.

Literatur

Buckley, M., & Saarni, C. (2009). Emotion regulation: Implications for positive youth development. In R. Gilman, E. Huebner, & M. Furlong (Hrsg.), *Handbook of positive psychology in schools* (S. 107–119). New York: Routledge.

Cairns, R. B., Cairns, B. D., Neckerman, H. J., Ferguson, L., & Gariépy, J. L. (1989). Growth and aggression: 1. Childhood to early adolescence. *Developmental Psychology, 25,* 320–330.

Elkind, D. (1967). Egocentrism in adolescence. *Child Development, 38,* 1025–1034.

Elkind, D. (1978). Understanding the young adolescent. *Adolescence, 13,* 127–134.

Field, A. (2005). *Discovering statistics using SPSS.* London: Sage.

Fischer, N. (2010). *Ganztagsschule und soziales Lernen: Kompensatorische Wirkungen ganztägiger Beschulung auf sozial benachteiligte Kinder und Jugendliche.* Vortrag gehalten vor der Tagung der Deutschen Gesellschaft für Erziehungswissenschaft, Frankfurt a. M, März 2010.

Fischer, N., Brümmer, F., Kuhn, H.-P., & Züchner, I. (2010). Individuelle Wirkungen des Ganztagsschulbesuchs in der Sekundarstufe. Erkenntnisse aus der Studie zur Entwicklung von Ganztagsschulen (StEG). *Schulverwaltung. Hessen, Rheinland-Pfalz, 15*(2), 41–42.

Flammer, A., & Alsaker, F. (2002). *Entwicklungspsychologie der Adoleszenz. Die Erschließung innerer und äußerer Welten im Jugendalter.* Bern: Huber.

Gano-Overway, L., Newton, M., Magyar, M., Fry, M., Kim, M., & Guiverneau, M. R. (2009). Influence of caring youth sport contexts on efficacy-related beliefs and social behaviors. *Developmental Psychology, 45,* 329–340.

Gnepp, J., & Chilamkurti, C. (1988). Children's use of personality attributes to predict other people's emotional and behavioral reactions. *Child Development, 59,* 743–754.

Grob, A., & Jaschinski, U. (2003). *Erwachsen werden. Entwicklungspsychologie des Jugendalters.* Weinheim: Beltz.

Halberstadt, A., Denham, S., & Dunsmore, J. (2001). Affective social competence. *Social Development, 10,* 127–158.

Hansen, D. M., Larson, R. W., & Dworkin, J. B. (2003). What adolescents learn in organized youth activities: A survey of self-reported developmental experiences. *Journal of Research on Adolescence, 13,* 25–55.

Harris, P. (1992). *Das Kind und die Gefühle. Wie sich das Verständnis für die anderen Menschen entwickelt.* Bern: Huber.

Hyde, J. S. (1984). How large are gender differences in aggression? A developmental meta-analysis. *Developmental Psychology, 20,* 722–736.

Kanevski, R., & Salisch, M. von. (2011). *Peernetzwerke und Freundschaften in Ganztagsschulen. Auswirkungen der Ganztagsschule auf die Entwicklung sozialer und emotionaler Kompetenzen von Jugendlichen.* Weinheim: Juventa.

Krappmann, L. (1994). Sozialisation und Entwicklung in der Sozialwelt gleichaltriger Kinder. In K. A. Schneewind (Hrsg.), *Psychologie der Erziehung und Sozialisation* (S. 495–524). Göttingen: Hogrefe.

Labouvie-Vief, G., Hakim-Larson, J., DeVoe, M., & Schoeberlein, S. (1989). Emotions and self-regulation: A life-span view. *Human Development, 32,* 279–299.

Larson, R., & Brown, J. R. (2007). Emotional development in adolescence: What can be learned from a high-school theater program? *Child Development, 78,* 1083–1099.

Larson, R., & Sheeber, L. B. (2008). The daily emotional experience of adolescents: are adolescents more emotional, why, and how is that related to depression? In N. Allen & L. B. Sheeber (Hrsg.), *Adolescent emotional development and the emergence of depressive disorders* (S. 11–32). Cambridge: Cambridge University Press.

Larson, R. W., Wilson, S., Brown, B. B., Furstenberg, F. F., & Verma, S. (2002). Changes in adolescents' interpersonal experiences: Are they being prepared for adult relationships in the twenty-first century? *Journal of Research on Adolescence, 12,* 31–68.

Lischetzke, T., Eid, M., Wittig, F., & Trierweiler, L. (2001). Die Wahrnehmung eigener und fremder Gefühle: Konstruktion und Validierung von Skalen zur Erfassung der emotionalen Selbst- und Fremdaufmerksamkeit sowie der Klarheit über Gefühle. *Diagnostica, 47,* 167–177.

Ludwig, H. (1993). *Entstehung und Entwicklung der modernen Ganztagsschule in Deutschland.* Köln: Böhlau.

Mahoney, J. L. (2000). School extracurricular activity participation as moderator for in the development of antisocial patterns. *Child Development, 71,* 502–516.

Miller, B. M., & Truong, K. A. (2010). The role of afterschool and summer in achievement. The untapped power of afterschool and summer to advance student achievement. *Zeitschrift für Pädagogik, 55*(54), 124–142.

Oerter, R., & Montada, L. (2002). *Entwicklungspsychologie.* Weinheim: Beltz.

Pössel, P., Dellemann, U. von, & Hautzinger, M. (2002). Verhaltensbeurteilung durch Gleichaltrige: Evaluierung der Adjustment Scales for Sociometric Evaluation of Secondary-School Students (ASSESS-D). *Zeitschrift für Entwicklungspsychologie und Pädagogische Psychologie, 37*(3), 135–143.

Rose-Krasnor, L., & Denham, S. (2009). Social-emotional competence in early childhood. In K. H. Rubin, W. M. Bukowski, & B. Laursen (Hrsg.), *Handbook of peer interactions, relationships, and groups* (S. 162–179). New York: Guilford.

Rost, D. H. (2007). *Interpretation und Bewertung pädagogisch-psychologischer Studien: Eine Einführung.* Weinheim: Beltz.

Saarni, C. (1999). *The development of emotional competence.* New York: Guilford.

Salisch, M. von. (2000a). Zum Einfluss von Gleichaltrigen (Peers) und Freunden auf die Persönlichkeitsentwicklung. In M. Amelang (Hrsg.), *Enzyklopädie der Psychologie, Differentielle Psychologie, Band 4, Determinanten individueller Differenzen* (S. 345–405). Göttingen: Hogrefe.

Salisch, M. von. (2000b). *Wenn Kinder sich ärgern ... Emotionsregulierung in der Entwicklung.* Göttingen: Hogrefe.

Salisch, M. von. (Hrsg.). (2002). *Emotionale Kompetenz entwickeln. Grundlagen in Kindheit und Jugend.* Stuttgart: Kohlhammer.

Salisch, M. von, & Pfeiffer, I. (1998). Ärgerregulierung in den Freundschaften von Schulkindern – Entwicklung eines Fragebogens. *Diagnostica, 44,* 41–53.

Salisch, M. von, & Vogelgesang, J. (2005). Anger regulation among friends: Assessment and development from childhood to adolescence. *Journal of Personal Relationships, 22,* 837–855.

Salisch, M. von, Kristen, A., & Oppl, C. (2007). *Computerspiele mit und ohne Gewalt: Auswahl und Wirkung bei Kindern.* Stuttgart: Kohlhammer.

Salovey, P., Hsee, C., & Mayer, J. D. (1993). Emotional intelligence and the self-regulation of affect. In D. M. Wegner & J. Pennebaker (Hrsg.), *Handbook of mental control* (S. 258–277). Englewood Cliffs: Prentice-Hall.

Schmalfeld, A. (2011). *Ganztagsschule und die Qualität von Freundschaften- Kann Schule Peerbeziehungen fördern?* Unveröffentlichte Dissertation Leuphana Universität Lüneburg.

Schüpbach, M. (2010). *Ganztägige Bildung und Betreuung im Primarschulalter.* Wiesbaden: VS Verlag für Sozialwissenschaften.

Seiffge-Krenke, I. (1995). *Stress, coping and relationships in adolescence.* Hillsdale: Erlbaum.

Seiffge-Krenke, I. (2009). *Psychotherapie und Entwicklungspsychologie: Beziehungen, Herausforderungen, Ressourcen und Risiken* (2. Aufl.). Heidelberg: Springer.

Silk, J. S., Steinberg L., & Morris, A. S. (2003). Adolescents' emotion regulation in daily life: Links to depressive symptoms and problem behavior. *Child Development, 74,* 1869–1880.

Stecher, L., Radisch, F., Fischer, N., & Klieme, E. (2007). Bildungsqualität außerunterrichtlicher Angebote in der Ganztagsschule. *Zeitschrift für Soziologie der Erziehung und Sozialisation ZSE, 27*(4), 346–366.

Tonks, J., Williams, W. H., Frampton, I., Yates, P., & Slater, A. (2007). Reading emotions after child brain injury: A comparison between children with brain injury and non-injured controls. *Brain Injury, 21*(7), 731–739
Wentzel, K. R., Baker, S., & Russell, S. (2009). Peer relationships and positive adjustment at school. In R. Gilman, E. Huebner, & M. Furlong (Hrsg.), *Handbook of positive psychology in schools* (S. 229–243). New York: Routledge.
Youniss, J. (1982). Die Entwicklung und Funktion von Freundschaftsbeziehungen. In W. Edelstein & M. Keller (Hrsg.), *Perspektivität und Interpretation. Beiträge zur Entwicklung des sozialen Verstehens* (S. 78–109). Frankfurt a. M.: Suhrkamp.
Youniss, J., & Smollar, J. (1985). *Adolescent relations with mothers, fathers and friends*. Chicago: University-of-Chicago-Press.

Pädagogik
Aktuelle Neuerscheinungen

Andrea Óhidy

Der erziehungswissenschaftliche Lifelong Learning-Diskurs

Rezeption der europäischen Reformdiskussion in Deutschland und Ungarn

Andrea Óhidy untersucht die Rezeption der europäischen Reformdiskussion im erziehungswissenschaftlichen Fachdiskurs vergleichend in Deutschland und Ungarn, stellvertretend für das ‚alte' und das ‚neue Europa'.

2011. 239 S. Br. EUR 39,95
ISBN 978-3-531-18113-4

Gabi Elverich

Demokratische Schulentwicklung

Potenziale und Grenzen einer Handlungsstrategie gegen Rechtsextremismus

Gabi Elverich rekonstruiert in ihrer ethnografischen Fallstudie einen Umsetzungsprozess demokratischer Schulentwicklung an einer ostdeutschen Schule. Sie untersucht Potenziale, Grenzen und Herausforderungen dieser Handlungsstrategie und verknüpft dabei Rechtsextremismus-, Schul- und Organisationsforschung.

2011. 448 S. Br. EUR 39,95
ISBN 978-3-531-17858-5

Hanne Handwerk

Die Bedeutung von Lyrik in Bildungsprozessen der frühen Adoleszenz

Empirische Untersuchung in achten Klassen an Freien Waldorfschulen

Hanne Handwerk untersucht, wie Heranwachsende sich mit Lyrik im schulischen Kontext auseinandersetzen.

2011. 405 S. Br. EUR 49,95
ISBN 978-3-531-17802-8

*Erhältlich im Buchhandel oder beim Verlag.
Änderungen vorbehalten.
Stand: August 2011.*

www.vs-verlag.de

VS Verlag für Sozialwissenschaften
Springer Fachmedien Wiesbaden GmbH
Abraham-Lincoln-Str. 46 | 65189 Wiesbaden
tel +49 (0)6221 / 345 – 4301
fax +49 (0)6221 / 345 – 4229

Pädagogik
Aktuelle Neuerscheinungen

Bernd Dollinger / Henning Schmidt-Semisch (Hrsg.)

Handbuch Jugendkriminalität

Kriminologie und Sozialpädagogik im Dialog

Dieses Handbuch thematisiert zentrale Felder der aktuellen wissenschaftlichen Auseinandersetzung über Phänomen und Bearbeitung jugendlicher Kriminalität. Es kommen dabei ebenso konsensuelle wie strittige Befunde zur Sprache.

2., durchges. Aufl. 2011.
586 S. Geb. EUR 49,95
ISBN 978-3-531-18090-8

Karin Schleider / Ellena Huse

Problemfelder und Methoden der Beratung in der Gesundheitspädagogik

Was ist Gesundheitspädagogik? Wo liegen Problemfelder? Welche Methoden stehen zur Verfügung? Diese Einführung informiert übersichtlich, präzise und fundiert über die wesentlichen theoretischen Grundlagen des Gesundheitsverhaltens und die relevanten Ansätze der Pädagogischen Beratung und Beratungspsychologie.

2011. 159 S. Br. EUR 16,95
ISBN 978-3-531-16859-3

Rudolf Tippelt /
Aiga von Hippel (Hrsg.)

Handbuch Erwachsenenbildung/ Weiterbildung

Als Grundlagenwerk zu Geschichte, Theorien, Forschungsmethoden und Institutionen vermittelt das Handbuch einen systematischen Überblick über den vielfältigen Themenbereich.

5. Aufl. 2011. 1105 S. Geb.
EUR 79,95
ISBN 978-3-531-18428-9

*Erhältlich im Buchhandel oder beim Verlag.
Änderungen vorbehalten.
Stand: August 2011.*

www.vs-verlag.de

VS VERLAG

VS Verlag für Sozialwissenschaften
Springer Fachmedien Wiesbaden GmbH
Abraham-Lincoln-Str. 46 | 65189 Wiesbaden
tel +49 (0)6221 / 345 – 4301
fax +49 (0)6221 / 345 – 4229